普通高等教育“十二五”规划教材

高职高专工商管理类精品教材系列

商　品　学

（第二版）

谈留芳　主　编

姜玲玲　张　勤
汤　云　谢海燕　副主编

邱　华　主　审

中国科学院教材建设专家委员会推荐优秀教材

科学出版社

北　京

内 容 简 介

本书以实物商品为基础，以商品质量为核心，较全面地阐述了商品学的研究对象和内容、商品质量、商品分类、商品特性、商品标准、商品检验、商品包装与商标、商品储运与养护及商品与环境等方面的内容。本书注意及时反映和体现商品发展的新趋势、新成就。

本书可作为高等职业院校经济管理类各专业的专业基础课程的教材，也可以作为成人教育教材，还可作为在职职工的培训和自学辅导教材。

图书在版编目（CIP）数据

商品学/谈留芳主编.—2版. —北京：科学出版社，2010

（普通高等教育“十二五”规划教材·高职高专工商管理类精品教材系列）

ISBN 978-7-03-028402-0

Ⅰ.①商… Ⅱ.①谈… Ⅲ.①商品学-高等学校：技术学校-教材 Ⅳ.①F76

中国版本图书馆 CIP 数据核字（2010）第 142372 号

责任编辑：任锋娟 / 责任校对：王万红

责任印制：吕春珉 / 封面设计：东方人华平面设计部

科学出版社 出版

北京东黄城根北街 16 号

邮政编码：100717

http://www.sciencep.com

天津翔远印刷有限公司 印刷

科学出版社发行 各地新华书店经销

*

2004 年 8 月第 一 版 开本：787×1092 1/16

2010 年11月第 二 版 印张：23 1/2

2019年7月第十九次印刷 字数：540 000

定价：56.50 元

（如有印装质量问题，我社负责调换〈翔远〉）

销售部电话 010-62134988 编辑部电话 010-62135763-8767（VF02）

第二版前言

商品学是高等职业技术教育经济贸易、市场营销、工商管理、物流管理等经济管理类专业基础课（或专业课）之一，学生学习本课程后，可以比较全面地了解和掌握商品品种、商品质量和质量管理、商品包装、商品储存和养护的基本知识，以及熟悉和掌握食品、纺织品、日用工业品、家用电器等几大类商品的主要结构、性能、质量要求等有关知识，为以后的专业学习和从事专业工作打下一定的基础。

商品学是一门综合性很强的学科，既涉及经济学、管理学、社会学等方面的知识，又涉及物理、机械、化学、生物、电子电工学等方面的有关知识，如商品的成分、结构、原理、机械性能等。在高职教育中，一般经济管理类专业的商品学理论教学时数相对较少，且经济管理类专业所招收的大多是文科学生，他们理工科类知识基础相对薄弱。

针对以上特点，本书突出应用性，考虑学生理工科知识相对偏少的特点，以商品自然属性为主线，减少原理和成分叙述，强化商品应用性知识教育，体现“必需、够用”原则，从适用出发，强化实用性和实践能力的训练与培养。随着科技发展，新商品种类层出不穷，本书介绍了新产品知识，体现了与时俱进。

本书第一版自 2004 年出版后，受到了广大读者的厚爱，发行量已达到数万册。根据读者的提议、科学出版社的要求及有关专家的意见，编者在第一版的基础上对本书进行了较大的修改。

本书共十二章，具体的编写分工为：谈留芳（武汉船舶职业技术学院）编写了第一章、第七章、第十二章、第三章的第五节、第五章的第三～六节、第六章的第二～六节、第十章的图片编辑以及各章的案例分析；张勤（武汉船舶职业技术学院）编写了第二章、第六章的第一节、第九章；汤云（武汉商业服务职业技术学院）编写了第八章、第十一章；姜玲玲（武汉船舶职业技术学院）编写了第四章、第五章的第一节和第二节；谢海燕（湖北三峡职业技术学院）编写了第三章的第一～四节、第十章的文字部分。

本书在编写过程中得到了科学出版社相关领导和编辑的大力支持和关心，吸取了有关专业教师的许多有益意见和建议，并请武汉船舶职业技术学院的邱华副教授主审。在此对关心和支持我们工作的各位领导、同事和老师表示衷心的感谢。

由于编者的水平有限，加上时间仓促，本书中难免存在不足，欢迎广大读者提出宝贵意见和建议。

谈留芳

2010 年 10 月

第一版前言

商品学是高等职业技术教育的贸易、营销、工商管理、物流管理等经济管理类专业的基础课或专业课之一。通过学习，学生可以比较全面地了解和掌握商品品种、商品质量和质量管理、商品包装、商品储存和养护的基本知识和理论，熟悉和掌握食品、纺织品、日用工业品、家用电器等几大类商品的主要结构、性能、质量要求等方面的有关知识，为以后的专业学习以及从事专业工作打下一定的基础。

商品学是一门综合性很强的学科，既涉及经济学、管理学、社会学等方面的知识和内容，又涉及物理、机械、化学、生物、电子电工等方面的知识和内容，诸如商品的成分、结构、原理、机械性能等。在高职高专经济管理类专业教学中，商品学理论教学课时相对较少，所招收的学生大多数是文科学生，理工科类知识教育相对薄弱。针对这些特点，本书突出应用性，以商品自然属性为主线，减少原理和成分的叙述，强化商品应用性知识教育，体现够用原则，从适用出发强化实用性和实践能力的训练与培养。随着科技发展，新商品种类层出不穷，本书注意介绍新产品知识，体现了与时俱进的精神。

本书以实物商品为基础，以商品质量为核心，较全面地阐述了商品学研究的对象和任务、商品质量、商品分类、商品特性、商品标准、商品检验、商品包装与商标、商品储运与养护及商品与环境等方面的问题，注意及时反映商品发展的新趋势、新成就。

本书既可以作为高等职业院校经济管理类各专业的基础课程教材，也可以作为成人教育、在职职工培训和自学辅导教材。

本书共十二章，谈留芳编写了第一章、第七章、第十二章，张勤编写了第二章、第六章、第九章，汤云编写了第八章和第十一章，姜玲玲编写了第四章和第五章，谢海燕编写了第三章和第十章。

本书在编写过程中吸取了有关专业教师的许多有益意见和建议，在此表示衷心的感谢。

由于编者的水平有限，加上时间仓促，本书难免存在疏漏，欢迎广大读者提出宝贵意见和建议。

目　　录

第一章　绪　　论

学习目标

了解商品学的产生和发展概况、商品学的主要研究内容和对象，熟悉商品的性质和作用，明确学习商品学的目的和意义，为学习商品学的其他内容打下基础。

第一节　商品学的研究对象和内容

商品学是研究商品使用价值的一门科学。随着商品经济的发展，商品市场越来越发达，商品越来越丰富，商品的质量、性能、品种、包装、储存和使用等有关知识在现代社会中的作用也日益重要。

一、商品的概念

商品产生在社会生产发展的一定历史阶段，是为了交换或出卖而生产的劳动产品。商品是使用价值和价值二重性的统一体。

商品有别于物品和产品，具有如下特征：商品是具有使用价值的劳动产品；商品不是供生产者自己消费的，而是为了交换，供他人和社会消费的劳动产品。商品通过交换，使其使用价值和价值得以实现；商品必须满足人和社会的需要，商品是提供给市场，用于满足人们某种欲望和需要的任何事物。

商品种类繁多、形式多样，并且随着人们的生活水平和物质需求的不断提高，新技术、新设计的不断应用，现代商品种类不断快速增加。商品可以包括实物、知识、服务、利益等，既有生产资料商品和生活资料商品等实物商品，也有科学技术商品、文化艺术商品和信息商品等无形商品。

实物商品的整体应包含核心商品、有形商品和附加商品三个层次的内容。核心商品是商品所具有的满足某种用途的功能，是消费者购买某种商品时所追求的利益。商品的功能是商品整体概念中最基本和最主要的部分；有形商品是实物商品体本身，商品体是由商品的成分、结构、外观、质量、品种、商标、包装等多种要素构成的有机整体。附加商品是消费者购买有形商品时所获得的附加利益和服务，如提供送货上门、销售后技术服务、质量保证措施、免费安装、信息咨询和某些附加利益等。

商品学研究的商品主要侧重于与人们生活密切相关的吃、穿、用等方面常用的实物商品。

二、商品学研究的对象

商品学研究的对象（即研究的客体）是商品。商品具有价值和使用价值，商品的价值属于政治经济学研究的范畴，商品的使用价值才是商品学研究的对象。

商品的使用价值是指商品满足人们某种需要的效用，即商品的有用性。例如，服装能保暖和给人以美的满足，食品能充饥和满足人体的营养需要，这些都是商品的使用价值。对于消费者和用户来说，使用价值是消费最重要的目的，因此也是消费者和用户最关心的；对于生产者和经营者来说，商品的成功交换，是商品为企业贡献经济效益的源泉。要顺利实现商品的交换，使用价值也必然成为生产者和经营者关心的核心问题。

商品具有一定的使用价值，且不同的商品具有不同的使用价值，这是由商品体本身的属性所决定的。电视机具有视听效用，这是由电视机本身的属性所决定的，而电视机的这种属性又取决于它的结构和特殊的电器元件，如电视图像的显示功能是由显像管和相关的电子元件实现的，而声音的输出是由喇叭和相应的电子元件实现的。但电视机仅仅具备音像收视性能是不能充分满足消费者需要的，还必须安全可靠，电磁辐射少，稳定性能强，有一定的使用寿命。此外，电视机外形也应美观，显示器的尺寸也需要有不同的型号，以适应不同消费者的需求。

同样，保温瓶的保温效用，也是由它本身的属性所决定的，这种属性来源于该商品体的瓶胆的特殊结构：瓶胆的原料是玻璃，分内外两层，夹层被抽成真空，很好地阻碍了热的传导和对流；夹层的玻璃表面镀有一层极薄的银，银的反光能力极强，可防止热的辐射。这样，保温瓶胆使热的传导、对流和辐射降低到极弱的程度，从而具有良好的保温性。保温瓶的这种属性与商品体的瓶胆存在极密切的关系。因此，在研究商品体时，必须从与商品使用价值相关的属性着手，来研究有关的诸方面问题。保温瓶仅仅具备极低的导热性，还不能充分满足消费者的需要，它还必须具有热稳定性、耐水性和一定的机械强度，在使用时才能坚固耐用。作为商品，它的外壳也要坚固美观。

商品种类繁多，这决定了商品使用价值属性的复杂性，这些属性归结起来包括商品的外观形状、构成成分、组成结构、物理性质、机械性质、化学性质和生物学性质等。上述不同属性的综合，反映了商品使用价值的高低，是衡量商品使用价值的尺度。为此，在商品学中必须通过这些自然属性研究商品的使用价值。

人们对商品的需求多种多样，这决定了对商品体研究的广泛性。不仅要研究每个商品体的使用价值，还要研究各种不同类别商品体的使用价值。仍以保温瓶为例，不仅要研究每个保温瓶的使用价值或质量是否合格，还要研究保温瓶这类商品的使用价值，构成商品品种是否适用。对于商品整体，不仅要研究用的商品的使用价值，还要研究吃的、穿的及其他商品的使用价值。这就是说，既要全面研究商品的个体使用价值，又要全面研究商品的群体使用价值。

研究商品使用价值是为了满足市场需要和消费需求。要使商品使用价值最终发挥出来，必须经历使用价值的转化过程。首先在流通领域实现商品使用价值的交换，最后在消费领域实现商品使用价值的消费。如果商品交换因个体使用价值低劣或群体使用价值不当没有实现，那么商品使用价值的消费也无法实现。只有商品使用价值的消费最终得以实现，商品的使用价值才算真正发挥作用。因此，商品学对商品使用价值的研究更强调使用价值的实现。

三、商品学研究的内容

商品学研究的内容是由商品学研究的对象所决定的。前面通过对商品学研究对象——使用价值的探讨，知道商品学研究的内容离不开商品质量和商品品种。

商品质量是指商品属性满足消费者和用户需求的程度，说明商品满足人们需求的深度。如保温瓶的保温效用的衡量指标，按口径和容量大小有不同规定：普通5号小口保温瓶在（20±5）℃室温下灌入（99±1）℃的水，经24h后测水温不低于69℃。这是对这种保温瓶保温效用程度的要求，是商品使用价值的纵向体现，反映了商品的个体使用价值。

商品品种是指具有某种共同属性和特征的商品群体，说明商品满足人们需求的广度。普通保温瓶保温效用再好，只能盛装沸水、热水，却不能自动出水，更不能用于固体冷藏。为此，研制出气压式保温瓶、电动气压式保温瓶和大口保温瓶，乃至不同容积、不同用途的多种保温瓶，以更好地满足人们的多种需要，这是商品使用价值的横向体现，反映的是商品群体的使用价值。

商品质量和商品品种是商品使用价值在质和量上的不同表现形式，它们之间既有各自不同的内涵，又存在着密切的关系。研究商品质量离不开商品品种，商品质量是具体商品品种的质量；研究商品品种也离不开商品质量，商品质量不同往往会形成新的商品品种。因此，商品学研究的中心内容，客观上必然是商品质量和商品品种。

商品质量研究的是商品使用价值在质上的表现形式。商品质量这个侧面所研究的内容，主要包括商品质量的内涵，对商品质量的要求，商品的成分、结构和性质，商品的质量等级和质量水平，影响商品质量的因素，衡量商品质量的准则，商品质量的检验与评定，商品的保养与维护，以及商品与资源、环境的关系等。

商品品种研究的是商品使用价值在量上的表现形式，商品品种这个侧面所研究的内容，主要包括商品名词术语、商品规格、商品型式、商品类别划分、商品分类体系、商品品种类别、商品品种结构及商品品种发展规律等。

商品种类繁多，既有物质形态的有形商品，又有知识形态、劳务形态的无形商品。我国商品学研究的是物质形态的有形商品。仅从有形商品的整体概念看，它不仅包括商品本身，也包括商品包装及其标志与装潢、商品名称、商标及注册商标、商品使用说明等有形附加物，还包括提供信贷、送货上门、质量保证措施和售后服务等无形附加物。本书研究的主要内容是商品体本身的自然属性，同时也研究商品的一些有形附加物。

商品这个集合体的复杂性，决定了商品学是个综合性的学科。商品学由商品学概论和商品学分论所组成。商品学概论是研究不同商品的共性，是所有有形商品的基础理论，这对学习与研究商品学分论具有指导作用。商品学分论是研究不同类别（如食品类、电器类、纺织品类等）乃至不同品种商品的个性，对分论的研究还可促进商品学概论内容的不断完善和理论的不断发展。

本书属于商品学概论，所研究的内容主要是商品体和商品有形附加物的共性理论及其相关规律。包括商品质量的内涵，对商品质量的要求，商品的构成成分、组成结构、理化和生物学性质，商品名称、型号和系列，商品分类，商品种类和结构，商品品种发展规律，商品标准，商品检验，商品包装，商品养护，商品与资源和环境，影响商品质量的因素等。

随着科学技术的发展，人民生活水平的日益提高，消费者对商品品种和商品质量的要求也越来越高，企业和市场正在努力为消费者提供质量更高、品种更多、式样更新的商品。商品使用价值领域的不断拓宽，商品质量水平的不断提高，商品品种类型的不断增多，必然会使商品学研究的内容向更高的层次发展，以适应市场经济发展的需要。

第二节　商品学的任务和作用

商品学不仅有独特的研究对象和内容，也有独特的研究任务以及其他学科不可替代的地位与作用。了解商品学的任务和作用，不仅有利于进一步明确本学科的研究方向和目标，还有利于理解学习本课程的目的与意义。

一、商品学研究的任务

商品学是以商品质量和商品品种为中心内容，研究商品使用价值的一门学科。通过为商品流通服务，促进工农业生产乃至整个国民经济的发展，指导社会对商品使用价值的消费。其任务如下：

（1）阐述商品的有用性和适用性

商品的有用性和适用性是构成商品使用价值的最基本条件，离开了对商品有用性和适用性的研究，就无从谈起商品的使用价值。只有对商品有用性和适用性进行全面的阐述，才能发现和明确商品的用途和利用方法，从而扩大商品的使用范围。

（2）为评价商品质量奠定基础

商品质量是企业的生命，又与消费者的切身利益紧密相关。通过商品成分、结构和性质的分析，探讨与研究商品质量特性和检验商品质量的方法及方法的选择，可以更好地为制定、修订商品质量标准和商品检验标准提供依据，从而为评价商品质量奠定良好的基础。

（3）分析商品的质量变化规律

商品质量虽然是在生产过程中形成的，但也处于动态变化之中，商品要在流通领域中运转和停留，必然要受到各种外界因素的影响，从而发生不同的质量变化。商品学不仅要研究商品质量变化的类型及其表征，更重要的是分析质量变化的原因，并从中找到抑制商品质量劣变的有效方法。

（4）研究商品的科学系统分类

商品经营管理的目的不同，商品的分类体系也不同。通过对商品分类原则和商品分类方法的研究，提出明确的分类目的，选择适当的分类标志，才能进行科学系统的商品分类，将分类的商品集合体形成适应需要的商品分类体系、商品目录和商品代码。

（5）指导商品使用价值的形成

通过对商品各种属性的研究，不仅可以促进对商品个体使用价值内容的把握，也可促进对商品群体使用价值构成的了解，从而为企业提供有效的商品需求信息，提出对商品的质量要求和品种要求，保证商品适销对路。

（6）促进商品使用价值的实现

商品经营管理者学习研究商品学，不仅可掌握商品的有关理论知识，经营管理好各种商品，实现商品使用价值的交换，还可通过大力普及商品知识使消费者认识和了解商品，学会科学地选购和使用商品，掌握正确的消费方式和方法，促进使用价值的最终实现。

二、商品学的学科性质

任何一门学科都有自己独特的研究对象，但并不是与其他学科没有关系。学科与学科之间的联系，既是学科发展的前提，又是学科发展的必然结果。从商品学研究的对象和内容看，商品学与许多学科的理论知识有着密切的联系，这一点也决定了商品学这门学科所涉及的理论知识具有广泛性。

研究商品的成分、结构和性质，要以化学、物理学、动物学、植物学和微生物学等学科的基础理论和基本知识，以及研究这些学科的基本方法为基础。

研究商品质量评定，对其依据的研究离不开各种商品的质量特性，这就需要计量学、标准化等学科的理论知识。对评定方法的研究，离不开物理学、分析化学和微生物学等学科的基础理论知识。

研究影响商品质量的因素，涉及的学科领域更加广泛。从工业品商品的生产影响因素看，离不开原材料学和生产工艺学等学科的理论知识；从农产品商品的生产影响因素看，需要植物栽培学、动物饲养学等学科的理论知识。

研究商品包装，除研究商品成分、结构和性质外，还要研究商品包装材料的性质、包装容器的结构和特点及包装的一些防护措施，也需要物理学、化学和材料科学的理论知识。

研究商品质量的保养和维护，既要研究在外界因素影响下商品质量变化的形式及其变化规律，又要研究商品成分、结构和性质的变化等内在因素，还要研究影响质量变化的各种外界因素，这同样需要物理学、化学、气象学、微生物学和昆虫学等学科的理论知识。

研究商品分类、商品品种类别及其构成，乃至品种发展规律，需要分类学和统计学等学科的理论知识。研究商品名称、型号和系列，对其进行科学规范，需要标准化和数学等学科的理论知识。

此外，在研究商品质量和品种的过程中，还需要市场学、经济学、管理学、广告学、心理学、美学和地理学等学科的理论知识。

综上所述，研究商品的使用价值不仅需要自然科学理论知识，也需要社会科学理论知识。因此说，商品学既是一门边缘学科，又是一门综合性较强的应用技术学科。

三、商品学的作用

通过对商品学对象、内容和任务的研究，可以看出商品学既是联结生产技术与商业经济的桥梁，又是联结商品生产与商品销售的纽带。实践证明，商品学在多方面起到了其他学科不可替代的作用。

（1）准确了解消费需要，组织适销对路商品

不同商品有不同用途，同一商品也可有多种用途。相当多商品的受欢迎程度会随时间或季节变化而发生变化。商品种类繁多，经营管理者只有熟悉商品属性，才能进行科学的预测和决策，按照市场的客观需求，购进适销对路的商品，更好地满足消费者的需要。

（2）恰当评价商品质量，保护消费者利益

商品学所研究的商品属性、商品标准和检验方法等理论知识，为商品质量评定奠定了基础，从而可以更好地贯彻《中华人民共和国产品质量法》（以下简称《产品质量法》）、《中华人民共和国标准化法》（以下简称《标准化法》）、《中华人民共和国食品卫生法》（以下简称《食品卫生法》）和《中华人民共和国合同法》，恰当地评价商品质量，把好商品质量关，确保提供质量与价格相称的商品，切实保护消费者的利益。

（3）科学包装和储运，使商品质量得到保护

商品在流通领域中，由于质量变化所造成的损失是经常性的，损失也较大，其中经营管理者缺乏商品理论知识是一个不可忽视的原因。通过商品学学习，掌握商品属性及相关理论，就可以依据商品质量变化的原因和特点，对商品进行科学包装、储存和运输，从而使商品质量得到保护，减少或避免因商品变质而导致的损失。

（4）搞好商品信息反馈，促进商品生产发展

流通环节销售商品的显著特点是点多面广，直接接触广大消费者，对商品质量、花色、品种情况及需求走势等信息的了解最直接最全面。经营管理者懂得商品理论知识，则可准确地将消费者的意见反馈给生产部门，从而更好地促进商品生产的发展。

（5）科学地对商品进行分类，利于经营管理的现代化

信息化是现代社会的客观趋势，也是对商品流通的必然要求。商品分类是商品经营管理信息化的基础，经营管理者通过对商品分类理论知识的学习，在对商品进行科学分类的基础上将商品信息更准确、更迅速地输入计算机，有助于促进商品经营管理的现代化。

（6）正确指导消费，充分发挥商品作用

各种商品的使用或食用方法，与商品体本身的属性密切相关。经营管理者通过对商品理论知识的探讨，系统地掌握商品的属性，指导消费者科学地使用或食用各种商品，商品的使用价值才能得到充分的发挥，起到它应有的作用。

总之，商品经营与管理者天天从事商品购、销、运、存活动，每天都在跟商品打交道，时时刻刻离不开商品理论知识。要想把企业的商品经营与管理搞好，光凭事业心和责任感是不够的，还必须掌握业务技术，即要学习商品学。因此可以说，商品学是商品经营与管理人才培养不可或缺的一门课程。

第三节 商品学的发展概况

一、商品学的诞生和发展

商品学是随着商品生产和商品交换的出现，以及商品经济和贸易工作的实际需要，逐渐形成的一门独立学科。商品学的历史与商品生产、商品经济、商业教育的发展紧密联系。商品学的产生与发展大约可以分为三个阶段，即商品知识汇集阶段、商品学诞生阶段和商品学发展阶段。

（一）商品知识汇集阶段

商品学诞生之前，商品的研究是商学研究的一个重要组成部分。在早期的商学书籍中包括大量的商品知识内容，以便商人在经商过程中认识商品的品种和产地，鉴别商品的真伪和质量优劣。

据考证，世界上第一本包含有商品学内容的商学书籍是阿拉伯人阿里·阿德·迪米斯基（Ali-ad-Dimisqui）编著的《商业之美》（1175 年出版）。此后，欧洲的商业中心意大利也出版了许多包括有商品知识的商学书籍。例如，佩戈罗第（Fr.B.Pegolotti）编著的《商品贸易指南》，书中详细论述了从意大利输入中国的商品及其性质、质量、品种

规格和贸易方法等。医药商品和药材是自然科学家和医学家最早系统研究的贸易商品。1553 年，意大利波那费德（F. Buonafede）教授首次在帕多瓦大学（Padua University）开设了“生药学”课程，讲授的内容主要包括药材的名称、产地、分类、性质、成分、鉴别、用途和保管等知识。为便于进行教学和科学研究，他还于 1594 年创建了药材商品教研室。17 世纪，在法国百科全书学者的影响下，萨瓦里（J.Savary）于 1675 年编著出版了《商业大全》，书中详细论述了纤维制品、染料等商品的产地、性能、包装、储存保管和销路方面的知识。当时，这部专著在欧洲负有盛名，并先后译成德文、英文、意大利文和西班牙文等。这些商品知识为商品学的诞生奠定了基础。

（二）商品学诞生阶段

18 世纪初，德国手工业迅速发展，利用进口的原材料加工成工业品，又把工业品出口到外国，从而扩大了工业原材料和商品的贸易，这就要求商人必须具有系统的商品知识，才能胜任贸易工作。因此，当时对商业教育，特别是商人的培养提出了系统讲授商品知识的要求，以提高青年商人的业务素质，在贸易工作中保证商品和原材料质量，杜绝伪劣商品。在当时德国出版的许多商学书籍和专著中，都包含有系统的商品学知识，如马佩格（P.J.Marperger）编著的《博学商人》等。在商人和学者的共同努力下，德国于 18 世纪中叶在大学和商业院校中开始讲授商品学课程，并开展商品学研究。商品学这个词也是来自德文“Warenkunde”，译成英文为“Commodity Science”。

1772 年和 1774 年，德国自然史学家和经济学家贝克曼教授（J. Beckmann）先后在哥廷根大学首次开设了“技术学”和“商品学”课程。在教学和科学研究的基础上，他于 1777 年编著出版了《技术学导论》，并在 1793～1800 年编著出版了《商品学导论》，创立了商品学的科学体系，使商品学成为一门独立学科，至今已有 200 多年的历史。因此，约翰·贝克曼教授被誉为商品学的创始人，他所创立的商品学体系被称为“贝克曼商品学”或“叙述论的商品学”。为研究贝克曼对商品学和技术学的贡献，1987 年德国成立了国际贝克曼学会（JBG），并每年举行一届学术研讨会。

贝克曼的《商品学导论》分为两册，第一册主要是商品生产技术方法、工艺学等方面的知识；第二册主要叙述商品的产地、性能、用途、质量规格、分类、包装、鉴定、保管和主要市场等。贝克曼在《商品学导论》中还明确指出了商品学作为一门独立学科的任务：

1）研究商品的系统分类。

2）商品的鉴定和检验。

3）说明商品的产地、性质、使用、保养及最重要的市场。

4）叙述商品的制造方法和生产工艺。

5）阐明商品的品种和质量及其价格。

6）介绍商品在经济活动中的作用和意义。

自 19 世纪以来，这种德国古典商品学相继传入欧洲各国、日本、中国等国家，使商品学得到迅速发展，商品学教育和研究也不断广泛深入。据文献报道，1810 年俄罗斯的莫斯科商学院开始讲授商品学；1824 年波兰华沙综合技术大学开设商品学课程；1866 年奥地利维也纳工业大学讲授商品学课程；1887 年匈牙利布达佩斯商学院开设商品学课程；1884 年日本东京商业学校正式设置商品学课程；1902 年我国商业教育中把商品学作为一门必修课。

（三）商品学的发展

商品学诞生后，在其发展过程中产生了两个研究方向，一个是从自然科学和技术学的观点研究商品使用价值，研究的中心内容是商品质量，称为自然科学的商品学或技术论商品学；另一个是从社会科学和经济学的观点，特别是从市场营销和消费需求方面研究与商品质量和品种相关的问题，称为社会科学的商品学或经济商品学。

1. 自然科学的商品学

自然科学的商品学起源于意大利波那费德教授的生药学，18 世纪中叶由约翰·贝克曼创立，至 19 世纪初为叙述论或技术论的商品学时代。

19 世纪初欧洲产业革命后，经济活动的重点从商业转向工业，商品生产转入以大工业生产为主的方式，商品经济进一步发展。当时，内陆和海外的原料商品大量涌向欧洲，欧洲的工业产品又大量出口，这就需要对原料、半成品和成品进行严格的鉴定和检验，以保证原材料和商品的质量以及分辨真伪。因此，对原材料、商品的鉴定和检验就成为当时亟待解决的问题。在这种形势下，自然科学的商品学进入到材料学的商品学、鉴定论的商品学或品质论的商品学时代。例如，奥地利维也纳大学植物学家威茨纳（J.V.Wisner）教授就是这一时期的著名商品学学者。19 世纪中叶，他利用物理和化学方面的研究成果，特别是利用显微镜研究植物性原料商品的结构，鉴定其质量。在长期教学和研究的基础上，他于 1867 年编著和出版了《技术显微镜学》，于 1873 年编著了《植物原料商品学》。他在书中详细论述了原料商品的结构特征、质量要求和标准以及检验和鉴定方法等，为商品学的发展和商品质量研究开辟了新的途径。

进入 20 世纪，自然科学的商品学有了进一步的发展，其理论与体系更趋完善，其内容更适合贸易实践的需要，主要包括商品分类、商品标准、商品质量、商品鉴定与检验、商品包装、商品养护等。

1945 年以后，为适应当时商品经济发展的需要，自然科学的商品学进入综合科学、集合科学、边缘科学或交叉科学的商品学时代，称为复合型商品学、现代商品学或商品科学，即从自然科学和技术学以及社会科学和经济学方面综合研究商品使用价值和全面评价商品质量。例如，奥地利维也纳国际贸易学院（现改为维也纳经济大学）格伦斯泰尔（E.Griinsteid1）教授强调，商品学应从自然科学和经济学方面研究商品与人、商品与环境、商品与时代、商品与商品之间的关系；日本商品学学者水野良象教授于 1976 年指出，商品学既不只是研究物质的自然科学，也不只是研究经济的社会科学，而是这两者复杂融合起来的应用科学，即一门典型的边缘科学；匈牙利布达佩斯商学院齐马尼（A.Zimanyi）教授认为，商品学一方面研究商品的质量，即研究由可测技术性能构成的质量要素，这属于自然科学和技术学方面的内容；另一方面也要阐明商品的经济性，即研究与商品质量、供给和需求相关的经济问题，这属于社会科学的范畴，因此商品学是一门综合性或集合性的科学，即自然科学和技术学与社会科学和经济学融合起来的一门边缘科学或交叉科学。

自然科学的商品学发展历史较长，其理论体系不断完善，内容不断更新和拓宽，在国际上占主导地位，各国商品学基本上都是按照自然科学的商品学体系发展，特别是原苏联、东欧各国、中国、越南等国家。从自然科学的商品学又派生出商品分类学、商品检验学、商品养护学、商品包装学、商品品种学等分支，作为商品学的专门研究领域和重要组成部分。

2. 社会科学的商品学

社会科学的商品学或经济商品学是第二次世界大战以后形成的，首先由德国科隆大学商业经济学教授索费特（Seiiffert）提出，后由该大学的库茨尔尼格（A.Kutzelnigg）、考皮尔曼（U.Kopelmann）和克诺布利希（Knoblich）教授继续发展，并于 1961 年创建了经济商品研究所，进行经济商品学教学和研究工作。库茨尔尼格教授指出，经济商品学是以自然科学为基础，从经济的观点，特别是从消费者和市场需求的观点研究商品质量和品种，也称为企业经济商品学。考皮尔曼教授又把企业商品学发展成为产品市场营销学，即以市场和消费需求为基础研究产品预测、产品开发、产品营销等，为产品开发和产品适销提供科学依据。他于 1978 年和 1980 年分别编著出版了《产品市场学基础》和《产品市场营销学》，书中详细阐述了产品需求分析、产品预测分析、产品开发分析、产品设计分析、产品适销性分析的理论方法和模型。克诺布利希教授在企业商品学的基础上提出了商品品种学，即从消费和市场需求出发研究商品品种形成和发展的规律。

在日本，也有社会科学的商品学或经济商品学，包括经营商品学、企业商品学、市场商品学、政策论的商品学、社会商品学、消费者商品学等。例如，企业商品学包括产品计划（预测）、产品开发、产品系列化、商标、商品设计、商品包装、质量保证、产品战略、产品的商品化等内容；社会商品学包括商品的安全性、商品标准化、商品监督检验制度、商品交易所、消费者行政、消费者教育、消费者保护等内容。

经济商品学是经济科学的一个分支，在国际商品学界占次要地位，目前只在德国、日本等少数国家中有，而绝大多数国家中都是自然科学体系的商品学。

二、我国商品学发展概况

我国商品学的发展，大体上也经历了商品知识汇集、商品学诞生和商品学发展三个阶段。在古代，随着商品生产的发展，商品交换的不断扩大，出现了商人和都会市场。商人为招揽生意和辨别货物真伪，深感商品经营知识有用，将散落的关于商品知识的只言片语逐步汇集成书。春秋时期的《禽经》、唐朝的《茶经》、宋朝的《荔枝谱》、明朝的《本草纲目》和清朝的《商贾便览》等，都记载了与商品经营有关的知识。其中，陆羽所著《茶经》一书，从学术角度看，可以说是商品学的萌芽。

到了近代，由于海外贸易频繁，市场竞争日趋激烈，经营手段随之复杂，客观上需要造就一批熟悉商品产地、性能与检验的专业人员。清朝末年有人主张创立商学来研究商品交易之道。废除科举之后，学校式的商业教育肇始，一些学校在商业课程设置上就列有商品学。从 20 世纪初开始，随着商业教育的发展，《新译商品学》、《商品学教本》、《商品学》和《现代商品学》等多部著作相继出版。与此同时，在暨南大学、津沽大学、沪江大学等院校，都开设了商品学课程。

中华人民共和国成立后，随着国民经济建设的发展，商品学学科也得到了蓬勃发展。高等财经院校的企业管理、市场营销、对外贸易和贸易经济等专业均开设了商品学课程。部分院校设有商品学系或商品学专业。自 1983 年以来，天津、西安、黑龙江、内蒙古、河南、上海等省、自治区、直辖市相继成立了商品学会。1995 年中国商品学会成立，并已召开了三届中国商品学术讨论会，标志着我国商品学已经进入一个崭新的发展时期。

三、商品学教育现状

进入 20 世纪以来，自然科学与技术派商品学有了进一步发展，理论体系也更趋于完善。第二次世界大战后，日本和西欧一些国家从经济和技术经济观点出发逐步形成了研究商品与人类、经济、技术、资源、环境等关系的“社会科学与经济派商品学”，称之为“第二商品学”。

目前，世界上约有 30 多个国家把商品学作为一门独立的学科，进行商品学教育和研究，美国、英国、法国等国家虽没有商品学学科，但在市场学、商品经营学、营销学、消费科学和家政学等学科中都涉及或设置了商品学的知识和内容。全世界有 150 多所高等院校建立了商品学教研室或商品学系，开展商品学教学和科学研究工作。商品学教育分为普通商品学和商品学专业，普通商品学是指为经济管理专业开设的商品学课程；商品学专业主要是为商品流通领域培养既具有自然科学和技术知识，同时又具有经济学和某类商品专门化特长的复合型管理人才。

近年来，商品学教学和研究在国际上发展迅速。1976 年，国际商品学会（IGWT）成立，到目前为止已召开十几届学术讨论会。国际学术活动进一步推进了商品学的发展，使自然科学与技术派商品学和社会科学与经济派商品学相互渗透、相互融合，出现了综合派体系的商品学，也称为“第三商品学”。

总之，随着社会的不断进步以及商业经济、商业教育的不断发展，商品学学者也将不断总结商品学的历史经验，深入开展商品学学术探讨，推动商品学更快的发展，促进现代商品学体系的形成，创立更具有现代特色的商品学。

小结

商品学是研究商品使用价值的一门学科，商品学研究的主要内容包括：商品的质量和商品的分类，商品的储运和养护，以及商品包装与装潢，商品的特性等知识；商品学的任务是通过为商品流通服务促进工农业生产乃至整个国民经济的发展，指导社会对商品使用价值的消费。

商品学是从事经济贸易类工作人员必须掌握的一门重要学科，商品学知识也是商品消费者在消费和使用商品时需要了解的。商品学是一门边缘学科，也是一门综合性较强的应用技术学科。

复习思考题

1．简述商品的概念。
2．商品学学科性质是什么？
3．商品学研究的主要内容有哪些？
4．简述学习商品学的意义和作用。
5．简述世界商品学发展的三个时期及其主要特征。

案例分析

梳子的使用价值

有一个制造梳子的工厂派出4个营销人员到庙里去推销梳子。第一个营销员空手而回，说："和尚说没头发不需要梳子。"第二个营销人员向和尚宣传梳子梳头能活血健身，销出 10 把梳子。第三个营销人员向老和尚强调，梳子可以方便香客美容，有助于寺庙香火旺盛，推销了百十把梳子。第四个营销人员找到老和尚，给他出主意，说在梳子上写上庙的名字和"积善梳"三个字，可以保佑对方，这样就可以作为礼品储备在那里，谁来了就送，保证庙里香火更旺。老和尚当时就订购了几千把梳子，后来又陆续不断地向梳子厂订货，成了梳子厂的一大客户。

分析与思考：

1．这一案例表明，人们对商品的需求是多方面的，如果你是推销员，你到庙里会如何推销梳子？
2．本案例对你认识商品的使用价值有什么启示？

第二章 商品质量

学习目标

对商品质量观的内涵有较为全面的理解，了解商品质量的基本要求，掌握影响商品质量的主要因素，熟悉商品质量管理的基本内容，掌握商品品种的分类、类别和结构的内容。

商品质量和商品品种是商品学研究的两个重要内容。商品质量是决定商品使用价值高低的基本因素，商品品种是商品群体的整体使用价值或社会价值的基本反映。本章主要介绍商品质量及其内涵、基本要求、影响因素以及商品品种及其种类与结构、发展规律。

第一节 商品质量观

商品质量是商品学学科研究的中心内容，是社会经济活动的核心主题。

一、商品质量的概念

商品质量亦称商品品质，是指商品内在质量和外在质量的综合，或表述为“是指商品满足规定或潜在要求（或需要）的特征和特性的总和”。这里的“规定”可以理解为国家或国际有关法规、质量标准或买卖双方的合同要求等方面的人为规定；“潜在要求（或需要）”可以理解为人和社会对商品在适用、安全、卫生、耐用等方面的期望；“特征”是指用来区分同类商品不同品种的特别显著的标志，如空调机的窗式、壁挂式、柜式的区分标志；“特性”是指不同类别商品所特有的性质，如服装的服用性能、电视机的视听性能等。

商品质量的高低，取决于商品本身的成分、性质、结构等自然属性和商品本身适应社会需求的社会属性。商品质量是决定商品使用价值大小的重要因素。人和社会对商品的基本期望，如适用性、安全性、卫生性、耐久性、维修性、有效性、审美性、经济性、信息性等方面有程度上的差异，因而对商品内、外在的特性和特征的要求也有不同，这就使商品使用价值的体现有高有低。人们对商品质量的认识和理解是随着社会生产和经济发展而变化的，是对商品质量的客观认识。人们对商品质量高低的评价与其所选取的衡量标准有关联，有一定的主观性。

1. 传统的商品质量观

在生产力发展水平不高，商品生产还不发达，商品供不应求的社会经济条件下，物质数量需要占据主导地位，人们对商品的要求主要是结实耐用，因而商品的质量观强调的是内在质量。为了满足社会需求，商品生产者追求的主要目标是产量，而不是商品质量。因此，商品生产者在没有市场竞争的压力下，轻视外观质量，只需使商品达到较低的技术标准即可。

2. 现代的商品质量观

由于现代科技的进步，生产技术和经济的发达，改变了过去商品供不应求的状况，市场的竞争也因商品的供过于求而显得尤为激烈。人们衡量商品质量的标准已不仅仅是商品使用价值大小等各种自然属性的综合，还将构成商品质量的社会属性和经济属性作为衡量标准之一。人们不再满足于基本的物质需要，还要追求更高层次的精神需要的满足，追求与人们根本利益一致的社会需要的满足。现代商品学力求对商品质量概念进行更新：从单纯注重技术质量的观念扩展到从技术、经济、社会等多方面综合考察的质量观念；从仅仅重视内在质量、轻视外观质量的观念，提升到既考虑商品内在质量的耐久实用、安全可靠等特性外，又注重商品的外观构型、视觉美感等外观质量特征；从过去在质量概念上的静态质量观念转变为动态的、发展的质量观念。

因此，商品质量的内涵有三个方面的内容。

（1）商品质量是由商品使用价值导出的一个范畴

商品质量是由商品使用价值导出的一个范畴，是商品使用价值的市场表现形式，是衡量商品使用价值大小的微观标准。

（2）商品质量具有二重性

商品质量与商品使用价值一样具有二重性，即是物质属性和社会属性的统一，在考量商品质量概念时，只有将这两种属性有机地统一起来，才能构成现代商品学意义上的商品质量。

商品质量的物质性是指商品自然技术性能与之相应的标准规定的符合程度，它具有客观性、可测试性，可实施标准化管理。

商品质量的社会性是指商品对复杂多变的社会需求的适应能力。商品质量的社会性受到时间、空间、人们的消费观念、审美观念等的影响，取决于市场集团对商品质量的判断。如复合地板的打磨系数、甲醛含量，都有一定的检测标准，可以予以数据化的测定和表示，它具有客观性。可是复合地板的打磨系数、甲醛含量的多少却又具有社会性，因社会需要的不同而异。

商品质量的物质性和社会性有机地统一在商品质量之中。社会性是建立在物质性的基础之上，因而，社会性是物质性的实现条件和最终目的。

（3）商品质量是一个动态概念

由于时代进步，技术经济发展，消费者的需求或规定也会相应变化和发展（如时间、空间、使用条件、用途和市场环境等因素），这就必然对商品的质量特性提出更高的要求，而技术又为这种期望的实现提供了可能，因此，商品质量的概念是一个动态的、发展的概念。

1）时间因素：随着科学技术的不断进步，商品更新换代的速度加快，周期缩短。对商品质量的评价标准会随着时间的推移而发生变化。

2）地域因素：由于不同的国家发展水平不同，民族风俗、宗教信仰、自然地理等因素的差异，同一种商品在不同的地区会受到不同的待遇与评价。例如，在英国畅销的我国出口的 18 件装莲花茶具，在日本却因日本人视莲花为不祥物而滞销。

3）条件因素：由于使用条件不同，常常引起对商品质量评价的不同。为此，要对商品质量指标作相应的调整，以消除不同使用条件所造成的商品使用性能的差异。如电视机的灵敏度，中国和日本对它的要求就不同，日本因国内电视发射台的功率大而对电视机的灵敏度的要求不如中国高。

4）使用对象：不同的群体和个人对商品质量的评价是不同的。例如，消费者的年龄、性别、种族、职业、文化程度、宗教信仰以及社会地位等不同，对商品质量会有不同的要求。

5）市场环境：经济的发展变化必然要反映在市场上，而市场环境的变化也必然会使人们的质量观念发生变化。例如，世界能源危机时，汽车节能性能的好坏就成为评判汽车质量的重要特征。危机过后，人们又会将目光投向豪华型轿车。

二、商品质量特性

1. 商品质量特性的概念

所谓商品质量特性，就是根据一定的准则，将对商品的需要转化为特性，这些特性就称为商品质量特性。这里所说的准则就是选择与需要关系密切的、主要的、能够检测的特性。质量特性是商品特性的一部分。商品的综合质量是商品质量特性之和。商品质量要求是对商品质量需要的表述或对商品质量特性的定量或定性的规定。商品质量评价是对商品质量满足需要程度所作的有系统的检查和判断。

2. 表示商品质量特性的指标

商品质量特性是由各种数量指标来表示的，这些数量指标称为质量指标。商品质量指标是商品技术性指标和可靠性指标的综合。由于商品的种类繁多，档次不同，使商品呈现出多样性和复杂性，因此衡量商品质量的指标很多，主要有适应性指标、工艺技术性指标、结构合理性指标、卫生安全性指标、可靠性指标、经济性指标、使用寿命指标、批商品质量均一性指标、生态环境指标、美观指标等。这些质量指标构成了对现代商品质量的基本要求。

三、商品质量工作的意义

当前，国内外市场特别是国际市场的商品竞争日趋激烈。而商品质量又是决定商品的使用效能和市场价格的重要因素。品质的优劣直接影响到商品的使用价值，使用价值的高低又决定了商品价格的高低。当今国内外市场是以消费者需求为中心的买方市场，尤其是国际市场上的商品竞争已逐渐从价格竞争转向非价格竞争。这种竞争的核心是技术进步和管理进步，它集中反映在商品质量上。传统的数量与价格之争已为质量和高技术的竞争所代替，因此，不断改进和提高商品的质量，提高产品的适销性，加强产品的售后服务，已成为通过非价格因素增强自身竞争力，进而加强和巩固市场的必要而又有效的手段。

1. 质量与效益

一个发展良好的企业在注重经济效益的同时必定会注重社会效益。因为经济效益是一个企业生存和发展的必要条件，而社会效益则是一个企业生存和发展的充分条件。

经济效益不仅仅是指依赖于商品生产的数量上的提高，还必须依靠商品质量的不断改进。人们购买的并不是商品本身，而是商品带给人们的益处即商品的使用价值及其具体体现——质量。商品质量的好坏直接关系到顾客网络的建立与巩固、市场份额的占有与扩展。因此，质量对于经济效益具有非常直接的影响。

而质量同样和社会效益也有着直接的关系。企业生产经营的所有商品，都是直接或间接地为了满足人们的需要。提供质量好的商品能提高和丰富人们的生活质量，提供质量差的商品会对人们的生活及生活环境带来不利影响甚至损害。所以，质量不好的商品绝不会产生好的社会效益，负面的社会效益会阻碍商品销量的扩大。

经济效益和社会效益之间有着紧密的联系。一家企业的商品可能是另一家企业的原材料或零部件，而这一家企业的商品有可能是那一家企业的半成品，所以，对自己来说是社会效益，对他人来说就是经济效益。每家企业如果只注重自己本身的经济效益而忽视社会效益，那么对全社会而言就不可能有良好的总体经济效益和社会效益。

现代商品质量观视质量和效益为统一体，质量是取得效益的基础，效益是质量所追求的目标。只有把握好质量这个关键，才能使经济工作取得良好的效益。

2. 质量与商品的有效供给

效益的基础不仅仅是质量问题，也关系到数量问题。数量不能增加，效益也无法实现。当然，此处的数量是有效供给的数量。企业的商品生产应该是有效性的生产，所生产的一定数量的商品是要能满足规定要求或潜在需要的商品，如果质量低劣，数量的有效性就要大打折扣，带来的是经济效益的低下和更多的资源浪费。因此，质量是数量有效性的前提，是保障商品长期有效益供给的基础和关键。

3. 质量是培育市场的重要保证

（1）提高商品质量有利于市场体系的完善

企业生产经营高质量的商品，市场竞争力就强，经济效益也就会大大提高，有利于商品市场的繁荣和发展，也树立了企业在社会上的良好形象。金融市场的资金周转、资金流向、股票涨跌、债券发行均与企业利润相关，只有效益好的企业才具有较高的资金融通能力。有良好资金状况的企业才有可能使企业在研究、开发和生产诸方面得以发展，并在商品市场上提供更加优质的商品。商品市场的发展也将进一步促进劳务市场的发育。而且，生产经营高质量的商品，需要有先进的技术和市场信息，这又使技术市场和信息市场得到发展。

（2）质量是进入国内、国际市场的通行证

随着科技水平、生产水平的发展，消费者对商品的性能、款式、外观、包装和服务等有了更高的质量要求，商品进入市场的门槛也越来越高。特别是我国加入 WTO 后，国内和国际市场将更加紧密地结合在一起，我国企业将会和外国企业在国内外市场同场竞争。在这种激烈竞争的条件下，商品质量的高低就是竞争成败的关键。只有高质量的商品才能提升国内市场的档次，繁荣和发展国内市场；只有高质量的商品才具有国际竞争力，才能进入发达国家的市场，才能保持和扩大国际市场。

第二节　商品质量的基本要求

如前所述，商品质量是在一定使用条件下，商品能够满足人们某些消费需求所具备的属性。对于不同的商品，人们有不同的质量要求，即使对同一类商品，不同的消费目的和消费层次也会有不同的质量要求，因而商品也就依其不同的用途具备不同的质量属性。将各种质量要求归纳起来，可以概括为适用性、可靠性、安全卫生性、美观性、经济性和信息性六大基本要求。

一、适用性

适用性是指商品满足主要用途所必须具备的各种性能，是构成商品使用价值的基本条件。由于人们使用目的的差异，对商品性能的要求也各有不同。例如，食品的适用性要求具有一定的营养功能，提供热量、维持生命、调节代谢等；服装的适用性功能就是遮体、防寒，适体、美观；住房的适用性要求则是起居便利，采光好，温、湿度适宜。商品的多功能化扩大了商品的适用范围，满足了人们快节奏的生活需求，这是现代商品发展的趋势。

二、可靠性

可靠性是商品在规定条件下和规定时间内，完成规定功能的能力。它与商品的使用寿命、耐用性联系在一起，与商品在使用过程中的稳定性和无故障性密切相关。不同商品其可靠性的考量重点有所不同，如手表、钟表要求的是精度可靠性；电子元器件要求的是无故障时间的性能持久性；木地板和地瓷砖则要求的是耐磨性。通常是商品在使用过程中稳定性越强，可靠性也就越好。

三、安全卫生性

安全卫生性是指商品在生产、流通和使用过程中对人身安全与健康以及环境免遭危害的维护功能。它是评价商品质量的主要指标之一。

商品的安全卫生性主要体现为商品本身所具有的保障人身安全和健康的质量特性。这是商品设计、生产和检验时必须重点考虑的一项性能。例如，家电商品必须有良好的绝缘性和防护装置；装饰材料中的甲醛含量必须符合标准要求；化妆品中的铅、砷、汞、有害微生物含量不得超标；食品必须符合卫生要求，不能含有对人体有害的成分和微生物。

商品的安全卫生性不仅要考虑对消费者直接造成的危害，同时还应考虑到商品对人类社会和人类生存环境构成的潜在的威胁，如空气污染、噪声、辐射、水质污染、生态恶化等现代社会问题。这些与安全卫生性相关的问题已日益受到国际社会的关注，许多国家专门制定了各项有关商品卫生和安全的法律，并对相关商品实行强制性的安全、卫生认证制度。

四、美观性

美观性是商品具有满足人们审美需求的属性，如商品的外形款式、色泽度、光鲜度、质地、结构、音色、气味和味道等。现代的人们对商品质量的追求是要达到物质方面的实用价值与精神方面的审美价值相统一的高度。商品的美观性已成为市场竞争能力的重要指标。

商品的美观性要求一般分为以下几方面：外观美，如外表、形态、质地、色彩、光泽等；神韵美，如独特、新颖的风格和格调；环境和谐美，如绿色商品、再现自然。食品的美观性要求食品应具有美好的颜色、香气、滋味和外观形态，它们对于引起人们食欲、购买欲，刺激各种营养成分的消化和吸收，有直接的重要作用。食品的色、香、味、形也是分辨许多风味食品的重要特征。通过食品的色、香、味、形还可以鉴别食品的新鲜程度、成熟程度、加工精度以及变质状况等的内在质量特性。

五、经济性

经济性是指商品使用效果在一定条件下，在商品寿命周期内的低成本、低费用属性。它包括两个方面的内容，其一是统一在“物美价廉”基础上的低成本性；其二是商品处在实现使用价值过程中的低耗费性。

所谓低成本性，是指商品质量性能与获得该种质量性能所需的低成本的统一。它取决于科技的发展及其带来的劳动生产率水平的提高。为真正满足消费者需求，既要反对以次充好、粗制滥造、损害消费者利益的不足质量，又要维护企业的经济效益，反对不顾经济得失，不考虑消费者消费水平和社会资源合理利用的过剩质量。

所谓低费用性，是指商品质量性能与享有该种有用性所需的低耗费的统一。也就是说在商品性能一定的条件下，商品价格和使用费用的最佳匹配。对消费者来说，商品价格取决于商品的生产成本和流通成本，是一次性投资，而商品在整个使用过程中因发挥其特定功能所需的费用即使用成本，则是长期投资。因此，企业经营中既要尽量降低生产成本和流通成本，又要尽可能降低商品的使用成本。如商品在使用中的能源、材料和加工消耗应尽可能减少，维修费用尽可能降低，真正满足消费者对商品质量的经济性要求。

六、信息性

信息性是指商品所具有的承载商品信息的功能。它是消费者正确认识、甄别、选购、合理使用、适当地进行用后处理的信息依凭。商品作为载体所承载的信息主要包括品名、品牌、商标、厂址、生产日期、保质期或有效期、生产许可证、产品标准、条码，以及用途、规格、重量、尺寸、成分、使用说明、维护方法等。传播商品信息的方式有广告、包装、标识牌、图纸、说明书等。随着电子商务的普及，网上订货、网上销售将成为商家一种重要的商品经营方式，商品信息性的质量诉求也将越来越多。

第三节　影响商品质量的主要因素

商品质量是商品生产、流通和消费领域各环节中综合因素共同影响的产物。我们研究商品质量通过实施控制得到预期的商品质量，就需要分析和掌握影响商品质量的主要因素。

一、生产过程中影响商品质量的因素

对于农、林、牧、渔业等天然商品，其质量主要取决于品种选配、栽培或饲养方法、地理环境、气候以及季节等因素。而对于工业品商品，其质量则取决于其生产过程中的研发设计、原材料质量、生产工艺和设备、质量管理与控制、成品检验以及包装等环节。

1. 开发设计

开发设计质量是在市场调研的基础上决定商品质量的先导。开发设计质量在商品质量形成的过程中具有决定性的意义。例如，空调机的制冷量、功率、温度调节功能等都是由开发设计质量所决定的。如果开发设计质量不高，商品存在本质性质量缺陷，无论怎样加强制造工序的质量控制，生产出来的产品即使全部合格，也只能是低水平的商品。

只有分析现有的和潜在的市场消费需求，充分掌握市场商品信息（质量、品种、技术水平、价格、市场反映等），寻求市场空档，才能确定目标开发出适合消费者质量需求的商品。商品开发设计时就充分考虑消费者的质量要求、企业的能力和制造成本，考虑标准化要求和有关法规要求，对开发设计方案进行可行性论证，并试制样品进行分析评价，做好设计定型和批量生产、试销等工作。

2. 原材料质量

原材料是商品生产过程中所使用的原料、材料及辅助物的总称。它是决定商品质量的重要因素。不同的原材料必然会导致商品性能、质量、品质的差异。例如，用鲜嫩的茶叶制成的绿茶和花茶，有效成分高，色泽、香气、味道、叶形等指标都属上乘，而以粗叶制成的茶叶则逊色得多。不同长度的棉纤维制成的纱线和布匹，其外观和强力都有明显的差别。因此，在其他条件相同的情况下，原材料品质的优劣直接影响制成品的质量和等级。

3. 生产工艺和设备

生产工艺和设备是影响商品质量的决定性因素。生产工艺的制定和设备的加工性能，对商品的内在质量和外观质量在生产过程中的形成和固定是非常重要的。同样的原材料会因工艺的不同而产生不同品质的商品，也会因设备加工精度的不同而产生不同等级的商品。例如在棉布生产工艺中增加精梳工序可使商品在外观和内在质量上明显改观。

科学技术的发展可使商品质量发生质的飞跃，而这也是通过生产工艺的改进和设备的更新来实现的。例如平板玻璃的生产，新式的浮法工艺路线是将玻璃熔体在金属液体上成型，其平整、光洁程度是老式垂直引上法工艺路线所无法比拟的。所以生产工艺和设备在商品质量形成中的作用会日渐突出。

4. 商品检验与包装

检验是保证商品质量的重要措施。对商品质量的形成和实现过程中的每道环节的检验都具有事前控制和事后反馈的意义。它可使不合格的原材料或零部件不上生产线，不合格的半产品不继续流程，不合格的成品不进入流通和消费领域。

商品包装是影响商品质量的另一因素，并且越来越重要。包装质量本身又是商品质量的重要组成部分，通过商品内外包装既能有效防止和减少外界因素对商品质量的不利影响，又能宣传、美化商品，提高商品的外观质量，促进商品销售。因此，科学合理的包装应该是集包装保护功能、美化功能、推销功能、便利功能和包装成本为一体的系统工程。

二、流通过程中影响商品质量的因素

商品质量能体现符合规定要求和需要的特征和特性，除生产过程外，流通过程中各环节也存在影响商品质量的因素，如运输装卸、仓库储存、销售服务等。

1. 运输装卸

商品从产地进入销售地点，运输是商品流转的必要环节。运输对商品质量的影响与运输路程、运输时间、运输方式、运输气候、运输路线、运输工具、装卸工具等因素有关。

商品在陆运、空运、水运过程中，由于受到温度、湿度、风吹、雨淋、海水浸渍等自然气候条件的影响，也会受到冲击、挤压、碰撞、震动等物理机械作用的影响以及在运输过程中发生商品变质等化学作用的影响。这些都会不同程度地影响商品质量，降低商品效能。

2. 仓库储存

商品储存是指商品从生产领域到消费领域之间的流通领域的储存。仓库是存放待销商品的场所，因而在储存期间仓库的结构、堆放的方位、时间的长短、温湿度的控制、商品存放量的多少等都对商品储存期间的质量变化有影响。

商品自身的化学性质、物理性能是质量发生异变的内在因素，储存环境条件如阳光、温湿度、氧气、水分、尘土、微生物、害虫等则是商品储存期间发生质量变化的外在因素。通过采取一系列养护和保管的技术和措施，有效地控制环境因素，可以将外界因素对仓储商品质量的不良影响降到最低限度。

3. 销售服务

商品销售过程中的进货验收、商品陈列、提货搬运、安装调试、技术咨询、维修和退换服务等各项工作质量都是最终影响消费者所购商品质量的因素。如果商品陈列无序、技术咨询不到位、销售供应不及时、装配调试技术水平低下、维修退换服务质量差，会直接或间接地影响商品质量，损害消费者的利益。因此，商品良好的售前、售中、售后服务质量已逐渐被消费者视为商品质量的重要组成部分。

三、使用过程中影响商品质量的因素

使用过程中影响商品质量的因素有如何正确使用、如何使用保养、如何正确处理等。

1. 使用范围和使用条件

商品的使用都是有一定的范围和使用条件的，例如，家电产品的电源有直流与交流之分，假如使用不当，则会使其不能正常运转，甚至损坏商品。因此，只有遵从其使用范围和使用条件，才能发挥商品的正常功能。

2. 使用方法和维修保养

为了保证商品使用价值的充分体现，充分发挥商品效能，延长商品使用寿命，消费者必须在了解商品的结构、性能特点的基础上，掌握正确的使用和保养方法，使商品的可靠性、耐用性、安全性等性能得以发挥，最大程度地满足消费者的需要。例如，皮革服装穿用时要避免与硬器碰触，并且不能接触油污、酸性或碱性物质以及雨水；收藏保管时宜放置干燥处悬挂阴干。如果使用过程中，消费者没能全面地了解商品，使用方法不当、维护不足，就会影响商品质量，降低商品效用，缩短商品使用寿命。

3. 废弃物处理

商品在消费领域被消费或使用后，其残剩物体和包装作为废弃物被排放到自然环境中，有些可以回收利用，有些则不可以回收利用或没有回收利用的价值。而这些被遗弃的物品，如果不易被自然条件和微生物破坏分解，就可能对自然界造成污染，破坏生态平衡，如不易降解的塑料制品、含磷洗涤剂、氟氯烷烃化合物等。所以，商品废弃物与自然环境的和谐就成为商品质量的又一指标，废弃处理环节也就成为影响商品质量的又一因素。

第四节　商品质量管理

保证商品在生产、储运、销售、消费以及对残剩物体处理等过程中形成的商品质量，符合满足规定的或潜在的要求，就必须针对商品形成过程，制定一系列商品质量方针并采取相应的具体措施，实施对商品质量的管理。

一、商品质量管理概述

1. 商品质量管理的定义

质量管理是“对确定和达到质量要求所必需的职能和活动的管理”。它是企业及社会各项管理（如计划管理、物资管理、劳动管理、人事管理等）中的一项重要管理。质量管理的职能是制定质量方针（有某机构的最高管理者颁布市场的总质量宗旨和目标）、制定具体措施、组织人员共同参与质量管理活动，贯彻实施质量方针。质量管理的含义涵盖质量体系、质量控制和质量保证。

质量体系（quality system）是“保证产品、过程或服务满足规定的或潜在的要求，由组织机构、职责、程序、活动、能力和资源等构成的有机整体”。企业为实现质量目标，需要进行相应的体系构建，设置组织机构，明确岗位职责，拟定活动程序，配置必要的设备和合适的人员，使各要素之间协调配合，保证质量方针的实现。

质量控制（quality control）使“为保持某一产品、过程或服务满足规定的质量要求所采取的作业技术和活动”。也就是说对商品质量形成过程中影响商品质量的因素采取一定的措施给予控制。

质量保障（quality assurance）是“为使人们确信某一产品、过程或服务质量能满足规定的质量要求所必要的有计划、有系统的全部活动”。质量保证的目的是为了使人们确信企业所具有的能够生产满足规定要求产品的能力。

2. 商品质量管理的发展阶段

质量管理是随着科学技术、生产力发展而不断发展和完善的。20世纪由于高科技的迅猛发展更进一步推动了质量管理的进步。在其发展的历史上大体经历了质量检验管理阶段、统计质量管理阶段和全面质量管理阶段。

（1）质量检验管理阶段

此阶段是从20世纪初期到40年代，属于质量管理的初始阶段，仅限于产品质量检验，杜绝不合格产品流入商品市场。由于此种检验管理是事后管理，不能在生产过程中及时预防次品和废品的产生，因此是一种事后控制性质的质量管理。

（2）统计质量管理阶段

此阶段是20世纪40～50年代。它是运用数理统计与抽样检验方法，通过对生产过程中的数据进行统计分析处理以保证产品质量，防止次品和废品的产生。统计质量管理属于预防型管理，能够在设计和生产过程中发现并解决问题。

（3）全面质量管理阶段

此阶段从20世纪60年代一直延续到现在，是质量管理科学发展的新时代。这个阶段将经营管理、技术管理、行政管理、人力资源、数理统计和企业文化有机地联系起来，从产品设计、原辅材料采购、生产和装配以及商品包装、运输、储存、销售、售后服务、用后处理为止，确立完整的质量管理工作体系，以保证产品质量。全面质量管理的管理对象包括产品质量、工作质量、服务质量；管理范围包括生产领域、流通领域、消费领域，是一种全员、全面、全过程质量管理。

3. 商品质量管理基本方法

美国质量管理专家戴明（W.E. Deming）先生在谈到质量管理方法时，提出了“计划（plan）、执行（do）、检查（check）、处理（action）”管理循环法，简称为PDCA循环或戴明循环。此循环分为四个阶段八个步骤。

（1）四个阶段

1）计划阶段（P）：在市场调研的基础上，展开科学的论证和分析，确定质量方针、质量目标，制定具体的质量管理计划和将采取的相应措施。

2）实施阶段（D）：按照拟定的计划组织有关部门和人员，各负其责，具体实施。

3）检查阶段（C）：检查各环节、各部门计划执行情况，及时反馈实施中出现的问题并协调解决问题。将调查执行计划的结果与计划方案比照，得出检查结论。

4）处理阶段（A）：对计划执行结果进行分析归纳，总结成功的经验，找出失败的原因，并将成功的经验抽象化，纳入标准或规程，指导今后的工作。

（2）八个步骤

这是将四个阶段分为八个步骤进行，前四个步骤是 P 阶段的具体化，第五、六个步骤是 D、C 阶段的具体化，第七、八个步骤是 A 阶段的具体化。

第一步——分析现状，找出存在的问题。

第二步——找出影响质量问题的各种因素。

第三步——确定影响质量的各种因素中存在的主要因素。

第四步——制定计划和措施。

第五步——按照计划，贯彻落实，具体实施。

第六步——比照计划，检查执行情况和效果。

第七步——找出成功与失败的经验教训，并使之规范化、标准化。

第八步——遗留问题在下次循环实施前予以控制解决。

PDCA 管理循环中，A 阶段是一个具有承上启下作用的关键阶段，通过分析总结，既可解决本循环中存在的问题，又可防止类似问题在下个循环中发生。它具有事前和事后控制的功能。

二、商品质量管理法规

1. 质量管理法规的定义

商品质量管理包括两个方面，即微观质量管理和宏观质量管理。前者是企业对所生产经营商品的市场调研、设计和开发、生产、检验、包装、储运、销售、售后服务以及用后处理全程的质量管理；后者是指政府对商品质量的管理和调控，其管理对象是整个国家或地区或整个行业商品质量的规划、形成和实现的全过程。

商品质量法规是指有关商品（产品）质量方面的法律、法令、规定、条例等的总称。运用质量法规有效地管理和保证商品质量，保护消费者合法权益，是世界各国政府解决商品质量问题的重要途径和方法之一。

20 世纪以来，由于伪劣商品侵害消费者利益案件越来越多，英国、美国首先出现了关于商品责任的法律规范，随后其他一些国家也制定了专门的产品责任法。进入 20 世纪 70 年代，国际上也相继订立了《产品责任法律公约》和《关于人身伤亡产品责任欧洲公约》等国际性、区域性公约，并逐渐形成了国际产品责任法律制度。以此为基础，许多国家又制定了与产品责任法相配套的一系列质量法规，如产品质量法、消费品安全法、消费者保护法、食品卫生法、药品管理法、化妆品管理法等，以加强商品质量的管理和监督，促进商品生产交换的发展，维护消费者和经营者的合法权益。

商品质量法规的制定和实施是一项系统工程，它受到社会经济、政治、法律、观念、舆论等多方面因素的影响和制约。随着我国经济体制改革的深入及加入 WTO 后，社会主义的市场经济和全球经济一体化的发展，加强商品质量管理，提高商品质量和依法管理商品质量，正确处理商品质量方面的民事侵权案件（如商品造成他人财产和人身伤亡，导致环境污染、危害青少年身心健康发展等），已成为我国目前十分突出的问题。因此，制定和实施有关商品质量法规，对于保护消费者合法权益、维护社会经济秩序、优化投资环境、促进国内市场经济和对外贸易的发展具有重要意义。

2. 商品质量法规的种类

（1）产品责任法

产品责任是指由于产品质量问题而使消费者受到人身的、财产的损害时该产品的生产者及销售者应对被害人负有的法律责任。产品责任有以下三种。

1）疏忽责任：是指因生产者或销售者的疏忽而造成消费者人身或财产损害，生产者或销售者对此应承担的责任。

2）担保责任：是指卖方就所销售的产品的质量向买方作了保证，如因产品不符合卖方的保证而造成买方的伤害和损失，卖方对此应负的责任。

3）严格责任：是指不论产品的制造商或销售商与消费者或用户之间有无合同关系，也不论对他们生产经营过程中是否有过失，只要产品因有质量问题引起对消费者或用户造成人身或财产损害，该产品的生产者和销售者就应承担责任。严格责任也叫民事侵权严格责任，对消费者利益的保护是很有意义的。

产品责任法是指由于产品的缺陷而造成人身或财产损害，因此使得该产品的制造者或销售者承担赔偿责任的法律规范。在产品责任法中，具体规定了商品生产者和销售者所承担的商品质量责任以及消费者或用户索取赔偿的权利。它有利于明确责任，解决贸易纠纷，维护消费者权益。由于产品责任法的各项规定和原则是强制性的，因此对保护消费者合法权益和加强商品监督管理具有十分重要的意义。

我国的产品责任法起步较晚，长久以来有关产品责任的规定只是散见于《中华人民共和国民法通则》（以下简称《民法通则》）或一些有关的法规或条例中，如《工业产品质量责任条例》等。《民法通则》第 122 条规定：因产品质量不合格造成他人财产、人身伤害的，产品制造者和销售者应依法承担民事责任；运输者对此负有责任的，产品制造者和销售者有权要求赔偿损失。这一条规定是其他法规条例中关于产品责任规定的法律依据。在我国社会主义市场经济不断发展的要求下，制定一部专门的我国产品责任法是非常迫切的，也是非常必要的。

（2）产品质量法

产品质量法是指生产者和销售者对其产品质量所应承担责任的法律规范。从 20 世纪 80 到 90 年代，随着改革开放的不断深入发展，产品质量问题成为危害社会的严重问题，尤其是假冒伪劣产品危害人民的生命与健康，情节严重，屡禁不止，引起广大群众的强烈不满。为适应形势的要求，规范产品责任，保护消费者的权益，人大常委会先后制定与修改了产品质量法。1993 年 2 月 22 日第七届全国人民代表大会常务委员会第三十次会议通过《中华人民共和国产品质量法》，从同年 9 月 1 日起实施。2000 年 7 月 8 日，第九届全国人大常务委员会第十六次会议通过了《关于修改〈中华人民共和国产品质量法〉的决定》，主要是强化产品质量的行政管理与行政责任。

《产品质量法》中对产品质量监督管理、生产者和销售者的产品质量责任与义务、损失赔偿、经济处罚和法律责任等，都作出了明确规定。它是处理各类商品质量问题和解决商品质量民事纠纷的法律依据。根据产品质量法，商品出现下列情形之一的，其生产者和销售者应承担产品质量责任：不符合国家有关法律、法规规定的质量要求的；不符合标明使用的产品标准；不符合以产品说明、实物样品等方式表明的质量状况；不具备产品应当具备的使用性能，而事先并未作出说明的。

由于这些规定为强制性的，所以它对加强商品质量监督和管理，明确商品质量责任，保护消费者和用户合法权益，维护社会经济秩序，促进社会主义市场经济的发展具有重要意义。

3. 消费者保护法

消费者保护法是指为保护消费者消费权益而提供法律保障的法律规范。消费者作为社会消费群体其消费行为直接影响和制约着社会生产的发展，而消费者对商品的选择权又相对有限，它受到工资、物价、市场预期、环境卫生、交通通信、法律保障、商品质量等社会经济生活因素的影响。如果没有相关法律提供保证，消费者所受到的损害便得不到合理的赔偿。为了刺激社会有效需求，促进社会再生产的正常发展，对消费者的利益实施法律保护便成为社会日益关注的重要问题。

消费者权益的法律保护有直接和间接两种。直接的法律保护由各国的国内法律和国际公约提供，有保护消费者权益的基本法、买卖法、合同法以及食品、医药、卫生、电器商品、化妆品等消费品的质量、包装、计量、安全等法规；间接的法律保护有商标法、广告法、物价法、反不正当竞争法、市场监督管理法、商品质量监督管理法、环境保护法等法规。这些法规是以宪法关于保证公民的基本权益和民法关于保障公民的人身、财产安全为依据，对消费者的利益提供了保障。我国为适应社会主义市场经济的需要，颁布了一系列的相关法规，如《食品卫生法》、《化妆品卫生监督条例》、《中华人民共和国商标法》（以下简称《商标法》）、《中华人民共和国经济合同法》、《中华人民共和国进出口商品检验法实施条例》（以下简称《商检法》）、《中华人民共和国计量法》、《产品质量监督试行办法》等。1993 年又颁布和实施了《中华人民共和国消费者权益保护法》，更直接有效地对消费者权益予以保护。这对社会主义市场经济的健康发展有着积极的推动作用，意义颇为重大。

4. 商品质量监督管理、检验、认证等方面的质量法规

为了适应国内外市场经济发展的需要，加强商品质量监督管理与检验工作，从 1986 年开始，我国颁布实施了《工业产品质量责任条例》、《产品质量监督试行办法》、《国家监督抽查产品质量的若干规定》、《全国产品质量仲裁检验暂行办法》、《工业产品生产许可证试行办法》、《进口商品安全质量许可证制度》、《中华人民共和国产品质量认证管理条例》、《中华人民共和国反不正当竞争法》、《关于惩治生产、销售伪劣商品犯罪的决定》、《商检法》等系列质量法规。这些法规的制定，有力地促进了我国生产许可证制度、国家产品质量监督检验制度、产品质量认证制度的建立，对于维持公平竞争的市场秩序，解决商品质量问题，促进与国际市场接轨起到了重要作用。

三、商品质量管理术语

1. 质量管理

质量管理是指确定质量方针、目标和职责并在质量体系中通过策划、质量控制、质量保证和质量改进使其实施的全部管理职能的所有活动。

对此概念可作如下理解：

1）质量管理是组织全部管理的一个重要组成部分，它的职能是制定并实施质量方针、质量目标和质量职责。

2）质量管理是以质量体系为基础，依靠质量策划、控制、保证和改进这四项质量管理工作发挥其职能。

3）质量管理是有计划、有系统的实施管理工作，必须建立质量体系。

4）质量管理需要最高管理者统领，逐级分解质量目标和职责，各级管理者或人员对细分目标负有完成的责任。

2. 质量策划

质量策划是指确定以及采用质量体系要素的目标和要求的活动。

对此概念可作如下解释：

1）质量策划是一项活动，或是一个过程，而不是质量计划，也不是制定质量计划

的过程。

2）质量策划是一项确定质量目标和要求的活动。产品策划的内容是对质量特性通过识别、分类和比较，确定适宜的质量特性，然后制定质量目标、质量要求和控制条件。

3）管理和作业策划是一项确定采用质量体系的目标和要求的活动。策划的内容是为实施质量体系作准备，包括组织和安排，为产品质量的实现配备资源和管理支持。

4）质量策划还包括编制质量计划和质量改进规定的内容。

3. 质量控制

质量控制是指为达到质量要求所采取的作业技术和活动。

对此概念可作如下解释：

1）作业技术和活动仅指为了达到质量要求所采取的，而不是指组织内所有的作业技术和活动。

2）这些作业技术和活动的目的在于对达到质量要求的过程阶段实施监控，其质量控制活动存在于产品质量形成的全过程中。

4. 质量保证

质量保证是指为了提供证明商品能够满足质量要求，而在质量体系中实施并根据需要进行证实的全部有计划和有系统的活动。

对此概念可作如下解释：

1）质量保证是通过提供证据证明实体达到质量要求，从而使人们对这种能力产生信任。质量保证注重于组织能否连续提供始终满足质量要求的产品的能力，而不是指具体的产品能否满足产品技术规范的能力。

2）质量保证是一项有目的、有计划、有系统的活动，不是针对单项质量要求的孤立的活动。商品质量保证必须服务于提供信息的目的。怎样确定提供证据的范围、种类，提供证据的方式、方法和相应的程序，证实的程度都要以满足需要和能够提供信任为准则。

3）质量保证包括内部质量保证和外部质量保证。前者是向组织内各层管理者提供信任，使其相信组织提供的产品能满足质量要求。后者是向用户和监督管理机构提供信任，使其相信该组织有持续地提供满足质量要求的产品的能力。

4）为了提供足够的信任，质量要求要能够全面回应用户的要求。否则，提供的信息是不完全的。

5. 质量体系

质量体系是指为实施质量管理所需的组织结构、程序、过程和资源。

对此概念可作如下解释：

1）质量体系的资源包括人力资源和专业技能，设计和研制设备，制造设备，检验和试验设备，仪器、仪表和计算机软件。

2）质量体系的内容要以满足质量目标的需要为准。质量体系的建立运转要以质量方针和质量目标的展开为依据。合适的质量体系应是能有效地满足实现质量目标的需要的体系。

3）每个组织都是按照某一标准的要求（如 ISO9001－2000 版标准）规范已有的质量体系，使之能够满足质量管理和为用户提供信任的需要。

4）质量体系的架构必须结合本组织的具体目标、产品和过程以及具体情况进行综合评估。因此，不同的组织建立的质量体系也不相同。但是为了达到外部质量保证的目的，所建立的质量体系必须满足模式标准对质量体系的要求，以期达到为广泛的用户提供信息的目的。

6. 全面质量管理

全面质量管理是指一个组织（企业）以质量为中心，以全员参与为基础，目的在于通过使用户满意和本组织全体成员及社会受益而达到长期成功的管理模式。它与质量管理不同：质量管理只体现某一方面的管理职能，而全面质量管理集组织的所有管理职能于一体，因此，它是质量管理的更高境界。

全面质量管理有如下具体特点：

1）它是一个组织以质量为中心的质量管理。

2）它是一个组织的全体员工参与的质量管理。

3）它是对一个组织的全体员工进行教育和培训的质量管理。

4）它是强调一个组织最高管理者的强有力和持续的领导的质量管理。

5）它是强调一个组织谋求长期的经济效益和社会效益的质量管理。

四、商品质量管理的基本内容

商品质量管理是企业通过建立和实施质量体系，对商品生产、流通和使用消费实行对商品寿命周期和质量体系运转的全过程进行控制和管理。主要包括三方面内容：商品生产质量管理、商品流通质量管理、商品使用质量管理。

1. 商品生产质量管理

商品生产阶段是商品质量形成的主要阶段，由于生产活动是多工序活动的集合，因而每个工序对商品质量的形成都会产生不同的影响。

（1）原材料质量管理

原材料质量管理主要是对原材料供应计划中原材料的数量、质量及储备数量的管理。通常是根据商品生产数量周期和资金周转状况，确定购入原材料数量。在保证质量要求的前提下，要节约原材料成本和运输费用。对质量控制的目的就是要使原材料符合商品设计质量的要求。为使商品生产能顺利进行，企业要科学合理地储存一定数量的原材料，建立健全原材料仓库的领料制度，确定原材料的消耗定额并对其使用的情况进行分析管理。

（2）设计质量管理

商品质量形成的过程中，设计质量对保证商品满足消费者和用户要求具有决定意义。商品设计过程中质量管理的任务是：依据市场调查与科技情报制定设计质量目标，即要达到的质量标准，进而说明商品使用质量应该达到的要求。

先期开发研究的工作质量对提高设计质量的影响很大。在设计工作全面展开之前，应对设计方案的可行性、科学性及合理性进行鉴定。对设计质量进行全面审查，如一般审查、计算审查、标准化审查、可行性审查、可检验性审查及设计更改审查等。新产品的设计需要经过反复试制、多次修改、最后定型的过程，以保证设计质量标准的先进性和可行性。

（3）工艺、制造质量管理

工艺、制造质量管理是商品生产质量管理的中心环节。科学的工艺是指导加工操作、编制生产计划、进行质量检验的依据。工艺质量主要是指商品生产过程的技术准备的质量。工艺质量管理是生产质量管理中最基本的工作之一，是根据设计和有关技术要求，以及企业现有的资源配置，对生产、安装、服务等过程实施过程控制策划、过程能力验证、过程保障能力研究等，以使商品质量形成的全过程处于受控状态。

工艺质量管理的内容包括：审查商品设计的合理性、经济性和可行性；制定工艺方案，选择最科学、最经济的工艺流程；安排合适的生产设备提高加工质量；编制工艺规程，明确工艺条件和技术标准。

（4）生产过程质量管理

生产过程质量管理是指原材料进厂到制成成品的完整制造过程的质量管理和质量控制，即按照工艺设计的技术要求，控制影响制造质量的各种因素，保证制造质量符合设计质量的标准。其内容包括：进行工序组织和控制；监控制造过程；对准备生产的原辅材料验收；保证过程设备和基本材料的一致性；加强对过程中的技术比照控制不合格产品的比例；保持稳定的环境条件；进行适当的人员培训等。

2. 商品流通质量管理

商品流通质量管理，实际上就是商业经营各环节中的商品质量管理。在生产阶段完成后，商品的自然质量已经形成，但是商品在流通领域运转过程中也会发生质量的变化。

（1）商品检验管理

商品出厂前，要对商品进行有效的检验，防止不合格产品进入流通领域。商品检验管理包括健全检验机构，完善检验制度，加强检验、验收质量管理工作，制定具体规程，严格按规程操作。

（2）商品运输质量管理

商品运输是生产过程在流通领域的延续。运输中的人力、财力的配备和物质的消耗成本构成了商品价值的一部分，运输过程中的各种因素也可能导致商品质量发生变化。因此，制定合理的运输计划，包括选择运输路线、确定运输工具、预防气候变化及采取相应的措施等，对搞好运输、减少运输质量损失、降低运输成本有很重要的意义。

（3）商品储存质量管理

商品储存是商品流通领域中不可缺少的环节。商品储存质量管理主要是“以防为主”，防患于未然，最大限度地减少商品在储存期间质量变化和损失的程度。因此，商品储存质量管理的内容是：制定商品储存计划；建立健全仓储管理制度；根据商品的特点，结合包装条件，科学堆码；控制仓库温湿度，做好防霉、防虫、防污染工作；做好商品的在库检查和定期巡查，发现质量问题及时处理等。

（4）商品销售质量管理

商品销售是指商贸部门运用一定的技术设备，选定某种服务方式，将商品出售给消费者的过程中的各种经济活动的总称。通过销售将商品价值实现过程的始端和终端联系在一起，是实现社会生产目的及社会再生产顺利进行的重要条件。销售质量直接影响商业企业的信誉和消费者利益。商品销售质量管理内容包括：编制商品销售计划；制定合格销售人员的操行规则；规定销售过程及其质量要求；培训营业员，提高服务质量等。

3. 商品使用质量管理

商品的使用过程是商品质量的实际检验。商品使用质量管理是商品质量管理的最后环节，其目的是指导消费。通过售后服务，积极开展技术服务、技术咨询工作，最大限度地实现商品使用价值。商品的设计质量和制造质量是需要通过使用过程中的质量表现出来的，如果能最大程度地实现商品的使用质量实际上就是维护和提高商品质量，直接或间接地给消费者提供了质量保证和消费信心。

小结

本章主要介绍商品质量及其内涵、基本要求、影响因素，以及商品品种及其种类与结构、发展规律。商品质量和商品品种是商品学研究的两个重要的内容。

商品质量亦称商品品质，是指商品内在质量和外在质量的综合。商品质量的高低，取决于商品本身的成分、性质、结构等自然属性和商品本身适应社会需求的社会属性。商品质量是决定商品使用价值大小的重要因素。不同的消费结构或层次要求有不同水平的使用价值及不同档次的品种。只有重视商品质量和商品品种，才能满足人们不同的消费需求，获得最佳的经济效益。

复习思考题

1．如何理解商品质量的内涵？
2．如何分析商品的质量特性？
3．商品质量的基本要求有哪些？影响商品质量的主要因素是什么？
4．试述 PDCA 商品质量管理基本方法。
5．简述商品质量法规的主要种类。
6．什么是商品品种？如何理解商品质量、商品品种与经济效益三者之间的关系？
7．简述商品品种的发展规律。

实训项目

1．实训内容：

了解工业生产过程中，影响产品质量的主要因素。

2．实训要求：

1）选择一个自己熟悉的生产企业，进厂参观了解企业的生产过程和工艺，并做好记录。

2）与生产企业的技术人员或管理人员进行交流，了解影响产品生产过程中，影响产品质量的主要因素。

3）把了解的有关信息与教材中讲述的影响产品质量的主要因素进行对比，写出该企业产品质量在生产环节的主要影响因素，并提出控制措施。

案例分析

商品质量与客户要求

中国广东化工企业每年要通过香港进口价值 20 亿元的机械设备，而我国东北企业基本都能生产这些设备。当时的化工部部长带着这个问题去了广东，他了解到我国机械质量分为特级、一级、二级、三级，广东化工企业经常需要三级设备，但某些质量指标为特级或一级配置，而我国东北企业没有这样的质量配置。但香港代理的国外设备可根据客户需要做各种配置，再加上售后服务差距，使东北企业每年损失 20 亿元收入。东北企业的产品质量符合国家标准，但不符合客户的质量要求，这种旧的质量观点已经不能适应市场经济的要求，结论就是要彻底改变传统质量观念和工作行为。

分析与思考：

1．应该树立什么样的质量观念？
2．从本案例来看，现代商品质量观念与传统商品质量观念有什么区别？

第三章　商 品 分 类

学习目标

通过本章的学习，明确商品分类的概念，了解商品分类的意义，掌握商品分类的基本原则和方法；理解选择商品标志的基本原则，掌握常用的商品分类标志，了解商品分类体系；明确商品目录和商品代码的概念，了解商品目录和编码的种类，理解编码的原则和种类，了解编码的方法；掌握条码的概念、优点以及常用商品条码的结构。

第一节　商品分类的概念和意义

一、商品分类的概念

在科学研究和社会实践中，人们往往将事物加以科学归纳，系统地划分为不同的类别，以便深入地研究这些事物的性质或特性。这种把事物按照某一标志，科学地系统地划分为不同类别的方法叫分类。

科学的分类，可以将看似杂乱无章的事物条理化，从中找出事物的规律性。对于商品的研究也如此，首先必须对其进行分类。商品分类是指为了满足某种需要，选择适当的分类依据，科学地、系统地将商品划分为若干不同的大类、类别、组别、品目乃至品种、规格、花色等，这种将商品集合总体科学地、系统地逐次划分的过程称为商品分类。

分类的进行，首先必须明确分类对象所包括的范围；第二，必须提出分类的明确目的；第三，必须选择适当的分类标志。

二、商品分类的意义

1. 商品分类有助于国民经济各部门实施各项管理

对商品进行科学的分类，对国民经济各部门如计划、统计、物价、贸易等实施管理都是非常必要的，国民经济状况的分析必须依赖于各种经济统计量的分析。其中，涉及重要类别商品的销售量、库存量、价格指数的变化等的统计。然而，对与商品相关的各种统计必须建立在商品分类的基础之上，也只有这样，统计的数字才有价值。

2. 商品分类有助于商业经营管理

现代商业经营的商品数量繁多，品种繁杂，而且随着商品生产的发展及消费需求的快速变化，其品种、规格、花色等也在不断调整，在商业经营中，无论是零售还是批发，也不论是运输，还是保管，无一不是在商品分类的基础之上进行的。例如，商品的大类既与生产行业对口，也与流通组织相适应；商品的品目（中类）又是生产与流通管理工作的纲目；商品品种是具体的商品名称，其系统化有助于商品流通管理和物价管理。没有对商品进行科学系统的分类，商品生产、流通、计划、统计、财务管理等工作是不可能正常进行的。

3. 商品分类是实行现代化管理的前提

现代化管理离不开计算机，当前，计算机信息处理技术在我国已得到广泛应用，而计算机系统的使用和发展离不开科学的商品分类和编号。编制“商品目录”和“商品编号”，都是在商品分类的基础之上进行的。

4. 商品分类有利于了解商品特性，也便于消费者选购商品

通过对商品进行科学的分类，可以使某类商品具有和其他商品不同的特征。对商品主要类别特征的分析，有助于对各类商品的使用价值、质量及其变化规律进行深入研究，解决商品的质量、鉴定、保管、检验、养护、保管、使用及营销等方面提出的重要理论问题，为预见商品的发展趋势提供依据。同时从消费者利益出发，商品分类也是必要的。消费者选购商品时，可根据商品分类找出自己所需商品，大大节省购买时间。

5. 商品分类有助于商品学的教学和科研工作

为适应教学与研究需要，对商品进行系统的分类称为教学科研分类。如为了分析商品的质量特性，将商品分为工业品、衣着商品、食品、生产资料等。教学科研分类的基本目的是合理地组织教学，商品品种繁多，而教学时数有限，只能基于商品分类，在众多商品中选取典型商品进行深入的分析研究。同时，商品的科学分类也有助于商品学的科研和教材编写工作。

第二节　商品分类的原则和方法

一、商品分类的基本原则

商品分类原则就是给出代码标准的分类依据和它所采用的分类方法。商品分类的基

本原则有下列五项。

1）科学原则：就是要选择商品最稳定的本质属性或特征为分类的基础和依据。商品分类要从有利于商品生产、销售、经营出发，最大限度地方便消费者，并保持商品分类的科学性。

2）系统原则：就是将选定的事物、概念的属性和特征按一定排列顺序予以系统化，并形成一个合理的科学分类体系。

3）可扩延原则：通常应设置收容类目，以便保证增加新的事物或概念时不至于打乱已建立的分类体系，同时也可为下级信息管理系统在本分类体系基础上进行延拓、细化创造条件。

4）兼容原则：即要与有关标准协调一致，并要求分类体系能兼容并蓄地将总体范围的商品全部包含进去。

5）综合使用原则：即在满足系统总任务、总要求的前提下尽量满足系统内各有关单位的实际需要。

二、商品分类的基本方法

商品分类的方法基本上有两种，即线分类法和面分类法。

1. 线分类法

线分类法也称层段分类法，它是将初始的分类对象按所选定的若干个属性或特征逐次地分成相应的若干个层级的类目并排成一个有层次的逐渐展开的分类体系，各层选用的标志可以不同，但各层之间从纵向看，呈线性隶属关系。如橡胶制品按用途分为日用橡胶制品、劳动保护橡胶制品等；日用橡胶制品按用途又可分为胶鞋、容器等。所划分的各层之间形成有机联系。

线分类法是商品分类中常采用的方法。主要优点是：层次性好，能较好地反映类目之间的逻辑关系；使用方便，既适合于手工处理信息的传统习惯，又便于计算机处理信息。但线分类体系也存在着分类结构弹性差（分类结构一经确定，不易改动）、效率较低（当分类层次较多时，代码位数较长，影响数据处理的速度）等缺点。

2. 面分类法

面分类是将选定的分类对象若干个属性或特征视为若干个面，每个面又可分成许多彼此独立的若干个类目，使用时可根据需要将这些“面”中的类目组合在一起形成一个复合类目。例如，服装的分类就是按面分类法组配的。把服装用的面料、款式、穿着用途分为三个互相之间没有隶属关系的“面”，每个“面”又分成若干个类目。使用时，将有关类目组配起来。如：纯毛男式西装，纯棉女式连衣裙等。这种分类方法的优点是具有较大的弹性，因为分类所选用的属性不同，因此所划分的大类之间是互不依赖的并列关系，一个“面”内类目的改变不会影响其他的“面”；适应性强，可根据需要组成任何类目，便于计算机处理信息；此外，还易于添加和修改类目。它的缺点是：组配结构太复杂，不便于手工处理，其容量也不能充分利用。如“男式连衣裙”就无实际意义。

目前，在实际运用中，一般把面分类法作为线分类法的补充。我国在编制《全国工农业产品（商品、物资）分类与代码》国家标准时，采用的是线分类法和面分类法相结合，以线分类法为主的综合分类法。

第三节　商品分类标志

一、选择商品分类标志的基本原则

在分类过程中，由于分类的目的不同，其依据也不会一样。分类的依据称为分类标志。正确选择分类标志是商品科学分类的基础。不同的国家、不同的历史阶段，商品所包含的范围并不相同，因此商品分类的对象也不尽相同。为了满足对商品进行质量管理和科研、教学等方面的活动需要，各部门对商品进行分类的目的、要求也不一样，对商品分类的方法也是不同的，如商品的习惯分类和教学分类就不一样。由于商品本身的繁杂性，要使分类具有科学性、系统性，就必须选择适当的分类标志，在确定分类标志时应遵守下列原则。

1）目的性：即分类标志的选择应满足分类目的的要求。

2）区分性：即必须能从本质上表现各类商品之间的明显区别，保证分类清楚，而且分类后能保证每种商品只出现在一个类别里。

3）稳定性：即必须使商品分类具有预见性和相对稳定性，能划分规定范围内的所有商品并且有不断补充新商品的余地。

4）关联性：即必须使商品分类建立在并列从属关系的基础之上，上一级的类别与从属的类别间存在着联系，下一级的标志必须使上一级标志更具体化。

5）简便性：即必须使商品分类在实际应用中具有易行性，有利于采用数字编码运用电子计算机进行处理。

由于可供商品进行分类的标志很多，要找到完全符合上述原则的分类标志是很困难的，这主要是因为商品本身性状的多样性、复杂性及用途不同等造成的。在实际分类过程中，无论选择哪种标志进行分类，都会遇到个别商品难以区分的困难。因此，在商品分类的过程中，科学、合理地处理这些问题，也是商品分类工作的一个重要内容。

二、常用的商品分类标志

1. 以商品的用途作为分类标志

这是商业经营中常采用的一种分类方法。商品的用途取决于商品的使用价值，是商品使用价值的重要标志，也是使用价值实现的基础。同时，商品用途也是探讨商品质量的重要依据。在实际工作中，很多商品的分类都是以用途为标志进行划分的，它不仅适用于对商品大类的划分，也适合于对商品类别、品种的进一步详细分类。如生活资料按用途可分为食品、衣着用品、日用品等类别；衣着用品类商品按用途又可分为衣料织品、室内装饰织品、服装、床上用品等。日用品可按用途分为鞋类、玩具类、洗涤用品、化妆品类等；胶鞋可分为劳保鞋、雨鞋、旅游鞋、运动鞋等；运动鞋又可分为足球鞋、网球鞋、乒乓球鞋等。

以商品的用途作为分类标志，便于比较相同用途的各种商品的质量水平和产销情况、性能特点、效用，有利于按市场的需求状况分析商品的适用性，从而促进和提高商品的质量，扩大商品的品种，也便于商品经营管理，便于消费者对比选购商品，有利于生产、销售和消费的有机衔接。但对于储运部门和多用途的商品，则不宜采用这种分类标志。

2. 以商品原材料作为分类标志

商品的原材料是决定商品质量的重要因素之一，原材料的种类和质量在很大程度上反映出商品的质量及商品养护的特点。例如纺织品按原材料可分为棉织品、麻织品、丝织品、毛织品和化纤织品等；皮革可以分为牛革、羊革、马革、猪革等，这些都是以原材料为标志的分类。很多商品由于原材料不同，可使商品具有截然不同的特征，由于原材料不同，也可使某些商品的化学成分不同。例如，食品按其原料来源可分为植物性食品和动物性食品，它们的化学成分和营养价值有着较明显的差别。

以原材料作为分类标志，不仅分类清楚，而且能从本质上反映出每类商品的性能、特点、使用（食用）及保管要求，为确定销售、运输、储存条件提供了依据，有利于保证商品流通中的质量，特别是对那些原料来源较多，且对性能影响较大的商品比较适用。但对那些由两种以上的原材料所构成的商品，如家电商品中的电冰箱、收录机、电视机等则不宜采用以原材料为标志分类。

3. 以生产方法作为分类标志

很多商品即使选用相同的原材料，但由于加工方法不同，商品的质量特性也不会相同，从而形成截然不同的品种类别。因此，生产方法也是商品分类的重要标志。例如，根据纺织方法的不同，可将纺织品分为经纬织品和针织品两类；再如茶叶，由于加工方法不同可分为红茶（发酵茶）、绿茶（不发酵茶）、乌龙茶（中发酵茶）等。

按生产方法分类，特别适用于原料相同，但可选用多种工艺生产的商品，优点是因为生产方法、工艺不同，突出了商品的个性，有利于销售和工艺的革新。对于那些虽然生产方法不同，但产品质量、特征不会产生实质性区别的商品，如同是热塑性塑料制品，尽管加工成型方法不同，但无论是吹制、注射、挤出或压铸等法所制得的制品，其质量和基本性能并未产生实质性差别，因此，这类商品不宜用生产方法作为分类标志进行分类。

4. 以商品的主要成分或特殊成分作为分类标志

商品单一成分者极少，大多数商品是多种成分的混合物。在一定条件下，商品的化学成分不同，其属性、等级以及用途保管方法也不相同。构成商品的成分有主要成分和辅助成分之分，很多情况下，决定商品特性的是商品的主要成分，分类时应以商品的主要成分为标志来划分。还有些商品，它们的主要化学成分虽然相同，但由于含有不同的特殊成分，可形成质量、性能和用途完全不同的商品，因此，商品的特殊成分也可作为分类的标志。如合金钢，主要的成分为铁，但由于合金元素种类不同，其用途、性质不同，可以根据合金元素不同分成镍钢、锰钢、硅钢、碳钢。又如塑料制品可按其主要成分——合成树脂的种类不同划分成酚醛塑料、聚乙烯塑料、聚氯乙烯塑料等；化妆品、洗涤用品中的很多类别也是按其特殊成分来分类的。

以商品的主要成分或特殊成分作为分类标志，便于深入研究某类商品的特性、储运条件及使用方法等问题，对于开发商品新品种、满足不同消费者的需要等具有重要意义，这种分类方法，在生产管理、商品经营和商品学教学中得到广泛的运用。但是，对于那些复合成分的商品如粮食、蔬菜、水果，或化学成分区别不明显的商品，如钟表、照相器材、文化用品等，一般不采用此标志作为分类的依据。

此外，商品的形状、结构、重量、特性、花型、颜色、款式以及产地、品种、收获季节等特征都可作为商品分类的标志。这些标志，概念清楚，特征清楚，容易区分，常用于具体品种的进一步分类。

除上述分类标志外，有时还需要根据商业政策及经济规律等标志进行分类。如根据我国商品管理政策，把全国商品分为一类商品、二类商品和三类商品；根据国内外贸易的要求，把商品分为内销商品和出口商品等。这样的分类，常是为一定时期某项政策服务的，因此，它们可不作为商品分类研究的主要内容。

三、商品分类体系

分类标志的选择是由分类目的和各种商品本身的特性所决定的。由于商品品种繁多，分类目的多样化，商品的分类标志和分类方法也不一样。事实上，把各种商品用一种分类方法就能全部分开是难以办到的。在实际分类工作中，常常是先确定一个主要标志，将商品分成大类，然后按不同的标志依次地将商品划分为中类、小类以至细目等，在任一次商品分类中，可将任一商品集合总体逐次划分为包括大类、中类、小类、品类在内的完整的、具有内在联系的类目系统，形成一个完整的分类体系。这个类目系统即为商品分类体系。自商品学产生以来，曾出现过各种建立在不同分类标志基础上的分类体系。

1. 基本分类体系

这种分类体系基本上是指马克思关于社会总产品分类方法，即按商品的基本使用价值进行抽象分类，将商品划分为两类：消费资料（生活资料）商品和生产资料商品。

当然，这种划分是相对的，有的商品既可以是生产资料，也可以是消费资料。例如，大豆作为种子进行生产，属于生产资料；如果用于食用，便属于消费资料。

2. 应用分类体系

应用分类体系是以商品的某些共性为依据进行分类的，是一种实用性很强的分类体系。例如，按原料来源分类；按加工程度分类；按行业分类；按经济用途分类；按产地分类；按需求性质分类；按商品销售状况分类；按供应方式分类；使用期限分类；按质量分类。

应用分类体系所采用的标志称为“局部标志”，只用于某些商品或只对某些商品的分类有效，但可以适用不同分类目的的需要，因而实用价值很大。

3. 贸易分类体系

贸易分类是为了满足贸易工作的需要而进行的商品分类。在商品分类中，贸易分类应用得比较广泛。它的主要目的是便于贸易部门进行业务活动和消费者选购商品，保证商品流通的正常进行；有助于研究商品在流通领域中出现的问题，提高经营水平。

商品按贸易分类法可形成贸易分类体系。该体系是类别（大类）、品目（中类）、品种和细目。

1）类别（大类）：通常按生产和流通中的行业来划分，商品分类与行业对口，如五金类、交电类、百货类、文化类和纺织类等。

2）品目（中类）：是若干有共同性质或特征的商品的总称。它是生产和流通管理工作上的纲目，是商品分类的基本项目。例如，纺织类商品可以分为棉织品、毛织品、丝织品和化纤织品等。

3）品种：是商品分类中具体反映的商品名称。如百货类的日用化工商品包括肥皂、洗衣粉和牙膏等品种。在品种的划分上，不宜过粗或过细。过粗，则某些品种在安排生产过程中易被忽略；过细，则由于头绪过多而影响工作效率。

4）细目：是用同一品种商品的不同花色、规格来详尽区分商品之间差别的分类。例如，香皂的细目可分为香皂、药皂和浴皂等。

商品贸易分类是在国家商品目录的基础之上进行的，其分类原则不得违背国家商品分类目录的类组划分。各贸易部门可根据自己的业务特点进行并类或并组，进行合理的划分。

4. 商品的教学分类体系

为适应教学需要而进行系统的、科学的分类称为教学分类。商品教学的基本目的是合理地组织教学，有助于对各类商品的使用价值进行深入研究，从而能更好地解决各类商品的质量、鉴定、保管、使用等方面提出的重要理论问题。

教学分类一般应遵循下列原则：

1）在教学分类中，所包括的商品种类，必须适应专业的要求，兼顾业务部门行业分工的特点。

2）在教学分类中，选择的商品范围无论在种类上还是在品种上都要低于“商品分类目录”所包含的商品，但它们应当具有代表性。

3）在教学分类中，商品大类、中类乃至品种，它们的排列顺序必须是科学的，应当能适应教学要求。一般情况下，对原料及半成品的商品，一定要排列在该类成品商品的前面；性质比较接近的商品，应根据其接近程度排列，中间不应插入其他类型的商品。

4）教学分类多以商品本身的自然属性作为分类标志，并适当考虑业务部门的分类习惯，兼顾商品的发展，一般不受国家统一商品分类的限制。

5. 国际商品分类体系

为满足各国制定对外贸易政策，征收关税、进行贸易管理和贸易统计的需要，将国际贸易中的所有商品纳入一个系统，建立的一种国际商品分类信息系统，称为国际商品分类体系。目前，国际上公认并广泛采用的国际贸易商品分类体系有三个：《海关合作理事会分类目录》（CCCN）、《国际贸易标准分类》（SITC）和《商品分类和编码协调制度》（HS）。

第四节 商品目录和商品代码

一、商品目录

商品目录是指国家或部门根据商品分类的要求，对所经营管理商品编制的总明细分类集。在编制商品目录过程中，必须先将商品按一定标志进行定组分类。因此，商品目录也可称为商品分类目录。编制商品目录的工作，也属于商品分类工作。

1. 商品目录的种类

没有商品分类，也就不可能出现商品目录。因此，商品分类是商品目录产生的基础；同时，也只有根据商品的科学分类编制的商品目录，才能使各类商品条理清楚，才有利于商品管理的科学化、现代化。

商品目录的种类很多，归纳起来，可分为国际商品目录、国家商品目录、部门商品目录、企业商品目录四种。

1）国际商品目录：是指由国际性机构编制的商品目录，是各国在进行对外贸易时应遵守的规则。

2）国家商品目录：是指由国家指定专门机构编制的商品目录，是国民经济各部门进行统计、计划、财务、税收、海关、商检等工作时必须一致遵守的准则，是全国性的统一目录。

3）部门商品目录：是由本行业主管部门编制的该部门从中央到基层企业共同遵守的准则。

4）企业、单位商品目录：是由本企业或单位自己编制的一种适用于本企业或单位使用的目录。

部门或企业单位编制的商品目录，必须在国家商品目录的基础之上进行，其分类不能违背国家商品目录提出的分类原则，但又应当根据本部门或企业、单位的业务特点和工作需要，对商品类组进行较详细的划分，或对本部门经营较少的商品进行并类、归组。因此，部门或企业、单位编制的商品目录，一般较国家编制的商品目录所包括的类别要少，但品种的划分更细，商品类组的划分更详尽具体。

2. 企业商品目录形式

1）把企业经营的全部商品按规格、花色、品种等全部列举出来。

2）只列商品大类，不列具体品名。

3）列出全部商品的大类品种数，也列出部分具体品名。

在上述三种形式中，第一种形式太细，在实践中很难操作。第二种形式只列出了商品的大类品种，显得太过粗略，不能起到保证供应、满足消费者需要的作用；第三种形式较好，既能反映出企业经营所需要的必备商品，又能使商品经营有一定的机动性。

商品目录不是一成不变的，它应随着生产的发展、消费者的需要的变化等及时进行修订。

商品目录的编制和使用是一项很重要的工作，它是对商品生产、流通和消费进行规范的重要措施之一；能促进我国经济管理水平的提高，建立统一的、科学的国民经济核算制度和实现国家经济信息的自动化管理。

二、商品代码

（一）商品代码的概念

商品代码又称商品的编码，是商品在分类的基础上，对各类、各种商品赋予具有一定规律性的代表符号。符号系列可以由字母、数字和特殊标记组成。商品编号所用的符号类型有：按字母顺序的字母型编码；按数字顺序的数字型编码；按字母和数字顺序的数字和字母混合型编码。

商品编码常采用阿拉伯数字的顺序号。用数字编码的主要优点是对国际交往的适用性比字母编码好，结构简单、使用方便、不需变换体系，易于推广，有利于利用电子计算机进行数据处理。

商品分类和编码是分别进行的，商品分类在先，编码在后。商品科学分类为编码的合理性创造了前提条件，但是编码内容不得当会直接影响商品分类体系的实用价值。商品编码作为商品的代号，必须与国家商品分类目录相一致。使用商品编号可提高商品分类体系的概括性、科学性，有利于加强企业经营管理，便于计划、统计、财务核算等，简化了业务手续，提高了工作效率，同时也有利于商品分类的标准化和电子计算机的应用。因此，商品编码化是科学分类的一种手段，又是分类科学化的体现。

（二）商品编码的原则

一个好的商品分类体系如果没有一套运用方便的代码，就会给组织商品信息和运用商品信息以及商品流通合理化和经济管理现代化带来困难和麻烦。因此，商品编码必须遵循以下原则：

1）唯一性：代码结构必须保证每一个编码对象仅有一个唯一的代码，即一个代码应与指定的类目一一对应。

2）可扩性：在代码结构体系里应留有足够的备用码，以适应新类目的增加和旧类目的删减需要，使扩充新代码和压缩旧代码成为可能，从而使分类和编码集可以进行必要的修订和补充。

3）简明性：代码应尽可能简明，即尽可能使代码的长度最短。这样既便于手工处理，减少差错率，也能减少计算机的处理时间和存储空间。

4）稳定性：代码必须稳定，不宜频繁变动，否则将造成人力、物力、财力的浪费。因此，编码时，代码应考虑其最少变化的可能性。一旦确定后就不要变更，这样才能够保持编码体系的稳定性。

5）层次性：代码要层次清楚，能清晰地反映商品分类关系和分类目录内部固有的逻辑关系。

6）统一性和协调性：商品编码要同国家商品分类编码标准相一致，与国际通用商品分类编码制度相协调，以利于实现信息交流和信息共享。

7）自检能力：必须具有检测差错的自身核对性能，以适应计算机的处理。

在编制商品分类体系和商品分类目录时，对以上原则可根据使用的要求综合考虑，以达到最优化的效果。

（三）商品编码的方法

与分类方法相对应的编码方法有并列（平行）法和顺序法。前者常用于面分类法，代码标志各组数列之间是并列平行的关系；后者常用于线分类法，在分类的每一个层级上依次排列属性（标志），在确定的标志数列里，前后数码形成有序的从属关系。

（四）商品的编码的种类

1. 国际上产品分类编码

（1）UN/CPC（United Nations/Central Product Classification）

UN/CPC 由联合国统计委员会制定，五层五位，全数字，针对主要产品的类别，主要用于统计领域。

（2）WCO/HS（World Customs Organization/Harmonized System）

WCO/HS 由世界海关组织制定，三层六位，每两位一层，全数字，针对进出口主要产品类别，主要用于货物进出口管理领域。

HS 代码源于 20 世纪 80 年代末联合国发布的《国际贸易标准分类》。1992 年起改为以海关合作理事会制定的《商品名称和编码协调制度》作为现行的国际商业与贸易分类和代码体系。HS 代码主要用于商品与物资分类、宏观统计、国际贸易、海关实务、EDI 报文等，故为当今国际上使用最为广泛的物资与商品信息分类与代码体系。在我国，由于《中华人民共和国进出口关税条例》、《中华人民共和国海关统计制度》等的颁布实施，使之成为外经贸领域内的一项强制性标准。目前，Internet 上已有越来越多的政府机构、商贸站点等采用了 HS 分类与代码体系，供查询检索时用。我国有关单位在建立管理信息系统、Internet 站点时应尽可能地采用该分类与代码体系；已有的各类系统也可将其作为交换代码使用，才能使本系统的信息资源具有共享性。

（3）UNSPSC（Universal Standard Products and Services Classification）

UNSPSC 在联合国授权下，由 DUNS 起草，五层十位，每层两位，全数字，针对产品类别，主要用于电子商务领域。在电子商务中，RosettaNet 支持该方案作为产品类别的代码。

（4）GTIN（EAN/UCC Global Trade Item Number）

GTIN 全长 14 位，与 EAN 和 UCC 的各种码制组合，不足 14 位时用“0”补齐，针对产品单品，主要用于电子商务领域。

2. 我国产品分类编码

我国物品分类编码标准主要包括《全国工农业产品（商品、物资）分类与代码》（GB/T7635—1987）、《全国主要产品分类与代码》（将替代 GB7635—87）、《中华人民共和国进出口商品分类和代码》、《通用商品条码》（GB/T12904—1998）、《储运单元条码》

（GB/T16830—1997）、《货物类型、包装类型和包装材料代码》（GB/T16472—1996）、《危险货物品名表》（GB/T12268—1990）、《危险货物分类与品名编号》（GB/T6944—1986）、《中国煤炭编码系统》（GB/T16772—1997）、《瓶装压缩气体分类》（GB/T16163—1996）等。

（1）《全国工农业产品（商品、物资）分类与代码》

国家标准 GB7635—87《全国工农业产品（商品、物资）分类与代码》于 1987 年颁布并实施。该标准是我国经济管理方面的第一部大型基础标准，也是全国统一的、类目最全的、大型的商品目录。该标准以科学分类为主，按工农业产品（商品、物资）的基本属性分类，适当兼顾部门管理的需要。编码方法为层次代码结构，共分四层（不包括门类），每层均以阿拉伯数字表示，为便于检索，设置了门类，用英文字母表示其顺序，其内容如表 3-1 所示。

表 3-1　全国工农业产品（商品、物资）分类与代码
（摘自 GB7635—87）

代码	类目
A	农、林、牧、渔业产品
01	农业产品
02	营林产品
03	人工饲养动物和捕猎的野生动物及其产品
04	渔业产品
05	观赏植物
06	其他农、林、牧、渔业产品
B	矿产品及竹、木采伐产品
07	煤、石油和天然气
08	黑色金属矿采选产品
09	有色金属矿采选产品
10	非金属矿采选产品
11	木、竹采伐产品
C	电力、蒸汽供热量、煤气（天然气除外）和水
12	电力、蒸汽供热量、煤气（天然气除外）和水
D	加工食品、饮料、烟草加工品和饲料
13	加工食品
14	饮料
15	烟草加工品
16	饲料
E	纺织品、针织品、服装及其缝纫品，鞋帽、皮革、毛皮及其制品
18	纺织用纤维加工品
19	纺织品
20	针织品
21	服装及其他缝纫品
22	鞋帽
23	皮革、毛皮及其制品
F	木材、竹、藤、棕、草制品及家具
24	木材、竹、藤、棕、草制品
25	家具
G	纸浆、纸和纸制品，印刷品，文教体育用品
26	纸浆、纸和纸制品
27	印刷品
28	文教体育用品
H	石油制品、焦炭及煤制品
29	石油制品
30	焦炭及煤制品
J	化工产品
31	无机化学品
32	化学肥料
33	化学农药
34	有机化学品及涂、颜、染料，催化剂、助剂、添加剂和黏合剂
35	高分子聚合物
36	信息用化学品
37	化学试剂
38	日用化工品
39	其他化工产品
K	医药
40	化学原料药
41	化学药制剂
42	中药材
43	中成药
44	畜用药
45	生物制品

续表

L 橡胶制品和塑料制品	69 其他机械产品
46 橡胶制品	S 交通运输设备
47 塑料制品	72 铁路运输设备
M 建筑材料及其他非金属矿物制品	73 公路运输设备及工矿车辆
48 建筑材料及其他非金属矿物制品	74 船舶及其辅机、飞行器
N 黑色金属冶炼及其压延产品	T 电器机械及器材
49 钢铁冶炼产品	75 电机
50 钢材	76 输变电设备
51 其他黑色金属冶炼及其压延产品	77 电工器材
P 有色金属冶炼及其压延产品	78 家用电器
52 有色金属冶炼产品	79 其他电器装置和设备
53 有色金属压延加工产品	U 电子产品及通信设备
Q 金属制品	80 雷达和无线电导航设备
55 金属结构及其构件	81 通信设备
56 工具	82 广播电视设备
57 金属丝及其制品	83 电子计算机及其外部设备
58 建筑用金属制品	84 电子元件
59 搪瓷制品及日用金属制品	85 电子器件
60 其他金属制品	V 仪器仪表、计量标准器具及量具、衡器
R 普通机械	87 仪器仪表
61 锅炉及原动机	88 计量标准器具及量具、衡器
62 金属加工机械	W 工艺美术品、古玩及珍藏品
63 通用设备	90 工艺美术品
64 铸锻件及通用零部件	91 古玩及珍藏品
65 工业专用设备	X 废旧物资
66 农、林、牧、渔业机械	92 废旧物资
67 建筑工程机械和钻探机械	Z 其他产品（商品、物资）
68 医疗器械	99 其他产品（商品、物资）

（2）《全国主要产品分类与代码》

该标准是由中国标准研究中心负责，会同国内 50 多个部门上百名专家历时多年制定的在采用联合国统计委员会制定的《主要产品分类》（CPC）的基础上，对《全国工农业产品（商品物资）分类与代码》（GB/T7635—1987）进行修订的。

《全国主要产品分类与代码》由相对独立的两个部分组成，第一部分为可运输产品，第二部分为不可运输产品。第一部分由五大部类组成，共列入 5 万余条类目，40 多万个产品品种或品类。与联合国统计委员会制定的《主要产品分类》（CPC）1998 年 10 版的第 1 部分相对应，一致性程度为非等效，并根据我国国情在相应位置增加了产品类目。

“可运输产品代码”标准是对《全国工农业产品（商品、物资）分类与代码》（GB/T 7635—1987）的修订。主要变化有：

1）对 GB/T7635—1987 标准名称进行了修改。

2）对代码结构和编码方法进行了修改。GB/T7635—1987 代码结构是四层八位数字码，每层 2 位码，采用了平均分配代码的方法。“可运输产品代码”标准代码结构是六层八位数字码，前五层是一层一位码，第六层是三位码，采用了非平均分配代码方法。

3）产品分类和类目的设置进行了较大幅度的调整。

4）采用了《分类编码通用术语》（GB/T10113—1988）中确立的术语；产品类目采用了规范的产品名称。

该标准是标准化领域中一项大型的基础性标准，可提供一种具有国际可比性的通用的产品目录体系，为国家、部门、行业及企业对产品的信息化管理和信息系统提供依据，以实现各类产品的各种信息数据的采集、处理、分析和共享。

（3）中华人民共和国进出口产品分类与代码

在世界海关组织制定的 HS 的基础上，结合我国进出口产品监管的需要，扩展一层二位，共四层八位，全数字，针对进出口主要产品类别，主要用于产品的统计、分析和国际比对等。

第五节　商 品 条 码

一、商品条码概述

1. 条码的概念

商品条码是一种在流通领域中用于标识商品信息的国际通用的信息标识，是商业自动化管理和销售的基础。商品条码由一组规则排放的条、空及对应字符组成，表示一定信息。商品条码的条、空组合部分称为条码符号；对应符号部分由一组阿拉伯数字组成，称为商品标识代码。

条码符号和条码代码相对应，表示的信息一致。条码符号用于条码识读设备扫描识读，商品标识代码供人识读。

条码技术从 1949 年问世以后，被广泛应用于银行业、图书馆、连锁商店、仓储运输、票证及工业生产自动化等领域，1970 年美国超级市场委员会制定了通用商品代码 UPC 码，美国统一编码委员会（UCC）于 1973 年建立了 UPC 条码系统，并全面实现了该码制的标准化。UPC 条码成功应用于商业流通领域，对条码的应用和普及起到了极大的推动作用。采用商品条码及其技术，只需将条码对准光电扫描器，计算机就能自动识别条码的信息，确定商品的品名、品种、数量、生产厂家、产地、生产日期等，并据此在数据库中查询商品单价，进行货款结算，大大地提高了结算的效率和准确性，减少差错，也方便了顾客，使交易双方能及时了解商品的有关信息；实现了商品进、销、调、存自动化信息管理、物流管理，便于商业企业对商品进行现代化管理和销售，提高企业管理水平和经济效益。目前，许多国家的超级市场都使用条码进行自动扫描结算，正确使用商品条码是企业商品顺利进入国内外超级市场的先决条件，如商品包装上没有条码，即使是名优产品，也不能进入超级市场，只能作为低档产品进入廉价商店。因此，在我国商品包装上推广使用条码标识尤为重要，它有助于提高商品信誉，使中国出口商品得以顺利打进国际市场，出入超级市场，为提高商品的竞争能力，为国创汇，也为今后及时获得商品信息奠定基础。

国家标准 GB12904—2003 规定了商品条码的编码、结构、尺寸及技术要求。正确使用商品条码是企业商品顺利进入国内外市场的先决条件，企业经核准注册成为中国商品条码系统成员时，即获得《中国商品条码系统成员证书》和一个 7 位（前 3 位是 690 或 691）或 8 位（前 3 位是 692 或 693）的厂商识别代码，该代码在全世界范围内都是唯一的。未经中国物品编码中心核准注册的厂商识别代码，任何单位和个人不得使用。

2. 条码技术的优点

条码是迄今为止最经济、实用的一种自动识别技术。条码技术具有以下几个方面的优点：

1）输入速度快。与键盘输入相比，条码输入的速度是键盘输入的 5 倍，并且能实现即时数据输入。

2）可靠性高。键盘输入数据出错率为 1/300，利用光学字符识别技术出错率为万分之一，而采用条码技术误码率低于百万分之一。

3）采集信息量大。利用传统的一维条码一次可采集几十位字符的信息，二维条码更可以携带数千个字符的信息，并有一定的自动纠错能力。

4）灵活实用。条码标识既可以作为一种识别手段单独使用，也可以和有关识别设备组成一个系统实现自动化识别，还可以和其他控制设备连接起来实现自动化管理。

另外，条码标签易于制作，对设备和材料没有特殊要求，识别设备操作容易，不需要特殊培训，且设备也相对便宜。

二、商品条码的种类

条码种类很多，常见的大概有 20 多种码制，其中包括：Code39 码（标准 39 码）、CodeBar 码（库德巴码）、Code25 码（标准 25 码）、ITF25 码（交叉 25 码）、Matrix25 码（矩阵 25 码）、UPC-A 码、UPC-E 码、EAN-13 码（EAN-13 国际商品条码）、EAN-8 码（EAN-8 国际商品条码）、中国邮政码（矩阵 25 码的一种变体）、Code-B 码、MSI 码、Code11 码、Code93 码、ISBN 码、ISSN 码、Code128 码（Code128 码，包括 EAN-128 码）、Code39EMS（EMS 专用的 39 码）等一维条码和 PDF417 等二维条码。

（一）一维条码

1. 商品条码（EAN、UPC 码）

商业是最早应用条码技术的领域。在商业自动化系统中，商品条码是关键。

在国家标准 GB/T 12904 中，商品条码（barcode for commodity）被定义为用于标识国际通用的商品代码的一种模块组合型条码。

1970 年美国超级市场委员会制定了通用商品代码 UPC 码，美国统一编码委员会（UCC）于 1973 年建立了 UPC 条码系统，并全面实现了该码制的标准化。UPC 条码成功地应用于商业流通领域中，对条码的应用和普及起到了极大的推动作用。

UPC 码的使用成功促使了欧洲编码系统（EAN）的产生。到 1981 年，EAN 已发展成为一个国际性的组织，且 EAN 码与 UPC 码兼容。

EAN/UPC 码作为一种消费单元代码，被用于在全球范围内唯一标识一种商品，如图 3-1 所示。

图 3-1　EAN 码和 UPC 码

EAN 码有两种版本——标准版和缩短版。标准版表示 13 位数字，又称为 EAN-13 码，缩短版表示 8 位数字，又称 EAN-8 码。两种条码的最后一位为校验位，由前面的 12 位或 7 位数字计算得出。两种版本的编码方式可参考国标 GB-12094—1998。

（1）EAN-13 商品条码

EAN-13 商品条码是表示 EAN/UCC-13 商品标识代码的条码符号，由左侧空白区、起始符、左侧数据符、中间分隔符、右侧数据符、校验符、终止符、右侧空白区及供人识别字符组成，如图 3-2 所示。EAN-13 各组成部分的模块数如图 3-3 所示。

1）左侧空白区：位于条码符号最左侧与空的反射率相同的区域，其最小宽度为 11 个模块宽。

2）起始符：位于条码符号左侧空白区的右侧，表示信息开始的特殊符号，由 3 个模块组成。

3）左侧数据符：位于起始符右侧，表示 6 位数字信息的一组条码字符，由 42 个模块组成。

图 3-2 EAN-13 条码符号结构

113 模块							
左侧空白区	起始符	左侧数据符（6 位数字）	中间分隔符	右侧数据符（5 位数字）	校验符（1 位数字）	终止符	右侧空白区
	95 模块						

图 3-3 EAN-13 商品条码符号构成示意

4）中间分隔符：位于左侧数据符的右侧，是平分条码字符的特殊符号，由 5 个模块组成。

5）右侧数据符：位于中间分隔符右侧，表示 5 位数字信息的一组条码字符，由 35 个模块组成。

6）校验符：位于右侧数据符的右侧，表示校验码的条码字符，由 7 个模块组成。

7）终止符：位于条码符号校验符的右侧，表示信息结束的特殊符号，由 3 个模块组成。

8）右侧空白区：位于条码符号最右侧的与空的反射率相同的区域，其最小宽度为 7 个模块宽。为保护右侧空白区的宽度，可在条码符号右下角加“>”符号。“>”符号的位置见图 3-4。

9）供人识读字符：位于条码符号的下方，是与条码字符相对应的供人识别的 13 位数字，最左边一位称前置码。供人识别字符优先选用 OCR-B 字符集，字符顶部和条码底部的最小距离为 0.5 个模块宽。标准版商品条码中的前置码印制在条码符号起始符的左侧。

图 3-4　EAN-13 右侧空白区“＞”的位置

EAN-13 码由前缀码、厂商识别码、商品项目代码和校验码组成。

前 3 位数字是前缀码，是国际 EAN 组织标识各会员组织的代码，表示生产的国家或地区，由国际物品编码协会统一分配（国际物品编码协会成员国或地区的代码见表 3-2），我国目前所使用的 EAN/UPC 系统前缀码有 7 个：中国内地，690、691、692、693；中国台湾，471；中国香港，489；中国澳门，958。

第 4 位至第 7 位数字是厂商代码，是 EAN 编码组织在 EAN 分配的前缀码的基础上分配给厂商的代码，表示生产的厂家、商店、公司或商品的代理商，按照国家标准《通用商品条码》的规定，我国制造厂商代码由中国物品编码中心统一分配、注册，确保制造厂商代码在我国的唯一、不重复。

第 8 位至第 12 位表示商品项目代码，它由厂商自行编码，表示商品的名称、规格、分类等。

第 13 位是校验码，是为了校验整个代码的正确性，用以提高数据的可靠性和校验数据输入的正确性。一般由承接条码胶片制作单位根据一定的运算规则由以上 3 部分数学计算得出，企业不必计算。

表 3-2　国际物品编码协会成员国或地区及代码（部分）

国家或地区代码	国家或地区	国家或地区代码	国家或地区
00～09	美国和加拿大（北美）	750	墨西哥
20～29	当商品上没有 EAN 码，由超市自行编制 EAN 码时使用，称为系统代码	759	委内瑞拉
30～37	法国	76	瑞士
40～43	前联邦德国	770	哥伦比亚
440	前民主德国	773	乌拉圭
460～469	前苏联	775	秘鲁
471	中国台湾	779	阿根廷
489	中国香港	780	智利
49	日本	789	巴西
50	英国	80～83	意大利
520	希腊	84	西班牙
529	塞浦路斯	859	前捷克斯洛伐克

续表

国家或地区代码	国家或地区	国家或地区代码	国家或地区
54	比利时、卢森堡	860	前南斯拉夫
560	葡萄牙	869	土耳其
569	冰岛	87	荷兰
57	丹麦	880	韩国
599	匈牙利	885	泰国
600～601	南非	888	新加坡
64	芬兰	90～91	奥地利
690	中国（内地）	93	澳大利亚
70	挪威	94	新西兰
729	以色列	955	马来西亚
73	瑞典	959	巴布亚新几内亚

在编制商品项目代码时，厂商必须遵守商品编码的基本原则：对同一商品项目的商品必须编制相同的商品项目代码。基本特征相同的商品视为同一商品项目，基本特征不同的商品视为不同的商品项目；对不同的商品项目必须编制不同的商品项目代码。保证商品项目与其标识代码一一对应，即一个商品项目只有一个代码，一个代码只标识一个商品项目。如听装健力宝饮料的条码为6901010101098，其中690代表我国EAN组织，1010代表广东健力宝公司，10109是听装饮料的商品代码。这样的编码方式就保证了无论在何时何地，6901010101098就唯一对应该种商品。

另外，图书和期刊作为特殊的商品也采用了EAN13表示为ISBN和ISSN。前缀977被用于期刊号ISSN，图书号ISBN用978为前缀，我国被分配使用7开头的ISBN号，因此我国出版社出版的图书上的条码全部为9787开头。EAN条码与UPC条码是兼容的，当UPC条码进入EAN条码系统时，只要在前面补一个“0”就可以了。

（2）EAN-8商品条码

EAN-8商品条码是表示EAN/UCC-8商品标识代码的条码符号，由左侧空白区、起始符、左侧数据符、中间分隔符、右侧数据符、校验符、终止符、右侧空白区及供人识别字符组成，如图3-5所示。EAN-8条码各组成部的模块数如图3-6所示。

图3-5 EAN-8商品条码符号结构

81 模块							
左侧空白区	起始符	左侧数据符（4 位数字）	中间分隔符	右侧数据符（3 位数字）	校验符（1 位数字）	终止符	右侧空白区
	67 模块						

图 3-6　EAN-8 商品条码符号构成示意

EAN-8 商品条码符号的起始符、中间分隔符、校验符、终止符的结构与 EAN-13 相同。

EAN-8 商品条码符号的左侧空白区与右侧空白区的最小宽度均为 7 个模块宽；供人识读的 8 位数字的位置基本与 EAN-13 相同，但没有前置码，即最左边的一位数字有对应的条码符号表示；为保护左右侧空白区的宽度，一般在条码符号左、右下角分别加“＜”和“＞”符号，“＜”和“＞”符号的位置见图 3-7。

图 3-7　EAN-8 空白区中“＜”“＞”的位置

EAN-8 采用的条码字符集与 EAN-13 相同。EAN-8 商品条码的左侧数据符由 A 子集表示，右侧数据符和校验符由 C 子集表示。

EAN8 条码结构由 8 位数字码及其对应的条码符号组成。当商品或包装上没有足够的面积印刷 EAN-13 条码时，可采用 EAN-8 条码。EAN-8 条码的前 3 位为前缀码，第 4 位至第 7 位数字为厂商代码和商品项目代码，最后一位数字为校验码。凡需使用缩短版的各企业须将自己使用缩短版的商品目录报到中国物品编码中心，由中心统一分配，只有当商品条码印刷面积超过商品表面面积或者标签可印刷面积 1/4（含 1/4）时，方可申请使用缩短版商品条码。缩短码不能直接表示生产厂家，所以商品条码系统成员只有在不得已时才能使用缩短码。

（3）UPC-A 商品条码

UPC-A 商品条码是用来表示 UCC-12 商品标识代码的条码符号，是由美国统一代码委员会（UCC）制定的一种条码码制。

UPC-A 商品条码由左侧空白区、起始符、左侧数据符、中间分隔符、右侧数据符、校验符、终止符、右侧空白区及供人识别字符组成，符号结构基本与 EAN-13 相同，如图 3-8 所示。

图 3-8 UPC-A 商品条码符号

UPC-A 供人识别字符中第一位为系统字符，最后一位是校验字符，它们分别放在起始符与终止符的外侧；并且，表示系统字符和校验字符的条码字符的条高与起始符、终止符和中间分隔符的条高相等。

UPC-A 条码由代表 12 位数字的条码符号组成，其中 10 个数字为编码数字。第 1 位数字为系统字符，称前缀字符，分别以“0”标识规定数量包装的商品；以“2”标识不规则重量的商品；以“3”标识医药卫生商品；以“5”标识用信用卡销售的商品；“7”为中国申报的 UCC 会员专用；“1、6、8、9”为备用码。中间 10 个数字是编码数字，分为中左 5 位码和中右 5 位码，前者为制造商代码，用于标识制造厂商，由美国统一编码委员会分配和管理；后者为商品标识代码，用于标识商品的特征和属性，由商品制造商根据美国统一编码委员会的规则自行编制和管理。最后一位数字为校验码，用于检验代码输入的正确性。

UPC-A 左、右侧空白区最小宽度均为 9 个模块宽，其他各组成部分的模块数与 EAN-13 相同（见图 3-3）。

UPC-A 左侧 6 个条码字符均由 A 子集的条码字符组成，右侧数据符及校验符均由 C 子集的条码字符组成。

UPC-A 条码是 EAN-13 条码的一种特殊形式，UPC-A 条码与 EAN-13 码中 N1 =“0”兼容。

（4）UPC-E 条码

UPC-E 条码是 UPC-A 条码的一种缩短形式，只有当商品较小，无法印刷 12 位的 UPC-A 时，才允许使用。UPC-E 代码由 8 位数字组成，其结构是：第 1 位数为系统字符，第 2 位到第 7 位是商品信息字符，第 8 位是校验符。条码符号只表示 6 个数据符，另外两个是辅助字符。条码符号本身没有中间分隔符，终止符也与 UPC-A 不同。条码符号起始符之前的数字字符是系统字符，根据目前的规定它总是为“0”，也就是说，只有系统字符为“0”的 UPC-A 条码才可转换为 UPC-E 条码。终止符之外的数字字符，直接用条码符号表示。6 个条码字符的排列规则由系统字符和校验字符所决定，由于系统字符总为“0”，所以可简化为只由校验字符决定奇偶排列。6 个条码字符中有 3 个为奇排列，另外 3 个为偶排列。

用消零压缩法可将 UPC-A 条码符号形式转换为 UPC-E 条码符号形式，即在系统字符为“0”的 UPC-A 代码字符串中消掉 4 个或 5 个“0”字符，然后将剩余的字符按一定的规则重新排列起来，特定条件下需在校验字符之前添加一位数字，便得到了 UPC-E 代码字符串。例如，UPC-A 代码为“089600000009”，根据转换规则，可转换为 UPC-E 代码“08960039”。

目前，国际上商品条码普遍采用 EAN/UPC 系统，全球采用 EAN/UPC 系统的厂家已经超过 80 万家。

2. Code 39 码

Code 39 码是 Intermec 公司于 1975 年推出的一种条码，它可表示数字、英文字母以及“-”、“.”、“/”、“+”、“%”、“$”、“ ”（空格）和“*”共 44 个符号，其中“*”仅作为起始符和终止符，如图 3-9 所示。

图 3-9 三九码

Code 39 码且有编码规则简单、误码率低、所能表示字符个数多等特点，因此在各个领域有着极为广泛的应用。我国也制定了相应的国家标准（GB12908—91）。

Code 39 码仅有两种单元宽度——分别为宽单元和窄单元。宽单元的宽度为窄单元的 1 到 3 倍，一般多选用 2 倍、2.5 倍或 3 倍。Code 39 码的每一个条码字符由 9 个单元组成，其中有 3 个宽单元，其余是窄单元，因此称为 Code 39 码。

3. Code 93 码

Code 93 码与 Code 39 码具有相同的字符集，但它的密度要比 Code 39 码高，所以在面积不足的情况下，可以用 93 码代替 39 码，如图 3-10 所示。

4. CodeBar 码

CodeBar 码是一种广泛应用在医疗和图书领域的条码，其字符集为 0～910 个数字、“A、B、C、D”四个字母和“$、-、:、/、.、+”6 个特殊字符，其中“A、B、C、D”

仅作为起始符和终止符，并可任意组合，如图 3-11 所示。

图 3-10　Code 93 码

图 3-11　CodeBar 码

5. Code 128 码

Code 128 码可表示 ASCII 0～ASCII 127 共 128 个字符，故称 128 码，如图 3-12 所示。Code 128 码与 Code 39 码有很多的相近性，都广泛运用在企业内部管理、生产流程、物流控制系统方面。不同之处在于 Code 128 比 Code 39 能表示更多的字符，单位长度里的编码密度更高。当单位长度里不能容下 Code 39 编码或编码字符超出了 Code 39 的限制时，就可选择 Code 128 来编码。所以 Code 128 比 Code 39 更具灵活性。

图 3-12　Code128 码

（二）二维条码

一维条码所携带的信息量有限，如商品上的条码仅能容纳 13 位（EAN-13 码）阿拉伯数字，更多的信息只能依赖商品数据库的支持，离开了预先建立的数据库，这种条码就没有意义了，因此在一定程度上也限制了条码的应用范围。基于这个原因，20 世纪 90 年代发明了二维条码。二维条码除了具有一维条码的优点外，同时还有信息量大、可靠性高，保密、防伪性强等优点。

一维条码所表示的数据量有限，且不具备纠错功能，而二维条码弥补了这一不足。二维条码近几年刚刚发展起来，正在应用于多种领域，奔腾处理器外壳上的光刻小方块就是 Data Matrix 二维条码。

目前二维条码主要有 PDF417 码、Code 49 码、Code 16K 码、Data Matrix 码、MaxiCode 码等，主要分为堆积或层排式和棋盘或矩阵式两大类。

二维条码作为一种新的信息存储和传递技术，从诞生之时就受到了国际社会的广泛关注。经过几年的努力现已应用在国防、公共安全、交通运输、医疗保健、工业、商业、金融、海关及政府管理等多个领域。

二维条码依靠其庞大的信息携带量，能够把过去使用一维条码时存储于后台数据库中的信息包含在条码中可以直接通过阅读条码得到相应的信息，并且二维条码还有错误修正技术及防伪功能，增加了数据的安全性。

二维条码可把照片、指纹编制于其中，可有效地解决证件的可机读和防伪问题。因此，可广泛应用于护照、身份证、行车证、军人证、健康证、保险卡等。美国亚利桑那州等十多个州的驾驶证、美国军人证、军人医疗证等在几年前就已采用了PDF417技术。将证件上的个人信息及照片编在二维条码中，不但可以实现身份证的自动识读，而且可以有效防止伪冒证件事件发生。菲律宾、埃及、巴林等许多国家也已在身份证或驾驶证上采用了二维条码，我国香港特区护照上也采用了二维条码技术。

1. PDF417二维条码

PDF417二维条码是一种堆叠式二维条码，目前应用最为广泛，如图3-13所示。PDF417条码是由美国Symbol公司发明的，PDF（Portable Data File）的意思是“便携数据文件”。组成条码的每一个条码字符由4个条和4个空共17个模块构成，故称为PDF417条码。

PDF417条码可表示数字、字母或二进制数据，也可表示汉字。一个PDF417条码最多可容纳1850个字符或1108个字节的二进制数据，如果只表示数字则可容纳2710个数字。PDF417的纠错能力分为9级，级别越高，纠正能力越强。由于具有这种纠错功能，使得污损的417条码也可以正确读出。我国目前已制定了PDF417码的国家标准。

PDF417条码需要有417解码功能的条码阅读器才能识别，目前这种阅读器已有价位在几千元人民币的产品。

PDF417条码最大的优势在于其庞大的数据容量和极强的纠错能力。

2. QR Code 二维条码

QR Code码可高效地表示汉字，相同内容，其尺寸小于相同密度的PDF417条码，如图3-14所示。目前市场上的大部分条码打印机都支持QR Code条码，其专有的汉字模式更加适合我国应用。因此，QR Code在我国具有良好的应用前景。

图3-13　PDF417二维条码

图3-14　QR Code二维条码

小结

本章首先阐述了商品分类的概念、作用、意义、基本原则、基本方法和分类标志，接着阐述了商品分类形成的商品分类体系，还阐述了商品目录的概念及种类，说明了商品代码的概念、商品编号所用的符号类型及商品编码应遵循的原则，叙述了我国和国际上产品分类编码的种类和标准，最后阐述了商品条码的概念，以及采用商品条码和技术的意义。本章概念内容较多，实用性较强，应在全面系统把握全局的基础上，掌握商品分类的概念、基本原则、基本方法、商品分类体系和商品目录、商品代码以及商品条码等内容。

复习思考题

1．什么是商品分类？商品分类的基本原则有哪些？
2．什么是商品目录？商品目录和商品分类之间有何联系？
3．什么是商品代码？其编码原则有哪些？
4．简述在商品包装上使用条码的意义。
5．简述 EAN-13、EAN-8 条码的基本结构和主要区别。
6．一维条码主要有哪些？二维条码与一维条码相比有哪些优点？

实训项目

1. 实训内容：

了解超市中各类产品的条码使用情况。

2. 实训要求：

1）利用到超市购物的机会，观察超市内各类商品使用条码的情况。

2）观察超市内使用条码的种类并做好记录，记录内容包括：商品名、生产国别、生产企业名称、价格、条码类别、供人读识字符等。

3）观察光电扫描器结构、工作过程。

4）实训结束后，写出实训总结。

案例分析

商品分类的历史沿革

1. 商标注册用商品和服务国际分类的发展与现状

《尼斯协定》是一个有多国参加的国际公约，其全称是《商标注册用商品和服务国际分类尼斯协定》。该协定于 1957 年 6 月 15 日在法国南部城市尼斯签订，1961 年 4 月 8 日生效。《尼斯协定》的成员国目前已发展到 65 个。我国于 1994 年 8 月 9 日加入了尼斯联盟。《尼斯协定》的宗旨是建立一个共同的商标注册用商品和服务国际分类体系，并保证其实施。目前，国际分类共包括 45 类，其中商品 34 类，服务项目 11 类，共包含1万多个商品和服务项目。申请人所需填报的商品及服务一般说来都在其中了。不仅所有尼斯联盟成员国都使用此分类表，而且，非尼斯联盟成员国也可以使用该分类表。所不同的是，尼斯联盟成员可以参与分类表的修订，而非成员国则无权参与。目前世界上已有130多个国家和地区采用此分类表。我国自1988年11月1日起采用国际分类，大大方便了商标申请人，更加规范了商标主管机关的管理，密切了国际间商标事务的联系。尤其是1994年我国加入《尼斯协定》以来，我们积极参与了对尼斯分类的修改与完善，已将多项有中国特色的商品加入尼斯分类中。尼斯分类表一般每五年修订一次，一是增加新的商品，二是将已列入分类表的商品按照新的观点进行调整，以求商品更具有内在的统一性。我们目前使用的分类表是2007年1月1日起实行的第九版。

尼斯分类表包括两部分，一部分是按照类别排列的商品和服务分类表，一部分是按照字母顺序排列的商品和服务分类表。按照类别排列的分类表将商品和服务按照1～45类的顺序排列。每类有一个类别号和标题，每类的标题概括了本类所包含商品的特征及范围，最后列出了本类包括的所有商品或服务项目，每项商品或服务均有一个顺序号，以便查找。另外，每一类有一个注释，对本类主要包括哪些商品，本类与相关类其他商品如何区别，如何划分边缘商品的类别作了说明，这个注释对划分一些易混淆商品的类别有很大帮助。例如，第三类的类名为“洗衣用漂白剂及其他物料，清洁、擦亮、去渍及研磨用制剂，肥皂，香料，香精油、化妆品，香水、牙膏、牙粉”。内容为：本类主要包括洗澡用品和化妆品。尤其包括个人用除臭剂、化妆用卫生用品；尤其不包括清洁烟囱用化学制品（第一类）、生产过程中用的去渍用品（第一类）、非个人用除臭剂（第五类）、磨石或手磨砂轮（第八类）。

另一部分是按字母顺序排列的商品和服务分类表。世界知识产权组织出版了按英文、法文顺序排列的商品和服务分类表。我国商标主管机关也编排印制了按汉语拼音顺序排列的商品和服务分类表。使用这个表查阅一般商品的类别就像查字典一样方便。例如，某一生产电视机和录像机的企业，要在这两种商品上申请商标注册，按照汉语拼音顺序，很容易就能查到这两种商品都属于第9类。

2. 商品及服务分类遵循的原则

世界知识产权组织对商品及服务进行分类时，一般遵照下列原则，各国管理机关及申请人在遇到分类表上没有的商品及服务项目，需要进行分类时，也可按照以下标准划分。

（1）商品

1）制成品原则上按其功能、用途进行分类，如果分类表没有规定分类的标准，该制成品即按字母排列的分类表内类似的其他制成品分在一类，也可以根据辅助的分类标准，即根据这些制成品的材料或其操作方式进行分类。

2）多功能的组合制成品（如钟和无线电收音机的组合产品）可以根据产品中各组成部分的功能或用途，把该产品分在与这些功能或用途相应的不同类别里，若类别表中没有规定这些标准，则可以采用第1）条中所示的标准。

3）原料、未加工品或半成品原则上按其组成的原材料进行分类。

4）商品构成其他商品某一部分，原则上与其他商品分在一类，但这种同类商品在正常情况下不能用于其他用途。其他所有情况均按上述标准1）进行分类。

5）成品或半成品按其组成的原材料分类时，如果是由几种不同原材料制成，原则上按其主要原材料进行分类。

6）用于盛放商品的盒、箱之类的容器，原则上与该商品分在同一类。

（2）服务

1）服务原则上按照服务分类类名及其注释所划分的行业进行分类，也可以按字母排列的分类表中类似的服务分在一类。

2）出租业的服务，原则上与通过出租物所实现的服务分在一类（如出租电话机，分在38类）。

3）提供建议、信息或咨询的服务原则上与提供服务所涉及的事务归于同一类别，例如运输咨询（第39类），商业管理咨询（第35类），金融咨询（第36类），美容咨询（第44类）。以电子方式（例如电话、计算机）提供建议、信息或咨询不影响这种服务的分类。

3. 商品及服务名称的填写

商品名称是整个商标注册工作的重要内容之一，它决定了注册商标保护的范围。因此，在申请商标注册时，必须指明具体的商品和服务名称。并且，一份申请书上填报的商品或服务只能限定在一个类别之内。商品名称力求具体、准确、规范，以便明确指定该商标的保护范围。在《类似商品和服务区分表》中，每个类别有注释，并将商品或服务项目分为不同群组，提出商标注册申请时不能填写注释部分和群组名，如2907为奶及奶制品，4301提供餐饮、住宿服务。一般说来，一个商品在商品分类表中有正规名称时，应使用分类表中的规范名称。某些人们日常生活中约定俗成的商品称谓，在申请商标注册时是不允许使用的，如“家用电器”。因为它包括的范围过大，涉及商品分类表中至少5个类别的商品：第7类的洗衣机、家用电动碾磨机；第8类的电动刮胡刀；第9类的电熨斗、电热卷发器；第10类的电动按摩器；第11类的电冰箱、电热水器等。诸如此类的情况还有“塑料制品”、“皮制品”等。

使用《类似商品和服务区分表》中规范的商品及服务名称，有助于加快商标的注册进程，确保申请人及时获得商标专用权。

分析与思考：

1. 尼斯分类包括哪些内容？
2. 为什么要进行商品（服务）分类？商品分类与商标注册有什么关系？

第四章 食 品 商 品

学习目标

通过本章的学习，掌握食品商品的化学成分以及营养物质的特性及生理功能；了解影响食品卫生的各种因素和防范措施；学会分析和评价食品的营养价值；熟悉并了解乳及乳制品、酒、茶叶、饮料等食品的分类及特性，增强感性认识。

第一节 食品商品的化学成分

在商品学中，食品商品的化学成分，主要指的是食品商品的营养成分，又称营养素，包括碳水化合物、蛋白质、脂肪、维生素、矿物质和水分等。食品的营养成分，不仅决定着食品的营养价值，而且与食品的质量和质量变化有着密切的关系。所以食品的营养成分是研究食品质量和储藏的重要内容。

一、碳水化合物

（一）碳水化合物的营养功用

1. 供给能量

碳水化合物（糖）是最主要、最经济及最快的热能来源。糖在人体内的产热量大约为 4.1kcal/g。虽然低于同样重量脂肪所产生的热能，但是富含碳水化合物的食品价格一般比较经济，而且大量食用不引起油腻感，更重要的是碳水化合物能够较快释放出热能，短时间大强度的热能几乎全部由糖供给，而长时间的能量消耗，在糖供给充足时，也先利用糖作能源，糖消耗后才动用脂肪。

2. 构成物质

所有神经组织和细胞核中都含有糖。核糖和脱氧核糖是核酸和核蛋白的必要成分。细胞间质及结缔组织中含有大量的粘多糖等物质。

3. 调节生理

糖的调节生理作用表现在调节脂肪代谢和节约蛋白质。脂肪在体内的代谢中需要有碳水化合物的存在。饮食中提供的糖类不足时，人体活动需要的热量就会从氧化脂肪、蛋白质中获取，而氧化蛋白质获取热量是很不合算的。摄入蛋白质的同时摄入糖类，就可以减少蛋白质的氧化，从而起到节约蛋白质的作用。

（二）糖的组成、结构与分类

糖是由 C、H、O 三种元素组成的多羟基醛或多羟基酮。根据糖的结构不同，可将它们分为单糖、双糖和多糖三类。

1. 单糖

不能被水解的简单糖类叫单糖。单糖根据碳原子数不同又可分为戊糖和己糖，戊糖不能被人体利用，而己糖可被人体利用。

（1）戊糖

分子中含有五个碳原子的糖为戊糖，如核糖、木糖、阿拉伯糖等。

（2）己糖

分子中含有六个碳原子的糖为己糖，如葡萄糖、果糖、半乳糖等。

1）葡萄糖：广泛存在于食品中，动植物食品、加工食品都含有葡萄糖，以葡萄和苹果含量最多。

2）果糖：广泛存在于瓜果中，蜂蜜中含量也较多。

3）半乳糖：半乳糖在食品中游离存在的很少，乳品中的乳糖经水解后能产生半乳糖。半乳糖是己糖中被人体吸收速度最快的糖，并能帮助人体吸收钙。

2. 双糖

由两个单糖分子缩合而成的糖叫双糖，如蔗糖、麦芽糖、乳糖等。

（1）蔗糖

蔗糖分子由一分子葡萄糖和一分子果糖缩合而成。蔗糖最早发现于甘蔗中，因而得名，它广泛用于食品中，食糖中的主要成分就是蔗糖。

（2）麦芽糖

麦芽糖是由两个分子的葡萄糖缩合而成。利用麦芽中的酶可以使淀粉水解，其产物中含有较多的麦芽糖，因而得名。

（3）乳糖

乳糖是由一分子半乳糖和一分子葡萄糖缩合而成，主要存在于乳品中。人乳中乳糖含量比牛、羊乳的多，而且较容易消化吸收。

3. 多糖

由许多单糖分子缩合而成的糖，称为多糖，如淀粉、糖原、半纤维素、纤维素和果胶质等。

（1）淀粉

淀粉由大量葡萄糖分子缩合而成，聚合度为 100～6000，一般为几百。根据结构不同，可把淀粉分为下列两类。

1）直链淀粉：直链淀粉是由葡萄糖组成的链状化合物，遇碘呈蓝色，黏性小，在粳米、面粉、高粱中含量较多。

2）支链淀粉：支链淀粉也是由葡萄糖组成，但分子较大，有分支。遇碘呈蓝紫色，黏性大，在糯米、糯高粱中含量较高。

（2）糖原

糖原也是由许多葡萄糖分子缩合而成的，为支链淀粉的结构，但糖原的支链较多、较密、较短。糖原主要存在于动物的肝脏和肌肉中。人体吸收的单糖，除了供正常的热量消耗外，多余的部分则转变为糖原储藏在肝脏和肌肉中，供人体热量供应不足时的需要，并分解生成乳酸，所以肌肉长期活动后会感到酸痛。

（3）粗纤维

纤维素和半纤维素称为粗纤维，是植物细胞壁的主要成分。人体没有相应的水解酶，故对它们很难消化。纤维素是由许多葡萄糖缩合而成的高分子化合物。粗纤维在营养上虽无利用的价值，而且它的存在会妨碍人体对其他营养成分的消化和吸收；菜果等植物性食品粗纤维含量增加，会变得粗老，影响食用质量。但适量的粗纤维能刺激肠胃蠕动，有助于肠胃对食物的消化吸收，有利于废物的排泄，而且对防止阑尾炎、肠癌、冠心病和糖尿病等有一定效果。

二、蛋白质

1. 蛋白质的营养功用与特殊的生理意义

（1）构成机体组织，促进人体生长发育

人体中除水分外，几乎一半以上由蛋白质组成。约有 70%的蛋白质存在于骨骼肌和皮肤中。在细胞的结构成分中有 1/3 是蛋白质。肌肉中蛋白质占干物质的 80%，血液中蛋白质占干物质的 90%以上。因此，蛋白质是构成人体组织与器官的基础物质。若人体摄取的食物中缺乏某种必需氨基酸，将影响其他氨基酸的利用，使蛋白质的合成发生障碍，出现负氮平衡。如果人体处于此种情况，将发生营养不良，生长发育就会停滞。

（2）提供人体所需的部分热量

当膳食中其他热量营养摄入不足或人体急需热量不能及时得到满足时，蛋白质也能氧化产生热量供机体需要。每克蛋白质在体内可产生 17.2 千焦的热量，人类每天需要的热能大约 14%来自于蛋白质。当膳食中摄取的蛋白质超过人体需要量时，多余部分则在人体内分解供热，或转变为糖原和脂肪储存在人体内，作为机体所需热量的储备。

（3）修补体内各种组织

机体组织的新陈代谢主要是蛋白质参与修补和更新。据测定，人体内全部蛋白质每天约有 3%左右进行更新，肝脏内的蛋白质每 10 天要更新一次，肌肉组织的蛋白质则每 180 天更新一次。

（4）具有特殊的生理功能

1）酶的催化作用和激素的生理调节功能；

2）抗体（具有免疫作用的球蛋白）的免疫功能；

3）血红蛋白的运载功能；

4）核蛋白的遗传功能；

5）肌纤凝蛋白的收缩功能；

6）胶原蛋白的支架作用等。

2. 蛋白质的组成与结构

（1）蛋白质的化学组成

蛋白质由碳、氢、氧、氮等四种主要元素组成，有的还含有少量的硫和磷，有些蛋白质中含有铁、铜、锰、锌、钴、钼、碘等元素。蛋白质的种类不同，其元素的组成和比例也不完全相同。总体而言，蛋白质中氮的比例相对稳定，约占干物质的 16%左右。

（2）蛋白质的结构

蛋白质不能被人体直接利用，必须在体内经蛋白质水解酶分解成氨基酸，才能被人体吸收。氨基酸是构成蛋白质的基本单元，是含有氨基（—NH_2）和羧基（—COOH）的一类低分子有机化合物。

蛋白质是含有许多肽键的含氮高分子化合物。肽键（$\overset{\displaystyle O}{\overset{\|}{—C}}—\overset{\displaystyle H}{\overset{|}{N}}—$）是由一个氨基酸的羧基和另一个氨基酸的氨基相互缩合脱水形成的键。肽键把许多氨基酸连接形成较长的多肽键，这种多肽键是蛋白质的基本结构。在多肽键上还有不同的侧基（如亲水性基团－SH 巯基、－OH 羟基、－COOH 羧基、－NH_2 氨基等，疏水性基团、苯环等）。

（3）必需氨基酸和非必需氨基酸

非必需氨基酸是指可以在人体内合成，或者可由其他氨基酸转变而成的氨基酸。必需氨基酸是指体内不能自己合成，或者合成速度不能满足身体正常发育的需要，其需要量又较多的氨基酸。有 8 种人体必需氨基酸：色氨酸、赖氨酸、苯丙氨酸、亮氨酸、异亮氨酸、苏氨酸、蛋氨酸、缬氨酸。此外，组氨酸对于婴儿来说也是必需的。

3. 蛋白质的分类

蛋白质可分为完全蛋白质和非完全蛋白质两类。凡是所含必需氨基酸种类齐全，数量充足，比例恰当又符合合成人体蛋白质需要的蛋白质，其营养价值就高，称为完全蛋白质。凡是必需氨基酸品种不齐全的蛋白质称为不完全蛋白质。如果长期摄入不完全蛋白质食物，不仅不能维持人体正常的生长发育，也不能维持生命。

来自动物食品的蛋白质大多属于完全蛋白质，来自植物食品中的蛋白质大多数属于不完全蛋白质。大豆蛋白质是植物蛋白质中唯一能代替动物性蛋白的完全蛋白质，除蛋氨酸的数量稍低外，其他氨基酸种类比较齐全，营养价值较高。用大豆制成豆制品，不仅提高了蛋白质的消化率，而且豆制品中不含胆固醇，可以有效地预防冠心病。

4. 蛋白质的主要性质

（1）蛋白质的水解

蛋白质在酸或碱条件下水解，会破坏部分氨基酸，生成深色有臭味的产物。蛋白质在酶的作用下水解，氨基酸不会被破坏，能生成具有一定的色、香、味的中间产物。食品工业中各种调味品，如酱油、酱类、豆豉、酱豆腐等都是利用酶水解蛋白质原料的产品。

（2）蛋白质的等电点

蛋白质分子中既有碱性的氨基，又有酸性的羧基，蛋白质属于两性化合物。在酸性介质中蛋白质能形成带正电荷的离子，在碱性介质中则形成带负电荷的离子。蛋白质分子中的氨基和羧基的数目并不完全相等，产生的正负离子数也不相等。如果在蛋白质溶液中加酸增加正离子或加碱增加负离子，使蛋白质溶液中正负离子数完全相等，总电荷等于零，这时溶液的 pH 值称为蛋白质的等电点。在等电点时蛋白质的溶解度、黏度、渗透压、膨胀性、稳定性等均达到最低限度。在食品加工和储藏中都要利用蛋白质的这一性质。

（3）蛋白质的胶体性质

蛋白质的分子大小在胶粒范围内（10^{-9}～10^{-7}m），在水中能形成胶体溶液。由于同一种蛋白质表面有相同的电荷，胶粒间互相排斥，又由于蛋白质带的电荷能与水分子的电荷在蛋白质分子四周形成水膜，阻止蛋白质胶粒之间的聚集，这两个因素使蛋白质在水中能形成比较稳定的胶体溶液。如果将以上两种因素破坏后，蛋白质在水中就可能发生沉淀。在生活实践中，常利用蛋白质的胶体性质沉淀或分离蛋白质，如做豆腐、肉皮冻就是利用蛋白质的胶凝作用。

（4）蛋白质的变性

蛋白质的变性是指天然蛋白质在物理或化学因素的影响下，分子内部原有的高度规则性、有序的空间立体结构变为无序而散漫的构造，致使原有的性质部分或全部丧失。

引起蛋白质变性的物理因素包括干燥、脱水、加热、冷冻、振荡、射线照射、超声波等；化学因素包括强酸、强碱、脱水剂、沉淀剂等。蛋白质在食品加工、烹饪和储存中都可以发生变性，如豆腐、松花蛋的制作，烹饪中鱼丸、肉丸、胶冻等的制作都是利用蛋白质的变性作用。肉、禽、鱼等食品经过冷藏因蛋白质的变性会降低它们的食用质量。

三、脂类

脂类是脂肪和类脂的总称。

（一）脂肪

1. 脂肪的营养功用

1）供给能量，保持体温。脂肪是三大营养成分中产热量最高的成分，脂肪的产热量约为 9kcal/g，是糖和蛋白质的 2 倍多。所以脂肪的主要生理功用是供给热能。脂肪的发热量高，为最浓缩的热能来源，脂肪在体内储存占体积小，储藏量大。

脂肪不易导热，因此皮下脂肪能防止体内热量过分散失，在寒冷环境中有利于保持体温。

2）构成体质。一般人体内脂肪占体重的 10%～20%，胖人还要多些，60kg 的人存脂可达 6～12kg。

3）保持组织器官及神经免受外伤。脂肪具有一定的弹性，可缓和机械冲击，填充内脏器官，使各器官保持一定位置，从而保护了神经及组织器官。

4）储存能量。虽然糖原也是热量储备的能源，但糖原在肝脏中的积累量是有限的（正常情况下肝脏只能储存 100g 糖原）。饮食中提供的糖类和蛋白质超过每天需要的数量时，其中多余部分会转变为脂肪储存在体内。

5）促进脂溶性维生素（A、D、E、K）的吸收。脂溶性维生素不溶于水，只能溶于脂肪，因此只有在脂肪存在的情况下才能被吸收。脂类吸收障碍时，常伴有脂溶性维生素的缺乏。

但是，必须指出，体内储存的脂肪过多，易得肥胖病，用脂肪作为能量的主要来源易疲劳，耐久力下降。脂肪摄入过多能抑制胃液分泌和胃的蠕动，引起食欲不振和胃部不舒服。肠内脂肪过多，会刺激肠壁，妨碍吸收功能而引起腹泻。

2. 脂肪的组成

脂肪含碳、氢、氧三种元素。纯净的脂肪是由一分子甘油和三分子脂肪酸缩合而成的甘油三酯。脂肪包括动物脂肪和植物油两大类。习惯上把含有饱和脂肪酸较多的固体脂肪称为脂，动物脂肪在常温下为固态，所以称为脂。习惯上把含不饱和脂肪酸较多的液体脂肪称为油，植物脂肪在常温下一般为液态，称为油。

3. 脂肪酸的分类

（1）饱和脂肪酸和不饱和脂肪酸

饱和脂肪酸是指分子结构式中不含有双键的脂肪酸。如软脂酸、硬脂酸和花生酸等。又按碳链上碳原子的数目多少分为低级饱和脂肪酸（含 10 个以下碳原子）和高级饱和脂肪酸（含 10 个以上碳原子）；不饱和脂肪酸是指分子结构式中含有双键的脂肪酸，如油酸、亚油酸和亚麻酸等。

（2）必需脂肪酸和非必需脂肪酸

必需脂肪酸是指在人体内有特殊生理功能但在人体内不能合成，必须每天从食物中摄取的不饱和脂肪酸，如亚油酸，亚麻酸、花生四烯酸等。必需脂肪酸不仅是组织细胞的组分，还与代谢有密切关系，其主要来源是植物油。非必需脂肪酸是指人体内可以合成而不必每天从食物中摄取的脂肪酸，如油酸、软脂酸和硬脂酸等。

4. 脂肪的物理性质

（1）色泽与气味

纯净的脂肪无色无味。天然脂肪带有的颜色主要是由于脂肪中溶有脂溶性色素（类胡萝卜素等）所致。天然脂肪的气味是由非脂成分及低脂酸造成的。

（2）黏度

油脂具有一定的黏度，其黏度与油脂的组成有关。长链脂肪酸比例大的脂肪黏度大；不饱和脂肪酸比例高者，其黏度略低。所以，一般植物油的黏度比动物脂低。

（3）密度与溶解度

除个别（如腰果籽壳油）外，脂肪的密度均小于 1。脂肪的密度一般与其分子量的大小成反比，与其不饱和度成正比。植物油的比重略大于动物脂。脂肪不溶于水而溶于乙醚、丙酮、氯仿及热乙醇等非极性溶剂。

（4）熔点

所谓熔点，就是物体由固体向液体的转变温度。一般来说，油脂的熔点与脂肪酸的碳链长短和不饱和程度有关，碳链长，则熔点高；不饱和程度高，则熔点低。由于植物油中不饱和脂肪酸的比例比动物脂高，所以植物油的熔点比动物脂低。熔点低的油其消化率较高。

（5）折光率

每种脂肪都有一定的折光率，脂肪酸的碳链增长，不饱和程度增加，折光率也随着增加。

5. 脂肪的化学性质

（1）脂肪的水解与酸价

脂肪在酸、碱、酶的作用下，能发生水解反应，生成甘油和游离脂肪酸。脂肪在碱溶液中水解，产生的游离脂肪酸又与碱发生皂化反应，生成脂肪酸的碱金属盐（即肥皂的主要成分)。随着油脂新鲜度的降低，水解程度增大，产生的游离脂肪酸增加。

游离脂肪酸的含量常用酸价表示，是鉴定脂肪新鲜度的重要指标。酸价表示中和 1 克脂肪中的游离脂肪酸所需 KOH（苛性钾）的毫克数。酸价高反映脂肪中游离脂肪酸含量高，表明脂肪不新鲜。

（2）氢化

液体植物油中的不饱和脂肪酸在催化剂的作用下，与氢发生加成反应，称为氢化。氢化后形成饱和脂肪酸，提高了熔点，在常温下由液体的油变成了固体的脂。这种脂也叫硬化油或氢化油，化学稳定性较好，体积缩小，便于储藏运输，适合生产肥皂。如果选用优质的植物油，经轻度氢化，并加入奶油香料和乳化剂等，即可制成人造奶油。

（3）氧化腐败

油脂中的不饱和脂肪酸，暴露在空气中受氧的作用氧化分解成低级脂肪酸和醛、酮，产生恶劣的酸臭味，甚至呈现毒性。这种现象称为油脂的氧化腐败。油脂酸败对食品质量影响很大，不仅风味变得令人讨厌，而且油脂的营养价值也降低，除了组成的脂肪酸被破坏外，与油脂共存的脂溶性维生素也被破坏了。长期食用酸败的油脂，对人体健康还带来有害的影响。轻者会引起呕吐、腹泻，重者会引起肝脏肿大，肾脏肥大，以及肝变性、脂肪肝等症状。因此，防止油脂的氧化酸败有重大意义。

（二）类脂

脂肪中的类脂包括磷脂和固醇。

1. 磷脂

磷脂是一种甘油酯，它的组成成分中除了甘油和脂肪酸外，还有磷酸与有机碱。粗制植物油中都含有磷脂，动物脂肪中较少，蛋黄中磷脂含量较多，动物的其他组织中含有磷脂。磷脂是一种很好的乳化剂，有助于人体对脂肪的消化。

2. 固醇

固醇在动植物脂肪中都有存在，在植物油中存在的是植物固醇，如谷固醇、麦角固醇和豆固醇等；在动物脂肪中存在的是胆固醇。固醇都不溶于水，不会与碱皂化，所以它不是皂化物。

人体中的胆固醇参与代谢作用和调节水分，正常人的血液中都有一定含量的胆固醇。人体中的胆固醇，75%左右为肝脏自身合成的，25%来自于饮食。饮食中胆固醇含量增加，肝脏合成就相应减少，使血液中的胆固醇含量保持在一定的范围内。但随年龄增长，特别是从事脑力劳动者，体力和热量消耗逐渐减少，如果饮食中摄取的胆固醇较多，血液中的胆固醇超过正常的数值，就会沉积在动脉血管壁上，造成动脉粥样硬化、血压升高，容易引起冠心病。所以中老年人，尤其是脑力劳动者，应控制饮食中的胆固醇含量。在饮食中增加维生素 C 和粗纤维，对降低血液中胆固醇含量有良好效果。

四、维生素

1. 维生素的营养价值

维生素是一类低分子有机化合物，是人和动物维持生命和发育生长所必需的一类营养成分，它们对体内营养成分的消化和吸收，对体内能量的转变和正常的生理活动，都具有十分重要的作用。很多维生素还是酶的辅酶，对生理活动具有重要的催化作用。因此，维生素是机体代谢必不可少的微量营养素。若饮食中某种维生素长期不足或缺乏，会对人体造成不同程度的危害，轻则使劳动效率降低，人体抵抗力下降，重则会出现病理状态，甚至危及生命。因此，维生素的作用是其他营养物质不能也不可代替的。绝大部分维生素不能在人体内合成，必须每天从饮食中摄取。

2. 维生素的分类

根据溶解性能维生素可分为脂溶性维生素和水溶性维生素两大类。

（1）脂溶性维生素

此类维生素溶于脂肪中，不溶于水，与机体代谢有关，包括维生素 A、D、E、K 等。

（2）水溶性维生素

此类维生素溶解于水中，易在烹饪加工中流失，主要包括维生素 B_1、B_2、B_3、B_5、B_6、B_{12}、PP 和维生素 C 等。

已被确定的人体必需的维生素包括：维生素 A、D、E、K、B_1、B_2、B_6、B_{12}、尼克酸、叶酸及维生素 C 等。

3. 常见维生素

（1）维生素 A

维生素 A 包括维生素 A_1 和 A_2 两种。维生素 A_1 又叫视黄醇，主要存在于哺乳动物及海水鱼的肝脏中。维生素 A_2 是在 3 位脱氢的视黄醇，主要存在于淡水鱼的肝脏中，其生物活性为维生素 A_1 的 40%，视黄醇可由胡萝卜素在动物的脂肪及肠壁内转化而来。

维生素 A 的主要生理功能：参与眼球内感光物质——视紫红质的合成，维持正常视觉，防止夜盲症；维持上皮细胞组织的健康，增加对传染病的抵抗能力和促进发育生长。

（2）维生素 D

维生素 D 中最重要的是 D_2 和 D_3。维生素 D_2 和 D_3 是由麦角固醇（D_2 原）和 7-脱氢胆固醇（D_3 原）经日光中的紫外线照射后转化而成的。一般在成年人的皮肤中存在 7-脱氢胆固醇，所以只要接触阳光，就不会缺乏维生素 D。维生素 D_2 和 D_3 的生理功能相同，能调节钙、磷的正常代谢，促进小肠对钙、磷等矿物质的吸收，从而有助于牙齿和骨骼的形成。

维生素D主要存在于动物性食品中，如动物肝脏、蛋黄中较多，尤其以海产鱼肝油中含量最为丰富。

（3）维生素E

维生素E能加强肾脏功能，预防不育症，对抗衰老和预防动脉硬化有显著作用。维生素E广泛分布于动植物食品中，尤其是各种植物油，如小麦胚油、棉籽油、花生油、玉米油等都富含维生素E。此外，肉、鱼、禽、蛋、乳、豆类、水果及几乎所有的绿色蔬菜中均含有维生素E。

（4）维生素B_1

维生素B_1即硫胺素，是构成脱羧辅酶的主要成分，是人体充分利用碳水化合物所必需的物质。维生素B_1最重要的功能是预防及治疗神经炎和脚气病，以及促进儿童发育和增进食欲。缺乏维生素B_1会引起心脏扩张，心跳减慢，体重减轻，生长迟缓。维生素B_1存在于大豆、花生、豌豆以及动物内脏、瘦肉中，尤其在酵母中含量丰富。

（5）维生素B_2

维生素B_2又称为核黄素，是脱氢酶的主要成分，由于呈橙黄色而得名。维生素B_2是活细胞进行氧化反应所必需的物质，对促进生长，维持人体健康有益。缺乏维生素B_2易患口腔溃疡、舌炎、脂溢性皮炎、角膜炎等疾病，还容易引起白内障。维生素B_2主要存在于动物内脏、乳品和蛋黄中。

（6）维生素C

维生素C又称为抗坏血酸，是人体氧化还原反应的重要递氢体，能促进细胞间质胶原的形成。缺乏维生素C会导致血管脆性增加，易出血。维生素C能提高人体对传染病的抵抗力，对铅、砷、苯等毒物有去毒作用。维生素C广泛存在于植物性食品中，尤以新鲜水果中含量最为丰富。

五、矿物质

食品经高温（550～600℃）燃烧后，在不挥发的残留物灰分中存在的各种元素统称为矿物质。矿物质是构成人体的化学元素中，除碳、氢、氧、氮外的所有元素。

矿物质约占人体体重的4%，也是人体必需的营养素。其特点是，它们不能在人体内合成，也不能在体内代谢过程中消失，排出体外。人体从食物、饮用水及食盐中获取矿物质。

根据矿物质元素在人体内的含量和需要量，通常将其分为常量元素和微量元素两类。含量在0.01%以上的称为常量元素或大量元素，含量低于0.01%的称为微量元素。

1. 食品中重要的矿物质

（1）钙

钙是人体中含量较多的元素，总含量约为1200g，其中99%存在于骨骼和牙齿中，

1%存在于软组织、细胞外液及血液中。

钙能维持毛细血管和细胞膜的渗透性，以及神经肌肉的正常兴奋和心跳规律。若血钙下降，则会引起神经肌肉兴奋性增强，从而导致手足抽搐；血钙增高，可引起心脏、呼吸衰竭。此外，钙还参与凝血过程，对多种酶有激活作用。钙广泛存在于豆制品、虾皮、海带、紫菜中，乳和乳制品也是食物中钙的主要来源，不仅含钙量丰富，而且吸收率高。

（2）碘

人体内含碘总量约为 20～50mg，其中约 20%存在于甲状腺中，其余以蛋白质结合碘的形式分布于血浆中。碘的生理功能主要体现在参与甲状腺素的合成及对机体代谢的调节。成年人每天从饮食中摄取 100μg 碘就能满足需要。海带、蛤蜊、虾皮等海产品都含有较多的碘。

（3）锌

锌在体内含量仅次于铁，约为 1.4～2.3g，主要存在于头发、皮肤、骨骼、肝脏、肌肉、眼睛及雄性腺中。锌在机体内首先参与很多酶的组成，是酶维持活性所必需。锌还可以加速生长发育，增强创伤的愈合能力。锌来源于牛肉、羊肉、猪肉、鱼类及海产品等动物性食品。豆类、小麦等植物性食品也含锌。

（4）磷

人体内 70%～80%的磷存在于骨骼及牙齿中，磷能促进糖、脂肪和蛋白质的代谢，主要来源于豆类、花生、肉类、核桃、蛋黄。

2. 酸性食品和碱性食品

人体吸收的矿物元素，由于性质不同，在生理上有酸性和碱性的区别。

属于金属元素的钠、钾、钙、镁等，在体内被氧化成碱性物质。含金属元素较多的食品，在生理上称为碱性食品。绝大多数的蔬菜、水果、豆类和奶都属于碱性食品。

食品中所含的另一类矿物元素则属于非金属元素，如 P、S、Cl 等。它们在体内氧化后生成酸根，如 PO_4^{3-}、SO_4^{2-}、Cl^-等。含非金属元素较多的食品，在生理上称为酸性食品。大部分的肉、鱼、禽、蛋等动物食品中含有丰富的含硫蛋白质，而主食的米、面及其制品中含磷较多，所以它们均属于酸性食品。

正常情况下，人的血液由于自身的缓冲作用，其 pH 值均保持在 7.3～7.4。但如果由于饮食中各种食品搭配不当，容易引起人体生理上酸碱平衡的失调。一般情况下，酸性食品在饮食中容易超过所需要的数量（因为人们的主食都属于酸性食品），导致血液偏酸性。这样就会增加钙、镁等碱性元素的消耗，引起人体缺钙症等不良现象。所以，在饮食中必须注意酸性食品和碱性食品的适宜搭配，尤其应该控制酸性食品的比例。这样就能维持生理上的酸碱平衡，防止酸中毒。

六、水

1．水分对人体的重要作用

人体的含水量约为体重的 60%～70%，婴儿在 70%以上。正常情况下，成人每天需水约 2L 左右，其中 60%来自饮水，40%由食品中的水分和营养成分消化时产生的代谢水或氧化水提供。如果人体失水 20%，生命就难以维持。所以水对人体十分重要，其主要功能如下：

1）食品中的营养成分只有在水溶液中才能被人体吸收。

2）水直接参与人体各种生理活动，如营养成分的代谢、酶的催化、渗透压的调节等。

3）营养成分的消化要依靠水的参加。消化后的物质也要靠水把它们运送到各组织，并依靠水把废弃物排出体外。

4）血液中的水分随着血液的循环参与各种生理活动和保持正常的体温。

2．食品中水分子存在的形式

在动、植物食品组织中，存在的水分按其存在的形式和特性不同，基本上分为两种，即游离水（自由水）和结合水。

（1）游离水

游离水是指存在于细胞间、细胞内容易结冰，也能溶解溶质的水。这部分水可用简单的方法或热力作用把它从食品中分离出来。它与一般的水没有什么不同，0℃或稍低于 0℃即能结冰，在食品中易蒸发而散失，也易因吸潮而增加，容易发生增减的变化。

游离水主要存在于食品的毛细管中，如细胞间隙和制成食品的结构组织中。

（2）结合水

结合水是指与食品中蛋白质、脂肪、淀粉等胶体物质结合在一起的水分。结合水的量与食品中胶体物质的量有一定的比例关系，一般蛋白质能结合其重量 50%的结合水。结合水与游离水有很大的差别。

结合水有如下几个方面的特性：

1）沸点高、冰点低（-40℃）。这一性质有很多重要的生物学意义。由于这种性质，使食物的种子和微生物的孢子（几乎没有自由水的材料）在很低温度下保持生命力；而多汁组织（新鲜蔬菜、水果、肉等）在冰冻后细胞结构被冰晶破坏，解冻后组织立刻崩溃。

2）不溶解食品中的可溶性成分，不易流动和挥发。

3）微生物不能利用结合水，只能利用自由水。

结合水对食品的质量有重大影响。当结合水被强行与食品分离时，食品的风味和质量也就改变。食品不适当的干燥，会使食品中的结合水破坏，使干燥食品的复水性受到影响，而降低食品的质量。

3. 水分活性

食品储藏对食品水分的要求，不用水分含量，而改用水分活性表示。因为食品水分含量百分比不能直接反映食品的储藏条件。水分活性是指食品中呈溶液状态的水蒸气压与纯水的蒸气压之比，即

$$A_W = \frac{P}{P_0}$$

式中：A_W——水分活性；

P——食品中呈溶液状态的水蒸气压；

P_0——纯水的蒸气压。

食品中只有游离水才能溶解可溶性的成分（如糖分、盐、有机酸等）。随着食品中水溶性成分的增加，结合水的含量增高，自由水的含量减少，而结合水不易挥发，因此蒸气压就减少，水分活性降低。食品中呈溶液状态的水，其蒸气压都小于纯水的蒸气压，所以食品的水分活性都小于1，一般用小数值表示。

食品的水分活性高，易引起微生物的繁殖。微生物在繁殖时所需的水分活性为：细菌0.86，酵母菌0.78，霉菌0.65。许多生鲜食品的水分活性均在0.9以上，都在细菌繁殖的水分活性范围之内，所以生鲜食品是一种易腐食品。经干燥和冰冻的食品水分活性都降低；采取腌制和糖渍的食品，除提高食品的渗透压外，也可降低食品的水分活性。所以，采取这些方法都可抑制微生物的生长繁殖。

第二节　食品商品的感官特性

除营养价值和卫生安全性外，食品的质量还取决于食品的色泽、滋味和气味等感官特性。

一、食品的颜色

1. 动物色素及其变色

家畜肉、禽肉及某些红色的鱼肉中都存在有肌红蛋白（Mb）和残留血液中的血红蛋白（Hb）。肌红蛋白和血红蛋白的化学性质很相似，都呈紫红色，与氧结合成氧合肌红蛋白（MbO_2），呈鲜红色。新鲜的肉类多呈鲜红色或紫红色。但是当肉的新鲜度降低后，肌红蛋白被氧化成羟基肌红蛋白（MbOH），呈暗红色或暗褐色，失去肉类原有的鲜艳颜色。所以，从家畜肉、禽肉的颜色变化，能反映它们的新鲜度。肌红蛋白的氧化变色对于肉制品的质量影响较大，为防止这种变色，一般在肉食加工过程中加入起色剂硝酸钠，

利用硝酸钠生成的一氧化氮（NO）与肌红蛋白结合生成稳定的呈鲜红色的亚硝基肌红蛋白（MbNO）而保持肉制品的鲜艳颜色。但是这种起色剂用量过多也能产生亚硝胺，而亚硝胺是一种可诱发癌症的物质，因此，在肉食品加工中对硝酸钠的用量需按食品卫生标准规定严格加以控制。

2. 植物色素

（1）叶绿素

叶绿素有 a、b 两种，a 为蓝绿色，b 为黄绿色。叶绿素在酸性环境中与 H^+ 起置换反应，生成黄褐色的脱镁叶绿素和 Mg^{2+}。绿色蔬菜经炒煮或腌制后或存放时间过长会发生这种现象。如果在植物食品中，增加适量的 $NaHCO_3$，使 pH 值为 7.0～8.5，叶绿素被水解为比较稳定的呈鲜绿色的叶绿酸钠盐、叶绿醇和甲醇，可使产品保持较好的鲜绿色。另外，叶绿素在低温或干燥状态时性质比较稳定，所以低温储存的鲜菜和脱水蔬菜都能保持绿色。

（2）类胡萝卜素

类胡萝卜素呈黄色、橙色和红色等，广泛分布在蔬菜、水果中，如胡萝卜、马铃薯、南瓜等都是含有这种色素的食品。这类菜果经过加热处理仍能保持其原有色泽，但是光线和氧却能引起类胡萝卜素的氧化褪色，因此在储藏中应尽量避免光线照射。

（3）花青素

花青素是一类主要的水溶性植物色素，许多水果、蔬菜和花的颜色，就是由细胞汁液中存在的这类水溶性化合物决定的。花青素具有随细胞液 pH 值的改变而改变颜色的特性，因此水果、蔬菜在成熟过程中，会由于 pH 值的变化而呈现出各种颜色。

3. 微生物色素

红曲色素是由红曲霉菌所分泌的色素，是我国民间常用的食品着色剂，如酿造红曲黄酒、制酱腐乳、香肠、粉蒸肉和各种糕点的着色。该色素耐热性强，耐光性强，不受金属离子的影响，不易与氧化剂、还原剂反应，不溶于水。

4. 食品加工中的褐变现象

天然食品作为原料进行加工、储藏或受到机械损伤后，易使原来的色泽变暗或变成褐色，这种现象称为褐变。按其原因不同可分为酶褐变和非酶褐变两类。

（1）酶褐变

在多酚氧化酶的催化下，食品中的多酚类氧化聚合成褐色的黑色素，这种颜色变化叫酶褐变。酶褐变多发生在较浅色的水果和蔬菜中，如苹果、香蕉和土豆等，当它们的组织被损伤、切开、削皮、遭受病害或者处在不正常的环境下，很容易发生褐变。这是因为它们的组织暴露在空气中，在酶的催化下使多酚类氧化成黑色素。

（2）非酶褐变

在食品加工和储藏过程中还常发生一类与酶无关的褐变，称为非酶褐变，主要类型有羰氨反应、焦糖化反应和抗坏血酸的氧化等。

1）羰氨反应又称美拉德反应，凡是氨基与羰基共存时，都能引起这类反应。氨基包括游离氨基酸（尤其是赖氨酸）、肽链、蛋白质、胺类等。羰基包括醛、酮、单糖以及因多糖分解或脂质氧化生成的羰基化合物。

2）焦糖化反应，是指糖类在没有氨基酸存在的情况下，加热到熔点以上时，也会变成黑褐色的色素物质的反应。糖的脱水产物俗称焦糖或酱色。

3）抗坏血酸的氧化，抗坏血酸对果汁（如橘子汁、柠檬汁）的褐变影响较大。

二、食品的香气

1. 植物性食品的香气

（1）蔬菜类的香气

使蔬菜产生香气的主要物质是一些含硫化合物，这些物质在通常的状态下，即可产生挥发性香味。

（2）水果的香气

水果的香味以有机酸酯和萜类为主，其次是醛类、醇类、酮类和挥发酸，它们是植物代谢过程中产生的，水果的香气一般随果实成熟而增强。

2. 动物性食品的香气

（1）食用肉的香气

因为肉中含有谷丙氨酸、蛋氨酸、半胱氨酸等物质，在加工过程中，它们与羰基化合物反应生成乙醛、甲硫醇、硫化氢等，这些化合物在加热条件下可进一步反应生成一些香气物质，这些物质构成了肉香的主体成分。

（2）牛乳及乳制品香气

牛乳香气的成分很复杂，主要由一些短链的醛、硫化物和低级脂肪酸组成，其中甲硫醚是构成牛乳风味的主体成分。

3. 发酵食品的香气

（1）酒类的香气

酒类的香气很复杂，各种酒类的芳香成分因品种而异，酒类的香气成分经测定有200多种化合物，其中羧酸的酯类最多，其次是羧基化合物。

酯类是酒的主要芳香物质。酯类是酒中最重要的一类香气物质，它在酒的香气成分中起着极为重要的作用，酯类的形成有两种方式，一种是在发酵过程中经酯酶的作用，将醇转变为酯；另一种是酒在储藏时由于酸与醇的酯化作用而生成酯，一般储存期愈长，酯含量愈高。

（2）酱及酱油的香气

酱及酱油多是以大豆、小麦为原料经霉菌、酵母菌等的结合作用而形成的调味料。酱及酱油的香气物质是制醪后期发酵产生的，其主要成分是醇类、醛类、酚类和有机酸等。

4. 加热食品所形成的香气

许多食品在热加工时会产生诱人的香气，究其原因有二：一是食品原料中的香气成分受热后挥发出来；二是原料中的糖与氨基酸受热时发生化学反应生成香气物质，后者是产香的主要原因。食品中氨基酸与糖受热时发生美拉德反应而形成不同香气。

三、食品的滋味

（1）甜味和甜味物质

食品的甜味不但可以满足食用者的爱好，并且还能改进食品的可口性和其他工艺性质，以及提供人体一定量的热能。

食品中的甜味物质分天然和合成两类。天然甜味物质可分为两类，一类是糖及其衍生物糖醇，如蔗糖、葡萄糖、果糖、乳糖、半乳糖、棉籽糖、山梨醇、甘露糖、麦芽糖醇等；另一类是非糖天然甜味物质，如甘草苷、甜叶菊苷、二肽和氨基酸衍生物等。糖精钠、甜蜜素是我国允许使用的合成甜味物质。

（2）酸味和酸味物质

酸味是由舌黏膜受到氢离子刺激而引起的。因此，凡是在溶液中能离解出 H^+ 的化合物都具有酸味。酸味物质的阴离子（酸根）对酸味物质的风味有影响，多数有机酸具有爽快的酸味，而多数无机酸（如盐酸）却具有苦涩味并使风味变劣。酸味料是食品中常用的调料，并且有防腐作用，在食品工业中使用很普遍。常见的酸味剂主要有醋酸、柠檬酸、乳酸、酒石酸、苹果酸、延胡索酸、葡萄糖酸、抗坏血酸、磷酸等。

（3）咸味和咸味物质

咸味是一些中性盐类化合物所具有的滋味。盐类物质在溶液中离解后，阳离子被味觉细胞上的蛋白质分子中的羧基或磷酸基吸附而呈咸味，而阴离子影响咸味的强弱，并产生副味。食品调味用的咸味剂是食盐，即氯化钠。

（4）苦味和苦味物质

单纯的苦味是不可口的，但如果调配得当，却能起着丰富和改进食品风味的作用。例如，苦瓜、莲子、白果、啤酒等都有一定苦味，但均被视为美食。苦味物质广泛存在于生物界，植物中主要有各种生物碱，如啤酒花中的甲种苦味酸，咖啡、可可、茶叶中的咖啡碱、茶碱；动物中主要存在于胆汁中。

（5）辣味与辣味物质

辣味能刺激舌部和口腔的触角神经，同时也会刺激鼻腔、皮肤等，属于机械刺激现象。适当的辣味可增进食欲，促进消化液的分泌，在消化道内具有杀菌作用。所以辣味物质广泛地用于调味品中。具有辣味的物质主要有辣椒、姜、葱、蒜等，其中的主要成分是辣椒素、胡椒碱、姜酮、姜脑等物质。

（6）涩味和涩味物质

当口腔黏膜蛋白质被凝固，就会引起收敛，此时感到的滋味便是涩味。因此涩味不是作用于味蕾所产生的，而是由于刺激触觉神经末梢所产生的。

引起食品涩味的主要成分是多酚类化合物，其次是铁离子、明矾、酚类、醛类等物质，有些水果和蔬菜中存在草酸，香豆素和奎宁酸也会引起涩味。

（7）鲜味和鲜味物质

鲜味是食品的一种复杂的美味感，甜酸苦辣四原味和香气以及质地协调时，就可感觉到可口的鲜味，呈现鲜味的成分主要有核苷酸、氨基酸、酰胺、三甲基胺、肽、有机酸、有机碱等。

第三节　食品商品的卫生特性

食品卫生不仅关系到人们的健康和生命安全，而且影响到子孙后代的健康，所以食品卫生是一项不可缺少的质量指标和一项卫生措施。食品卫生的范围很广，食品污染的原因也很多，主要包括以下几方面。

一、食品本身含有的有毒成分

1. 发芽的马铃薯

马铃薯本身无毒，但若储存不当，其表面发绿甚至发芽，则会有绿色表皮，特别是发芽部位产生一种毒素，叫作龙葵素或茄碱。食后会引起舌头发麻、喉咙发痒、恶心、呕吐、腹痛、腹泻、头昏、胸闷、发烧甚至出现呼吸麻痹而死亡，且加热不能破坏龙葵素。因此，已发芽或变绿的马铃薯（土豆）不宜食用和销售。

2. 含氰苷的食物

桃、李、杏、枇杷等的榛仁中都含有氰苷，这些食物被食用后，食物本身含有的氰苷酶可将氰苷水解，生成氢氰酸，从而引起中毒。氢氰酸是剧毒物质，对人的最低致死剂量为 0.5～3.5mg/千克体重。中毒后胸闷、呼吸困难，最后因呼吸困难到心跳停止而死亡。

3. 含皂苷的食物

豆类如扁豆、菜豆、芸豆、四季豆等，若处理不当，如蒸炒时间短，没有熟透，就会引起中毒。豆类的毒素成分是皂苷，皂苷易被水解生成糖类和皂苷原。皂苷原能强烈刺激消化道黏膜，引起局部充血、肿胀和出血性炎症。其临床症状是恶心、呕吐、腹痛、腹泻等，有的还可引起溶血症状，其发病一般在食后 3～4 小时，有些人发病可能早些或晚些。豆类的种子里也含有毒素，因此食用时也必须煮熟，以免中毒。

4. 有毒蜂蜜

有毒蜂蜜是蜜蜂采了有毒蜜源植物如雷公藤、昆明山海棠等花粉而酿成的蜜，主要含有毒生物碱，有苦、麻、涩的异常滋味，误服后会出现低热、头昏、四肢麻木、恶心、呕吐，甚至循环或呼吸中枢麻痹而死。因此，滋味苦、麻、涩的蜂蜜不宜服食和销售。

5. 有毒蕈类

蕈类食品味道鲜美、营养丰富，但有些蕈类却含有毒肽和有毒生物碱，易引起食物中毒。一般认为：长得漂亮，颜色鲜艳，蕈伞上有疣点的有毒；嗅之有臭气、腥气的有毒；尝之有苦味、辣味的有毒。但也有不少例外。因此选食蕈类应特别慎重，最好经过国家收购部门专业人员化验鉴定，确认无毒蕈类，由零售商店出售供居民购买食用，以确保安全。

6. 河豚

河豚鱼新鲜洗净的肌肉基本无毒，但若死后不久，内脏毒素溶入体液中能逐渐渗入肌肉中，这时即使反复清洗，也还是有毒。河豚毒素有剧毒，可使神经末梢和神经中枢发生麻痹，最后呼吸中枢和血管神经中枢麻痹而死。河豚毒素中毒后，死亡率极高。因此应禁止食用和销售河豚鱼。水产部门应加强检查，防止河豚鱼混入其他水产品中。销售部门如发现河豚鱼，必须拣出上交，严禁鲜河豚鱼上市。

二、环境对食品的化学污染

环境对食品的化学污染主要包括农药、重金属与食品添加剂的污染。

1. 农药残留对食品的污染

农药在防治植物的病虫害和杂草，保证农业增产的同时，也在一定程度上造成了食物的污染。尤其是有机农药，大多对人和动物有害，有的可危及中枢神经；有的脂溶性很强，能在脂肪、肝脏、肾脏等组织器官中积累引起中毒；有的甚至可能诱发癌症。

农药污染食物的途径很多，概括起来有以下几种。

（1）直接污染

为防止农作物病虫害，直接将农药喷洒在农作物上，造成农作物上的积累，有的甚至转化为毒性更高的化合物。因此，喷洒过农药的农作物，一定要超过安全间隔期后才能摘收食用。

（2）植物间接吸收

农作物在生长发育过程中，吸收田间土壤中或灌溉水中的残留农药，并将其转运至作物组织器官内，使本来未用过农药的作物也污染上了农药。

（3）通过食物链富集

在自然界，由食物把多种生物联系起来形成食物链。如在水域中，浮游植物被浮游动物所食，浮游动物被小虾所食，小虾又被鱼类所食，这样浮游植物—浮游动物—小虾—鱼就构成一个食物链。若水域中流入了农药 DDT，虽然其溶解度极小，水中含量仅为 0.0003mg/kg，但经过浮游生物吸收后，在它体内的 DDT 浓度可增加 1.3 万倍；小鱼吃了这些浮游生物，体内的 DDT 浓度增加 1.7 万倍；大鱼吃了小鱼，大鱼体内的 DDT 浓度可增加 6.7 万倍。由此可见，由食物链引起的农药对食品的污染是十分惊人的。同样，畜禽饲料中残留的农药也可以在畜禽体内蓄积起来，转移到奶和蛋中。

有机氯是对人体危害最严重的农药之一。一般挥发性不强，不溶或微溶于水，但脂溶性很强。所以有机氯杀虫剂易于在人体和动物富含脂肪的组织中蓄积。有机氯农药化学性质稳定，不易被日光和微生物分解，即使发生降解，其产物仍是稳定性较强的有毒化合物，残留期长。

有机磷农药大都不稳定，在食用作物中残留时间短，在生物体内的蓄积量远比有机氯低。

氨基甲酸酯类农药的毒性虽然不大，但在酸性条件下可与亚硝酸盐反应形成各种亚硝胺类物质，是人所共知的强致癌物质。

除虫菊对很多害虫都具有高效杀灭作用，但对哺乳动物无任何毒害，除虫菊素接触空气、日光后很快分解，分解后不残留任何有毒物质，因此，是一种理想的杀虫剂。

2. 重金属对食物的污染

重金属是指密度为 4g/cm^3 以上的金属，如汞、镉、铅、铜等，砷虽是非金属，但其危害性质与重金属相同，因此也常被列入重金属中讨论。重金属的化学性质比较稳定，在体内不易分解，可在体内不断富集，有的甚至可以转化为毒性更大的化合物。重金属进入人体后与蛋白质结合，会生成不溶性盐使蛋白质变性，引起机体中毒。汞、镉、铅、砷对健康危害最大。

（1）汞

汞是银白色液体金属，俗称水银，常温下可蒸发，其蒸气无色、无味，比空气重 7 倍，毒性很大。食物中存在的汞化物，主要是由土壤、空气和水进入食物中的。汞矿的开采、冶炼以及用汞的工厂、实验室、医院等都可能排出含汞的废水，污染自然水源，经过水生生物的富集作用，或农作物的富集，可使水生生物或农作物体内的汞含量提高许多倍，若再通过食物链，就会使被污染水中的鱼、虾、贝类或吃污染农作物的畜禽体内的汞浓度再增高许多倍。

汞在人体内可引起慢性中毒，开始感觉疲乏，头晕，失眠，肢体末端和嘴唇、舌、牙龈麻木，逐渐发展为运动失调，语言不清，耳聋，视力模糊，记忆力衰退，严重者出现精神紊乱，最后发狂，痉挛致死。

人摄入甲基汞的危险剂量是 210μg /日。根据这一指标，饮用水中即使有甲基汞，也不会出现摄入过量的情况。我国对食品中汞的含量作出了严格的规定：粮食不超过 0.02mg/kg；蔬菜、水果、牛乳不超过 0.01mg/kg；肉、蛋、油不超过 0.05mg/kg；鱼、水产品不超过 0.3mg/kg。

（2）铅

铅是一种有毒的蓝灰色金属，主要以蒸气、灰尘和化合物的形式，通过污染了的食品和呼吸道进入人体。植物可通过根系吸收土壤中的溶解性铅，尤其是番茄、马铃薯、萝卜、大麦、玉米、烟草等易受铅的污染，并在根部蓄积。鱼、虾、蛤类可以从污泥中富集铅，其体内铅浓度可比水体中高出 1000 倍。在加工、储藏和运输中使用的容器（如马口铁的容器等）与食品直接接触，农药中使用含铅的砷酸铅，大气受“三废”的污染等，都能引起食品的铅污染。

铅在人体内是一种累积性毒物。由食物和饮水摄入体内的铅，随年龄的增长而增加。铅中毒主要是损害神经系统、造血系统和肾脏，也可以影响循环系统、生殖系统的功能，甚至致癌、致畸、致突变。常见的症状是食欲不振，肠胃炎，失眠，头昏，头痛，肌肉关节痛，腰痛，便秘，腹泻，贫血，口腔内有金属味等，严重的可发生休克和死亡。

为了预防铅中毒，我国食品卫生标准规定，对经常与含铅合金的金属容器接触的食品（炼乳、罐头、调味品等），其含铅量不能超过 1mg/kg。

（3）镉

镉是银白色略带淡蓝色的一种金属，在自然界常与锌共存。金属镉毒性小，但其氧化物和某些盐类（如硫酸镉、氯化镉、硝酸镉等）毒性较大。人体内的镉是从食物、空气、水和其他环境因素中经过消化道和肺吸收的。据调查，镉经不同途径进入人体的比例是：食物占 51.1%，香烟烟雾占 46.1%，饮水占 1.1%，空气占 1%，所以防止摄取受镉污染的食物和饮料，戒烟和禁止在公共场所吸烟至关重要。

镉在土壤中的含量为 0.5mg /kg 左右。农作物可吸收土壤中微量的镉，这是自然来源。镉主要是通过工业采矿、冶炼、合金制造、电镀、油漆、颜料、电池、陶瓷等工业的废水和废气污染食品。

镉对人体的危害主要是破坏酶的活性，影响肾脏、骨骼和消化器官的功能。最明显的是使骨骼中的钙析出，并从尿中排出，如不及时补钙，会引起骨质疏松和软化，容易造成骨折。慢性镉中毒，开始是感到腰酸背痛，膝关节痛，以后发展为全身痛，严重时咳嗽，打喷嚏，也能引起骨折。

我国规定食品中镉的含量为：蛋白、蔬菜 0.05mg/kg 以下；肉、鱼 0.1mg/kg 以下。世界卫生组织暂定，成人每人每周镉的摄入量不得大于 400～500 μg。

（4）砷

食品受砷污染的原因有：使用含砷的农药；食品加工中使用的添加剂，如无机酸、碱、盐、合成色素等；被“三废”污染的水源等。

砷在体内排泄很慢，积累到一定的数量，会导致慢性中毒。主要的症状是：多发性神经炎，皮肤痛觉和触觉减退，四肢无力，眼睑浮肿，表皮角质化和消化道病等。严重时呼吸困难，循环衰退，虚脱，直至死亡。

我国食品卫生标准规定，原料食品含砷量不得超过 0.5 μg /kg。

3. 食品添加剂对食品的污染

食品添加剂大多是人工合成的化学制品，若使用不当，会对人体造成有害的影响。现代食品工业中，添加剂使用的种类和数量越来越多。随着食品毒理学研究的进展，人们非常关注食品添加剂可能具有的慢性毒性、致畸、致突变、致癌作用。目前多数国家都慎重使用化学添加剂，对使用的品种和数量都有严格的选择和限制，甚至对添加剂的对象也有规定。我国允许使用的主要添加剂的功能和使用卫生标准如下。

（1）防腐剂

这是防止微生物繁殖造成污染所使用的一种添加剂。我国允许使用的防腐剂不多，并且使用量限制严格，主要有苯甲酸及其钠盐、山梨酸及其钾盐。使用的范围主要是调味品，各种饮料、罐头、果酱、蜜饯等食品。苯钾酸及其钠盐使用量不得超过 0.5～1g/kg；山梨酸及其钾盐使用量不得超过 0.2～1g/kg。

（2）抗氧化剂

我国允许使用的抗氧化剂，主要用于油脂及含油脂较多的食品中，如油脂、油炸食品、糕点、饼干、速煮面条、罐头等。使用的抗氧化剂主要有三种：丁基羟基茴香醚（BHA）、二丁基羟基甲苯（BHT）、没食子酸丙酯。前两者单独使用或混合使用均不得超过 0.2g/kg，后一种单独使用量不得超过 0.05g/kg。

（3）保色剂

这是肉制品为了保持其肌肉鲜艳的色泽所使用的添加剂，主要是亚硝酸钠或硝酸钠，除了可以防止血红素被氧化变色外，还有改善风味和防止肉毒杆菌繁殖的作用。但这些保色剂在细菌的还原作用下，与肉中的仲胺（二级胺）在一定的条件下能生成亚硝酸胺。已经证实亚硝酸是一种强烈的致癌物，对消化器官的致癌更为显著。因此，在肉制品中使用硝酸钠或亚硝酸钠必须严格限制其使用量。硝酸钠使用量不得超过 0.5g/kg，亚硝酸钠使用量不得超过 0.03g/kg。目前，有关部门正在试制代用的保色剂。

（4）漂白剂

漂白剂是为了保持食品洁白或浅色的色泽所采用的添加剂，主要有亚硝酸钠、硫磺、二氧化硫等。使用的食品有饼干、蜜饯、罐头原料、葡萄糖、食糖、粉丝等。这些漂白剂除了有漂白作用外，还具有一定的灭菌作用。对以上这些食品中的残留量以二氧化硫计，饼干、食糖、粉丝中不得超过 0.05g/kg；其他食品不得超过 0.01g/kg。

（5）甜味剂

用甘草作甜味剂，使用量不加限制。糖精钠使用量不得超过 0.15g/kg；浓缩果汁按浓缩倍数的 80%添加。

（6）着色剂

着色剂根据来源和成分不同分为天然色素、无机色素、有机合成色素。

天然色素中除了藤黄具有剧毒外，其他的天然色素对人体均无害，其中属于红色的有胭脂红、藏红花、酸性石蕊、红色地衣、甜菜红、棉葵红、红曲等，红曲的红色鲜艳，是较好的天然色素；属于黄色的有酪黄、胡萝卜素、姜黄、栀子黄等；属于蓝色的有天然蓝靛；属于绿色的有叶绿素；属于褐色的有焦糖制的酱色。

无机色素属于矿物性色素，它们都含有重金属，如锑、砷、铬、铅、汞等，所以都不允许使用。

有机合成色素在国外使用广泛，不仅品种多，而且色泽鲜艳，易于着色，使用方便，但大多数属于苯胺色素，对人体有害。目前我国允许使用的有机合成色素只有胭脂红、苋菜红、靛蓝、柠檬黄等四种，使用量不得超过 0.05～0.1g/kg。

（7）香料与香精

在食品中应用的有天然植物香料、天然单体香料和人工合成香精。

天然植物香料有大料（大茴香）、桂皮、丁香叶、桂花、玫瑰花、姜、胡椒、花椒等。

天然单体天然香料是从植物香料中提取出来的，如柠檬油、桔橙油、薄荷油、留兰香油、玫瑰油、桂花浸膏、茉莉浸膏、枣酊、可可酊、香荚豆酊、咖啡酊等。天然单体香料在食品中使用量不加限制。

人工合成的香精种类繁多，它们是仿天然香料经化学合成产生的，统称为香精，主要是醇类、酸类、醛类、酯类等。人工合成香精的使用量都有一定的限制，在糖果中不得超过 0.15%～0.5%；在汽水中不得超过 0.075%～0.08%；饼干糕点不得超过 1/400～1/600。

4. 苯骈芘

3, 4-苯骈芘是煤炭、石油及木炭等不完全燃烧，或工业中利用这些燃料进行加工处理时产生的一类化合物（气体）。

（1）污染途径

1）烟熏是食品受污染的主要途径。

2）工业“三废”污染：排入大气的 3, 4-苯骈芘，除散落在植物表面直接污染外，也可通过水源和土壤的污染，被植物的根系吸收。

（2）致癌性

许多研究证明，3, 4-苯骈芘是一个重要的致癌因素，可引起各种癌症。发病潜伏期可能在 20～25 年，对从事沥青及煤焦油工作的发病人员进行调查，其发病率最高年龄段在 40～65 岁。

（3）允许量

有人认为，40 年内食用总量达 80000μg，就有可能致癌。因此，人体每日进食 3, 4-苯骈芘不得超过 10μg。

三、环境对食品的生物污染

1. 寄生虫

寄生虫如囊虫、旋毛虫、蛔虫等，主要寄生在猪、牛、羊、狗、熊、野猪等动物体内和蔬菜上。人如果吃进未经煮熟、煮透、带有寄生虫的肉后，寄生虫可在人肠道、肌肉、脑脊髓中寄生，引起疾病，呈现恶心、呕吐、腹泻、高烧、肌肉疼痛，甚至肌肉运动受到限制等症状。如幼虫进入脑脊髓，还可引起脑膜炎症状。

预防措施：

1）不吃未彻底煮熟的肉类和蔬菜。

2）加强肉品的兽医卫生检验，作好卫生工作。猪囊虫肉眼可见，白色、绿豆大小、半透明的水泡状包囊，包囊一端为乳白色不透明之头节。受感染的猪肉一般称为“米猪肉”牛囊虫，须经放大才能看到。

2. 人畜共患传染病微生物

病死的家禽畜可能带上人畜共患传染病微生物，如炭疽杆菌、鼻疽杆菌、口蹄疫病菌、沙门氏菌等，如果人吃了病死的家禽畜，可感染上微生物而发生疾病。

3. 细菌

我国每年发生的食物中毒事件，有 60%～90%是细菌性食物中毒。致病性细菌引起食物中毒，以秋、夏季节发生较多，因为气温高，微生物易于生长繁衍。容易引起致病性细菌生长繁殖的植物，主要是动物性食物，如肉、鱼、奶、蛋及其制品。此外，剩饭、凉食等植物性食物，能引起金黄色葡萄球菌产生肠毒素，豆制品、面类发酵食品也会由于肉毒杆菌的繁殖产生毒素。

4. 霉菌

食品储藏不善受潮后，由于霉菌的生长繁殖导致食品发生霉变，在某些霉菌的代谢中会产生毒素，污染食品。其中黄曲霉毒素最受关注。黄曲霉毒素属剧毒物质，其毒性比敌敌畏高 100 倍，比砒霜高 68 倍，是迄今为止发现的最强的化学致癌物质。黄曲霉毒素在人体和动物体内累积后，能诱发肝炎和肝癌，还可能诱发胃腺癌、直肠癌、肾癌和乳腺、卵巢、小肠等部位的肿瘤。

大量的调查材料证实，在粮食、油料以及用它们作原料的各种酿造食品中，都有可能受到黄曲霉毒素的污染。在油料作物中最易被黄曲霉污染的是花生及其加工制品花生油，其次是大豆、芝麻和棉籽等。在粮食作物中玉米和大米受污染的机会最多，其次是小麦、大麦、薯干、高粱。

预防黄曲霉毒素的措施有以下几种：

1）食品防霉：食品防霉是预防食品被黄曲霉毒素及其他霉菌污染的根本措施。防霉最主要的办法是粮食收获后迅速降低粮粒水分至安全水分以下（一般粮粒小于 13%，花生仁小于 8%），就能有效防霉。另外，还应尽快降低仓库的温湿度。

2）去毒：粮食已被黄曲霉毒素污染后，应设法将毒素破坏或去除。但黄曲霉菌耐热，一般烹调不能达到去毒的目的，比较有效而又实用的方法有剔除霉粒法、辗轧加工法、植物油加碱去毒法、物理吸附法、加水搓洗法等。

3）制定最高允许量标准：限制各种食品中黄曲霉毒素含量，也是防止黄曲霉毒素对人体危害的一项重要措施。我国规定，黄曲霉毒素在食品中的允许含量为：玉米、花生油、花生及其制品小于等于 20×10^{-9}g/kg；大米、食用油小于等于 10×10^{-9}g/kg；其他粮食、豆类、发酵食品小于等于 5×10^{-9}g/kg；婴儿代乳食品不得检出。

第四节　乳及乳制品

乳是哺乳动物为维持其幼儿的生长发育，从乳腺中分泌出来的具有高度营养价值的天然食物。乳类的营养丰富，而且容易消化吸收，能充分保证出生婴儿的生长发育，也能为病人、老人提供丰富的营养。乳中的蛋白质都属于完全蛋白质，含有全部必需的氨基酸。乳脂肪中含有必需脂肪酸如亚油酸、亚麻酸和花生四烯酸等。

一、乳的化学成分

乳汁是哺乳动物乳腺的正常分泌物。不同类别的哺乳动物的乳，其主要化学成分是基本相同的，但各成分的含量可有一定差异。

1. 乳中的水分

牛乳中的水分是由乳腺细胞分泌的，它溶有牛乳中的各种物质。牛乳中的水分可在80%～90%之间变化，通常为87%左右。牛乳中的水分分为游离水与结合水。结合水与蛋白质、乳糖、盐类结合存在，用一般方法不易除去，所以乳粉生产中经常保留3%左右水分。

2. 乳脂肪

乳脂肪与乳及乳制品的特有风味有极大关系。牛乳中的脂肪含量随乳牛的品种及其他条件而异，一般为3%～5%。乳脂肪中溶有磷脂、固醇、色素及脂溶性维生素等。

乳中的脂肪呈极细小的球体，均匀地分布在乳汁中，脂肪球的外面包有一层乳清或蛋白质薄膜。乳脂肪球的直径通常为0.1～10 μm 。脂肪球的大小与乳脂芳香、消化率有密切关系。一般来说，大的脂肪球芳香味浓，但消化率不如小的脂肪球。脂肪球的大小随牛的品种而异。

乳脂肪也是多种甘油三酯的混合物。乳脂肪在15℃时的比重为0.92～0.93，熔点为27～34℃，凝固点17～21℃，不溶于水，稍溶于酒精，能溶于热酒精中。

3. 蛋白质

牛乳中蛋白质含量达3%～4%，其中最主要的有3种：酪蛋白约占总量的83%，乳白蛋白约占13%，乳球蛋白和少量的脂肪球膜蛋白约占4%。乳蛋白质的性质对于牛乳的处理、乳制品的生产有重要意义。

4. 乳糖

乳糖是乳汁中特有的成分，在普通的牛乳中含量为4%～6%。乳糖属双糖，分子式和蔗糖相同，但结构式不同，在水解时生成葡萄糖和半乳糖。乳糖不易溶于水，甜味也不如蔗糖。

在酸牛乳的制作中，乳糖在乳酸菌的作用下，先分解为己糖，再分解成为乳酸，使乳中的酪蛋白产生酸凝固。乳酸使酸牛乳具有其特殊的风味。

5. 无机盐

乳汁中含有人体所需要的各种无机盐类，其含量虽少，但在营养上却有重要的作用。在乳的主要无机成分中，碱性成分超过酸性成分，因此牛乳属于碱性食品。

6. 维生素

牛乳中含有脂溶性维生素A、D、E、K，水溶性维生素B_2、B_6、B_{12}、C、烟酸、泛酸、维生素H、叶酸等。维生素A在普通煮沸条件下，一般不会被破坏。B族维生素和维生素D对热也较稳定，乳中的维生素C对温度、空气（氧）、金属的作用很不稳定，如有微量铜存在时，一经加热即被破坏。

7. 酶

乳中存在各种酶，如过氧化物酶、还原酶、解酯酶、乳糖酶等。乳中酶的来源有两种，一种由乳腺分泌，另一种是落入乳中的微生物繁殖时所产生的。

8. 乳中的其他物质

（1）磷脂

乳中的磷脂主要是卵磷脂，它与乳脂肪有密切关系。乳脂肪球的外膜中即含有此种成分。卵磷脂被细菌分解时也可产生三甲胺，故可使乳及乳制品带有鱼腥气味。

（2）胆固醇

其含量常随乳脂的多少而改变，通常含量为0.01%左右。

（3）色素

乳中含有水溶性和脂溶性两类色素。溶于脂肪的色素有胡萝卜素和叶黄素，能使乳制品带有奶油黄的色泽。溶于水的主要是维生素B_2，可使乳呈极淡的黄色。乳中的色素以夏季含量较多，冬季较少。

（4）气体

乳中的气体主要是二氧化碳、氮及氧，每1L乳中约含57～58mL的气体，其中二氧化碳占一半以上。

（5）免疫体

乳中的免疫体包括抗毒素、凝集素等，这些免疫体对幼小动物有预防疾病的作用。

二、消毒牛乳

消毒牛乳是以新鲜牛乳为原料，经净化、杀菌、均质、装入容器后，直接供消费者饮用的商品乳。

1. 消毒乳的种类

1）全脂消毒乳：一般生产的消毒乳。以合格鲜乳为原料，不加任何添加剂，经净化、杀菌、装入容器后供应市场。

2）强化消毒乳：即添加了一部分维生素、矿物质以增加其营养价值的消毒乳，其风味和外观与全脂消毒乳没有区别。

3）花式消毒乳：即添加了咖啡、可可或各种果汁的消毒乳。其风味及外观均与全脂消毒乳不同。

2. 鲜乳中的微生物

鲜乳由于营养全面，所以非常适宜多种微生物的生长繁殖，鲜乳及其制品最容易受微生物污染造成腐败变质或引起病原微生物的传播。刚挤出的新鲜乳，其微生物的种类和数量随乳牛的健康情况、泌乳期、乳房状况以及挤奶前对乳房的清理等而异。通常以无菌手续从正常乳房所挤出的牛乳，平均每毫升的菌数为500～1000个，刚挤出的鲜乳中含有多种抗菌物质，对微生物有杀灭和抑制作用。因此，刚挤出的鲜乳放置温室中，较短时间内不会变质。

3. 鲜乳处理

鲜乳经挤出、收集后，需经过验收、过滤、净化等处理。验收主要包括测定比重和做酒精试验。酒精试验即以68%或70%的酒精进行检验，凡产生絮状凝块的都按不合格处理。过滤则是除去挤乳过程中混入的外界杂质和部分微生物。净化是用离心净乳机除去极为微小的机械杂质和细菌细胞。

净化后的乳，最好直接加工。如需短期储藏时，必须及时进行冷却，以保持乳的新鲜度。刚挤下的乳，温度约在36℃左右，是微生物发育最适宜的温度。如不及时冷却，则落入乳中的微生物大量繁殖，酸度迅速增高，不仅降低乳的质量，甚至会使乳凝固变质。冷却后的乳，应尽可能保持低温，以达到抑制微生物活动的目的。在不影响质量的条件下，温度越低，乳保存的时间越长。乳的运输可采用乳槽罐车、乳桶等。运输过程中也应防止乳的温度升高。

4. 消毒牛乳的加工

食用未经消毒的生乳，很可能会感染疾病，因此市销鲜乳必须经过消毒后才能出售。消毒是指杀死乳中的病原微生物及其他微生物。目前各国采用的灭菌方式主要有以下几种：

（1）低温长时间消毒法

采用 61～65℃，30 分钟的保温加热使鲜奶消毒，这种方法消毒时间长，且杀菌效果不太理想，所以目前已不多采用。

（2）高温短时间消毒法

一般采用管式杀菌器或板式热交换器进行杀菌，采用 70～75℃，15～16 秒。这样可使大批牛奶连续消毒，但如果原料乳污染较严重，就难以保证消毒的效果。

（3）高温瞬时消毒法

采用 80～90℃瞬时加热处理，消毒效果较前者好。但常有乳清蛋白凝固、褐变和加热发臭等现象产生，对保证牛乳质量是不太有利的。

（4）超高温瞬时灭菌法

鲜乳经消毒后，往往不能杀死全部微生物。污染严重的乳，残留的菌数较多。为了能杀死乳中的全部微生物，现在许多国家采用超高温瞬时灭菌法。首先乳液经 75～85℃预热 4～6 分钟，接着通过 130～150℃高温 2 秒钟。在预热过程中的使大部分细菌被杀死，接着在超高温瞬时灭菌过程中杀死耐热性强的芽孢细菌。此法中细菌死亡率几乎达 100%，效果较好，但往往产生硫化氢臭味，乳清蛋白容易发生变性，储存时会有变性蛋白沉淀。

消毒后的牛乳应及时罐装和冷藏，以防止微生物的污染和营养成分的损失，便于分送、运输和保管。罐装容器为玻璃瓶、塑料瓶、塑料袋等。四面体塑料复合纸袋、复合纸盒等，一般用于包装超高温灭菌乳。

5. 消毒乳的变质

加热消毒的乳，因为没有杀死全部的细菌，往往残留有耐热性芽孢菌，如果在室温中（20～25℃）存放时间太长，仍然会出现变质现象。首先是乳液变稠，继而整个乳液凝固，如果再继续存放，又可能被陈化而析出大量乳清。

6. 消毒鲜牛乳的质量鉴别

1）外观检查：鲜牛乳的外观是呈乳白色或稍带微黄色的均匀胶状流体，具有适当的黏度，无凝块，不含其他异物。

2）滋味和气味：正常的鲜牛乳具有新鲜牛乳固有的香味，带微甜味，无饲料臭味、酸味、苦味及其他异味。

3）酒精试验：用 72%的中性酒精（温度 10～15℃）与等量牛乳相混合，5 秒钟内无变化。

4）酸度：新鲜牛乳的酸度为 16～18°T。

5）比重：鲜牛乳的比重在 20℃时为 1.032。

6）脂肪含量：鲜牛乳的脂肪含量为 2.8%～3.0%，脂肪含量不得低于 2.8%。

7）煮沸试验：鲜牛乳煮沸不发生蛋白质凝聚现象，若有凝聚现象则说明牛乳已开始变质。

三、乳制品

以鲜乳为原料，生产的除消毒牛乳外的产品称为乳制品。

1. 炼乳

炼乳是一类浓缩的乳制品，一般以牛乳为原料。炼乳分甜炼乳和淡炼乳两种。

（1）甜炼乳

甜炼乳是在原料牛乳中加入约16%的蔗糖，并浓缩到原来体积40%左右而制成的。甜炼乳成品中蔗糖含量高达40%～50%，由于其蔗糖含量过多，不宜用于哺乳婴儿。

（2）淡炼乳

淡炼乳又称无糖炼乳，是原料牛乳浓缩到原体积的40%～50%后装罐密封，然后经灭菌而制成的。淡炼乳还可再分为全脂淡炼乳、脱脂淡炼乳和强化淡炼乳。加糖炼乳的生产工艺流程为：原料乳的收纳及检查→标准化→添加蔗糖→预热杀菌→浓缩冷却→结晶装箱→包装。

原料乳应经检查以保证质量。标准化是使原料乳中的脂肪与无酯干物质之间有一定的比例。预热的目的除杀灭病原菌及杂菌外，还为了满足真空浓缩时的温度要求，以及促进蔗糖水解。加糖是为了抑制炼乳中细菌的繁殖和增加制品的保存性。真空浓缩即是在减压下进行蒸发，使牛乳中过多的水分经汽化而除去。冷却的目的是防止炼乳变成黏稠的块状，防止炼乳中的乳糖形成大的晶粒和产生褐变。最后，罐装、包装即为成品。

2. 炼乳的质量感观指标

1）气味和滋味：味甜而纯，具牛乳的清香，无外来的气味和滋味。

2）色泽：炼乳整体色泽应均匀一致，呈乳白色，稍带微黄，有光泽。

3）组织状态：组织细腻，黏稠度适中，易从勺子上自然流下，质地均匀一致，口尝时感觉不到炼乳的结晶存在，整个炼乳中不得有气泡存在。

保管炼乳的库房要通风、凉爽、干燥，冬季应有保暖设备，夏季应有降温设备。对不同生产日期及进货来源不同的炼乳，要分清批次，分别堆码，不得混存，还要加以标识，以表示不同。如果长期保存，温度最好在4～5℃。为了防止铁听炼乳罐身和罐盖锈蚀，可在其表面涂上一层薄薄的凡士林油加以保护。炼乳切记不可在日光下曝晒，以防氧化酸败。

3. 乳粉

乳粉是鲜乳经消毒、浓缩、干燥而制成的粉末状乳制品。生产乳粉的目的是保存鲜乳的品质及营养成分，增加保存性，减轻重量，便于运输。乳粉可分成以下几种。

1）全脂乳粉：以鲜乳为原料直接加工制成。

2）脱脂乳粉：把鲜乳中的脂肪分离出去之后，用脱脂乳加工制成。

3）加糖乳粉：鲜乳中添加一定量的蔗糖或乳糖，经加工制成。一般只有全脂乳粉加糖，而脱脂乳粉却不加糖。加糖乳粉中蔗糖含量在20%以下。

4）强化乳粉：在鲜乳或在乳粉中添加部分维生素、矿物质及其他一些营养成分而制成。

5）速溶奶粉：速溶奶粉是用特殊的方法而制成的。这种乳粉可在温度较低的水中迅速溶解复原为鲜乳态。速溶奶粉的品种有脱脂速溶奶粉、全脂速溶奶粉、速溶可可奶粉等。速溶奶粉由于含水量高，不利于保藏。

6）麦乳精：麦乳精是以乳粉、炼乳、蛋粉和麦精为主体，并添加有可可粉、砂糖、葡萄糖、奶油、柠檬酸、维生素等成分，经真空干燥而制成的一种速溶调制乳粉。其外形呈酥松、轻脆的乳状碎片，吸湿性很强，故都采用密封包装。

乳粉（以全脂奶粉为例）的生产工艺流程为：原乳验收→过滤及净化→冷却→储乳→预热杀菌→浓缩→喷雾干燥→冷却→筛粉→包装→检验→出厂。

乳粉的感官质量可通过以下几方面进行鉴别。

1）看。正常乳粉呈奶白色或奶黄色，且均匀一致。其中加糖的全脂乳粉比不加糖的颜色要白一些。如果乳粉颜色呈焦黄色或黄褐色，则说明其质量较次或已变质。检查有无沉淀物或悬浮物时，可取约 26g 全脂乳粉，置于玻璃杯中，加水至溶解无粒，再加满开水，调和好后静置 5 分钟，如果没有悬浮物和沉淀物，则说明乳粉质量正常，否则说明乳粉质量较次。若出现水乳分层现象，则说明乳粉已完全变质，不能食用。

2）触。正常乳粉打开时，其颗粒应干燥、疏松。若出现块团，但用手轻捻可成粉末，则说明乳粉质量较差，但还可以食用。若团块不能再捻成粉末，则说明乳粉已变质，不能食用。

3）嗅。正常乳粉有一股纯净的乳香味，若乳味较少或无乳味，则说明质量较次；若有酸味、哈喇味、苦味、霉味，则说明乳粉已经变质，不能食用。

4）尝。取少许乳粉放入口中品尝，质量好的乳粉质细而粘，乳香满口，并稍有甜味，如有异味则说明乳粉已变质。

5）润湿下沉性和冲调性。润湿下沉性是将 10g 乳粉撒布在 25℃水面上，全部湿润下沉所需的时间。冲调性是将 34g 乳粉用 250mL 40℃的水冲调，搅动后观察冲调情况，凡润湿下沉快，冲调后无团块，杯底无沉淀者质量最好，否则质量较次。

乳粉极易吸收水分而发生结块，其主要原因是乳粉本身化学成分中含有亲水性物质，当空气湿度大时，乳粉吸收水分而结块；再有乳粉是颗粒或碎片状，其物理结构是疏松多孔的，也极易吸收水分和异味。乳粉在保管中还会出现溶解度降低、褐变、酸败等变质现象。因此保管乳粉时，应注意包装的密封性和避光性，保管场所应干燥、通风、阴凉，无异味，温度应在 25℃以下，相对湿度在 60%～70%之间为好。

马口铁罐密封充氮包装的乳粉可保存两年，聚乙烯塑料袋装奶粉可保存 6 个月。

4. 奶油

奶油是把乳经分离后所得的稀奶油再经成熟、搅拌、压炼而制成的乳制品，也称为黄油。其脂肪含量在80%～83%，含水量低于16%。奶油的种类主要有以下几种。

1）鲜制奶油：用高温杀菌的稀奶油制成的无盐或加盐奶油。

2）酸制奶油：用高温杀菌的稀奶油经过添加纯乳酸菌发酵剂制成的无盐或加盐奶油。

3）重制奶油：用稀奶油和奶油经过加热熔融，除去蛋白质和水分而制成。

4）连续式机制奶油：用杀菌的稀奶油不经添加纯乳酸菌发酵剂发酵，在连续制造机中制成。

奶油的质量鉴别从以下几方面着手。

1）色泽。优质奶油的色泽均匀一致，为淡黄色，过浓、过淡均不佳。

2）风味。优良的奶油风味芳香，质量差的奶油单纯而无香味，平淡而无滋味。若有其他异味，如酸败味、牛脂臭等，则为不合格品。

3）组织状态（10～20℃）。奶油具有一定的可塑性，切断口致密均匀者为佳，柔软而呈膏状或脆而疏松者较次。一般奶油夏季较软，冬季较硬。

4）稠度。奶油具有一定的稠度和适当的延展性，用舌尖和上颚碾压时，不应有粗硬和黏软现象，否则质量为次。

5）水分。奶油切断面无水珠，边缘与中心部位一致为佳。断面有显著水珠者不佳。

6）包装。奶油成型及包装严密者为佳；有空隙或边缘有失水状态者为次；若包装上有污迹、油斑，内包装纸有油渗出者较次。

成品奶油应在-15℃以下的冷藏场所保藏，如欲长期保藏则须放入-23℃以下的冷藏场所，如果成品在4～6℃，则其存放时间不能超过7天。

5. 酸乳

酸乳是以鲜乳为原料，经杀菌处理，冷却后加入纯乳酸菌发酵剂，保温发酵而成的成品。酸乳能增强食欲，促进消化，富于营养，是人们喜爱的乳制品。

酸乳根据其生产方法和凝结的物理结构分成两大类。凝固型酸乳（又称传统型）是指发酵后分散装在容器中进行凝结的产品，其凝结是均一的、连续的、半圆体状态。搅拌型酸乳发酵是在发酵缸中进行，并在包装之前经冷却并将凝块打碎，呈低黏度（粥状）的均匀状态。

酸乳的感官鉴定方法如下。

1）滋味和气味：具有纯乳酸发酵剂制成酸乳特有的滋味和气味，无酒精发酵味、霉味和其他外来不良气味。

2）组织状态：凝结均匀、细腻，无气泡，允许有少量乳清析出。

3）色泽：色泽均匀一致，呈乳白色或稍带微黄色。

6. 干酪

干酪是在牛乳中加入适量的皱胃酶或胃蛋白酶使蛋白质（主要为酪蛋白）凝固，继续将凝块压成块状或其他形状后，经微生物与酶的作用，并经过长时间的生物化学成熟后而制成的乳制品。干酪的营养价值很高，其中除含有丰富的蛋白质、脂肪和矿物质（特别是钙）之外，还含有多量的维生素等。

7. 冰激凌

冰激凌是以稀奶油为主要原料，加入牛乳糖类、蛋品、香料、稳定剂及乳化剂等，经杀菌、冷冻而制成的。冰激凌的组成中，一般含水分约 64%，乳脂肪约 10%，非脂乳固形物约 10%，糖类约 14%。

第五节 酒 类

含有酒精成分的饮料都称为酒，适量饮用可兴奋神经、舒筋活血、祛湿御寒，是人们的习惯性消费品。

一、酒的分类

1. 按酿造方法分类

1）酿造酒：原料经糖化（或不经糖化）发酵后采用压榨方法使酒与酒糟分离制成的酒。

2）蒸馏酒：含淀粉或糖较多的物质原料，经过糖化、发酵后，采用蒸馏的工序制成的酒。

3）配制酒：用成品酒或食用酒精作为酒基，再配以香料、中草药和添加适量的糖和食用色素制成的酒。

2. 按酒中酒精含量分类

1）高度酒：酒中酒精含量在 40%以上，用蒸馏制成的酒，如白酒、威士忌等。

2）中度酒：酒中酒精含量在 20%～40%之间，如青梅酒、人参酒。

3）低度酒：酒中酒精含量在 20%以下，如葡萄酒、黄酒、啤酒等。

3. 按糖分含量分类

1）干型酒：葡萄酒中的糖经发酵后，绝大部分成为酒精，酒中含糖量 0.4g/100mL 以下，如民权干葡萄酒、沙城白葡萄酒。黄酒中含糖量 0.5g/100mL 以下，如元红酒。

2）甜型酒：葡萄酒中含糖量 5g/100mL 以上，如烟台红葡萄酒等；黄酒中含糖量 10g/100mL 以上，如香雪酒。

3）半甜型酒：葡萄酒中含糖量为 1.2～5.0g/100mL，如通化半甜葡萄酒等。黄酒中含糖量 5～10g/100mL，如加饭酒。

4. 按商业习惯分类

1）白酒类：以含淀粉和糖类较多的物质为原料，通过酒曲、酵母的糖化和发酵，经蒸馏而制成的一种无色、透明、含高度酒精成分的酒。

2）黄酒类：以糯米、黏黄米（黍米）为原料，用麦曲、红曲、酒药进行糖化发酵，经压榨而制成的一种低度酒，如绍兴酒、南方红曲黄酒、即墨老酒等。

3）啤酒类：以麦芽、酒花为原料，经过糖化发酵酿造而成的含有低度酒精和二氧化碳的酒。

4）果酒类：以各种果实为原料，发酵酿制而成的具有果实风味的一种低度酒，如山楂酒、苹果酒。

5）配制酒类：以葡萄酒或蒸馏酒为酒基，加入各种调香物质，配制而成的酒。

6）国外蒸馏酒类：蒸馏酒由于酿酒原料不同，酒度不同，除我国的白酒外，世界上蒸馏酒还有白兰地、威士忌、伏特加等。

二、酿酒基本原理

在酿酒过程中，淀粉吸水膨胀，加热糊化，形成结构疏松的淀粉，在淀粉酶的作用下分解为低分子的单糖。单糖在脱羧酶、脱氢酶的催化下分解逐渐分解形成二氧化碳和酒精。以淀粉为原料酿酒，需经过两个主要过程，一是淀粉糖化过程，另外还要经过酒精发酵过程。

1. 淀粉的糖化

淀粉在催化剂淀粉酶的作用下水解为单糖。

淀粉酶来源于酒曲中的微生物，反应过程如下：

$$(C_6H_{10}O_5)_n + nH_2O \xrightarrow{\text{淀粉酶}} nC_6H_{12}O_6$$

2. 酒精发酵

淀粉在淀粉酶作用下转化为葡萄糖，葡萄糖在酒化酶的作用下转化为酒精，酒化酶是由酵母菌分泌出来的。多数酒曲中也含酵母菌。反应过程如下：

$$C_6H_{12}O_6 \xrightarrow{\text{酒化酶}} 2C_2H_5OH + 2CO_2$$

这一反应与葡萄糖在人体内消化吸收过程完全不同，没有氧参与作用。酒精发酵是一个复杂的生物化学变化过程，它不仅产生酒精和二氧化碳，还产生许多其他物质，如甘油、高级醇等。

三、白酒

（一）白酒的原料

生产白酒的原料包括：主要原料、辅料、酒曲、酒母、水等。主要原料包括高粱、玉米、大米、大麦、薯类。

（二）白酒的成分

1. 酒精

酒精为无色透明液体，有独特的辛辣气味，具有较强的刺激性，酒精是衡量白酒酒度高低的标志，白酒的酒度是以酒精的容量百分比来表示的，如 100ml 白酒中含 40ml 酒精，其酒精度为 40°，白酒中酒精含量高，刺激性大，不利于人体的健康，所以，白酒的质量优劣不能以酒精度来衡量。

2. 总酸

白酒中各种酸的总称。白酒中的有机酸主要是指醋酸、丁酸、己酸和乳酸。有机酸含量对于白酒的风味影响较大。白酒中还存在有一些低分子脂肪酸，如甲酸、乙酸、丙酸、丁酸、己酸等。它们随水蒸气蒸馏进入白酒中，具有刺激性，分子量增加刺激性降低，对白酒中主香气体起烘托作用，使主香气突出，是构成白酒“后味”的主要成分之一，酒中酸含量少酒味淡薄，后味短，含量过高，使白酒的刺激性增加，风味破坏，口味粗糙。因此白酒中的总酸含量应控制在一定的范围内。

3. 总酯

总酯是白酒中各酯类的总称。白酒中所含有的各种酯类主要是乙酸乙酯，己酸乙酯，乳酸乙酯和丁酸乙酯。在储酒过程中，酒中的有机酸与醇作用形成酯，是决定白酒香型的主要成分。

4. 总醛

白酒中的总醛主要是乙醛、乙缩醛、丙烯醛及糠醛。醛类多数是醇氧化酸的中间产物，具有强烈的刺激性和辛辣味，含量大、质量次。丙烯醛是在发酵过程中由葡萄糖在腐败细菌作用下产生的，其毒性大、刺激性强，可使人流泪，酒中丙烯醛含量越少越好。糖醛刺激性强，有苦味、辛辣，酒中含量越高，质量越差，若含量在 0.03%以下，使酒产生特殊香味，是形成异香型白酒的基础。

5. 高级醇

高级醇习惯上称为“杂醇油”，是高分子醇的混合物。白酒中存在的高级醇主要是异戊醇、异丁醇、正丙醇和少量的其他高级醇。白酒中的甜味来源于高级醇，优质白酒中高级醇有几十种。少量的高级醇能赋予白酒较浓的香气，但酒中高级醇含量高，使酒产生涩味，饮后上头，因为高级醇可引起中枢神经麻痹，所以称之为“酗酒之本”。

6. 甲醇

白酒中的甲醇主要是来源于原料中的原果胶物质，水解后生成甲醇，特别是薯类及代用原料中的果胶物质含量较高，成品酒中甲醇含量高，影响酒的质量，甲醇对人的视觉神经损伤可致失明。

7. 氰化物

以木薯或代用品为原料酿造的白酒，其原料中的成分在发酵中分解形成氰化物，氰化物有剧毒，对人体健康有害无益。因此白酒中氰化物含量应符合国家标准才能出厂。

8. 铅

白酒中铅主要来源于酿酒容器和冷凝器。铅为有毒的重金属，在人体内蓄积引起中毒，白酒中的有机酸与铅结合形成铅盐溶于酒中。一旦白酒中铅超过标准要求，必须经过处理后，才能出厂。

（三）白酒的香型

我国白酒由于酿造原料、生产工艺不同，酒的香型及风味各异。名优酒的香型主要分为下列几种类型。

1）清香型：以山西杏花村汾酒为代表，又称汾香型，主香成分是乙酸乙酯和乳酸乙酯。酒质清香芬芳，干润爽口，醇厚绵软，酒味纯正。具有传统的老白干风格，如西凤酒、宝丰酒等。

2）浓香型：以四川泸州特曲和五粮液为代表，又称泸香型和窖香型，主香成分是己酸乙酯和适量的丁酸乙酯。入口甜、落口绵、芳香浓郁，绵柔甘冽，回味悠久。特点是饮后尤香，香气浓，如全兴大曲、五粮液、泸州老窖特曲（四川产）、古井贡酒（安徽产）。

3）酱香型：以茅台酒为代表，又称茅香型，主香成分是挥发性的酚类化合物，还含有多元醇和多元酚等，是酱香、窖底香和醇甜 3 种成分融合的独特风味。特点是回香绵长，留杯不散，醇香优雅。

4）米香型：以桂林三花酒为代表，又称蜜香型，主香成分是乳酸乙酯和乙酸乙酯，高级醇共同形成的香型。特点是入口绵甜，幽香纯净，如全州湘山酒等。

5）复香型：复香型又称兼香型，兼有两种以上香型的白酒，如凌川白酒、白沙液等。

6）其他香型：以上香型外其他不同类型的白酒属于此类型，如贵州董酒、老龙口酒等。

（四）白酒的质量

白酒质量的评价，我国和世界各国一样，基本上采用感官鉴定和理化鉴定。

1. 白酒的感官鉴定

1）色泽：将酒倒入无色透明的高脚酒杯中，酒液应无色透明，无悬浮物，无沉淀，一些名优酒储存期较长，允许酒中存在极轻微黄色，如茅台酒。

2）香气：白酒倒入杯中后，易挥发的呈香物质分散在杯口周围的空气中，通过嗅觉来检验酒的香气。对白酒香气要求协调愉快，主要香气突出，没有异杂气味。

3）口味鉴定：白酒的口味应“协调、和谐”。白酒中甜味主要来源于多元醇，白酒中多元醇主要有甘油、环己醇，它们是黏稠物质，能赋予白酒丰富的醇厚感，使白酒口味绵软可口。白酒中的酸味来源于酸产生的氢离子，氢离子浓度增加，酸味增强。白酒中羟基酸酸味较温和，对白酒口味有协调作用，而且对白酒有烘托作用。白酒涩味来自乳酸、高级醇、多酚类等成分可引起舌部黏膜蛋白凝固，产生收敛作用，感到涩味，白酒辅料用量过多和发酵不足，高级醇含量过多使白酒后味有苦涩感。

4）酒体鉴定：通过色、香、味三方面评价酒体。酒体要求色、香、味正常，具有典型性。名优酒要求风格突出，一般白酒风格不突出，但不能有异味，白酒中某一成分超过平衡要求，酒会出现异常的气味和口味。

2. 白酒的质量要求

（1）感官指标

1）色：无色透明，清亮无悬浮物，无混浊和沉淀物。

2）香：清香，芳香扑鼻，饮后有回味余香。

3）味：醇厚，不酸，无怪味，无强烈刺激性。

（2）理化指标

1）酒精：白酒酒精含量应符合各种白酒所规定的含量标准。

2）甲醇：国家食品卫生标准中规定，粮食白酒中不得超过0.04g/100mL，薯干等代用原料不得超过0.12g/100mL。

3）总醛：具有强烈的刺激性和辛辣味，饮用后头晕，有害健康，一般白酒总醛含量不宜超过0.02g/100mL（以乙醛计）。

4）总酸：白酒中有机酸可提高酒的风味。一般白酒总酸含量为0.06～0.15g/100mL（以醋酸计）。

5）总酯：白酒中香味的主要成分，总酯含量在0.02 g/100mL左右（以乙酸乙酯计）。

6）杂醇油：具有苦涩味，过多引起头晕。一般要求杂醇油含量不能超过0.15 g/100mL

（以戊醇计）。

7）铅：酒中有毒的重金属。白酒中的含铅含量不能超过 1mg/L。

8）氰化物：烈性毒物。国家食品卫生标准规定：木薯为原料白酒中含量不得超过 5mg/L（以氢氰酸计），代用原料白酒中氰化物含量不得超过 2mg/L。

（五）白酒的保管

白酒保管主要任务是保证白酒的质量，降低损耗及防火。对酒库的管理要求，成品瓶装白酒，应选择比较干燥、通风、清洁的仓库进行保管，应避免阳光直射。库内温度不宜过高，防止酒中乙醇挥发，堆箱码垛时，应按不同品种规格进行分别码垛，摆放整齐，一般 5～6 层为宜。对散装白酒的包装容器应经常检查、检修，做到无渗漏，不破损，检查包装口是否严密，定期清除容器底部的杂质，以免影响白酒的质量。

四、啤酒

1. 啤酒的原料

酿造啤酒的主要原料有：大麦、酒花、辅助原料、啤酒酵母和水。

2. 啤酒的种类

（1）根据啤酒的色泽分类

1）浅色啤酒：色度在 0.4mL 碘液以下。酒液淡黄，口味清爽，酒花香气突出，酒液透亮属于淡爽型。

2）金黄色啤酒：色度在 0.4～0.7mL 碘液。酒液金黄，口味清爽醇和，酒花香味突出。

3）棕黄色啤酒：色度在 0.7mL 碘液以上。酒液褐黄、棕黄，香气有焦味，口味稍苦醇爽。

4）浓色啤酒：色度液在 1～3.5mL 碘液之间。酒色棕红，麦芽香气突出，口味醇厚。

5）黑色啤酒：色度在 5～15mL 碘液之间。酒色深红褐色或黑褐色，麦芽香味突出，口味醇厚，泡沫细腻。

（2）按麦汁浓度分类

1）高浓度啤酒：原麦汁浓度为 14°～20°，酒精含量为 4.9%～5.6%的浓色啤酒或黑啤酒，这类啤酒稳定性好。

2）中浓度啤酒：原麦汁浓度 11°～12°，酒精含量为 3.1%～3.8%，我国大多数啤酒属于此种。

3）低浓度啤酒：原麦汁浓度为 7°～8°，酒精含量为 2%左右，属于营养型啤酒，适合为夏天清爽饮料。

（3）按工艺中是否杀菌分类

1）鲜啤酒：鲜啤酒又称生啤酒。在生产中未经杀菌，味鲜美，营养价值高，稳定性差，多为夏季桶装啤酒。

2）熟啤酒：装瓶后经过巴氏杀菌，防止酵母发酵和微生物引起的质量变化，稳定性好，不易发生混浊，易保管。保存期一般为 60 天以上。高档产品可保存半年以上。多用于瓶装和罐装。

（4）按国外风味分类

1）慕尼黑啤酒：德国慕尼黑产区，质量好，有浓郁的焦香麦芽味，口味微苦后甜，清爽淡雅。

2）多特蒙德啤酒：德国产，酒品最佳，酒花少，酒精含量高，口味轻。

3）波特啤酒：深得英国伦敦脚夫喜欢，有“脚夫啤酒”之称。口味较淡，泡沫浓稠，酒液色浅。

4）司都特啤酒：主产地为英国和爱尔兰，酒色黑棕，酒花香味浓。

5）爱尔兰啤酒：产于英国，仅为鲜啤酒。

6）拉戈啤酒：产于美国，市场中多销售这种酒。

3. 啤酒的成分

（1）酒精

酒精含量是表示啤酒强度的一种方法，含量由麦汁浓度和发酵度决定。麦汁浓度是酿造啤酒的基础，发酵度也十分重要，它们的变化与酒精含量和实际浓度（浸出物含量）有直接影响，并与啤酒的泡沫、滋味、稳定性密切相关。啤酒浓度是指原麦汁浓度，它与白酒的酒度不同。如 12° 麦汁浓度的啤酒 100g，标准中规定酒精含量不低于 3.5%，发酵度应在 60%以上。

（2）碳水化合物

啤酒中的碳水化合物主要是不能被酵母发酵的糊精，这部分糊精对啤酒的口味较重要，它能增加啤酒的醇厚感，也是啤酒产生热量的主要来源。

（3）含氮物

麦汁中低分子含氮物质含量较多，经发酵，低分子含氮物多数被酵母繁殖所利用，但酵母在代谢中也分泌一些含氮物（低分子含氮物占啤酒总量 25%），这些含氮物对啤酒的营养和风味有较好的影响。麦汁中高分子含氮物质较低分子含氮物质少，经发酵后，因温度降低和 pH 值变化一部分高分子含氮物析出沉淀，高分子含氮物过多影响啤酒的澄清和非生物稳定性。一般情况下，啤酒中的含氮物与麦汁含氮物的含量和酵母菌种的不同有较大关系。

（4）二氧化碳

啤酒中的二氧化碳是啤酒质量中的重要特征。溶于啤酒中的二氧化碳可降低啤酒的 pH 值，使口味柔和，二氧化碳还可防止杂菌污染。

4. 啤酒的质量

（1）感官检验

1）透明度：酒液应澄清透明，无杂质，无沉淀。不含明显的悬浮粒。

2）气味与滋味：应有明显的酒花香味，口味纯正，无其他异味。浅色啤酒要求酒花香气突出，深色啤酒要求麦芽香气突出。

3）泡沫：啤酒注入杯中，有泡沫升起，洁白细腻，持久挂杯。

（2）理化检验

1）酒精含量：啤酒中酒精含量与麦汁浓度和发酵度有关系，一般来说 12° 啤酒，酒精含量不应低于 3.5%。

2）原麦汁浓度：12° 啤酒原麦汁浓度应不小于 12%。

3）总酸：酒中酸对啤酒的风味影响较大。适量的酸可改进啤酒的风味，但酸含量过多使啤酒风味变坏。啤酒中总酸在 1.8%～3%为佳。

5. 啤酒的包装

我国啤酒的包装主要有桶、瓶、听装三种。瓶装啤酒瓶为棕色或深绿色，防止阳光直射，造成酒液氧化混浊；瓶装啤酒应有一定耐压性，一般不低于 1.2～1.5MPa。

五、黄酒

1. 黄酒的种类

（1）南方糯米黄酒

以糯米为原料，以长江以南为主产区，主要是绍兴酒。以曲和药为糖化发酵剂，酿造方法分淋液法和摊饭法两种。酒质醇厚，色、香、味高于其他黄酒。品种有元红酒、加饭酒、花雕酒、善酿酒、香雪酒等。此外，仿绍酒、宁波黄酒、无锡老熬黄酒、嘉兴黄酒、江阴黑酒、丹阳甜酒、甜水酒等都属于此类。

（2）红曲黄酒

红曲黄酒是以红曲代替麦曲酿制的一种黄酒。以浙江南部、台湾、广州等省市为主。以糯米或大米为主要原料，利用红曲霉具有耐高温耐热的特点，而且具有一定的糖化发酵力酿造而成。品种主要有福建红曲黄酒。此外，浙江温州、金华也生产红曲黄酒。

（3）北方黍米黄酒

以黍米为原料，以麦曲为糖化发酵剂。以山东、山西、河北为主产区。诸品种中以山东即墨老酒最有名。此外，东北黄酒也属此种。

2. 黄酒的质量

（1）感官指标

1）色泽：浅黄至红褐色，清澈透明，有光泽，不混浊，无沉淀。

2）香气：具有本品种特有的香气，香气浓郁，无异味。

3）口味：甜、酸、鲜、苦、辣五味协调。有醇厚感，无酸涩味。

（2）理化指标

1）酒精度：一般含酒精为 10°～15°。

2）酸度：总酸度一般在 0.3%～0.5%（以醋酸计）。超过 0.5%酒味酸涩。

3）糖分：绍兴酒在 0.2～0.5g/100mL。

4）固形物：3g/100mL。

3. 黄酒的包装

黄酒中酒精含量低，营养丰富，容易受微生物污染，引起变质酸败和沉淀。传统用陶质酒坛泥头封口，有利于酒液老熟，提高香气，但易碎，运输不便。近年来，用瓶装和小型陶瓷坛，但不能采用金属物包装，因黄酒中酸含量高，易发生锈蚀，破坏酒的风味。

4. 黄酒的保管

黄酒在适当条件下储存，可以改进风味和提高质量，黄酒保管应在 25℃以下，相对湿度在 60%～70%为宜，不能储存在低于-5℃的环境中，否则会受冻变质，冻裂酒坛。经常检验酒中酸度，若酒中酸度超过 0.6g/100mL 说明变质。

保管中黄酒会出现沉淀，这是自然现象，不是变质。

黄酒要求在低温、干燥、避光下保管。运输中避免风吹雨淋，陶坛包装泥头干裂脱落应及时修补。

六、葡萄酒和果酒

（一）葡萄酒和果酒的原料

1）葡萄：葡萄属于浆果，既可鲜食又能加工成果汁和葡萄干，还可以作为酿造葡萄酒的原料。

2）果实：酿酒的果品很多，应选择含糖量高，酸度适中，果汁多的品种。酿造果酒的果品主要有苹果、梨、草莓、沙果等。

3）酵母：酿造葡萄酒和果酒所用的酵母，因酒的品种而异。酿造红葡萄酒，果皮上存在天然酵母，带皮发酵，可利用野生酵母。酿造白葡萄酒，在发酵时需加入培养酵母。

（二）葡萄酒和果酒的种类

1. 葡萄酒的分类

（1）按颜色的不同分类

1）红葡萄酒：选用红色或紫黑色葡萄为原料，采用带皮发酵酿制而成。酒中溶有葡萄色素，使酒的颜色呈红色，如深红、宝石红等。口味浓郁醇和，酸度适中。葡萄果香、酯香突出。

2）白葡萄酒：选用黄绿色葡萄或红葡萄的果汁发酵酿制而成。果肉中的多酚类色素在发酵中氧化形成邻醌色素，酒色呈浅黄色或金黄色。口味鲜爽，澄清透明，柔和，有愉快的清香。

（2）按酒中含糖量分类

1）干葡萄酒：葡萄中糖分经发酵后，大部分成为了酒精。100mL 酒中含糖量在 0.4g 以下，口味清爽，协调柔和，有明显的葡萄果香，多为佐餐饮料。在国外干葡萄酒消费量大，我国人民不习惯饮用。

2）甜葡萄酒：酒中糖分含量高，100mL 酒含有糖分在 5g 以上，口味甜爽。我国甜葡萄酒中含糖分在 1.2～5.0g，口味微甜，醇厚，在美国，日本消费较多。

3）半干葡萄酒：100mL 酒中含糖分在 0.4～1.2g，酒香浓郁，微酸，爽口。

2. 果酒

果酒酿造方法与葡萄酒相似。果酒都是以果实名称命名的，如山楂酒、苹果酒、梨酒、黑豆蜜酒等。

（三）葡萄酒和果酒的质量评价

1. 感官指标

（1）外观

1）色泽：葡萄酒种类不同而色泽不同，应具有与天然果实相近的色泽。红葡萄酒呈紫红色、宝石红、砖红色等。白葡萄酒、苹果酒应呈麦杆黄色、浅黄色、金黄色等。

2）透明度：是反映酒质是否正常的一项指标。优质葡萄酒应澄清透明、有光泽、不混浊、无沉淀。

（2）香气

葡萄酒中香气主要是果香和酒香，应具有葡萄本身特有的果香和浓郁的酒香。果香是形成各种酒风味的重要因素，酒香是在酿造中产生的香气。构成酒香的成分不仅是酯类，还包括酚类、酸类、酮类等。酒香丰满持久，酒质越佳。

（3）滋味

滋味是决定葡萄酒的质量的重要指标。优质葡萄酒酒味香甜爽口，醇厚、软润、不得过酸、过苦、过涩。干型酒滋味应爽口，酸、甜、涩味和谐，醇而不烈，甜而不腻。

2. 理化指标

（1）酒精度

葡萄酒属于低度酒。一般酒精含量为 10%～14%。

（2）酸度

酒中含有挥发酸和不挥发酸，两者之和为总酸。以葡萄酒为例一般总酸为 0.4%～0.6%（以酒石酸计）。

（3）糖分

一般为 9%～18%，最高达 20%。

（四）葡萄酒和果酒的保管

大多数采用玻璃瓶装，少数使用透明瓶装，大多数使用绿色、棕绿色及棕色瓶。葡萄酒和果酒中成分复杂，有些成分，如蛋白质、胶质、色素、单宁等水溶性胶粒，在外界温度、光等因素作用下，凝聚产生混浊、沉淀。因此，最好采用深色瓶，有利于酒的保管。

（五）葡萄酒和果酒的储存

保管场所应空气流通，清洁卫生，防止光线照射，避光，储存要求库房温度在 8～25℃。温度过高加速酒中胶粒碰撞，易形成混浊。温度过低，酒中大分子聚集产生沉淀。温度低于零度，酒精含量低的酒会出现结冰现象，破坏酒液的稳定性，易出现混浊和沉淀。因此，应高于结冰温度 5℃为好。相对湿度 70%～75%以下，不应与有异味商品共同储存。葡萄酒和果酒运输时温度过高、过低易使酒质变化，应有防护措施。轻装轻卸，防止破损。

第六节 茶 叶

茶叶是世界三大饮料之一。而饮茶的历史之久、地区之广、数量之大，远远超过咖啡和可可。

我国产茶历史悠久，产茶地区分布广阔，品种繁多，除生产传统的名茶之外，近年，还根据市场需要生产速溶茶、袋泡茶等，很受国内外消费者欢迎。

一、茶叶的分类及质量特点

1. 茶叶的分类

目前我国的商品茶可分为红茶、绿茶、乌龙茶、花茶、紧压茶等五大类。

2. 茶叶的主要品种及质量特点

（1）红茶类

红茶是用鲜叶的茶叶，经过加工发酵制成的。其质量特点为：干茶色泽乌润、色红亮，具有红茶的香气和滋味。

红茶类的商品茶主要有以下几种。

1）功夫红茶：是我国传统规格的红茶。特点是做工精细美观，条索紧细，滋味醇厚，香气馥郁纯正，色红亮。著名品种有祁红（安徽祁红门，包括江西浮梁所产）、川红（四川宜宾）和滇红（云南风庆）。

2）碎红茶：产品分叶茶、碎茶、片茶、末茶四种，以碎茶为主，故称碎红茶。特点是色泽红艳明亮，香高，味“强、浓、鲜”，经一次冲泡能将大部分有效成分浸出，在国际市场上最受欢迎。以云南、广西、广东所产大叶种碎红茶质量为最好。

3）小种红茶：福建特产，初制时因烘干采用松末烟熏，所以它带有松木烟的香气。外形稍松散粗大，味烈爽口，是我国生产较早的红茶。

（2）绿茶类

特点是初制采用高温杀青（铁锅“杀灭”鲜叶中的酶），制止鲜叶中的酶对茶单宁的氧化，使绿茶汤色绿，味甘爽。绿茶按干燥方法的不同，分为下列几种。

1）炒青：凡是用锅炒干的均称炒青。外销茶和内销茶的扁形类多属此类。炒青茶火候较高，外形紧结，汤色叶底翠绿，香气鲜锐，滋味醇厚，耐冲泡。由于炒制方法不同，外形有圆、扁、曲、直等形状，如眉茶、园茶、龙井、旗枪、大方、碧螺春等品种。

2）烘青：凡是用烘笼烘干或用烘干机烘干的，均称烘青。内销茶（除扁形茶外）多属此类。烘青茶条索松弛，汤色、叶底黄绿，香气不及炒青鲜锐，滋味较浓醇厚。根据采摘时间和烘的方法不同，分毛峰、条茶、烘青、尖茶、片茶等品种。

3）晒青：用太阳晒干的或先晒后烘干或炒干的均叫晒青。晒青茶香气低闷，有腥味，汤色和叶底乌暗，品质较差，如滇青、黔青、粤青、桂青、川青、湘青、老青茶等品种。以滇青质量为最好，是蒸压沱茶、方普洱、紧茶、饼茶的原料。用粗老鲜叶制成的老青茶是经日光晒干又经过“渥堆”变为黑茶，是蒸压青砖茶的原料。

（3）花茶类（又名香片）

花茶是以绿茶中的烘青、炒青、毛峰等为原料，经过干燥和鲜花窨制而成的再制茶，也有用乌龙茶和红茶为原料加花窨制的花茶，但数量很少。花茶主要产于福建、浙江、江苏、安徽等省，广州、成都等地也有生产，但数量不多。

（4）乌龙茶（又名青茶）

乌龙茶的特点是制造方法介于红茶和绿茶之间，属于半发酵茶。条索较粗壮松散，香气滋味兼有绿茶的鲜浓和红茶的甘醇。茶汤棕红明净，叶底绿叶红镶边。

乌龙茶产于我国福建、广东、台湾地区，是主要的侨销茶，外销马来西亚、新加坡、泰国、菲律宾等华侨聚集区，以及中国港、澳地区，内销主要是福建和广东两省。乌龙茶的品种很多，有 40 余种。福建省分为闽南、闽北两地。闽北乌龙茶以崇安武夷山所产的岩茶为代表；闽南乌龙茶所产的铁观音为代表。广东以水仙为代表，产于潮安、饶平、陆丰等县，潮安的凤凰水仙最著名，台湾以乌龙为代表。

（5）紧压茶

紧压茶是用黑茶（此种茶是用较粗老的鲜叶经杀青、揉念、渥堆、干燥等过程制成，色泽黑褐油润，汤色橙黄或橙红，香气纯正，滋味不苦涩，叶底黄褐粗大）、晒青和红茶的副茶为原料，经蒸茶、装模压制而成的再制茶。紧压茶的命名不一致，有的以形态来命名，有的以产地来命名。主要品种有砖茶（包括青砖、黑砖、米砖、伏砖、花砖等）、饼茶、紧茶、方包茶、金尖茶、沱茶、普洱茶等。特点是保持原茶的品质，便于携带、运输和储存。

二、茶叶的主要化学成分与品质的关系

1. 茶叶的主要化学成分

茶叶中的化学成分有茶单宁、咖啡碱、芳香油、色素、碳水化合物、蛋白质、氨基酸、维生素等。在这些成分中，茶单宁、咖啡碱、芳香油等是形成茶叶质量的重要因素，也是饮之有益的成分。

（1）茶单宁（又名儿茶素）

茶单宁是一种多酚类的混合物，由儿茶酚和没食子酸缩合而成。茶单宁在空气中易氧化为鞣质红，呈棕红色，氧化过程是在氧化酶催化下进行的，茶单宁与高铁盐容易氧化成蓝、黑色的氧化物，所以泡茶不能用铁壶。

在中性或弱碱性溶液中有酶存在时会氧化成为无味的褐色物质，茶汤长时间存放会氧化成树胶，使水面上有一层皮膜，遇到蛋白质能生成沉淀。单宁与蛋白结合生成鞣酸蛋白，易被人体消化吸收，与生物碱结合能生成晶体沉淀物，有解毒杀菌作用。茶单宁略呈酸性，具有收敛性的涩味，对茶叶的色、香、味有直接影响，在热水中溶解度大，在冷水中溶解度小。茶单宁使茶叶具有特殊味道，以稍带有收敛性而又带有甜味的为最佳，高级茶都是这个特点。

（2）咖啡碱（又名茶素）

咖啡碱是茶叶中的主要生物碱，还有少量的可可碱、茶叶碱、黄嘌呤、腺碱等，茶素与茶叶的色香味虽无直接关系，但有生理功效，具有兴奋神经中枢，加快血液循环，消除疲劳，增强心脏、肌肉和肾脏功能的作用，所以能够健心利尿等。茶素呈白色针状有光泽的长条状的晶体，无臭味而稍有苦味，在热水中溶解度大，在冷水中溶解度小，茶汤冷后发浑，叫“冷后浑”。茶素比较稳定，但是遇到高温，即发生升华，当温度达120℃时升华速度加快。幼芽嫩叶茶素含量多，老叶含量少，茶叶采摘越早越嫩质量就越好。

（3）芳香油（又名挥发油、茶香精）

芳香油是形成茶叶香气的主要物质，是一种很复杂的混合物，包括醇类、脂类、醛类、酚类、酮类等，具有挥发性的香气。芳香油在茶叶中含量虽然很少，但它决定茶叶

的香气。一般情况下，嫩茶、高山茶的芳香油含量多，品质好，香气高。

（4）蛋白质和氨基酸

茶叶中含有较多的蛋白质，约为 17%～20%（干茶），除蛋白质外还含有一定量的游离氨基酸（1%～3%），氨基酸的存在有利于提高茶汤的滋味，使茶汤具有鲜爽味。

（5）糖类

茶叶中含糖类约 20%～30%，有单糖、双糖及淀粉、纤维素、果胶质等多糖。单糖和双糖能使茶汤具有甜醇味，还有助于提高茶香，可溶性果胶质可以使茶汤具有醇厚感。

（6）色素

色素是构成干茶、茶汤、叶底颜色的主要物质。绿茶的色素物质主要是叶绿素，故称茶绿、汤绿、底绿；红茶的色素主要是儿茶素的氧化产物茶黄素和茶红素等，因此称茶红、汤红、底红。

2. 茶叶的主要化学成分与成品茶质量的关系

茶叶的色、香、味、形是茶叶质量的主要因素，这些因素都和其成分有密切的关系，是各种成分的综合反映。

茶叶的不同色泽（包括干茶的色泽、叶底的色泽和茶汤的色泽）是由于不同的化学成分决定的。红茶干茶和叶底的色泽主要是茶单宁的氧化产物。而汤茶色泽主要是由水溶性的茶黄素、茶红素和少量的茶褐素形成的。

与茶叶香气有关的成分，主要取决于芳香油的含量和组成。茶叶的香气和滋味在感觉上虽然很难截然区分，但决定它们的化学成分是有区别的。鲜叶中的芳香油以醇类、醛类为主，还有部分酸类，其气味特征则以青草气味占主导地位。经过初制后，这些芳香油的含量和组成都发生了变化，所以不同茶的香气不同。

与茶叶滋味有关的化学成分主要是儿茶素，其含量决定着茶汤的滋味和涩味。蛋白质分解产物氨基酸的存在，使茶汤滋味鲜爽，尤其茶氨酸对茶汤滋味的影响较为明显。在制茶过程中淀粉水解后，产生的糖使茶汤味甜。茶汤的苦味则是由咖啡碱产生的，茶青素也具有苦味，所以茶汤的滋味是多种成分综合的反映。

对茶叶外形的质量要求，虽然不同的茶类有所区别，但是茶叶的外形与内质有密切的关系。一般说来外形较粗松的茶叶，其色、香、味质量必然较差，而外形紧细的茶叶具有较好的色、香、味。

三、茶叶的采摘和加工

1. 茶叶的采摘

采茶主要采新长出梢上的幼芽、嫩叶。采一芽一叶、一芽两叶、一芽三叶作高级茶，采幼芽、嫩叶的产量低，质量高；采一芽五叶或一芽六叶产量高些，而质量较低。例如，银白毫、高级龙井或高级碧螺春都采一芽一叶；一级、二级茶是一芽三叶、五叶等。一芽一叶采在清明前，叫“明前茶”。一般是指江苏、浙江、福建一带，时间在 3 月底 4 月初（阴历）。安徽气温低些，就在谷雨前采“雨前茶”。而长江以北地区采“雨前茶”，比以上地区时间晚半个月左右。如果是高山，那么采茶时间就更短些。一年间采的茶以春天采的为最好，夏天、秋天差一些。二春茶（春天采二遍茶）比暑茶好，暑茶的生长期为炎热季节，叶片含纤维素多，颜色较深，质量差。在同一天内采茶，因时间不同，品质也有所区别，早晨采的早菁，因露水多，品质较次；中午采的午菁，润而不湿，品质最优；傍晚采的夜菁，品质亦差。茶叶的采摘方法目前仍以手工为主，也有用机器采摘的。

2. 茶叶的加工

（1）红茶

初制毛茶过程为：鲜叶→萎凋→揉念→发酵→烘干→红毛茶。

经初制的毛茶外形不一致，质量不均匀，还需要经过精制，剔除杂质，进一步干燥，划为不同等级。精制过程是：筛分→切断→风选→拣剔→复火→匀堆→包装。

（2）绿茶

初制过程为：鲜叶→杀青（炒或蒸）揉捻→干燥（炒干、烘干或晒干）→绿毛茶。

精制过程为：筛分→整理外形→剔除杂质→分级→包装。

（3）乌龙茶（青茶）属于半发酵茶

制法介于绿茶与青茶之间，精制过程与红茶相似。

其初制过程：鲜叶→萎凋（晒或晾）→摇青→炒青→揉捻与烘焙。

摇青是制造乌龙茶的关键环节，目的是使鲜叶边缘相互摩擦，使细胞破裂、茶汁流出、氧化变红、叶绿发酵，形成绿叶红镶边的特点。

（4）花茶

花茶的窨制原理是利用茶叶里含有的高分子棕榈酸和烯萜类化合物，这些化学成分具有吸收异味的特点，所以通过窨制能使茶胚充分吸收鲜花的香气，提高茶叶品质，泡饮时有一种清香鲜爽之感。我国鲜花窨制花茶的类别很多，有茉莉花茶、玉兰花茶、珠兰花茶、柚子花茶、玳玳花茶、玫瑰花茶等。另外台湾省还有一种秀英花茶。其窨制过程是：鲜花处理→茶胚整理（筛分、风选、拣剔、烘焙）→窨花→晾花→出花（起花）复火（干燥）→提花（即为商品花茶）。

（5）紧压茶

紧压茶是用黑茶、红茶末（包括老茶）做原料制成的。

从鲜叶制成紧压茶，须经过“初制”、“复制”、“压制”三个过程，初制是将鲜叶制成毛茶；复制是将毛茶筛分拼制成散茶；压茶是把筛分拼制好的散茶蒸饮后压制成紧体茶。

3. 茶叶的感官质量审评

茶叶的鉴定习惯上称为审评。除了对水分、灰分、茶末含量采用理化鉴定外，主要是感官审评，分为外形审评和内质审评两个方面，把两者结合进行审评，能全面说明茶叶的质量。

（1）茶叶的外形审评

外形审评包括外形、嫩度、色泽和净度四项指标，主要反映了原料鲜叶的老嫩程度和制茶工艺是否恰当。审评所采用的方法是双手转动盛茶盘（清楚看见上、中、下不同层次的茶叶），还可以采取扦取茶样的方法测出茶叶的外形匀度。

（2）茶叶的内质审评

内质审评包括香气、汤色、滋味和叶底四项指标。

1）茶叶香气的审评。其香气干嗅也能辨别，但是湿嗅更明显，嗅香时不要把茶杯盖全掀开，只需要稍稍掀开杯盖，将它接近鼻子，嗅后盖好，放在原位，茶叶的香气在热、湿、冷时的差别很大 ，一般情况下热时香气高，区别比较明显，在湿冷时嗅香，可以嗅其特殊的香气和香气的持久性。每次嗅香不能太久，否则容易嗅觉迟钝。香气的审评主要区别香气的高低、持续时间的长短、是否纯正、有无异味等。高山茶的香气高而持久，春茶的香气高于夏、秋茶。

2）茶叶汤色的审评。审评汤色应趁茶汤烫热时进行，茶汤冷却后，不仅汤色的色泽转深而且会出现“冷混浊”。

3）茶叶滋味的审评。茶叶滋味是由多种成分形成的，其中最主要的是茶单宁和咖啡碱，氨基酸和糖分也起着一定的作用。另外，茶叶的香气也与滋味密切相关。品尝茶汤的滋味，不要直接咽下，用舌头在口腔内打转 2～3 次后，再吐出来，质量好的茶叶，其滋味入口后稍有苦涩之感，但很快就会有回甜清爽的感觉。

4）茶叶的叶底审评。从茶叶的叶底色泽和软硬，可以反映鲜叶原料的老嫩，叶底的色泽还与汤色有密切关系，叶底色泽鲜亮与浑暗，往往和汤色的明亮和混浊是一致的。茶叶叶底柔软者说明鲜叶比较细嫩，粗老的鲜叶，其叶底比较硬。

四、茶叶的保管与养护

1. 茶叶的特性

（1）吸湿性

茶叶含水量在 5%～8%之间最适宜保管。茶叶中含有多种有机成分，具有亲水性，物理结构又疏松多孔，所以具有吸湿性，当外界温度超过 30℃，湿度超过 70%，包装不严，茶叶含水量在 10%时质量下降，超过 12%就有霉变的可能，甚至失去饮用的价值。

（2）陈化性

茶叶的陈化是单宁、茶素的氧化和香气的挥发。单宁氧化以后汤色发暗混浊，滋味钝显淡，缺乏刺激性；茶素氧化，大大减低兴奋神经作用。茶叶储存时间过长，香气就会慢慢自然失去。陈化快慢与保管时间长短、含水量大小、包装密封程度和仓库温湿度高低有着密切关系。凡储存时间过长，干茶含水量高、包装不紧密、保管场所温湿度大，就容易陈化，反之，陈化就能缓慢，储存时间就能延长。

（3）吸收异味（俗称串味）

因为茶叶含有高分子棕榈酸和烯萜类化合物，其物理结构疏松多孔，致使茶叶具有吸收异味的特征。茶叶如沾染异味，其香气和滋味就大大减退，严重的还会失去饮用价值。因此，茶叶在保管和运输过程中不得与有异味的商品（如化妆品、腌腊货、樟脑球、香皂、海产品、汽油等）存放在一起，以免串味。

2. 茶叶的保管与养护

（1）储存茶叶仓库温湿度的调节

夏天应经常倒垛，垛底要干燥，以免垛底层的茶叶受潮变质，雨天严禁开门窗，避免潮气侵入，晴天空气干燥时，要开门窗通风，雨后天晴，库外温湿度较高与库内时，不要打开门窗，防止库外潮气侵入库内。不应贴地和靠墙存放，要根据地面的潮湿情况垫枕木，并要有墙距，茶叶出库要掌握先进先出的原则，防止压陈出新，影响茶叶的质量。

茶叶仓库温度应控制在0～25℃，相对湿度应控制在70%为宜，如果库内湿度大，又不能通风时，可以采用块石灰和氧化钙吸潮，降低库内湿度。

（2）珍贵名茶，采用石灰储藏法

用干燥洁净的瓦坛或小口铁桶，块石灰放入白布袋内，放置于容器的中间，茶叶（水分正常）用纸包好放于周围到满后，容器口封严。一个月或稍长一些时间更换石灰（石灰吸收水分后变成粉状）。

（3）抽氧充气，避光冷藏保管

预先将茶叶含水量保持在4%～5%，装入不透光、不透气的容器中，进行抽氧、充气、密封，然后储藏在专用茶叶的冷库中（库温-10～-5°C）。由于茶叶处在无氧、干燥、无光、低温的条件下，茶叶的陈化基本停止。用这种方法保管的茶叶经3～5年仍能保持原来的汤色、香味。

（4）茶叶储藏应注意的事项

1）多种不同类别、不同等级的茶叶不可混放，防止互相串味。

2）大宗茶叶按品种分开堆码或按库存放，便于出库。

3）零售的茶叶，要注意单独存放，专柜出售，以防串味，样品陈列以小样玻璃瓶封闭为好，时常更换以保持新鲜。紧压茶的样品最好将它放在无毒透明的塑料袋陈列。整箱茶叶改装小包装或拆零出售，最好做到当时开箱，及时包装，放入密封容器。

第七节　饮　　料

饮料是人体新陈代谢活动中水的主要来源之一，它分为酒精饮料和非酒精饮料（酒精含有量低于 1.0%）两大类，通常将非酒精饮料称作软饮料。软饮料是以补充人体水分为主要目的的流质食品。

一、软饮料

1. 软饮料用水

软饮料中水含量一般在 85%以上。水无色无味，但其中含有各种杂质，这必然影响到饮料的品质，故首先必须对水进行严格选择。

（1）天然水的分类及特点

饮料工业用水大致可分为：自来水、地下水、地面水。自来水一般已在水厂进行了一定的处理，水中的杂质及细菌指标已符合饮用水标准，因此若采用此水资源可简化饮料厂的水处理流程。

地下水通常指井水、泉水、地下河水，其中含有较多的矿物质，如铁、锰、钙、镁等，硬度、碱度都比较高，若这些物质超过一定范围，就会影响饮料的质量和风味。

地面水来自江、河、湖泊，其中含有各种有机杂质和无机物等，污染严重，必须经过严格的水处理方能饮用。

（2）天然水中的杂质

天然水中的杂质按其微粒大小主要分为 3 大类：

1）悬浮物质：粒度大于 0.2 μm 的杂质。主要包括泥沙、虫类、藻类、细菌、原生动物、病毒以及其他不溶物质等。有害的微生物不仅影响产品风味，而且还会导致产品变质。

2）胶体物质微粒大小大致为 0.001～0.20 μm 。它多是黏土性无机胶体，易造成水质混浊。高分子有机胶体是分子量很大的物质，一般是动植物经过腐蚀分解的腐殖质等，是造成水质带色的原因。

3）溶解物质：在水中形成真溶液的低分子及离子。主要包括：溶解在水里的盐类，基本以阳离子和阴离子形式存在，如 Mg^{2+}、Ca^{2+}、Fe^{2+}、Cl^-、CO_3^{2-}等；溶解气体，主要有 O_2、CO_2、H_2S 等。

（3）饮料用水的水质要求

水质的标准主要反映在碱度、硬度、浊度、色度以及化学指标、毒理学指标、微生物指标等几个方面。

硬度又分为暂时硬度和永久硬度，暂时硬度是指碳酸氢钙和碳酸氢镁这些盐类，它们在煮沸过程中会转化成碳酸盐沉淀；永久硬度是钙镁的其他盐类，如硫酸盐或氯盐。硬度可以 $CaCO_3$（mg/L）来计。

水中碱度取决于天然水中能与 H^+ 结合的 OH^-、CO_3^{2-} 和 HCO_3^- 的含有量，以 mmol/L 表示。其中 OH^-、CO_3^{2-}、HCO_3^- 的总含量为水的总碱度。

通常用浊度和色度来定量表示水中的各种悬浮物胶体。浊度测定常把 1L 水中含有 1mg 高岭土（或硅藻土）表示为 1 浊度。

选择饮料用水，基本上要求符合我国生活饮用水卫生标准（TJ20—76）和根据汽水工艺用水的特殊要求而强调的各种指标要求。

2. 软饮料常用食品添加剂

（1）甜味剂

甜味剂是软饮料生产中基本原料，可分为天然甜味剂和人工合成甜味剂两大类。其作用是使制品形成合适的甜酸比，并具有一定的营养功能。为保证质量，要求糖纯度大于 99.5%，晶粒松散均匀无杂质、臭味。

（2）酸味剂

常用的酸味剂有：柠檬酸、苹果酸、酒石酸及磷酸、抗坏血酸、乳酸、醋酸等。

碳酸饮料的最佳酸度，pH 值为 2.5～4。柠檬酸和苹果酸性质相似，极易溶于水，有相似的特殊香味，酸味柔和适中，1%溶液的 pH 值为 2.3。

（3）防腐剂

细菌、霉菌和酵母菌之类的微生物是导致饮料败坏的主要因素。因此需要在饮料中加入适当的防腐剂抵制微生物的生长繁殖，从而延长保存时间。饮料中常用的防腐剂为苯甲酸类、山梨酸类和对羟苯甲酸之类。

（4）食用色素

食用色素分为天然色素和人工色素两大类。天然色素主要指由动、植物组织以及微生物培养物中提取的色素，其中大多数为植物色素。天然色素难以制造，而且一般天然色素往往带有不同程度的臭味和滋味，较易变色，价格也较高，所以，应用受到一定限制。人工色素色彩鲜艳，不易变色，着色力强，性质稳定，使用方便，价格低廉，是我国饮料工业现在使用的主要色素原料，但其安全性差。

（5）香精香料

软饮料的香味是重要的感官指标。香精由香料配制而成，添加香料可以起到稳定、补充、矫正、增加、替代或赋予香味的作用。

（6）二氧化碳

二氧化碳用于饮料的碳酸化，它可以使溶解在饮料中的成分如糖和矿物盐等的渗透性能大大提高，有助于胃的吸收，并有迅速解渴的作用。二氧化碳的另一个优点是清凉作用。

3. 包装材料及容器

软饮料的包装材料主要有金属、玻璃、塑料和纸板等四大类。

（1）软饮料对包装容器的基本要求

1）对人体安全无毒。

2）具有可靠的机械强度和延展性。

3）防水、防湿、遮光、防紫外线等良好的隔绝性能。

4）对软饮料的成分不起化学反应。

5）制造方便、便于密封、适合大量生产、成本低。

6）外形美观、适应商标印刷、受消费者欢迎。

7）易开封、携带方便、用后便于处理。

8）运输保管方便。

（2）软饮料的主要包装材料

1）金属容器：软饮料包装的金属容器有三片罐和两片罐。三片罐由罐身、罐盖和罐底组成，材料为马口铁。二片罐由罐身和罐盖组成，材料为铝合金薄板，罐盖上有易拉口俗称易拉罐。

2）塑料容器：塑料是软饮料包装中发展迅速的一种包装材料。塑料容器的品种繁多，有坚硬的、柔软的和层压的等不同类别。塑料容器强度大、实感强、隔绝性好、重量轻、外形美观、成本低，适合大量生产。

3）纸板盒：作为液体软饮料包装容器用的纸板盒有两种，一种是盒中袋，另一种是复合板盒，均为无菌灌装。

4）玻璃瓶：目前我国软饮料加工中使用最多的容器是玻璃瓶。瓶口由衬垫和皇冠盖密封，尤其是碳酸饮料，除少数易拉罐外几乎全以玻璃瓶作为容器。

二、碳酸饮料

碳酸饮料是人工配制并充二氧化碳而成的饮料。因为碳酸饮料的风味不仅取决饮料本身的各种内含物，也取决于其各种内含物的成分比例和内含物各成分之间的相互作用。

1. 生产工艺

1）糖浆的制备与配合。

此工序的工艺流程大致如下：溶糖→过滤→冷却→配料→冷却→储罐。

2）碳酸化。

3）装瓶灌装。

4）压盖、贴标及包装。

2. 质量要求

(1) 感官指标

1) 均匀度：没有分层现象，液面距瓶口 3～6cm。

2) 瓶盖：不漏气，不带锈。

3) 商标：端正，与内容一致。

4) 透明度：呈现产品所应有的颜色，澄清透明，无杂质。

5) 口味：无异味，具有本品的芳香味或酒精香味。

6) 泡沫：倒入杯内，泡沫高 2cm 以上，持续时间 2 分钟以上。

(2) 理化指标

二氧化碳体积应为水容积的 2.5～4 倍，酒精含量小于 0.5%；糖度含量小于 8%～10%；重金属含量要求每公斤中铜不超过 10mg，铅的质量分数不超过 1×10^{-6}，砷的质量分数不超过 0.5×10^{-6}。

(3) 微生物指标

细菌数/每毫升不超过 100 个；大肠杆菌/每毫升不超过 5 个；不得检出致病菌。

三、果蔬汁饮料

果蔬汁含有人体所需的各种营养元素，特别是维生素 C 的含有量更为丰富，能防止动脉硬化，抗衰老，增加机体的免疫力。果蔬汁还具有清凉、生津解渴的作用。其各种色、香、味成分的良好配比形成了独特的风味，诱发食欲，刺激口腔、胃、肠道的分泌神经，有利于消化和吸收。我国生产的果汁有柑橘汁、菠萝汁、葡萄汁、苹果汁、番茄汁、石榴汁及胡萝卜汁等。

1. 果蔬汁的化学成分

果蔬汁含有的化学成分有：碳水化合物、含氮物质、有机酸、鞣质、维生素和矿物质。

2. 果蔬汁生产工艺

虽然不同种类的果蔬汁以及同种不同形式的果蔬汁产品在生产工艺上有一定的差别，但它们仍有许多共同的基本过程，即都必须经过以下基本操作：原料的选择和洗涤→榨汁和浸提→酶去液化→澄清过滤→均质和脱气→果汁的糖酸调整与混合→果汁浓缩→杀菌与包装。

3. 质量要求

质量要求包括：该产品应有的色泽；具有该产品应有的香气和滋味，无异味；具有该产品应有的组织和形态，无油圈、无分层现象；不允许有杂质存在。

四、蛋白饮料

蛋白饮料可分为动物性蛋白饮料和植物性蛋白饮料两种。动物性蛋白饮料主要为乳性饮料，通常指的是以牛乳或乳制品为原料，经过调制而加工成的制品。植物性蛋白饮料，主要是指以植物的种子为原料，如花生、大豆、杏仁、核桃等加工而成的饮料。

（一）乳饮料的工艺过程

1. 咖啡乳饮料

咖啡乳饮料的制造工艺流程如下：

砂糖、焦糖、糖浆
↓
咖啡豆→抽提→咖啡浆→调合→过滤→均质→杀菌→冷却→包装
↑
牛乳、脱脂乳

2. 水果乳饮料的制造方法

首先将稳定剂加热溶解制成 2%～3%浓度的溶液，将砂糖溶于牛乳或脱脂乳中后将稳定剂溶液加入，再添加果汁和有机酸，添加时要使其浓度尽可能低，且边加边进行强力搅拌，添加果汁和有机酸以后再添加香精和色素，按乳制品生产标准进行均质、杀菌、冷却和装瓶。

（二）植物蛋白饮料

1. 豆奶

（1）豆奶的生理效用

当人体摄入过量动物性脂肪时，胆固醇会沉积在血管壁上，使血管脆弱、变细阻碍血液流通，导致高血压和动脉硬化等病症。当人们长期食用豆奶时，由于豆奶中不含胆固醇而含大量的亚油酸和亚麻酸，故不仅不会造成血管壁上的胆固醇沉积，而且还会对血管壁上沉降的胆固醇具溶解作用。豆奶中也含较多量的赖氨酸，而赖氨酸又是许多其他食物提供蛋白质供给源时的限制；豆奶中含钾较多，为碱性食品，可以缓冲肉类、鱼、蛋、家禽、谷物等酸性食品的不良作用。

（2）豆奶的生产工序

清洗和浸泡→脱皮→磨碎与钝化脂肪氧化酶→分离→调制→加热杀菌→真空脱臭→均质→包装。

（3）质量要求

豆奶应呈乳白色，具有豆奶的清香，无豆腥异味、焦味等。品尝时口感细腻、柔和，组织形态稳定，均匀混浊，无分层现象，无大颗粒固体沉淀物，允许少量不溶物质存在。

无杂质存在。

2. 花生乳饮料

（1）工艺流程

花生→去壳→挑选－焙烤－脱去皮衣→浸煮→冲洗→磨浆（二次）→过滤→调制→均质→瞬时杀菌→二次均质→冷却→储存→袋包装→冷藏→存储→装罐→杀菌→冷却→产品（马口铁罐）。

（2）工艺要点

焙烤→浸煮→磨浆→调配→杀菌。

（3）产品技术指标

1）色泽：花生乳呈乳白色，果汁花生乳呈各种果汁应有的色泽。

2）滋味和气味：具有花生的清香，无焦味、异味等。

3）组织状态：均匀混浊，无分层及乳清析出现象，允许有少量固形物沉淀。

4）杂质：不允许存在。

5）营养成分：蛋白质 1%～2%，脂肪 1%～2%，可溶性固形物≥8%，纯花生乳饮料 pH 值为 6.8～7.2，果汁花生乳饮料 pH 值为 3.8～4.0。

6）指标：符合卫生指标。

小结

食品商品特性是食品自然属性的重要组成部分，食品商品中的糖类、蛋白质、脂肪、维生素、矿物质、水等化学成分及食品商品的卫生特性，是决定食品商品内在质量的基础。食品的色、香、味、形等感官特性，将随着可持续发展战略的实施和绿色革命的进展更加显示出重要性。食品商品化学成分中的糖类、蛋白质、脂肪等的性质及生理功能，环境与微生物对食物的污染等是本章的难点内容。对于乳及乳制品、酒类、茶叶及饮料等商品，要求学生认识和掌握它们的特性，了解它们的用途，知道如何用感官检验审评这类商品，增强感性认识。

复习思考题

1. 食品中的主要营养成分有哪些？
2. 简述糖的概念、种类及营养价值。
3. 简述蛋白质的组成、结构和主要生理功能。
4. 简述脂肪的组成及其营养价值。
5. 试述维生素的营养及分类。
6. 简述食品中的重要矿物质及其对人体的作用。
7. 说明水对人体的生理功能。

8．试述水分活性与食品稳定性的关系。

9．试述食品污染的途径。

10．说明防止食品污染的措施。

11．简述乳的化学成分。

12．简述白酒的感官鉴定。

13．简述茶叶的主要化学成分。

14．软饮料中常用的食品添加剂有哪些？

实训项目

【实训一】

1. 实训内容：

叶绿素的变色。

2. 实训步骤：

1）取 3 个 100mL 烧杯，粘上标签，分别倒入 30mL 的蒸馏水、酸缓冲溶液和碱缓冲溶液，用 pH 试纸检验其 pH 值。

2）青菜切成边长约 5mm 左右的小方块，每个烧杯中加入 1g 左右的青菜叶，常温下观察菜叶颜色的变化。

3）将 3 个烧杯加热，不让其沸腾。再观察菜叶颜色的变化。

3. 实训分析：将观察到的现象记录下来，并分析原因。

【实训二】

1. 实训内容：

啤酒的泡沫性能。

2. 实训步骤：

1）用 100mL 三角瓶取啤酒样约 50mL，置于 20°C 恒温水箱中恒温 15 分钟，准备一个 200mL 的量筒。

2）将恒温后酒样取出，立即全部注入量筒，记录 5 分钟内每分钟泡沫所占的体积变化情况，以及泡沫全部消失时间。

3）再取其他品牌酒样重复上述实训。

3. 实训分析：

1）啤酒泡沫容量比 $C=\dfrac{b}{a-b}$；其中：a 为啤酒和泡沫的总体积（mL），b 为泡沫体积（mL）；泡沫消失时间 B（分）；啤酒泡沫性能 $E=\dfrac{C}{B}$。

2）啤酒泡沫性能标准：最佳 E=0～0.35；良好 E= 0.36～0.70；一般 E=0.7～1.00；略差 E>1.01。

3）根据实训记录的数据，分别计算出各种酒样的啤酒泡沫性能，判断啤酒的优劣。

案例分析

美国近年来发生多起食品安全事故

新华网北京2009年1月19日电（记者杨骏）　美国疾病控制和预防中心日前发表公报说，自去年9月份以来，美国共有43个州发现沙门氏菌疫情，几乎所有感染沙门氏菌的患者都食用过花生酱，最后有关监管部门也出面告诫消费者暂时不要食用花生酱。近年来不断发生的食品安全事故使美国消费者备受打击，美国媒体认为，美国食品监管体系有待加强，生产商更应该严格管理生产程序。

据美国媒体报道，2006年9月中旬以后，美国爆发了著名的“毒菠菜事件”，导致美国26个州200余人感染大肠杆菌，其中3人死亡，加拿大也有一个省被殃及。这些人是因食用了加州东部萨利纳斯谷地生产的“毒菠菜”而患病。

2007年2月，美国疾病控制和预防中心称，自2006年8月以来，美国41个州共有329人先后感染田纳西型沙门氏菌。而美国多个州的卫生部门也分别宣布，在感染者食用的康纳格拉公司生产的两种花生酱中检测到这种沙门氏菌。

2007年6月10日，美国加利福尼亚州“联合食品公司”宣布，紧急召回已在11个州售出的200多万公斤牛肉，原因是这些牛肉可能感染了大肠杆菌。

2007年7月，美国疾病控制和预防中心证实，当年春天以来已有几十人在食用了Veggie Booty品牌的点心食品后染病，致病原因最后确定为食品受到了沙门氏菌污染，患者中儿童占了大多数。

2008年2月，美国农业部下令召回加利福尼亚州一家屠宰场处理的1.43亿磅（1磅约合0.45kg）冷冻牛肉，因为这些牛肉没有经过“全面和适当”的检验。这是美国历史上规模最大的一起牛肉召回事件。

2008年3月，美国乔氏食品连锁公司宣布紧急召回其超市里销售的紫花苜蓿芽，原因是这种蔬菜被怀疑受到了沙门氏菌污染。

2008年11月，美国食品和药物管理局向媒体透露了检出含有“微量”三聚氰胺的婴儿奶粉的生产商以及产品种类。

美国已是一个成熟的市场经济社会，但在保证食品安全、保护消费者权益方面，政府仍是主导者，发挥着不可替代的作用。美国舆论认为，安全的食品不仅仅是监管出来的，还是生产出来的。解决食品安全问题，政府除了加强监管外，还必须注重引导企业加强管理，从而确保民众的身体健康。

分析与思考：

1．试分析食品安全与消费者的关系。

2．你认为为解决食品安全问题应采取哪些措施？

第五章　工业品商品

学习目标

通过本章的学习，了解工业品商品的性质与其成分和结构之间的关系；明确工业品商品的化学组成，商品的宏观、微观和内部结构层次的内容；掌握工业品商品的物理性质、化学性质和机械性质；掌握塑料的分类，以及各类塑料的性能与用途，了解塑料的鉴别方法。

这里所谈的工业品商品，主要是指日用工业品商品。该类商品种类繁多，包含玻璃制品、搪瓷制品、铝制品、塑料制品、橡胶制品、皮革制品、日用化学品和纸张制品等。工业品商品的性质，是由构成这些商品的化学成分结构所决定的。

第一节　工业品商品的成分

工业品商品的成分与其性质有密切的关系。它决定着商品受外界因素影响时的稳定性，是确定商品的储存、运输、使用条件和方法的重要依据，也是研究商品的科学分类、质量特征及质量变化规律的重要因素。

一、工业品商品的分类

工业品商品的种类繁多，所含成分各不相同，有的成分比较单一，但多数工业品商品是由多种成分组成。工业品商品按照组成的化学成分，可分为无机成分和有机成分的工业品商品两大类。无机成分的工业品商品又可分为金属和无机化合物工业品商品两类。有机成分的工业品商品又可分为低分子有机物和高分子有机物的工业品商品两类。

1. 金属成分的工业品商品

金属成分的工业品商品，有黑色金属和有色金属商品两类。黑色金属商品是指用铁及铁合金制成的商品。有色金属商品是指以黑色金属以外的所有金属及合金制成的商品。

金属成分制成的商品，主要有金属器皿、炊具、五金商品、日用机械商品、部分文化用品和家用电器等。金属材料制成的商品，具有坚牢、耐用、导电性和导热性高、耐热性较好等特点；但在外界环境的影响下，容易发生腐蚀，轻者影响制品外观，重者影响制品使用寿命。

2. 无机化合物成分的工业品商品

无机化合物组成的商品，是指由不同的金属或非金属元素结合成的无机化合物所制成的商品。目前采用最多的无机化合物材料是硅酸盐材料，用于生产玻璃制品、陶瓷制品和搪瓷制品等。硅酸盐材料及其制品耐火性好，化学稳定性好，与金属材料及其制品相比，在正常环境中不易被腐蚀，质地坚牢又耐压；但抗张强度较低，且发脆。

此外，无机化工商品中的各种氧化物、酸、碱、盐等均属无机化合物成分。

3. 低分子有机物成分的工业品商品

所谓有机化合物，是指以碳元素为骨干，多数与氢元素，或氢氧两种元素，或再结合氮、硫、磷、氯等中的一种或几种元素所组成的化合物。构成有机化合物的元素种类虽然不多，但所组成的化合物却多种多样。一般将分子量低于 103 的称为低分子有机物，分子量高于 103 的称为高分子有机物。

由低分子有机物构成的工业品商品很多，主要有洗涤用品、化妆用品和石油产品。洗涤用品中的肥皂，其主要成分是高级脂肪酸钠，合成洗衣粉的主要成分是烷基苯磺酸钠。化妆用品中的香水、花露水的主要成分是乙醇。高级脂肪酸钠、烷基苯磺酸钠和乙醇等都是低分子有机物。

4. 高分子有机物成分的工业品商品

高分子有机物成分构成的商品也很多，主要有塑料制品、橡胶制品、皮革制品、纸张及其制品等。这些商品中含有的树脂、橡胶烃、蛋白质、纤维素等成分都是高分子有机物。

高分子有机物根据其来源不同，分为天然高分子有机物和合成高分子有机物。

天然高分子有机物是在动物饲养中和植物栽培中通过动植物体的新陈代谢作用自然形成的。例如，皮革制品中的蛋白质和橡胶制品中的橡胶烃等就是天然高分子有机物。

合成高分子有机物是由低分子有机物通过聚合或缩合而形成的一类高分子有机物。橡胶制品中的合成橡胶和塑料制品中的合成树脂都是合成高分子有机物。合成高分子有机物，在合成时所用的单体不同或生成的高分子有机物的结构不同，其性质也明显不同。

二、工业品商品的成分

由单一成分组成的工业品商品毕竟是很少的，绝大多数的工业品商品都是由多种成分组成。在研究工业品商品的性能和质量时，应区分商品中的有效成分和无效成分、主要成分和辅助成分、基本成分和杂质成分。

1. 商品的有效成分和无效成分

从商品的效用上分析，使商品具有使用性能的成分都是商品的有效成分，与有效成分共存的其他成分称为无效成分。如植物纤维中的纤维素是有效成分，造纸就是利用这种成分，而与纤维素共存的果胶质、木质素、灰分等属于无效成分。

商品中有效成分的种类，决定着不同工业品商品的性质。如以二氧化硅、氧化钠、氧化钙为主要成分的钠玻璃，机械强度、化学稳定性和热稳定性都较差，但易于生产，多用于制造平板玻璃；以氧化钾取代氧化钠成分的钾玻璃，其机械强度、稳定性较好，光泽度较高，多用于制造质量较好的日用器具和化学仪器；以二氧化硅、氧化钾和氧化铝为主要成分的铝玻璃，具有较高的折射率，光泽度较高，硬度较低，易于装饰加工，最适于制造光学仪器、雕刻艺术品和优质日用器皿。

商品中有效成分的含量在很大程度上决定着商品质量的高低，所以在某些商品的质量标准中就规定了有效成分的含量。如铝制品质量高低常是由有效成分铝的含量多少来衡量的，精铝制品纯度要求在98%以上。

商品中的无效成分是无用的，有的甚至是有害的。无效成分的存在往往或多或少地降低了商品中有效成分的含量。因此，无效成分越多商品质量越差，甚至影响商品的使用效果。所以，在某些商品质量的标准中，特别是规定了各种有害成分的极限含量。如润肤乳液的卫生指标规定：砷含量不得高于10mg/kg，汞含量不得高于1mg/kg。

2. 商品的主要成分和辅助成分

在商品中发挥主要作用的成分，称为主要成分；在商品中辅助主要成分更好地发挥作用，使商品具备更全面的使用性能的成分称为辅助成分。例如，在牙膏中摩擦剂和洗涤剂是其主要成分，摩擦剂是牙膏组成的主体，借助摩擦作用清洁牙齿；洗涤剂具有乳化、分散、悬浮和泡沫作用，可以清洗口腔。此外，调合剂、胶着剂可以使牙膏制成膏体而方便使用；甜味剂和香精可去除洗涤剂等成分的异味，使牙膏气味芬芳；加入某些药物可以防止疾病。再如以聚氯乙稀合成树脂为主要成分制成的塑料制品，有的可软如海绵，有的则较坚硬，这是因为其组成中的辅助物及结构不同的缘故。前者加入多量的增塑剂和发泡剂，使其制品具有柔软性和多孔性；而后者则加入了较多的增强材料，显著地增加了制品的强度和硬度。

加入商品中的辅助成分，不仅要考虑对该商品本身作用的改善和提高，同时还要考虑成本和环保等。如过去一直把磷酸盐作为合成洗衣粉的重要辅助成分，由于它的富营养作用对生态环境有害，目前已采用沸石替代而生产无磷合成洗衣粉。

商品的主要成分还是某些商品分级的依据。例如，化学试剂氢氧化钠（NaOH），按其中氢氧化钠含量高低分为：优级纯含 NaOH 97%，分析纯含 NaOH 96%和化学纯含

NaOH 95%。需要说明的是，主要成分不一定是主体成分，如香水的主体成分酒精，占商品总体的 90%，而决定着香水质量特征的却是不足 10%的香精。

3. 商品的基本成分和杂质成分

对商品的化学成分进行定量分析，可把占商品组成中绝大部分的成分称为基本成分，其他成分则称为杂质成分。对杂质成分也应具体分析。有些杂质成分对商品质量无害，甚至有益，但也有些杂质成分可能给商品带来很大的危害。如硫和磷均是钢材的有害元素。硫在钢材中能与铁化合形成熔点为 985℃的硫化铁（FeS），当钢材在 1100～1120℃进行压力加工时，由于硫化铁此时已熔融为液体，显著降低钢在高温下的塑性，从而破坏钢材的延展性，产生使钢断裂的“热脆”现象。磷在钢中虽能提高钢的强度和硬度，但能使钢的塑性和韧性剧烈下降有损钢质，磷还能使钢材发生冷脆。所以钢材中硫、磷的含量越低越佳。

第二节 塑料制品

塑料是以合成树脂为主要成分，在一定温度、压力条件下，可塑成一定形状，且在常温下保持形状不变的材料。

树脂有天然树脂和合成树脂之分。天然树脂是取自动植物的分泌物，如虫胶、松香等。其特点是无固定形状，受热软化变形，遇冷变硬；合成树脂是以石油、煤、天然气、食盐、石灰石等原料，通过化学加工方法，合成为具有天然树脂特性的高分子聚合物。

一、塑料的分类和性能

1. 塑料的分类

（1）按塑料的组分分类

1）单组分塑料：是以合成树脂为主体，不加填料，只可加入少量辅助剂（如润滑剂，着色剂等）制成，如聚乙烯、聚丙烯、有机玻璃等。

2）多组分塑料：除合成树脂外，还加入填料、增塑剂、稳定剂等辅助材料而制成，如聚氯乙烯、酚醛等塑料。

（2）按塑料的用途分类

1）工程塑料：指用于工程构件、机械零件、化工设备等方面的塑料。这类塑料要求有较好的机械强度和耐热性能，如聚酰胺、聚甲醛及 ABS 等塑料。

2）通用塑料：指用途广、产量大、价格便宜的塑料。这类塑料多为民用，有的也用于工业配件、农具等。其用量占塑料总量的 80%以上，如聚乙烯、聚氯乙烯、酚醛、氨基等塑料。

（3）按塑料的性能分类

这是一种应用最普遍的分类方法。

1）热塑性塑料：指成型后受热易变软或熔融，仍有可塑性的塑料。这类塑料可以反复受热变形、冷却固形的可逆变化。常见的热塑性塑料有聚乙烯、聚氯乙烯、聚丙烯、聚苯乙烯等。其主要优点是成型工艺简便，具有较高的物理机械性能，且废旧材料可回收再次利用；缺点是耐热性差。

2）热固性塑料：指成型后受热不再变软或熔融，仍能保持其形状不变的塑料。这类塑料在高温下不熔化，一经成型，不可逆变。常见的热固性塑料有酚醛、脲醛、密胺等塑料。其主要优点是耐热性高，受压不易变形，但柔韧性差，废旧材料不能回炉利用。

此外，塑料还可按卫生性分成有毒塑料和无毒塑料。有毒塑料不宜做食品包装和食物、药品的容器。如聚氯乙烯、酚醛、硝酸纤维素等塑料为有毒塑料。

2. 塑料的主要性能

由于塑料是一种人工合成的可塑性材料，又可以通过物理、化学方法获得多种多样的性能，具有其他材料不可比拟的特性。

塑料不像金属那样重，不像木材那样容易腐烂，不像玻璃那样脆弱。在耐热、耐寒、耐老化性能等方面也比橡胶好，而且上述材料的优点，塑料均兼而有之。

（1）质轻比重小

塑料的比重一般在0.9～2.3之间，大大低于金属和玻璃。泡沫塑料的比重只有0.33，仅为水的1/3。

塑料这一特性，与其制品的性能用途有着密切关系，适于制作轻巧美观、携带方便的制品。

（2）电绝缘性好

大多数塑料都具有良好的电绝缘性能，它的介电常数小，介电耗损低，可与玻璃、陶瓷、橡胶相媲美，广泛用于电机材料、各种电器开关和家用电器的零部件。

（3）耐腐蚀性好

塑料对酸、碱、盐有一定的抵抗能力，且不生锈，适合制作各种塑料制品。如聚四氟乙烯，它的化学稳定性胜过黄金，放在“王水”中煮十几个小时也不会变质，故俗称为塑料王。酚醛树脂耐酸、石棉酚醛塑料可作盛装盐酸和磷酸的设备，对160℃的氢氟酸还很稳定。用硬聚氯乙烯塑料制造化工设备，可耐90%浓硫酸、浓盐酸和60～80℃的碱液。

（4）透光性良好

很多塑料有一定的透光性，被称为“有机玻璃”的聚甲基丙烯酸甲酯，其透光性可与普通无机玻璃相比，广泛用作飞机、车船的门窗玻璃。在透过紫外线方面，塑料薄膜比普通玻璃透过的比例为高，农用塑料薄膜的普遍应用，就是利用塑料的这一特性。

（5）热的不良导体，具有消声、减震作用

一般来讲，塑料的导热性是比较低的，相当于钢的1/75～1/225，泡沫塑料的微孔中含有气体，其隔热、隔音、防震性更好。

（6）具有多种不同的机械强度

塑料的机械性能可以通过不同途径来调整，有的塑料坚硬如石，有的塑料柔软如棉。特别是玻璃纤维增强塑料的拉伸强度比钢还高。此外，塑料还有较好的不透水、不透气和易加工性能，适用于防水、隔潮、气密性要求高的制品，如各种雨具、容器及各类商品的包装。

二、塑料制品的成型方法

塑料制品的成型，是使各种塑料粉或颗粒，变成为一定形状的过程。根据各种塑料的性能和制品的不同要求，可采用不同的成型方法。常用的成型方法有注塑法、吹塑法、压塑法。

1. 注塑法

注塑法是将塑料（粉或颗粒）先加入料筒内加热，使其软化变成黏流态后，经螺杆旋转和柱塞的推挤，注入冷金属模中，然后冷却成型，脱模后即得一定形状的制品。

注塑法实质上只有塑化、注射和模塑三个过程，是日用塑料制品最常用的一种方法。其生产效率高，可制出造型复杂、尺寸精确的制品，多数热塑性塑料制品都可采用此法，如面盆、水桶、皂盒、烟盒、梳子、鞋底等。

2. 吹塑法

吹塑法只限于热塑性塑料的成型，是适应于制造空心制品和塑料薄膜、薄片的一种成型方法。

制造吹塑空心制品，是将从挤出机挤出的管状坯料置于模型中，吹入热空气或先将坯料预热吹入空气，使塑料膨胀紧贴模壁，待冷却定型，脱模后即得一定形状的制品。保温瓶壳、水壶、奶瓶、提桶、痰盂和各种塑料瓶、球、玩具等均可采用此法。

制造吹塑薄膜制品，是将连续从挤出机挤出的管状坯料，在机头处通过压缩空气，使之横向吹胀。同时借助于牵引辊连续地进行纵向牵伸，使管壁膨胀变薄，达到所要求的厚度为止，然后经冷却，卷成膜卷。

3. 挤塑法

挤塑成型原理与注射成型基本相同。不同点在于螺旋推杆连续将熔态物料，通过挤出机的特定喷嘴挤出，出模冷却成型。制品的形状取决于机头口模的形状，如管状、棒状、板状、薄膜、中空容器等。

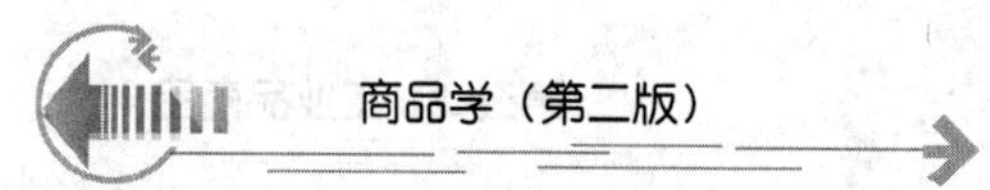

挤出法可连续不断生产、效率高、成本低、质量可靠，在塑料加工中占有重要地位。适用于线形、管形、板形材料加工和日用塑料制品的制造。

4. 压塑法

压塑法是热固性塑料成型技术中最早而重要的成型方法。具有工艺简单、成型压力低，适合多品种生产的优点；缺点是效率低、较难形成复杂的制品。压塑法主要用于电器部件、钟表外壳及鞋、盒、碗、装饰板等。

三、热固性塑料

1. 酚醛塑料及其制品

酚醛塑料（PF）又称电木、胶木。它是由苯酚与甲醛，在酸或碱性催化剂的作用下，经缩聚而制得。酚醛塑料多为暗红色、棕色和黑色，不透明，表面光滑而有光泽，硬度大，耐磨性好，不易燃烧，电绝缘性好，耐热、耐寒、耐腐蚀，但脆性和吸湿性较大，着色不鲜艳，化学稳定性能好，耐各种溶剂和油类的浸渍，在强酸和各种有机溶剂中均比较稳定，但在碱性溶液中能发生溶解现象。由于固化程度不一，酚醛塑料容易析出游离苯酚和甲醛，故不宜用作食用具。

主要制品有电器零件（灯头、开关等）、汽车配件、机件外壳、电话机，以及日用皂盒、粉盒、纽扣、瓶盖、把手柄等。

2. 脲醛塑料及其制品

脲醛塑料（VF）又称电玉，是以尿素与甲醛在酸性催化剂的作用下，经缩聚而制得。

脲醛塑料颜色鲜艳，多呈浅色，半透明，形似玉石，表面光滑而有光泽，硬度大，耐磨性好，电绝缘性好，耐油、不受弱碱和有机溶剂的影响，但不耐酸。沸水浸泡不变软，相对密度 1.47～1.52。难燃，离火时熄灭，并有脲臭味逸出，火焰尖部呈浅绿色，与火焰接触部位发白开裂。它不如电木耐热，耐水性和化学稳定性比电木差。

脲醛塑料适用于制作日用品、电器零件和装饰板，如纽扣、发夹、手把柄、瓶盖、电器开关、插头、灯座。此外用棉布、玻璃布为填料可制成层压板，用来做家具、贴面板、收音机外壳、钟表外壳等。

3. 密胺塑料及其制品

密胺塑料（MF），是以三聚氰胺和甲醛经缩聚而制成。

密胺塑料适合于制作各种杯、碗、碟、筷、汤勺等饮食用具。也可用于制作日用电气绝缘零件，如灯罩、点火器、电器开关等。

四、热塑性塑料

1. 聚乙烯塑料

聚乙烯是由乙烯单体聚合而得。聚乙烯塑料（PE）是一种单一组分的热塑性塑料，是目前用途最广泛的塑料。

聚乙烯是白色蜡状固体，比重小于水，无毒无味，透明度较好，有较好的柔曲性、透气性、弹性。其化学稳定性良好，在常温下不溶于任何溶剂，能耐酸、碱、盐和水的腐蚀。适用于制造食品、药品的容器和薄膜制品，如奶瓶、药瓶、水壶、水桶、面盆、油桶、皂盒、保温瓶壳及食品袋、农用薄膜等。

聚乙烯根据聚合条件不同，可分为高压（低密）、低压（高密）和中压三种。一般来说，密度增加，抗张强度、硬度、耐热性均增高，尺寸稳定性良好，但伸长率随之下降。

（1）高压聚乙烯

高压聚乙烯是在1200～2000大气压，温度为100～300℃条件下，由乙烯单体用氧、有机过氧化物或偶氮化合物为引发剂进行聚合而成。

1）机械性能：低密度聚乙烯有良好的延伸性和抗冲击强度。

2）化学性能：常温下，能抵抗50%稀硫酸、50%稀硝酸、盐酸、过氧化氢等的腐蚀，但浓硝酸、浓硫酸能缓慢作用于聚乙烯，90～100℃时就能迅速破坏，矿物油、某些动物脂肪和植物油能使聚乙烯的物理性能发生永久性局部变化。

3）电性能：聚乙烯分子是非极性的，只由C、H两种元素组成，这就决定了它的绝缘性，适于制作高频电缆和海底电缆的外包覆皮；但另一方面，由于它的化学惰性及薄膜的非极性使它难以粘接和印刷，须经过氧化处理、火焰处理、放电处理后，才会有良好的粘接性和印刷性。

4）耐水性和透气性：聚乙烯有高度的耐水性，将其置于蒸馏水中两年以上，性能不变；对透气性来说，水蒸气的透过能力最低，有机蒸气氮气（N_2）、氧气（O_2）及二氧化碳（CO_2）的透过率极大。

5）耐老化性和耐热性：聚乙烯耐光氧老化性较差，空气中的氧在常温下能缓慢地氧化聚乙烯，但在加热时氧化极为迅速；聚乙烯的耐热性较差，热变形温度为60～80℃。

高压聚乙烯的用途非常广泛，用挤出吹塑法可以生产薄膜、中空容器，用挤出法可以生产管材，用挤出压延法，以牛皮纸为底基可以生产复合薄膜，用注射法可以生产各种日用品，如奶瓶、皂盒、玩具、杯子、塑料花等。

（2）低压聚乙烯

低压聚乙烯的性能特点是相对密度大，机械强度高，硬度大，耐溶剂性能好；脆化温度低，一般在零下70℃以下；抗冲击强度、弹性和透明性较差。

由于低压聚乙烯塑料强度高、耐磨性好，所以主要用于制造绳索、打包带等，还可制作盒、桶、保温瓶壳等。

（3）中压聚乙烯

中压聚乙烯的热变形温度较高，连续耐热温度一般在110～140℃；有良好的抗应力性，不易开裂；透明度较高。

目前，中压聚乙烯主要用于制作各种瓶类制品、中空制品、电缆用制品以及高速自动包装用薄膜。

2. 聚丙烯塑料

聚丙烯（PP）是由丙烯单体通过聚合而制得的，它是一种单一组分的热塑性塑料。

聚丙烯的外观与聚乙烯相似，呈乳白色半透明状，密度为0.9～0.91，是塑料中最轻的一种。它的机械性能，如拉伸、曲折、压缩等强度，以及硬度、弹性均优于低压聚乙烯。它的电绝缘性好，较耐热，使用温度可达110℃。

聚丙烯的化学稳定性较好，除浓硝酸、浓硫酸外，对其他酸碱都很稳定。在常温下，几乎不溶于各种有机溶剂，但脂肪和油类能使聚丙烯软化和溶胀。

聚丙烯耐老化和耐寒性均差，与日光和铜器长期接触会加速老化，在－35℃以下会脆化。

为克服聚丙烯的缺点，常常采用改性措施。

1）共聚改性。与氯乙烯、丙烯酸等单体共聚，可改进聚丙烯的耐寒性、易燃性、成型流动性等。

2）共混改性。和其他热塑性塑料、弹性体共混，制备共混物，可改进聚丙烯的耐寒性。

3）填充-增强改性。添加填充材料和增强材料，提高聚丙烯在高温时的刚性，并降低成型收缩率。

4）拉伸改性。通过拉伸分子定向，提高机械强度，如聚丙烯经双轴拉伸后，强度可以提高3倍。

5）交联改性。聚丙烯的线型结构交联成网状结构，可提高耐热性、机械强度。

聚丙烯塑料主要用于薄膜、管材、瓶类制品等。由于受热软化点较高，可用于制作餐具，如碗、盆、口杯等；医疗器械的杀菌容器；日用品，如水桶、热水瓶壳等；还可制作文具盒、仪器盒等；也可制作电器绝缘材料及代替木材的低发泡板材等。它还适于制作各种绳索和包装绳。

3. 聚氯乙烯塑料

聚氯乙烯（PVC）是由氯乙烯单体经聚合反应而制得，它是一种多成分的热塑性塑料，其产量在国际上仅次于聚乙烯，在我国产量则占首位。

聚氯乙烯呈白色粉末状，但着色性能好。其制品色泽鲜艳，耐酸、碱、盐的腐蚀，耐老化，电绝缘性好，有较大的机械强度，其强度和刚性比聚乙烯大。

聚氯乙烯的软化点低（70℃），使用温度在40º C以下，耐光性较差，长期受光线照射会使制品老化变脆，色泽变暗淡。

聚氯乙烯本身无毒，但所用的增塑剂、稳定剂、着色剂中包含有毒物质，除注明“无毒”外，一般制品不宜盛放食物和药物。

聚氯乙烯塑料与有机溶剂和萘等防虫药剂接触，会产生发粘、溶化现象，并且容易吸收异味；由于增塑剂挥发性较强，故不宜储藏过久。

聚氯乙烯塑料根据加入增塑剂的多少，分为硬质、软质和糊状三种。加入的增塑剂越多质地越软。

1）硬聚氯乙烯塑料：少量或不加增塑剂，物理机械性能较高，适用于制成硬质工业用材和强度较高的日用品。

2）软聚氯乙烯塑料：加入10%～20%增塑剂，质地柔软、耐曲柔、耐摩擦、易着色，被广泛用于制作各种日用品。其制品有塑料凉鞋、雨鞋、拖鞋、雨衣、台布、窗帘、票夹、手提袋和小型容器、薄膜等。

3）糊状聚氯乙烯：一般加入30%以上的增塑剂，多用于涂膜和浸渍制品。如人造革、手套等。

4. 聚苯乙烯塑料

聚苯乙烯（PS）是由苯乙烯单体通过聚合而制得。它是一种单一组分的热塑性塑料。

聚苯乙烯呈白色透明的颗粒状和乳液状，无臭无味无毒，易着色，其制品质硬，富有光泽，碰击有金属声，具有良好的耐水、耐光和耐化学性能。特别是具有优异的电绝缘性和低吸湿性。其主要缺点是机械强度不高，质脆、表面强度低，耐热性低并易于燃烧。

聚苯乙烯多用于日用装潢，照明指示和包装等方面，以及塑料茶盘、糖罐、高脚果盘以及镜架等日用品。

为了克服聚苯乙烯脆性大，强度小，耐热性差等缺点，扩大应用范围，将聚苯乙烯与不同单体共聚，获得多种优良性能的改性聚苯乙烯，如ABS、AAS、ACS等塑料。

ABS塑料除用于工业零部件外，大量用于茶盘、面盆、杯盖、保温瓶壳、家具等实用而美观的日用品。

5. 聚酰胺塑料

聚酰胺（PA）可由二元胺与二元酸通过缩聚反应而制得（尼龙66），也可以是一种内酰胺的分子通过自聚而成（尼龙6）。它是含有许多重复酰胺基的线型热塑性树脂的总称。

聚酰胺为白色半透明体，无味、无毒，其特性随结晶度的高低而变化。它与其他塑料相比，具有耐磨性极高，坚韧牢固，能自行润滑，易成型，易染色等特点。耐酸性和耐光性较差。

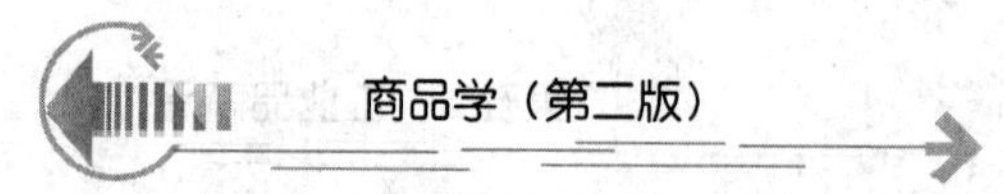

聚酰胺制品除用于纺织、机械外，大量用于各类刷子、梳子、绳子、雨衣、网袋，以及球网、球拍、拉链等耐磨耐用商品。

6. 聚甲基丙烯酸甲酯塑料

聚甲基丙烯酸甲酯（PMMA）又称有机玻璃，是先将液状的甲基丙烯酸甲酯单体，加入引发剂、增塑剂、脱模剂，倒进特定的硅玻璃模或金属模内，再放到热水池或烘箱中加热聚合，制成板材或棒材的塑料。

有机玻璃的最大优点是具有良好的光学性能和较高的机械强度。其透光率为 92%，还可以透过 73%紫外线和其他光线，比重 1.19，比普通玻璃轻 1.5 倍，耐冲击强度比普通玻璃高 7～8 倍，有较好的加工成型性能，可通过冲、刨、锯、钻、磨、软化弯曲，加工成各种形状的制品。

有机玻璃耐气候性好，在-60～50℃范围内，其抗冲击强度不变；在室外放置 5 年，其透光率仅下降 10%。

有机玻璃加入着色剂和染料，可染成各种鲜艳的颜色；加入荧光剂可制成荧光塑料；加入珠光剂可制成珠光塑料。

有机玻璃的缺点是表面强度低，耐热性差，容易擦伤而失去光泽。

有机玻璃正在逐渐取代普通玻璃在工业、交通、建筑等方面的应用，并大量用于日用装饰品和标牌广告。

7. 纤维素塑料及其制品

纤维素塑料不同于其他通过单体合成的塑料。它是将天然高分子化合物纤维素，通过酯化或醚化等化学处理，先得到各种纤维素的衍生物，然后加入增塑剂、稳定剂、填充剂，经过成型加工而制成的热塑性塑料。化学处理方法不同，所得到的纤维素衍生物的种类也不同。用于制造塑料的主要有硝酸纤维素和醋酸纤维素。

（1）硝酸纤维素塑料

硝酸纤维素塑料（CV）又称赛璐珞，是以硝化纤维素为主要原料，再加入适量的增塑剂（樟脑）、稳定剂、着色剂等而制得的多组分热塑性塑料。

硝化纤维素是以棉花或其他纤维素为原料，经硝酸硝化处理而制得。硝酸纤维素质地硬脆、易碎，当加入增塑剂后，才具有一般塑料的性质。增塑剂含量越多，其塑料质地越轻软。

硝酸纤维素塑料本身是无色透明的，但着色范围很广，具有角质感，韧性好，弹性大，尺寸稳定，富有光泽等优点，多用来制造乒乓球、儿童玩具、三角尺、计算尺、复写板等文具用品，以及梳子、皂盒、发卡、眼镜架、伞柄、刀柄等。

硝酸纤维素塑料的最大缺点是耐热性差，极易燃烧，软化温度为 80～90℃。

（2）醋酸纤维素塑料

醋酸纤维素塑料（CA）是以酯化纤维素为主要原料，再加入适量的增塑剂、稳定剂、着色剂等而制得的多组分热塑性塑料。

醋酸纤维素塑料的特征是：坚硬，韧性好，易着色，透明而富有光泽，电性能良好，尺寸稳定。与赛璐珞比较，不易老化，燃烧缓慢，耐油性强，且能与金属结合。常用于制作电器外壳、笔杆、手柄、录音带、感光片、纽扣、玩具等。

五、塑料制品的质量要求和鉴别、保管、使用方法

1．塑料制品的质量要求

塑料制品的质量要求主要包括外观质量和物理机械性能两个方面。对部分制品还必须考虑化学性能、电气性能、卫生性能等要求。

（1）外观质量

外观质量包括制品的形状、色泽和外观疵点等感官质量。一般都要求结构合理，造型美观，色泽协调，花纹清晰，无影响使用和美观的疵点。塑料制品的外观疵点主要有缺角、龟裂、厚薄不匀、平光、肿胀、麻点、气泡、变色和色调不匀等。不同原料和用途的制品，外观质量的要求各有其侧重点。对塑料容器、装饰用品，要注意有无砂眼、气泡。

（2）理化性能

理化性能包括物理机械性能、化学稳定性和卫生安全性等技术要求。

物理机械性能有比重、硬度、规格尺寸、摩擦强度、抗张强度、抗冲击强度、抗弯曲强度、抗压强度、断裂伸张率。某些机械性能在塑料制品标准中，有跌落性能、静压性能、变形性能等条款规定，并有一定的试验方法。

化学稳定性有对酸、碱、盐和各种溶剂，以及对光、热、水的稳定强度，这些关系到塑料制品的使用条件和保管方法。

卫生安全性包括对人体健康和安全的理化指标，如有害物的含量、导电系数等要求。尤其是食品包装袋、食用器具、化妆品容器、电器零部件、儿童玩具等塑料制品，必须严格要求。

2．塑料制品的鉴别方法

同一形状、结构的制品，有可能采用不同合成树脂的塑料制成。

塑料的种类可用直观法、燃烧法、比重法和溶剂法来鉴别。其中前两种鉴别方法简便易行，是日常生活中常见的方法。

（1）直观法

直观法是以各种塑料外观特征来区别和判断塑料种类的方法。

1）聚乙烯：白色蜡状半透明状，手感有石蜡滑腻感，质地柔韧；比水轻，能浮于

水面上，沸水中显著软化。

2）聚氯乙烯：硬制品坚硬平滑，敲击时声音发闷，色泽较鲜艳；软制品柔软富有弹性，薄膜透明度较高，放在水中下沉，遇冷变硬。

3）聚丙烯：乳白色半透明体，手感润滑但无油腻感，质地硬韧；外观似聚乙烯，但比聚乙烯更轻而透明，沸水中软化不显著。

4）聚苯乙烯：无色透明，表面较硬而有光泽，无延展性，质脆，敲击时有清脆的金属声。

5）有机玻璃：外观似水晶，具有塑料中最高的透明性。表面硬度差，易划痕，敲击时声音发闷。用柔软物摩擦制品表面，能产生芳香的水果香味。

6）赛璐珞：白色，半透明，质地柔韧而富有弹性，有角质感，用软物摩擦制品表面有樟脑气味。

7）电木制品：表面坚硬，质脆易碎，断面结构松散，多为深色（暗红色、棕色、黑色）、不透明，敲击时有木板声。

8）电玉制品：表面坚硬，质脆易碎，但轻于电木；断面结构紧密，大都为浅色半透明体，并有玉石之感。

9）密胺塑料制品：表面坚韧结实，外观似瓷器。

（2）燃烧鉴别法

燃烧鉴别法是利用小块塑料燃烧时的特征，区别和判断塑料种类的方法，采用此法时常与已知试样进行鉴别。各种塑料的燃烧特征见表 5-1。

表 5-1　塑料的燃烧特征

种类	燃烧难易	离火后情况	气味	火焰及烟的性状	燃烧中的性状
聚乙烯	易燃	继续燃烧	与石蜡燃烧气味相同	尖部黄色，底部蓝色，烟少	燃烧时熔融滴落
聚丙烯	易燃	继续燃烧	石油气味	尖部黄色，底部蓝色，烟少	熔融滴落
聚氯乙烯	难燃	离火后即灭	发出刺激性酸味	黄色火焰，下端绿色，白烟	软化
聚苯乙烯	易燃	继续燃烧	发出特殊的苯乙烯单体味	火焰呈黄色，有浓黑烟炭味	软化起泡
有机玻璃	难着火能缓慢燃烧	继续燃烧	发出强烈花果臭和腐烂的蔬菜臭味	火焰呈浅蓝色，顶端白色	燃烧时融化起泡，有声响
赛璐珞	极易燃烧	迅速完全燃烧离火继续	有樟脑气味	火焰呈黄色，少烟	少残渣
醋酸纤维素	较易燃烧	继续燃烧	有醋酸气味	火焰呈黄色，有少量黑烟	熔融滴落
电木	难燃	熄灭	有苯酚气味	黄色	与火焰接触部分开裂
电玉	难燃	熄灭	有臭味	尖部浅绿色	与火焰接触部分发白开裂
密胺	难燃	熄灭	有甲醛刺激味	黄色	膨胀有裂纹或烧焦

3. 塑料制品的保管和使用方法

塑料一般都具有易燃烧、易老化、易变形的特点。由于各种塑料制品的形状结构、性能特点不尽相同，在保管和使用过程中应具体对待，概括起来，应注意以下事项。

1）防止重压或碰撞。硬质塑料制品多性脆怕撞；软质塑料制品多怕压变形。薄膜制品长期受压易黏结；薄壁或空心制品既怕重压又怕碰撞。

2）避免受热和曝晒。热塑性塑料受热易软化，有的甚至熔化或燃烧。日晒易使增塑剂挥发，使分子结构发生变化，如发生脆裂、老化、变色。所以塑料制品必须远离热源，不宜露天存放，避免受热和曝晒。

3）防冻剂。冷冻虽不会使塑料制品解体，但影响其寿命和使用。很多热塑性塑料制品，在低温下会降低柔曲性而发硬变脆，甚至折叠不能复原，受力易撕裂。例如，塑料雨衣冬季易发硬脆裂。

4）防溶剂和化学药品的侵蚀。塑料制品的成分比较复杂，虽有一定的化学稳定性，但不一定对各种溶剂和化学药品都很稳定。必须根据制品的化学性质，防止强酸强碱的侵蚀。尤其对挥发性有机溶剂，应尽量隔离。

5）防止滥用塑料包装袋和容器盛装食品。滥用塑料包装袋和容器盛装食品，易污染受害，故不得以非食用聚氯乙烯包装物来包装食物。

此外，在保管中要控制库内温湿度，注意清洁卫生，定期检查，发现问题及时处理。

第三节 化 妆 品

一、化妆品的概念

化妆品是指涂敷、揉擦或喷洒于人体表面不同部位（包括人体表皮、毛发系统、指甲、嘴唇等），起清洁、保护、营养治疗、美化和香化作用的一切物质或配制品。化妆品是人们现代生活的必需品，也是商业销售的重要商品类别。

二、化妆品的特点

由于化妆品一般是由化工原料经化学混合或反应而制得的，在大部分的化妆品中又都添加有营养成分，因此，化妆品在设计生产、使用和销售上具有下述几个特点。

1. 工艺精细、质量要求高

化妆品是直接作用于人体面部、身体的其他皮肤表面及毛发等处的日常化学用品，因此，无论从化妆品的原料和工艺上，都要求对人体只能有益无害。化妆品的质量，不仅直接关系到化妆品是否能起到应有的作用，而且关系到人体的健康，而化妆品的原料和生产工艺又直接决定着化妆品的质量，因此，化妆品具有原料工艺精细，质量要求高的特点。

2. 商品形体小，包装小

由于化妆品属日常化学用品，从质量的稳定性及使用的方便出发，一般化妆品商品体形较小，包装量也较小。一般膏霜状化妆品包装量为 20～50g；流质状化妆品包装量为 200～500mL；粉状化妆品包装量为 8～20g；最新胶囊包装化妆品的包装量仅为 0.5g，便于携带，方便使用，保证质量。

3. 品种繁杂，属消耗类商品

化妆品是一类品种非常繁杂的大类商品。到目前为止，化妆品按使用功能分共有五个类别，品种达几万个，真可谓琳琅满目。随着消费者对化妆品要求的不断增高，新材料、新技术的不断涌现，化妆品的品种还在不断增加，并将层出不穷。

化妆品的使用同肥皂、合成洗涤剂一样，随着使用次数的增多，它的量不断减少，直至全部消耗完毕。它是一种消耗品，一旦商品消耗完毕，消费者便会再次购买，因此，化妆品的销售比较稳定。

4. 保质期较短

化妆品的保质期较短，一般在 6～18 个月，最长不超过 3 年。

三、化妆品的分类

1. 按化妆品的功能分

1）清洁类化妆品：包括洁肤和洁发用化妆品。

2）保护类化妆品：包括护肤、护发用化妆品。

3）营养及治疗类化妆品：指在清洁类化妆品和保护类化妆品基础添加营养成分或药物而得的一类化妆品。它兼具有清洁或保护和营养及治疗的多种作用。

4）美化类化妆品：指通过使用能达到修饰、美化人体表面不同部位的化妆品包括美肤、美发和美容彩妆化妆品等。

5）散香类化妆品：指通过使用能香化人体的化妆品，主要包括香水、古龙水、香精油等。

2. 按使用对象不同分

1）儿童用化妆品：包括婴儿及大童用化妆品。此类化妆品是考虑儿童的特点专门设计的，使用刺激性小，安全性高。

2）成人用化妆品：包括成人男用和成人女用两种。它是根据成人的特点设计配方的，符合成人的需要。

3. 按化妆品的产品形态分

1）流体状化妆品：指水剂、乳剂带流动性的化妆品，如化妆水、香水、花露水、指甲油等。

2）膏霜状化妆品：指膏状和霜状的化妆品，如雪花膏、香脂、唇膏、磨面膏、洁肤霜等。

3）粉状化妆品：指粉状固体的化妆品，如香粉、爽身粉等。

4. 按化妆品的作用部位和作用分

1）肤用化妆品：指用于皮肤表面的化妆品，包括洁肤、护肤、营养及治疗皮肤、美肤化妆品。

2）发用化妆品：指用于人体毛发的各类化妆品，包括洁发、护发、营养及疗发、美发化妆品。

3）美容彩妆化妆品：指通过使用能修饰美化人们容颜的一类化妆品。因其一般是加色产品，因此也叫彩妆化妆品，包括胭脂、唇膏、眉笔、指甲油等。

4）散香化妆品：指通过使用散发香气的一类化妆品，有香水、古龙水、香精油等。

各种不同的分类，便于从不同的角度了解化妆品的特点，便于正确地选用、销售及保管它们。

四、化妆品的经济特征

化妆品有着悠久的历史。由于化妆品的使用能对人体起到清洁、保护、美化和营养治疗、香化五大作用，可以改善人体状况，美化人们的容颜和生活，提高人们的生活质量，所以，自它问世以来，一直受到人们的欢迎。在现代社会生活中，化妆品已成为人们日常生活的必需品。

我国近年来由于经济的发展，人民生活水平的不断提高，化妆品生产、销售、发展都非常迅速。目前，我国有化妆品主产企业 2000 多家，其中大型企业（年销售额 1 亿元以上）有 20 余家，中型企业（年销售额 1000 万元以上）近 100 家。

2009 年，我国化妆品行业销售额超过 1400 亿元，已成为全球第三大化妆品市场。所以，化妆品成为商厦、商场及其各类购物场所的销售宠儿。

我国化妆品行业在不断发展生产与销售的同时，注重开发新产品，注重引进国外先进的制造机器、技术及质量检测手段，注重提高产品质量，因此，我国化妆品的品种不断增多，质量不断提高。

目前，我国较著名的化妆品生产厂地及品牌有：北京的大宝、奥琪、华姿，上海的霞飞、露美、力士；天津的奇士美、郁美净；广州的宝洁、雅黛等。

国际上，化妆品正朝着高科技、多功能、纯天然、无性别的方向发展，我国化妆品的生产与消费也将顺应潮流，生产更多种、更高质量的化妆品，以满足广大消费者的喜好，供消费者使用，为消费者创造更美好的生活。

第四节　肤用化妆品

一、人的皮肤类型及特点

皮肤是人体最大的感觉器官，覆盖于人体表面，其主要功能是保护体内组织免受外部刺激与损伤。皮肤分表皮层、真皮层和内皮层三层，皮肤内含有毛囊、皮脂腺和汗腺，可以排污、分泌油脂、保湿、散热等。

人的皮肤按照不同的方法可分为不同类别，具有不同特点，选购和使用肤用品应针对不同的皮肤来选用。

1. 按皮脂腺的分泌程度分

1）油性皮肤：毛孔较粗，表面纹理粗，呈油亮性光泽。优点是不易起皱；缺点是易生粉刺、暗疮。用柔软纸巾擦拭鼻翼或额头部位沾上油腻即属此类。

2）干性皮肤：毛孔不明显，皮肤表面细致，面色无光。此种皮肤的优点是表面细致，给人以洁净的感觉；但由于皮肤油分少，经不起外界的刺激，易生皱纹、红斑。用柔软纸巾擦抹无油迹即属此类。

3）中性皮肤：是最理想的皮肤，面部中部、额部、下颌有油光，其余部位干燥，亚洲妇女皮肤多属此类。

由于皮肤的健美主要通过湿润性、弹性、色泽和细腻程度及健康这四个指标来衡量。因此要保持皮肤的健美，油性皮肤应注意清洁，保养上应选用补水偏粉的肤用品；干性皮肤则应选用中性洁肤用品，保养上宜选用偏油、水的肤用品。

2. 按皮肤的特质分

1）普通皮肤：一般性皮肤、不易受外界环境影响，较少病变。

2）过敏性皮肤：对季节及其他环境因素过敏的皮肤。

3）问题型皮肤：油脂分泌过盛，易不间断滋生暗疮、黑头、粉刺、脓疮等的皮肤。

针对此种分类方法的特点，过敏性皮肤在选用肤用品时须做过敏性试验（先涂于前臂内侧测试）；问题型皮肤应针对问题选用对应药疗肤用品。

二、肤用化妆品的状态

针对皮肤的需要，目前肤用品多以油水乳化体存在，油水乳化体是以肥皂为乳化剂的油相与水相成分的均匀混合体，根据油水的比例及分布不同，可分为以下几种。

1）油包水型：乳化体中油相成分多于水相成分，油珠包围水珠。当此种肤用品擦于皮肤表面，会留下一层油脂薄膜，可防止皮肤表面水分蒸发，保持皮肤的湿润，特别适宜干性皮肤或严寒冬季使用。

2）水包油型：乳化体中水相成分多于油相成分，水珠包围油珠。擦用此类肤用品的感觉是不带油腻性，擦用后水分蒸发，在皮肤上留下一层脂肪与甘油的保护层，使皮肤保持一定润湿性，防止皮肤粗糙干裂，适合油性皮肤或夏季使用。

3）粉状：固体粉状。涂敷于皮肤表面，可吸收汗液，滑爽肌肤，增白美化表面，适合中性、油性皮肤使用。

4）水剂：纯水相成分，涂于皮肤表面可增加皮肤的润湿性，柔软皮肤，收缩毛孔，适合任何类型皮肤使用。

三、肤用化妆品的分类

肤用品按具体功用的不同，分洁肤用品、护肤用品、营养及治疗皮肤用品、美肤用品四类。

1. 洁肤用品

洁肤用品就是指具有清洁皮肤功效的一类化妆品。皮肤的健康最根本的是清洁，因此洁肤用品在肤用化妆品中具有举足轻重的作用，洁肤是护肤、美肤的基础，其品种主要有以下几种。

（1）清洁霜

清洁霜是近年来开发的一种新型洁肤化妆品，主要用于面部皮肤污垢的清除，是油水乳化剂。使用时，它借霜体中油相物溶解油质性污垢，借霜体中水相物溶解水溶性污垢，所以使用清洁霜能有效地溶解并清除皮肤表面及皮肤深层毛孔的污垢，尤其是对化妆品和戏剧油彩等有很好的清除效果。

清洁霜中由于一般不含皂素，碱性较小，因此与传统的化妆品相比，具有性能柔和、刺激性小的特点。用清洁霜洁肤，只需用指尖将清洁霜涂敷于脸部和颈部，以手指向上旋转按摩使其分布均匀，然后用脱脂棉或纱布擦拭，污物即随霜体一起除去。

（2）清洁蜜

清洁蜜是由白油、植物油、羊毛脂、乳化剂、清制水和香精等制得的半流动状态洁面化妆品。由于它类似奶状，故又称洁面奶或洗面奶。清洁蜜含有油脂载体，同时能除去面部和颈部污垢、油腻、皮屑或脂粉，多用于卸妆，可除去胭脂、唇膏、眉笔痕迹和戏剧油彩等，最适合除去眼影膏，因此清洁蜜擦施脸部后还会形成一层油脂薄膜，冬季使用还有防寒作用，其作用、方法同清洁霜。

（3）洁肤水

洁肤水为透明水质状洁肤用品，能除去附着于皮肤的污垢和分泌的脂肪，并能柔软皮肤。其使用方法同清洁霜。

（4）磨面膏

磨面膏又称皮肤按摩清洁膏，是国内外近年来开发的一种最新型洁肤化妆品，磨面膏是一种乳化型颗粒分散性膏体。它是在清洁霜的基础质中添加10%～15%具有摩擦效果并能保护皮肤无害的细小颗粒配制而成的，如金属、自然谷物、种子的细小颗粒等。使用摩面膏除了像清洁霜一样能起到洁肤作用外，更重要的是它能通过摩擦剂的柔和摩擦磨去阻塞在汗毛孔里的死细胞，促进皮肤的血液循环，新陈代谢，增加和恢复皮肤表面的光泽。同时摩擦剂的摩擦作用还能把面霜渗入到皮肤中去，起到比一般清洁霜更深层的清洁作用，使皮肤光洁、细嫩、健美。摩面膏一般一周使用一次。

（5）清洁面膜

面膜是20世纪80年代开始发展起来的种融清洁、保健和美容于一体的新型化妆品。它是涂敷在面部皮肤上的一层薄膜物质，因此称为面膜。清洁面膜是面膜的一种，它通过涂敷于人体面部皮肤表面成膜，卸膜时可将皮肤表面的尘垢、油垢、皮屑等杂质去除，从而达到清洁皮肤的效果。清洁面膜适宜在睡觉前或卸妆后使用，一般约 15～20 分钟将其剥离或用温水洗去即可，每周可使用 1～2 次。

（6）沐浴化妆品

沐浴化妆品是指能溶于冷水或温水中在人们沐浴时使用的洁肤类化妆品，是一种全身皮肤的清洁用品。目前，它主要包括浴盐、浴油、沐浴液及头体两用浴液等。

2. 护肤化妆品

要想拥有健康娇嫩的肌肤，护肤是关键。护肤的含义是帮助皮肤抵挡环境的变化，保护皮肤不受环境及其他自然因素的伤害。护肤用品是肤用品中品种最多的一个类别。目前，护肤品主要有三大类。

（1）护肤霜

护肤霜是一种膏状护肤品。因为它白如雪花，擦揉于皮肤表面就好像雪花一样很快消失，因此又叫雪花膏。雪花膏主要由硬脂酸、甘油、单硬脂酸甘油酯，氢氧化钾、香精、水等原料经配制→加温→搅拌→静置→装瓶→包装等过程制得，是一种水包油型乳化体。所以，雪花膏的特点是不带油腻性，擦用时感到滋润而不黏，舒适而又滑爽，揉擦于面部皮肤后，膏体所含水分逐渐挥发，在皮肤上留下一层脂肪物质和甘油的薄膜，能阻隔皮肤表面与外界空气的接触，同时又由于甘油有吸水功能，因此，能使皮肤保持一定的潮湿性，防止粗糙、干裂，适合油性皮肤或夏季使用。

雪花膏按 pH 值的不同分微酸性雪花膏、中性雪花膏、微碱雪花膏三种；按原料成分不同分为普通雪花膏、粉质雪花膏和防晒雪花膏。

1）微酸性雪花膏的膏体呈微酸性。使用它能增强皮肤的抵抗力，防止细菌侵入，洗脸后擦用，更能舒张毛孔，使皮肤滋润舒适。如柠檬霜、上海产的“美加净”银耳珍珠霜即属此类。

2）中性雪花膏膏体呈中性，对皮肤过敏者最为适宜。

3）微碱性雪花膏膏体呈微碱性。使用它能使毛孔收缩，使皮肤更显滑爽细腻，防止皮肤干燥、皱裂。上海产的雅霜、蝶霜、友谊雪花膏等均属此类。

4）粉质雪花膏即在普通雪花膏的基础质上加进了具有遮盖功能的粉质成分，因此它有雪花膏与香粉的双重功效，不仅可以护肤，还可以美肤。各种牌号的面友、粉质霜、香粉蜜等均属此类。

5）防晒雪花膏是在雪花膏中加进有能吸收或抵抗紫外线照射的原料成分，可防止紫外线对皮肤的伤害。防晒雪花膏上标有 SPF 标志，其值大小表示防晒能力。一般标明 SPF2 的防晒品，会引致受伤时间延长至 20 分钟（2×10 分钟）；相应的 SPF30，表示 300 分钟后你才会被晒伤。目前市售防晒品值最低为 2，最高为 50。一般情况下用 SPF8～15 的即可，SPF 值大于 30 的，适合强光下防晒，但因刺激性较大，一般应慎用。

6）保湿雪花膏是在普通雪花膏中加进保湿剂，如甘油、山梨醇、透明质酸等制得的。由于甘油等成分具有结合水分子，在皮肤表面形成一层具有黏弹性的水化膜的作用，对皮肤有保湿功效，因此，保湿雪花膏特别适合干性皮肤、干燥环境使用。特别是加有透明质酸（一种由 P-D-葡萄糖配合酸和 N-乙酰-β-D-氨基葡萄糖组成的双糖重复单位聚合而成的酸性黏多糖，分子量在 10^4～8×10^6 之间）的雪花膏，由于透明质酸保水能力优于任何其他天然或合成的物质，具有吸水、保湿，并自动调节皮表水分平衡的功能，其形成的水化膜是完全透明的，没有黏腻感和油腻感，使用舒适、安全，保湿护肤效果明显，最受顾客喜爱。

（2）香脂

香脂是一种半固体状态的护肤用品，因类似凝脂，故名香脂。香脂的主要成分是白矿油、茶籽油、白凡士林、蜡类、硬脂酸、碱、香精和水。一般经配料→加湿→搅拌→碾压→包装等几个过程而得，是一种油包水型护肤用品。

香脂含有较多的油脂成分，搽用后，在皮肤上表面留下一层油脂薄膜阻止皮肤表面与外界干燥、寒冷的空气接触，使皮肤保持适量水分，阻止皮肤干燥皲裂，具有柔软和滋润皮肤的作用，适宜干性皮肤或严寒冬季使用。香脂按成分和功用的不同分普通香脂、防晒香脂两种，一般用扁圆铁盒包装。有大号（41.5g）、二号（19g）、三号（9g）三个规格。

（3）蜜类

蜜类是一种略带油性的半流动状护肤用品，因品质细腻、稠度似蜜状，所以称为蜜类。

蜜类护肤用品主要由硬脂酸、羊毛脂、白矿油、硼砂、三乙醇胺、安息香酸钠、香精和水等经加热—搅拌—包装等过程而得，也是属于水包油型护肤用品。

由于蜜类产品与雪花膏相比，含水分更多，又增加了易被皮肤吸收的营养物质羊毛脂，因此使用更舒适滑爽。特别是男同志在剃须后使用，能使面部恢复自然，是四季皆宜的护肤用品。蜜类根据原料的不同可分为奶液、杏仁蜜、柠檬蜜、西林蜜（加进奶素）等多种，用塑料或玻璃瓶装，包装量为 40～155g。

3. 营养及治疗皮肤类化妆品

此类化妆品是在护肤类化妆品的基础上加进能增进皮肤表皮细胞活力、防止衰老及对某些皮肤病有疗效的营养物质或药物而制得。所以此类化妆品除具有一般护肤用品的功能外，同时还有营养及治疗皮肤的功效。

营养类肤用品的主要品种有银耳珍珠膏、人参、丝素、蜂王霜、SOD 蜜、维生素冷霜、营养面膜、营养水等。它是在护肤用品的基质中加进一定比例的天然或合成的高级滋补物质或生物活性成分，可促进表皮细胞的新陈代谢，帮助皮肤吸收营养，促进皮肤健康，防止皮肤衰老。

由于营养类肤用品多含有高蛋白成分，细菌容易感染和繁殖。因此，它的生产较护肤用品严格，同时保质期也较其他肤用品短。

药物类肤用品主要品种有雀斑霜、粉刺霜、防裂霜、痱子粉等，它是在护肤用品的基质中分别加入色素漂白剂、中药、收敛性药物等药性成分，对皮肤的某些病变有一定疗效。

4. 美肤类化妆品

美肤类化妆品是指揉擦于皮肤表面能遮盖皮肤表面缺陷，改进皮肤表面色泽及细腻程度，增进皮肤外表美的一类化妆品。其主要品种有香粉类和爽肤水，因护肤用品中的爽身粉状态用料及生产过程与香粉均有相似之处，故将爽身粉与香粉归纳在一起讲述。

（1）香粉类化妆品

香粉类化妆品是一种重要的美肤化妆品，通过涂擦此类化妆品，可使皮肤显得光滑细腻，使皮肤色泽均匀一致，同时可遮盖底色及色斑，增加皮肤美观，同时有留香作用。

香粉类化妆品一般主要由滑石粉、氧化钛、碳酸钙、碳酸镁、硬脂酸锌、硬脂酸镁、钛白粉、陶土粉、香精、色料等经配方→碾磨→拌合→筛粉→包装而成，是一种具有涂敷、遮盖功效的美肤化妆品。

按照状态及用料的不同，香粉类化妆品目前有香粉纸、散粉、粉饼、粉底霜、粉条等几个品种。

1）香粉纸是将香粉均匀涂压在纸上而制得的，一般规格为 4cm×6cm，像一本小册子，便于随身携带，主要起吸油、吸汗、补妆作用。

2）散粉是粉末状香粉。一般装于圆形纸盒、金属盒或锦盒中，主要用于定妆。因携带、使用不便，易造成衣物污染，因此现在销售较少。

3）粉饼是将散粉压成饼状置于包装盒中而成。一般盒中配有粉扑、镜子，携带、使用方便，是目前最畅销的品种。粉饼的主要作用是化妆打底，也可用于补妆、定妆。

4）粉底霜、粉条是膏霜状粉质化妆品，因含有水性或油性成分，因此涂抹更均匀，特别适合干性皮肤使用。

（2）爽身粉

爽身粉是夏令护肤用品，涂于皮肤表面能吸收汗液，滑爽肌肤。爽身粉主要由滑石粉、碳酸钙、淀粉、陶土粉、香精等原料制得。与香粉相比，其成分中不含有涂白原料如色料，香精比较特殊，一般用薄荷油、薄荷脑、桉叶油等具有清凉作用的香精，所以爽身粉使用时能给人以清凉爽身之感；制造方法与香粉相同，状态为散粉状，用塑料袋、纸盒或铁盒包装。

（3）痱子粉

痱子粉是在爽身粉的基质中加进硼酸等具有杀菌消毒功效的物质。除有滑爽肌肤、吸收汗液的功效外，还有消痱止痒功效。

痱子粉与爽身粉一样均为散粉状态，有袋（纸装或塑料袋）、纸盒、铁盒包装三种。

（4）化妆水

化妆水也叫爽肤水、收缩水。它是水剂的美肤用品，涂于面部能收缩毛孔，使皮肤显得细腻、光滑。适合毛孔粗大、油性皮肤化妆前使用。

四、肤用化妆品的质量

肤用品是直接涂抹人体皮肤表面的日常化学用品，因此它的质量直接关系到皮肤的健康。

1. 膏霜状肤用品的质量

（1）感观指标

1）色泽：洁白纯净有光泽，着色膏体应符合规定色泽。

2）气味：具有芳香气味，香气纯正，无异味及刺激气味。

3）膏体：质地细腻，稠度适当，涂抹滑润，不得有起条现象。

4）包装：整洁、美观、封口严密，商标符合规定要求。

（2）理化指标

1）耐热性：膏体在40℃的恒温下经24小时应无油水分离现象。

2）耐寒性：膏体在-15℃的恒温下经24小时后，再在20℃的环境中存放3小时，膏体不应有发粗、出油现象。

3）酸碱度：pH值应保持在4.5～8.5之间。

4）质次现象：膏体发粗；膏体干缩、稀薄、分离；变色；香味不正或有杂味；膏体有斑点。

2. 粉状化妆品的质量

1）颗粒度：粉质细腻，无粗粒或硬块。

2）色泽：均匀，纯净。

3）香味：纯正，无异味及其他刺激气味。

4）pH 值：香粉小于 8.5，爽身粉不应大于 9.5。

5）粉质：香粉不含铅质，附着力强，不易脱落，爽身粉应滑润。

6）包装：整齐，无破损。

3. 水状肤用品的质量

1）透明度：清澈透明，无沉淀、混浊现象。

2）色泽：应符合规定色泽。

3）气味：纯净，符合规定香型，不应有异味及其他刺激气味。

4）包装：整齐，洁净，无破损。

五、肤用化妆品的选用

肤用品是化妆品中品种最复杂、用途最广泛、作用较大、使用方法各异的一类化妆品。正确选用肤用品，可以使我们的皮肤得到正常的清洁、保护、滋润和营养，从而美化容颜，同时也有助于商品使用价值的充分实现；反之，则不仅不会使皮肤得到正常的清洁、保护、滋润和营养作用，反而可能造成对皮肤的伤害。因此营业员应掌握肤用品的正确选用方法，以帮助消费者选用。

一般，肤用品的选用应注意如下问题。

1. 针对皮肤类型选用

人的皮肤类型有很多种，肤用品正是依据皮肤的特点和需要制造的。不同的肤用品适合不同的皮肤。一般来说，油性皮肤宜选用含水分较多、偏粉质、带碱性的肤用品；干性皮肤则应选用含油份较多、带酸性的肤用品；过敏性皮肤宜选中性肤用品，而且在选用时应先做局部试验，确定无过敏反应后再使用。

2. 根据使用季节选用

人的皮肤类型，不管是何种类型，其表面皮脂分泌的旺盛程度与气温均有关系。严寒的冬季一般皮肤较为干燥，在酷热的夏季，皮脂分泌较旺盛，皮肤较柔软、湿润，富有弹性。为适合皮肤需要，使用舒适，一般夏季宜选用含水分较多的肤用品，严寒冬季应选用有较多油分的肤用品。

3. 根据年龄选用

不同的年龄，皮肤的特点和需要均不一样。肤用品的选择还应注意年龄。婴幼儿的肌肤较为娇嫩，应选用刺激性小、性能温和的儿童专用肤用品；青年皮肤状态最好，只需清洁，依皮肤类型适时补水或补油即可；中老年皮肤已开始走向衰老，因此除清洁、补水、补油外，还应补充营养、抗衰老成分，宜选用具营养、抗衰老功效的肤用品。

4. 正确使用

不同的肤用品有不同的使用效果和使用方法，因此肤用品使用时应参照说明书正确使用。如磨面膏一般每周只宜使用一次，过多使用会使皮肤粗糙；清洁面膜应在卸妆后使用；营养类护肤用品易被细菌感染，过期即不得使用等。总之，肤用品在使用时应根据商品的种类，采取不同的正确使用方法。

第五节　发用化妆品

一、头发的类型及其特点

头发是覆盖于人体头部表面的毛发。它的主要成分是角质蛋白，头发露出皮肤外面的部分叫毛干，藏在皮肤下面的部分叫毛根，毛根的下部是毛囊，头发透过毛囊不停地吸收毛细血管所供应的营养，才能持续不断地生长，才能显得柔韧有光泽，具有弹性，富有美感。

人的头发一般可分为以下四种。

1）一般发质（中性发质）：是一种健康的头发，柔滑光泽，不分叉、不打结、不易折断，具有弹性和韧性，梳理时不会产生静电。

2）油性发质：比较油腻，洗过头发后不久又觉得油油的，此种发质的人头皮屑较多，易患脂溢性皮炎。

3）干性发质：表面干燥，洗发后不久光泽就消失了，摸起来没有润滑感，梳理后容易变形。

4）受损发质：摸起来有粗糙感，梳发时断发很多，发尾分叉、干焦。

由于头发的健美主要通过光泽、弹性、颜色及浓密程度四个指标衡量，因此油性发质应注重清洁，保养上应注意补水：干性发质应选脱脂性低的洁发用品，保养上应注意补油、补水；受损发质应注意调理。

二、发用化妆品的分类

1. 洁发用化妆品

洁发用化妆品是专门用来清洁头发的一类化妆品，它主要有洗发液、洗发膏和洗发粉。洗发液的介绍见合成洗涤剂。

洗发膏是膏状的洗发用品，其主要原料是中性皂片、羊毛脂、甘油、香精等。由于洗发膏的主要成分是含碱性很小的中性皂片，另外加有羊毛脂、甘油，对头发能起到营养作用，因此它具有使用方便、泡沫丰富、去污良好、香气浓郁、止痒去屑、保护头发的特点，特别适宜儿童使用。

洗发粉是最早的专用洗发用品。它是由中性皂片、碱、硼砂、香精等制得。因此洗发粉具有去污力强、泡沫丰富的特点。但由于含碱量较大，因此脱脂性较强，对头皮刺激性较大，现已销售较少。

2. 护发类化妆品

头发的健美表现为光亮、光润、柔滑、茂密。护发主要就是要达到上述目的，护发类化妆品主要有以下几种。

（1）发油

发油的主要成分是油类（白油、杏仁油、橄榄油等）、香料、色料。制法简单，一般将香料、色料加入油中搅拌混合均匀，经过滤即成。是一种流体的护发用品。

发油目前有单色、双色及多色发油等几种。双色发油是在单色发油的基础上加进酒精、油溶性染料而制得的，由于酒精与白油不能融合，油溶性染料只溶于油，这样便形成了双色发油的双色、双层效应。双色发油由于含有酒精成分，因此除了具有对头发的滋润作用外，同时还有杀菌消毒止痒的功效。

（2）发蜡

发蜡的主要原料是凡士林、白油、颜料和香精，由于与发油相比，其中加有凡士林，因此，它除有护发作用外，还有一定固发作用。但由于发蜡易吸附灰尘，也不易清洗，因此现在销售较少。

（3）发乳

发乳的主要成分是凡士林、白油、十八醇乳化剂、香精等，是一种乳化型的膏体，有油包水型和水包油型两种，与发油、发蜡相比，它添加了水性成分，因此，使用时具有油而不腻、易洗的特点。

（4）护发素

护发素是与香波配套的护发用品，普通香波多以阴离子表面活性剂为主要成分。长期使用，会使头发带有更多的负电荷，从而产生静电，导致梳理不便。护发素则是以阳离子表面活性剂为主要成分，洗发后使用，可以吸附在头发表面，形成单分子膜，中和因洗发造成的多余负电荷，从而达到抗静电，使头发柔软、光泽、顺滑的功效。同时护发素对烫发、染发剂所造成的损伤均有一定修复作用。

（5）焗油膏

焗油是英语 hot oil 的译音。当它首先进入我国南方市场时，广东人根据英语的意思把它翻译成了“焗油”。“焗”是广东方言，意思是蒸汽密闭的意思。

焗油膏的主要成分是天然油脂、营养光亮剂、保湿剂、渗透剂、滑爽剂等。使用焗油膏时，通过“焗”，可以把头发中所缺少的营养性物质，通过水蒸气的热渗透进入发丝、发质中去，使头发得到真正的营养、滋润和保护。所以，焗油膏和前面所列的护发用品相似，但具有更显著的作用，能使头发得到根本的保护。经过焗油的头发光亮、柔顺、滑爽，对染、烫发的恢复调整也有很好的作用。

（6）摩丝

摩丝主要由羊毛脂、硬脂酸、酒精、水、香精及推进剂等原料制得。喷涂于头发表面，不仅可以滋润头发，同时还有一定的定型作用。另外，摩丝由于其原料的特殊性，涂于头发还有加湿再梳理定型的功能。

3. 美发用品

（1）发胶

发胶是和摩丝同期出现的新型美发用品。它的主要成分是胶、酒精、水、雾化剂、香精。喷于头发表面后，酒精和水逐渐挥发，胶可使头发起到暂时的固定作用，所以发胶可以用来随心所欲地梳理发型。

（2）烫发剂

烫发剂有两种，一种是热烫发剂，另一种是冷烫发剂，目前烫发剂一般均使用不起热化学反应的冷烫发剂。

冷烫发剂一般为二剂式的，它是利用化学药剂的作用将头发内的皮质纤维切断，使头发变得非常柔软，随着发卷的弧度而形成任何形状，从而达到在较长时间内改变发型、固定发型的作用。

（3）染发剂

染发剂是一种能改变头发颜色的美发用品。它是通过化学药剂的渗透作用，使药剂色素分子从头发表面的鳞片与鳞片中的空隙渗进去，与皮质纤维粘合，经过一定的时间后，分子彼此结合非常牢固，被粘住的分子再也无法释出到外面去了。同时原本含在头发里的蛋白色素被药液分解，这样一来，头发的颜色就会变为染发剂的颜色了。

染发剂按状态的不同有染发水和染发膏两种，按改变颜色的情况分染色染发和漂白剂两种。

4. 营养及治疗毛发用品

（1）发水

发水又称发香水，它的主要原料是乙醇、香精、盐酸奎宁、硫酸奎宁、荷尔蒙等药剂。使用发水可刺激头部的血液循环，促进毛发的新陈代谢。

（2）生发水

生发水是针对秃发而生产的发用化妆品，它通过药物刺激促进头部血液循环，使头发获得再生，也可使头发由细变粗。

三、发用化妆品的质量

发用品的质量一般从外观鉴别。

1. 洁发用品的质量

洁发用品要求色泽均匀无杂质；香气纯正无异味；泡沫丰富，碱性适中，无刺激性；包装完好，图案清晰。

2. 护发用品的质量

护发用品要求香气纯正，无明显油味；涂抹均匀，无杂质；易清洁不污染头发；包装完好，图案清晰。

3. 美发及疗发用品的质量

美发用品要求气味纯正；对头发及头皮无刺激，使用安全；带喷嘴产品喷头通畅，喷洒均匀；易清洁不污染头发；包装完好。

四、发用化妆品的选用

发用化妆品的选用应注意以下几点：

1. 根据人的发质选用

人的毛发与人的皮肤一样分几种类型。不同发质的头发应选用不同的发用品。一般油性发质宜选用脱脂性较强的洁发用品，含水分较多的护发用品；干性发质则宜选用脱脂性较小、刺激性较小的洁发用品，含油分较多的护发用品。

2. 正确使用

发用化妆品尤其是美发用品，大都含有较复杂的化学成分，有些会对人体造成伤害，因此，使用时应参照使用说明书正确使用。例如，冷烫精、染发剂使用前最好先做过敏试验，皮肤表面有破损时暂不使用；摩丝、发胶避免喷入人体眼、口部等。

3. 避免碰撞，用后盖紧，远离火源

发用化妆品中有较多产品含有酒精、蜡等可燃易挥发成分，有的采用压气罐包装，因此发用品在使用时应注意避免猛烈碰撞，更不要私自拆开压气罐容器；发用化妆品用完后要将盖盖紧，使之密封，避免商品有效成分挥发，失去使用效果；远离热源，避免发生燃烧及爆炸事故。

第六节 其他化妆品

一、美容彩妆化妆品

美容彩妆化妆品是指能修饰、美化人们容颜的一类化妆品。它通过描画、涂擦于人体的各部（主要是面容），可暂时改善施用部位颜色和状态，修饰形状，使人们的容颜更加美丽，神采奕奕。

1. 美容彩妆化妆品的主要品种及特点

（1）胭脂

胭脂是涂于面部两颊使面部红润以增加美观的。所以目前胭脂均为红色系列。胭脂按状态的不同分有粉状、膏状及乳液状三种。粉状使用原料与香粉基本相同，只是所用色料不同，膏状胭脂与后面所讲的唇膏相似。胭脂因所用量小，因此一般包装较小，包装量一般为 20～60g。

胭脂要求气味芳香、色泽鲜艳，粉质细腻，附着力强。

（2）唇膏

唇膏又称口红，涂于唇部可修饰唇部形状，改变唇部颜色，达到美容功效。唇膏的主要原料成分为蜂蜡、地蜡、卡拿巴蜡、鲸蜡、羊毛脂、可可油脂、蓖麻油及色料等，根据加进色料的不同，唇膏分有色唇膏、变色唇膏，无色珠光唇膏、保湿唇膏等。

变色唇膏是加进溴酸红色料，涂唇后会因唇部值的改变而改变颜色。

膛心保湿口红是目前最时髦的品种。它是在有色唇膏的膛心插进具有保护、滋润唇部作用的无色珠光唇膏，因此具有美唇、护唇双效功能。

唇膏要求色泽均匀，硬度适宜，气味芳香，涂唇滑爽而无黏滞感，具有一定涂色牢度，安全无毒、无刺激性。

（3）眉笔

眉笔是用来修饰眉形，改变眉色的笔状美容用品。它的笔芯成分与唇膏相似，主要由卡拿巴蜡、蜂蜡、白蜡、凡士林、羊毛脂、白油、色料和香精组成。有黑、棕两色。

眉笔按色泽构造分单色眉笔和双色眉笔两种。按笔芯与笔杆的结构方式分铅笔式和推管式两种。

眉笔要求笔杆长度要符合规格，笔芯与笔杆应贴紧，不应有杆芯脱离现象，软硬适度。

（4）眼影

眼影是涂于眼部上方，形成阴影，以改善眼形，使眼睛美观的化妆品。眼影主要有粉状和膏霜状两种。粉状成分与胭脂基本相同，只是色料不同。膏霜状成分主要有白油、白凡士林、卡拿巴腊、地蜡、无机颜料等。

（5）睫毛膏

睫毛膏是涂擦于眼睫毛，使眼睫毛染色并对眼睫毛有短暂定型作用的化妆品，目前睫毛膏有乳化膏霜状和抗水性睫毛膏两种。膏霜状成分与膏状胭脂基本相同。

抗水性睫毛膏是加入了硬脂酸铝（金属皂），因此具有一定的防水、抗水功能。

（6）指甲油

指甲油是涂于指甲表面形成一层光亮薄膜、起美化和保护指甲作用的化妆品。指甲油是由硝酸纤维素，有机溶剂，增塑剂、辅助剂、色料、香精等主要成分混合调配而成。当它涂于指甲表面后，有机溶剂挥发，硝酸纤维素固化，在指甲表面形成一层均匀光亮的薄膜。

指甲油目前主要有透明、有色、珠光三种。

指甲油的质量要求黏度适宜，色调一致，涂膜均匀，不易脱落，不应有有损于指甲或带有毒性的物质。

由于指甲油中含有易烧烧和挥发的硝酸纤维素塑料，有机溶剂，因此指甲油使用和保管时须注意防火。

2. 美容彩妆化妆品的使用

美容彩妆化妆品的使用是为了使容颜更加美丽，因此它的选用应符合一般美的准则，注意下列问题。

1）注意与肤色配合。彩妆化妆品的选用，首先要符合自己的肤色，只有使用符合自己肤色特点的美容用品，才会真正妆面自然、美丽大方。黑皮肤涂白粉，不仅不白，反而会更加难看。一般肤色较深者应选用色深粉底，腮红、口红、眼影、眼线均以深色为主；而肤色较浅者可选择浅色系较为艳丽的颜色。

2）注意与年龄配合。彩妆化妆品的选用，青年可色彩鲜艳、娇嫩一些；中老年则应沉稳大方。

3）注意临睡前要清洁干净。彩妆化妆品多半没有护肤功能。相反，由于色素较多，停留皮肤表面时间过长，会引起皮肤毛孔堵塞，破坏皮肤表面状态，使皮肤粗糙，失去弹性，早衰。因此，美容用品使用时应注意临睡前一定要清洗干净，以保证皮肤的正常呼吸。

4）指甲油使用时应特别注意用后盖紧瓶盖，以防挥发；放置时应避光、避热源，并应注意指甲油不应沾染到食物上。

二、散香化妆品

散香化妆品又叫芳香化妆品，是指通过喷洒于人体表面、起散香作用的化妆品。目前散香化妆品主要是指香水、古龙水和香油精。由于护肤用品花露水原料和制法上与香水有相似之处，状态也相同，故将它们合并讲解。

1. 芳香用品的品种及特点

（1）香水

香水是纯粹的散香化妆品，一般由香精、酒精、水、色料等原料调配而成，喷洒于人体表面，能散发持久的文雅芬芳的香味。

香水按香料质量的不同可分为高、中、低三档。高、中档香水一般采取用天然香料，低档香水一般采用合成香料。

根据原料的配比不同分酒精香水、无酒精香水和干香水（由液态香水干制而成）三种。

按香型不同可分为天然植物香、动物香及合成香三种。植物香有花香、果香、木香等，是以各种花、植物果实、树木、草、苔藓等提炼出的香精调配而得，或是由合成香料调制成上述各类仿香水，具有清新、淡雅、诱人的魅力。

动物香也称国际香型。它是以龙涎、灵猫、海狸、麝香等名贵动物香料调配植物香精制得，因此也叫动物调香型。与植物香相比，动物香具有香气浓郁、刺激、扩散力强、留香持久的特点。根据配方的不同，动物香型又分为龙涎百花香型、飞蝶香型、素康乃馨百花香型、康乃馨百花香型和幻想香型五种。其中龙涎百花香型用贵重的龙涎香和檀香配制而成，具有东方神秘气息，为我国、印度和东南亚人所喜爱，又称东方香型。

香水一般为淡黄色，用玻璃瓶包装。

（2）花露水

花露水是一种夏季卫生用品。它也是由酒精、水、香精和色料调配而成的。但由于加进的香精、色料不同，原料配比不同，因此花露水喷洒于人体表面通过散发特殊香气，醒脑提神。同时，由于香精的特殊性，用于蚊叮虫咬起痱子的皮肤还能消毒止痒。

花露水与香水相比，其重要的不同点一是原料配比不同；二是原料质量不同，香水使用香料全为制造各种香气所需，高档香水调配香精种类可达 1000 多种，而花露水一般只加进含有药效的麝香等，种类最多不超过 10 种；三是由于原料的不同，造成使用性能的不同，香水为芳香化妆品，而花露水为护肤用品；四是颜色不同，香水一般为淡黄色，花露水一般为绿色。

（3）古龙水

古龙水即高级花露水，1707 年由意大利人在德国的科隆研制生产，后盛产于科隆，故名古龙水。一般多为柑橘、苔藓、皮革、烟草香型，深受男士欢迎，所以也称“男士香水”。

（4）香精油

香精油是天然香花中提取出来的全天然物质。它分子细小，渗透力强，涂于皮肤表面，不仅可像香水一样散发香气，经由呼吸管道吸入散发在空气中的芳香分子，还可改善精神和情绪；同时，还能经由按摩方式，使皮肤直接吸收香精油分子，达到促进细胞活化及恢复肌肤弹性与光泽的作用。香精油是国际最新芳香用品。

2. 芳香用品的质量

芳香用品的质量一般从以下几个指标鉴别。

1）透明度：溶液应清澈透明，无沉淀混浊现象。

2）香气：具有一定香型，香味芬芳纯净，不应有浓厚的酒精或其他不良气味。

3）持久性：香水香味持续不少于 36 小时，花露水不少于 24 小时。

4）色泽：纯净，均匀一致。

5）包装：完整、洁净。

3. 芳香用品的选购与使用

（1）选购

香水香气挥发分头香、体香、基香三段。选购香水时，除按质量要求严格挑选外，应选滴几滴香水涂抹于手腕内侧，分别体味香水三段香气，各段香气谐调、变化不大的，又适合个人品味、个人风格的，即可购买；另外挑选时还应注意一次闻香种类不宜过多，挑选时间不宜过长，否则，嗅觉麻木，影响挑选。

（2）使用

1）注意场合：一般上班、出游时应使用清香型香水，参加活动、宴会等社交场合时可使用典雅、浓烈的香水。

2）注意使用技巧：香水一般应喷洒或涂抹在人体体温较高、汗腺不发达部位（如颈部、手腕、脚腕部等）便于香气的散发，避免与汗气混合形成异味。

香水打开后应不吝使用，远离火源，使用完毕后应存放于阴凉地方，包装、盖封紧密；不能直接喷洒于皮革、丝绸织物表面，以免形成痕迹。

三、化妆品的保管

化妆品在保管时应针对不同产品的原料特点，采取不同的保管措施。一般来说，化妆品的保管应注意以下几点。

1. 温度不宜过高

化妆品多为芳香品，含香精、乙醇等成分，所以保管温度不宜过高，以免加速原料的挥发；同时，温度过高也易使某些原料酸败变质，膏体分离，失去应有的状态。

2. 防冻

大多数化妆品含有水分，温度过低，易造成膏体分离，包装破裂，因此，化妆品的保管温度不得低于 0℃。

3. 防潮

粉质化妆品易吸潮结块，因此保管时应注意防潮。有些化妆品中含有蛋白质和蜂蜜，受潮后易发生霉变，滋生微生物。也有的化妆品是用铁盖，受潮后易生锈，腐蚀瓶中物质，使其变质，因此化妆品的保管应注意防潮。

4. 防火

发用品、指甲油、芳香用品中含有酒精等易燃物质，因此，它们的保管应注意防火。

5. 防污染

化妆品应放在清洁卫生的地方，以免灰尘或脏物进入，污染化妆品。

6. 防碰、摔

化妆品一般采用玻璃瓶、塑料盒、纸盒、铁盒等包装形式，碰、摔易使化妆品包装破裂，造成商品损失。因此，搬运应轻拿轻放，按包装标志放置，防止碰撞和摔地。

7. 先进先出

化妆品保管期一般为 6～18 个月，因此，化妆品的保管应特别注意先进先出，定期检查，发现问题，及时处理。

小结

本章是商品学学习内容的基础，其中工业品商品的化学成分以及宏观、微观和内部结构又是工业品商品性质的基础，也是鉴定商品质量的前提。

塑料制品是重要的工业品及日用商品，它应用广泛，在工农业生产中起着重要的作用。要掌握塑料的分类及各类塑料的性能，了解塑料制品的质量要求和鉴别、保管、使用方法。

化妆品是常用的日化商品，应用广泛，在人们的日常生活中占有重要的地位，了解和掌握化妆品的种类，质量要求，使用和保管方法，对学习工业品商品知识具有重要的意义。

复习思考题

1．试述工业品商品的主要成分。
2．简述聚乙烯的化学性能及用途。
3．热塑性塑料分为哪几类？热固性塑料分为哪几类？

4．化妆品的主要种类有哪些？
5．简述美发用品的使方法。
6．化妆品保管应注意的事项有哪些？
7．对化妆品安全性能有哪些要求？

实训项目

【实训一】

1. 实训内容：

塑料的燃烧特性。

2. 实训步骤：

1）取各种塑料样本，用工具切成1cm左右的小段，分别放入编好了号的表面皿中。

2）用镊子分别镊取表面皿中的塑料标本，在酒精灯上点燃。

3）观察燃烧过程的情况，并做好记录。主要记录内容：燃烧的难易程度、气味、火焰性状、燃烧时塑料的性状等。

3. 实训分析：

1）对比正文中的表5-1，根据实训中塑料燃烧的特征判断塑料的种类。

2）写出实训小结。

【实训二】

1. 实训内容：

调查无磷洗衣料的成分。

2. 实训要求：

1）选择一家超市，了解市场销售的无磷洗衣粉的品名、商标、规格、厂名和厂址。

2）了解各种洗衣粉包装袋上的成分，并详细记录。

3. 实训分析：

1）根据调查记录，分析各种洗衣粉的主要成分、辅助成分、杂质成分是什么。

2）把各种洗衣粉的成分列成表格，分析无磷洗衣粉各成分的作用。

案例分析

质检总局出台新规定：化妆品包装须标注所有成分

经过卫生部两次征求意见稿的《化妆品标签标识管理规范》还未正式出台，国家质检总局的《化妆品标识管理规定》（以下简称《规定》）便提前出炉，并将从2008年9月1日起施行。

业界指出，新版《规定》有两点最受关注，一是要求化妆品标识要标注全成分表；

二是把牙膏正式列入化妆品的管理范畴。

1. 消费者可看成分选产品

全国化妆品质量工作管理委员会秘书长齐昆鹏告诉记者，“之前国家并没有要求化妆品标识需要全成分标注，因此这一条规定应该是对行业影响最大的，这意味着化妆品企业必须对之前的产品包装进行重新调整。”

卫生部化妆品卫生标准委员会委员、广东省疾控中心杜达安也非常赞同实施全成分标注，“早在多年前，业内专家就提出化妆品要实行全成分标注，现在终于正式实施了。”他认为，实行全成分标注首先是给予消费者知情权，让他们知道化妆品含有的成分，以更好地选择适合自己的产品；二是更便于国家有关部门对化妆品进行管理，以打击化妆品企业吹嘘成分的现象。

2. 尚未完善执行或有难度

不过，新版《规定》的提出却引起很大的争议。有企业认为，消费者并不是行业内人士，大部分人肯定看不懂专业性较强的成分名称，所以，即使实施全成分标注，也无法实现他们的知情权；而有企业则指出，目前国家的监督体系还未完善，在实施全成分标注后，有没有部门去监督产品所标注的成分是否属实，企业的商业秘密能否得到保护，这些都仍是疑问；另外，还有企业提出，化妆品标签的面积有限，尤其是小包装产品，在包装上把所有成分标注出来也是个难以执行的问题。

据悉，目前欧盟、美国、日本、韩国等国家都实施了全成分标注，而且对于全成分标注的相关规定也非常明确。比如欧盟的相关规定明确指出，“如因体积、大小等原因无法做到全成分标注时，可印在宣传资料、标签或卡片上；基于商业秘密的原因，可要求在成分目录中不标注一种或多种化妆品成分，但应向生产地或最初进口地所在的成员国的主管机关提交成分保密申请”。因此，业内人士指出，我国还应继续完善具体明细，让企业能更容易执行。

3. 相关链接：新规涵盖口腔产品填补管理空白

记者发现，与卫生部之前颁布的《化妆品标签标识管理规范》征求意见稿不同的是，国家质检总局颁布的《规定》把牙膏列入了化妆品的定义之中。

在《化妆品标签标识管理规范》征求意见稿中规定，“化妆品标签注明的产品使用说明必须符合化妆品定义规定的使用方法（涂擦、喷洒或者其他类似的方法）和使用部位（皮肤、毛发、指甲、口唇等人体表面部位）。”而在《规定》中，“所称化妆品是指以涂抹、喷、洒或者其他类似方法，施于人体（皮肤、毛发、指趾甲、口唇齿等），以达到清洁、保养、美化、修饰和改变外观，或者修正人体气味，保持良好状态为目的的产品。”由此可见，牙膏等作用于“齿”的产品被纳入了化妆品范畴。

据某牙膏企业的负责人林先生介绍，以往如牙膏、牙刷、牙线等用于牙齿和口腔黏膜的产品并没有一个明确的归属，一家企业只要申请了营业执照就可生产销售此类产品，这对质量的监管、市场的规范等带来不少隐患，所以口腔产品的归属问题一直受到关注。“现在新出台的《规定》正式把牙膏等口腔产品纳入化妆品管理领域，填补了此类产品管理上的空白，这对于整顿市场，尤其是保护品牌有很大作用。”

但也有企业指出，牙膏等产品是用于人体口腔，是否应归入食品级等更严格管制的类别？同时，原来口腔产品没有相关的管理机构，如果把其纳入化妆品后，也将面临着由哪个部门颁发生产许可证、卫生许可证等问题。

（资料来源 http://news.xinhuanet.com/Life/2007-09/13/content-6715718.htm）

分析与思考：

1. 你认为化妆品的质量与成分有什么关系？

2. 化妆品的成分需要保密吗？质检局关于化妆品的新规定怎样才能保护生产者和消费者双方的合法利益？

第六章　纺织品商品

学习目标

全面理解纺织品商品特性；了解纺织纤维的种类及其性能，纺织品形成的生产过程；掌握纺织品的分类方法及其内容，重点理解织物的物理、机械、化学性质对服装品质的影响。

我国纺织品商品的生产、流通历史悠久。纺织品商品是人类进入文明社会以来赖以生存和发展必不可少基本条件之一。纺织品商品的生产技术和水平的发展，对满足人民需要、满足各行各业的要求、繁荣市场经济都具有很重要的意义。

从广义上说，凡以纺织纤维作原料，经过纺纱、织造、染整、成衣等部分或全部加工环节形成的产品，统称为纺织品。从生产领域进入流通领域的纺织品就成为纺织品商品。所以，纺织品商品必须有三个要素：首先是以纺织纤维原料为主体，其次必须经过生产加工程序；第三是必须进入流通领域。否则，纺织品就不成为纺织品商品，它的使用价值也就不能实现。

本章主要介绍纺织品商品的物质构成成分、结构以及性质。同时也介绍了服装商品的质量要求。

第一节　纺织品商品的构成成分

纺织品商品在商业习惯上，被分为纺织品和针织品两大类。纺织品是指在织布机上由经纬纱线交织而成的各类织物，如梭织布类。针织品是指在针织机上将由纱线形成的线圈相互钩、结而成的各类织品，如针织绒衫、汗衫等。但是，生产纺织品商品的主要原材料都是由各种纺织纤维原料所组成，而纺织纤维的种类又有很多种，它们的纤维构成与结构均有差异，所以，由它们所组成的纺织织物，表现出的特性与特征也不相同。

制造纺织品商品的原材料主要是各种纤维原料。纤维的定义是指线密度很低，直径为几微米至几十微米，长度比直径大许多倍（上千倍以上）的细长物质。但并不是所有的纤维都可以用作纺织纤维，只有满足一定的基本条件（一定的物理和化学性质），适合加工生产和使用要求的纤维，才能作为纺织品的纤维原料。

在纺织纤维分类的方法中，最常用的分类方法是根据纤维的来源分类，然后按照化学组成、生物属性等分成小类。

一、天然纤维

天然纤维是指自然界生长或形成的适合于纺织用途的纤维。它又可分为植物纤维、动物纤维以及矿物纤维。

1. 植物纤维

植物纤维是从植物的种子、叶、茎、果实上获得的纤维。主要成分是纤维素，所以又称天然纤维素纤维。它又可分为：种子纤维，如棉、木棉等；叶纤维，如剑麻、蕉麻等；茎纤维，如苎麻、亚麻、黄麻、大麻、罗布麻等；果实纤维，如椰子纤维等。

2. 动物纤维

动物纤维是从动物身上或体内获得的纤维。主要成分是蛋白质，所以又称天然蛋白质纤维。动物纤维主要分为：毛纤维，如绵羊毛、山羊毛、骆驼绒、兔毛等；丝纤维，如桑蚕丝、柞蚕丝等。

3. 矿物纤维

矿物纤维是从纤维状结构的矿物岩石中获得的纤维，又称天然无机纤维，如石棉纤维等。

二、化学纤维

化学纤维是指以天然的或合成的高聚物作原料，经过化学方法加工制成的纤维。它又可分为再生纤维、合成纤维和无机纤维等。

1. 再生纤维

再生纤维是指用天然高聚物为原料，经过化学方法制成的并与原高聚物在化学组成上基本相同的化学纤维。再生纤维包括：再生纤维素纤维，如黏胶纤维、铜氨纤维等；再生蛋白质纤维，如大豆纤维、酪素纤维等。

2. 合成纤维

合成纤维是指以石油、煤、天然气及一些农副产品等低分子物质作为原料，经化学合成和机械加工制得的化学纤维。合成纤维原料来源广泛，发展迅猛，品种较多。主要有：聚酯纤维、聚酰胺纤维、聚丙烯纤维和聚丙烯腈纤维等。

3. 无机纤维

无机纤维是指主要成分由无机物构成的纤维，主要有玻璃纤维、金属纤维、陶瓷纤维等。

纺织纤维的分类如图 6-1 所示。

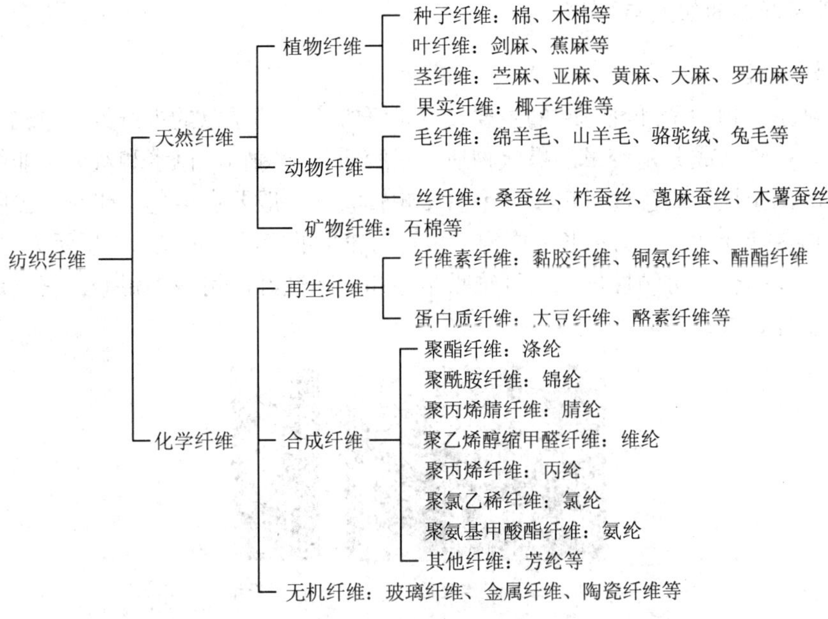

图 6-1　纺织纤维分类表

在国内外市场上，由于化学纤维品种非常多，各国实际使用的名称既有学名也有俗称，所以，有些相同的化学纤维纺织品名称却颇不一致。这势必给生产企业造成对化学纤维原料的选购、使用上的极大不便，给消费者也带来了对化纤纺织品选购和使用的困难。为此，我国对化学纤维的名称作了统一的命名。只要是国内生产和使用的化学纤维和纯纺、混纺及交织的纺织品中所使用的化学纤维，都要使用统一规定的商品名称。

化学纤维常见品种名称对照如表 6-1 所示。

表 6-1　化学纤维常见品种名称对照如表

类别	学术名称	统一名称		习惯名称或曾用名
		短纤维	长丝	
再生纤维	黏胶纤维 铜氨纤维 醋酯纤维 富强纤维	黏纤 富纤 醋纤 铜氨纤	黏胶纤 富强丝 醋酸丝 铜氨丝	黏胶、人造丝、人造棉、人造毛、虎木棉、富纤丝、波里诺西克、醋酯、醋酸纤维、铜氨
合成纤维	聚对苯二甲酸乙二酯纤维 聚酰胺 6 纤维、 聚酰胺 66 纤维 聚丙烯腈纤维 聚乙烯醇缩甲醛纤维 聚丙烯纤维 聚氯乙烯纤维 聚氨基甲酸酯纤维	涤纶 锦纶 6 锦纶 66 腈纶 维纶 丙纶 氯纶 氨纶	涤纶丝 锦纶 6 丝 锦纶 66 丝 腈纶丝 维纶丝 丙纶丝 氯纶丝 氨纶丝	特丽纶、帝特伦、达可纶、的确良 尼龙 6、卡普隆、耐纶 6、尼龙 6 丝 尼龙 66、耐纶 66、阿米纶、 奥纶、开司米纶、合成羊毛、 维尼纶、维纳尔、库拉纶 帕纶、梅拉克纶、丙丝 天美纶、罗维尔、帝维纶 斯潘德克斯、尼奥纶、莱克拉

三、纺织纤维的组成和性能

1. 天然纤维的组成与性状

（1）棉纤维

棉纤维是一种种子纤维。它的主要成分是纤维素，其重量约占纤维总量的 94.5%左右。其他非纤维素成分是少量的蜡状物质、果胶质、含氮物、色素和灰分。非纤维素成分对纤维的润湿性、染色性、白度、手感影响较大，一般要在染色、印花前去除。棉纤维一般呈白色或淡黄色，为细长、中空、多孔而较扁的管状（如图 6-2 所示），具有天然转曲，纤维易抱合，可纺性好。棉纤维吸湿性和保暖性好，耐碱不耐酸，有一定的耐热性，但耐燃性、抗霉性较差。

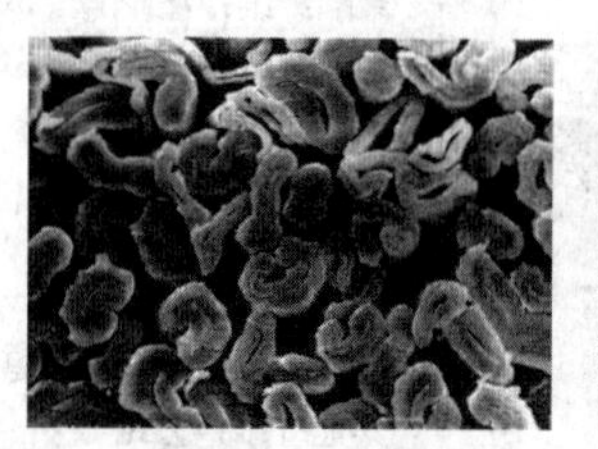

（a）棉纤维截面　　（b）棉纤维

图 6-2　棉纤维形状

（2）麻纤维

麻纤维主要是指苎麻和亚麻纤维。它们都是植物根茎的茎纤维，主要成分是纤维素，还有半纤维素、果胶质和木质素等。苎麻、亚麻的纤维素含量分别为 65%～75%，70%～80%。苎麻纤维横截面呈椭圆或扁圆形，纵向有节。它强度高，居于天然纤维之首，吸湿性和散湿性很好，抗碱、抗霉和防蛀性好，但不耐酸、易燃。亚麻纤维横截面呈五角或六角形，纵向有裂节。它的强度与苎麻相近，刚性大但比苎麻柔软，吸湿性和散湿性仅次于苎麻，其他性能与苎麻相似。

（3）羊毛纤维

羊毛纤维的主要成分是角朊，另外还有少量的动物角朊、色素和灰分。羊毛角朊大分子有千余种，由α-氨基酸的残基连接而成，排列较疏松，所以纤维较柔软。羊毛大多呈白色或乳白色，纤维呈细长柱体，有天然形成的波浪形卷曲，纤维外层有鳞片，截面呈圆形或椭圆形（如图 6-3 所示）。羊毛纤维具有较突出的耐酸性、耐燃性、缩绒性，良好的吸湿性、保暖性和弹性，但不耐碱、易虫蛀。

（4）蚕丝

蚕丝包括桑蚕丝和柞蚕丝。主要成分是丝素和丝胶，丝素是丝纤维的主体，占 70%～80%，丝胶包裹在丝素的外面保护者它。除了这两种成分外，还有少量可以为乙醚和乙醇所提取的化合物——腊质和脂肪，此外还含有少量的色素与灰分等。丝素和丝胶的大分子是由多种α-氨基酸的残基通过肽键连接而成。在丝素、丝胶、腊质和脂肪、色素与灰分这些成分中，只有丝素是织物所需要的，其他成分都是需除去的。

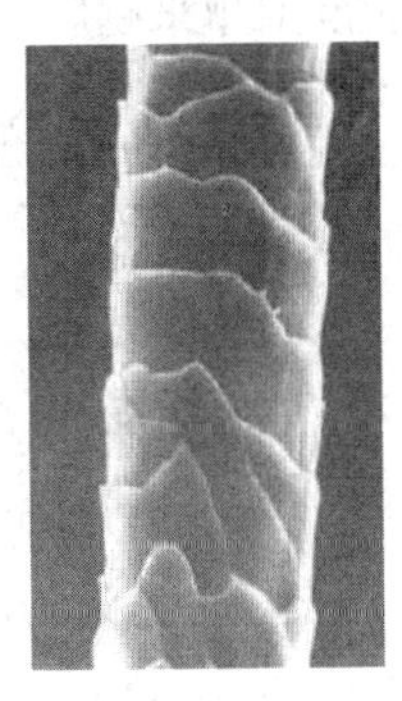

（a）毛纤维形状

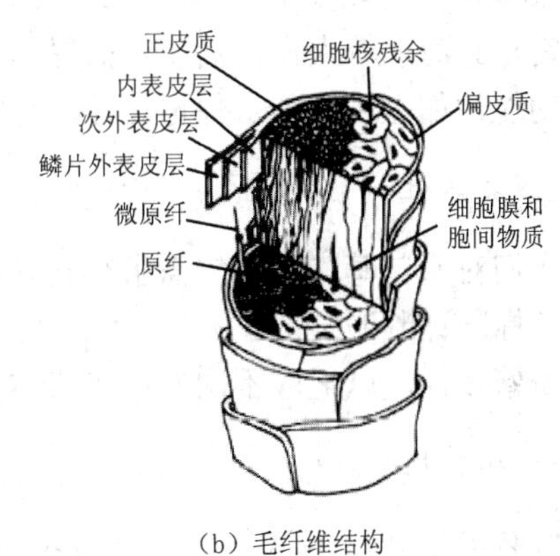

（b）毛纤维结构

图 6-3　毛纤维形状和结构

桑蚕丝多为白色，光泽柔和圆润，富有弹性，吸湿性优于棉而输于羊毛，对人体无刺激性，是高级纺织原料。它强度和绝缘性好，但不耐碱，耐日光性也较差，易脆化泛黄。柞蚕丝颜色淡黄，光泽柔和，强度、弹性、吸湿性以及耐酸碱性均优于桑蚕丝，耐热性强于其他纤维，但染色性较差。

2. 化学纤维的成分与性能

化学纤维的成分与性能见表 6-2。

表 6-2　化学纤维的成分与性能

纤维种类	化学成分	主要性能
黏胶纤维	纤维素	柔软，吸湿性好，耐碱不耐酸，湿强度和弹性差
锦纶	聚乙内酰胺	强度和耐磨性突出，弹性好，吸湿、耐热性差
涤纶	聚对苯二甲酸乙二酯	抗皱和耐热性突出，强度和耐磨性好，易生静电
腈纶	聚丙烯脂	弹性和保暖性好，耐晒性突出，不耐磨，生静电
丙纶	聚丙烯	密度小，强度、弹性好，热稳定性差，生静电
维纶	聚乙烯醇	吸湿性好，化学稳定性好，比重轻
氨纶	聚氨基甲酸酯	拉伸弹性和回弹性突出，强度、耐热优于橡胶丝

第二节　服装商品的特性

一、服装商品的特征

与其他商品相比，服装商品具有许多典型的特征。

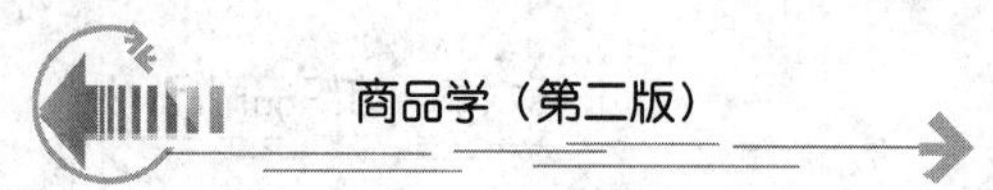

1. 功能性

服装是人类赖以生存的生活必需品。服装的诞生首先是满足人们遮羞避体、抵御风寒的需求。而随着人们生活质量的提高，对服装功能的要求范围越来越广，因而服装的许多功能，如卫生功能、保健功能、舒适功能、防护功能等受到重视，并逐步开发。

2. 美学性

人们对服装基本功能的需求得到满足后，必然会有进一步的美学要求。人们可以以不同的标准评判服装的美与丑。因此服装需在款式、色彩、质地上千变万化，服装的品种也纷繁多样，以适应不同的审美情趣。

3. 精神性

服装能反映人们深刻而复杂的内心精神世界。着装不仅可以反映人们追求美的品位，而且穿着不同档次、品牌、外观的服装还可以显示个人的性格、气质、地位、素养、身份等特征。

4. 流行性

服装的流行性也称为服装的时尚性。服装在款式设计、色彩搭配、面料风格和其他配套方面具有快速多变的特征，这种变化具有永恒性、周期性、短暂性和普遍性。

5. 季节性

服装具有季节性。春、夏、秋、冬四季气候的变化影响人们的着装。冬衣厚重、夏衣轻薄，不同季节的服装特点迥异。

6. 地域性

地理环境和自然气候是影响人们着装的又一主要因素，为适应生存环境，生活在地球上不同自然环境和气候条件下的人们对服装的功能、色彩、款式的要求不同。

7. 民族性

每一民族都有其世代相传的传统文化、宗教信仰和生活习惯，这种差异或多或少地体现在服装的款式、色彩以及与服装相配的饰物上。民族服装又随着时代的发展而不断地演化和相互渗透，在继承的基础上不断发展。

8. 社会性

服装是社会的镜子，它随着时代的发展、社会的变迁而逐渐演变。服装体现一个社会的政治、经济、技术、文化、道德状况与进步程度，以及生活在这一环境下人们的价值取向、审美观念、文化修养等。

二、服装面料的鉴别

服用纺织纤维的种类很多，不同品种的纤维其理化性能、生产成本等往往存在一定差异，而服装面料的服用性能、加工性能、销售价格等取决于组成该面料的纤维性能和成本。随着纺织加工技术的不断提高，用各种纤维原料制成的纯纺、混纺和交织织物种类日益增多，其中许多织物都力图在手感和外观上模仿纯天然纤维织物，从而提高织物的身价。为了更好地掌握服装面料的性能，以利于服装的加工、交易、穿用和保管，有必要了解服装面料的鉴别方法，以便准确掌握面料的原料纤维组成。

面料组成的鉴别一般先用手感目测法或燃烧法进行简单区别，若简单方法不易区分，再用显微镜观察法、溶解法、红外光谱法、系统鉴别法等进行确定。

1. 手感目测法

手感目测法是鉴别人员用眼看和手摸衣料的光泽色彩、光滑程度、黏涩干爽性、折皱性、弹性、柔软悬垂性等进行鉴别。进一步可从衣料上拆下纱线，解捻后根据纤维的长短、长度整齐度、柔软或粗糙等特征加以确定。例如：棉织物手感柔软，布面干爽，色泽暗淡；毛纤维细而柔，毛织物手感温暖、滑糯挺爽、活络丰满、富有弹性，手捏放松后皱褶迅速恢复，光泽柔和，毛纤维较长，有卷曲；麻织物手感粗硬、坚韧、挺括、易皱、凉爽，布面有经纬向随机分布的节，麻纤维长度长、粗硬，因有胶质而集成小束；丝织物手感柔软、光滑爽洁，富有强力，揉搓时发出特有的丝鸣；丝纤维为长纤维，且有特殊的光泽；再生纤维织物手感平滑柔软，有湿冷感，色彩鲜艳，光泽柔和，用手捏紧放松后皱褶较多，且恢复慢；有光再生纤维长丝有金属般的光泽，再生纤维湿强力低。

不同品种合成纤维织物在外观手感上很相近，用手感目测法区别较难，一般用其他方法进行鉴别。

2. 燃烧法

燃烧法是一种简便且常用的鉴别服装面料的方法。鉴别时，先从织物上拆下几根纱线或纤维，用镊子夹住，慢慢移近火焰，仔细观察纤维接近火焰、在火焰中以及离开火焰时燃烧的程度、气味和灰烬等的特征，据此可大致判断纤维种类。这种方法只适用于纯纺织物的鉴别，对混纺和交织织物以及经过防火、防燃等特殊后整理的织物不适宜。常用纤维的燃烧特征见表 6-3。

表 6-3　几种常见纤维的燃烧特性

纤维种类	接近火焰	在火焰中	离开火焰	燃烧时气味	燃烧后残渣形态
棉、麻、黏胶纤维	不熔、不缩	迅速燃烧	继续燃烧	烧纸味	少量灰白色的灰
羊毛、蚕丝	收缩	逐渐燃烧	不能延燃	烧毛发的臭味	松脆灰黑
涤纶	收缩熔融	先熔，后燃烧，且有熔液滴下	能延燃	特殊芳香味	玻璃状的硬黑褐色圆珠

续表

纤维种类	接近火焰	在火焰中	离开火焰	燃烧时气味	燃烧后残渣形态
锦纶	收缩熔融	先熔，后燃烧，且有熔液滴下	能延燃	氨臭味	玻璃状的硬黑褐色圆珠
腈纶	收缩微融，发焦	熔融燃烧，有发光小火花	继续燃烧	有辣味	松脆黑色硬块
维纶	收缩熔融	燃烧	继续燃烧	特殊的甜味	松脆黑色硬块
丙纶	缓慢收缩	熔融燃烧	继续燃烧	轻微的沥青味	硬黄褐色球
氯纶	收缩	熔融燃烧，冒黑烟	不能延续	有氯化氢气味	松脆黑色硬块

3．显微镜观察法

显微镜观察法是在普通生物显微镜下观察纤维的纵向和横向截面形态特征来鉴别纤维种类的方法。这种方法的基本步骤是：先从织物上拆下一小束纤维，然后将其制成切片，再在显微镜下观察纤维纵向和横向结构特征。天然纤维的形态各异，很容易在显微镜下区分出来，而许多化学纤维外观形态相近，用这种方法鉴别受到限制，此法只能用于初步区分大类，若要严格鉴别还需继续用其他方法。常规纤维的纵向和截面形态见表 6-4。

表 6-4　几种常见纤维纵横向形态结构特点

纤维	纵向形态	横向形态	纤维	纵向形态	横向形态
棉	 扁平带状，天然转曲	 腰圆形，有中腔	醋酯纤维	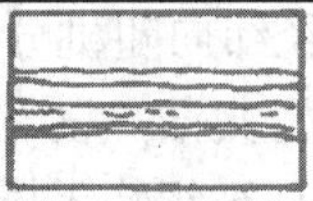 有 1～2 根沟槽	 不规则锯齿形或三叶形
亚麻	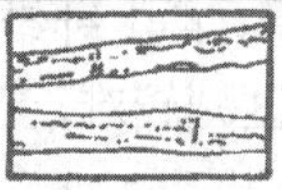 横节，竖纹	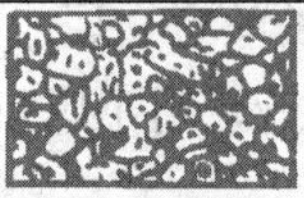 多角形，中腔较小	维纶	 有 1～2 根沟槽	 腰圆形
苎麻	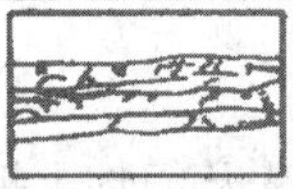 横节，竖纹	 腰圆形，有中腔和裂纹	锦纶	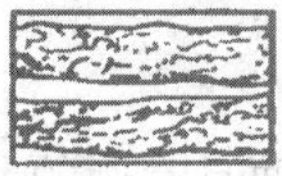 平滑	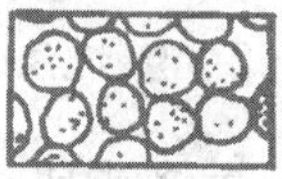 圆形
羊毛	 表面有鳞片	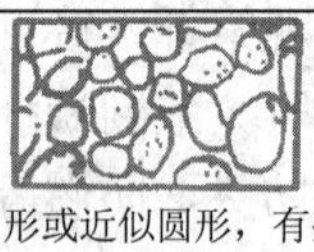 圆形或近似圆形，有些有毛髓	涤纶	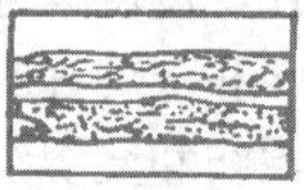 平滑	 圆形
蚕丝	 透明，光滑，有条纹	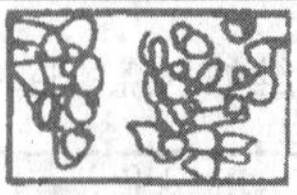 三角形，角是圆的	腈纶	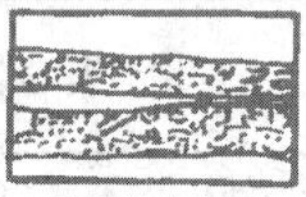 平滑或有条纹	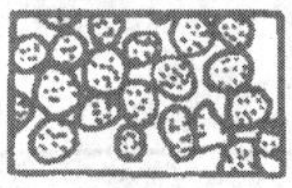 圆形或哑铃形
黏胶纤维	 纵向有沟槽	 锯齿形，有皮芯结构	丙纶	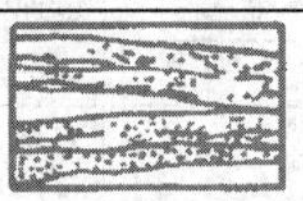 平滑	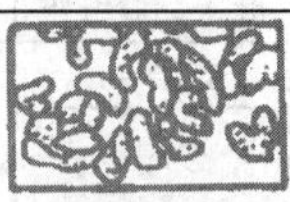 腰圆形或圆形

4. 溶解法

溶解法是利用纤维在化学溶剂中的溶解性能来鉴别构成织物的纤维种类。这是一种较准确的方法，它不仅可用以定性分析纤维品种，而且可用以定量分析混纺织物的混纺比。具体操作时要注意严格控制化学试剂的温度、溶解时的浓度和处理时间。各种纤维的溶解性能见表 6-5。

表 6-5　常用纤维的溶解性能

药品 纤维	盐酸20%	盐酸37%	硫酸60%	硫酸70%	硫酸98%	氢氧化钠5%	甲酸85%	冰醋酸	二甲苯	间甲酚（浓，室温）	二甲基甲酰胺
棉	I	I	I	S	S	I	I	I	I	I	I
毛	I	I	I	I	I	S	I	I	I	I	I
蚕丝	SS	S	S	S	I	S	I	I	I	I	I
麻	I	I	I	S	S	I	I	I	I	I	I
黏胶纤维	I	S	S	S	S	I	I	I	I	I	I
醋酯纤维	I	S	S	S	S	CS	S	S	I	S	S
涤纶	I	I	I	I	S	SS	I	I	I	S 加热	S
锦纶	S	S	S	S	S	I	S	S	I	S	S
腈纶	I	I	I	SS	S	I	I	I	I	I	S
维纶	S	S	S	S	S	I	S	I	I	S	I
丙纶	I	I	I	I	I	I	I	I	S	I	I
氯纶	I	I	I	I	I	I	I	I	I	I	S
氨纶	I	I	SS	CS	S	I	I	CS	I	S	$S_{40\sim50℃}$

注：I——处理 3min 不溶；CS——部分溶解；SS——微溶；S——溶解。

5. 红外吸收光谱法

红外吸收光谱法就是利用各种纤维大分子的结构基团不同，在红外光谱中存在其特有的红外吸收带位置的特征，对构成织物的纤维进行鉴别。其步骤是：先用仪器作出未知纤维的红外吸收光谱图，然后与标准的纤维红外光谱进行比较，便可确定纤维品种。这种方法可定性区分天然纤维和化学纤维，还可定量测定织物的混纺比。此方法具有准确、快速等优点，但需精密仪器。

6. 系统鉴别法

系统鉴别法是综合运用上述物理和化学方法，根据纤维的特点，按照一定的步骤由简单到复杂，范围逐渐缩小，分层逐级鉴别的方法，是一种准确、灵活、有效的方法。普通纯纺衣料纤维大类系统鉴别的方法和步骤如图 6-4 所示。

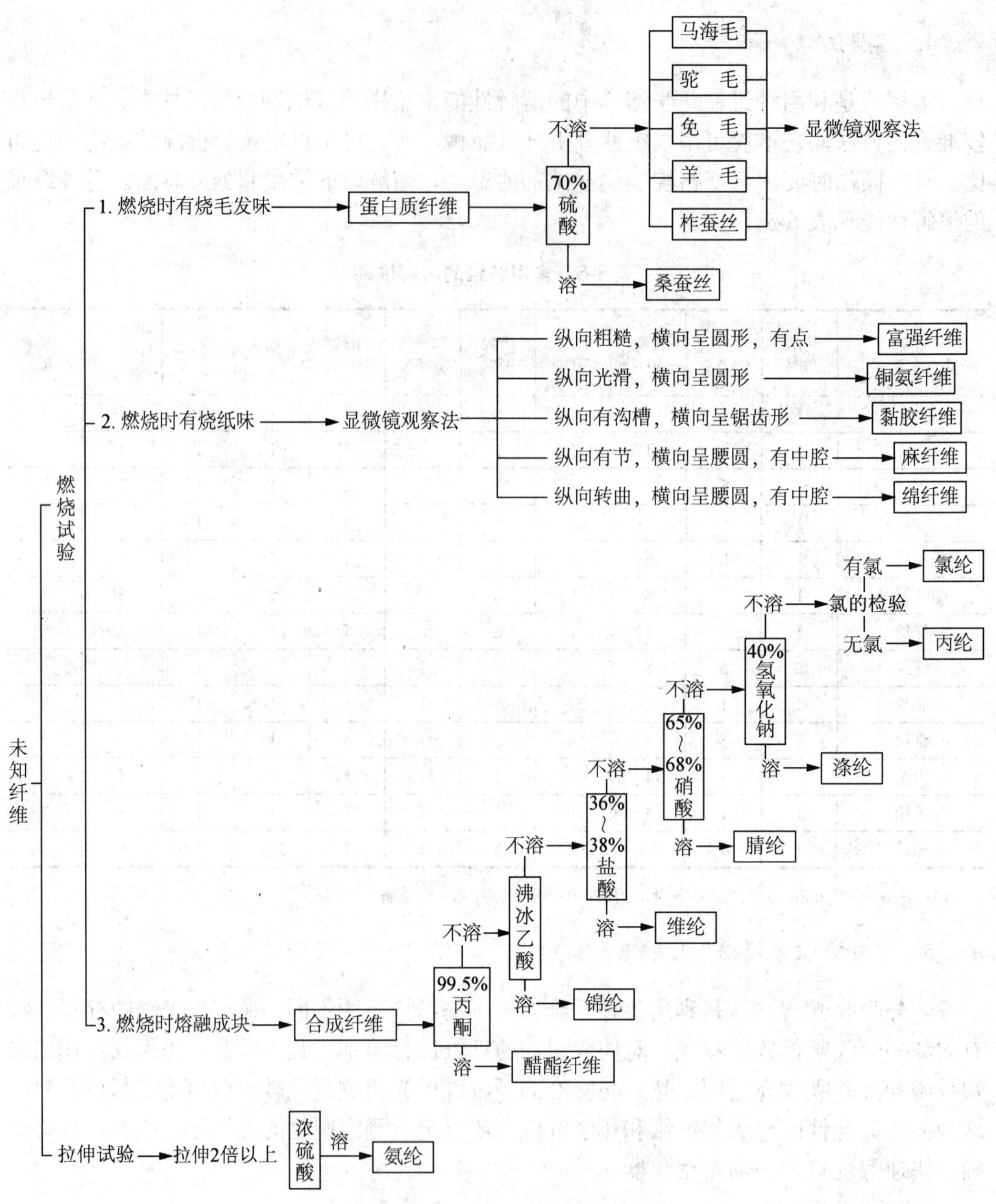

图 6-4　纺织纤维系统鉴别图

第三节　服装面料的基本组织及服用性能

一、概述

（一）服装面料的形成

服装面料又称纺织面料，是经过纤维材料的初加工、纺纱、织造、染整等一系列加工过程织造而形成的，其主要流程如图 6-5 所示。

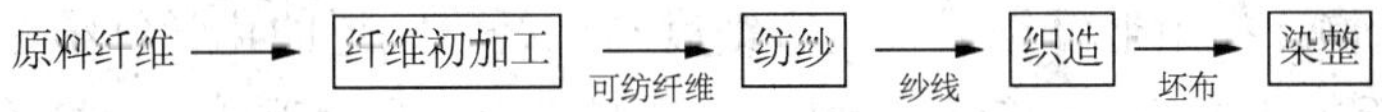

原料纤维 → 纤维初加工 →(可纺纤维) 纺纱 →(纱线) 织造 →(坯布) 染整

图 6-5　服装面料的加工流程

原料纤维经过初步加工，制成整齐、洁净具有一定可纺性能的纤维，然后进入纺纱工艺。经过纺纱系统的加工，各种纤维被加工成具有一定强伸度、弹性、结构、外观和手感的连续的、均匀的、细而长的纤维束纱线。织造系统按照一定的规律将纱线交织编结成各种结构的坯布。坯布还要经染色、印花和后整理等加工过程才能制成多姿多彩的服装面料。

（二）服装面料的种类及特点

服装面料的品种成百上千不计其数，原材料、组织结构和加工整理方法等任一参数变化便可构成一种面料。以下按不同种类，分别介绍服装面料的主要种类和特点。

1．按原料分类

按照构成织物的原料，织物可分为纯纺织物、混纺织物以及交织织物。

1）纯纺织物：指构成织物的纱线是由一种纤维纺成，如纯棉、纯麻、纯毛、纯丝等天然纤维织物及纯黏（人造棉）、纯涤（涤纶绸）等纯化纤织物。纯纺织物可充分体现其组成纤维的基本性能。

2）混纺织物：指构成织物的纱线是由两种或两种以上的纤维按一定比例混合后纺成，如涤棉织物、棉麻织物、毛腈织物等。不同纤维原料按照一定的比例混合可使纤维的特性互相弥补、取长补短，体现各种纤维的优越性，改善织物的服用性能，扩展服装适用的环境范围。

3）交织织物：指构成织物的经、纬纱各由不同纤维组成。例如经纱用棉线，纬纱用毛纱制织的棉毛呢。交织物经纬向往往具有不同的性能，但当经纬向紧密度相差较大时则织物的外观手感主要由紧密度较大的一向体现。

2. 按纤维长度和细度分类

按照所用纤维的长度、细度以及采用的纺织加工系统，织物可分为棉型织物、中长型织物及毛型织物。

1）棉型织物：指用棉纤维或长度、细度与棉纤维相近的化学纤维在棉纺设备上加工成的织物。棉型织物外观、手感、风格等特征与纯棉织物接近。

2）中长型织物：指用长度、细度介于毛纤维和棉纤维之间的化学纤维在棉纺或专用设备上加工成的织物。中长型织物的毛感较强，一般做仿毛织物，如涤棉中长花呢等。

3）毛型织物：指用毛纤维或长度、细度与毛纤维相近的化学纤维在毛设备上加工成的织物。如毛粘大衣呢、纯毛华达呢等。毛型织物外观、手感、风格等特征与纯毛织物接近。

4）长丝型织物：指用天然蚕丝或各种化纤长丝制成的织物，如粘胶长丝美丽绸、涤纶长丝仿丝绸等。

3. 按织物的加工方法分

按形成织物的加工方法，服装面料一般分为机织物、针织物和非织造物。

（1）机织物

机织物是由相互垂直排列的两个系统的纱线，在织机上按一定规律交织而成的。其中沿织物长度方向排列的纱线叫经纱，沿织物宽度方向排列的纱线叫纬纱。经纬纱相互交错或彼此沉浮的规律称为织物的组织，不同的织物组织使织物表面形成一定的纹路、花纹和风格。织物的组织有原组织、变化组织、联合组织及复杂组织四类。原组织是最简单的织物组织，其中包括平纹组织（如图 6-6 所示）、斜纹组织（如图 6-7 所示）和黏缎纹组织（如图 6-8 所示）。其他织物组织都是在原组织基础上，利用变化经纬纱的沉浮规律或多种组织联合等方法而织出的各种花纹图案的织物。

（a）平纹组织

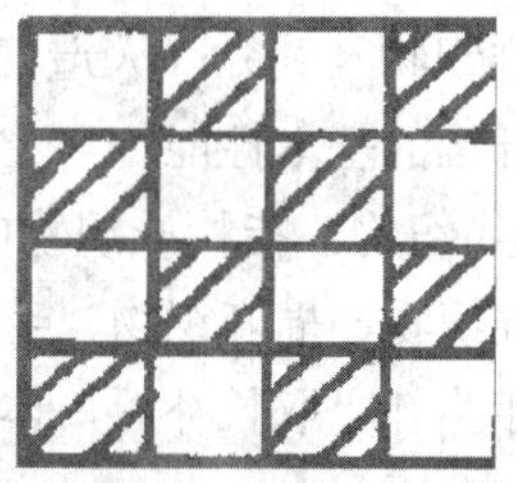
（b）平纹组织图

图 6-6　平纹组织及平纹组织图

（a）3/1 斜纹组织 1

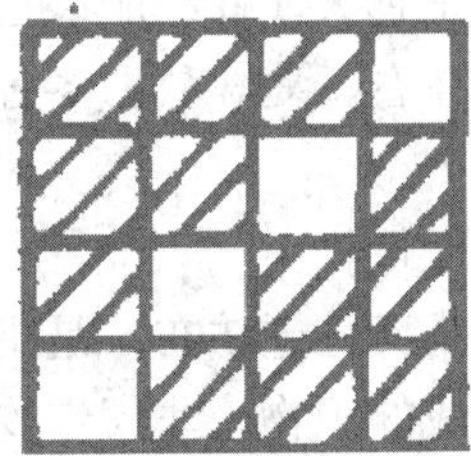

（b）3/1 斜纹组织图 1

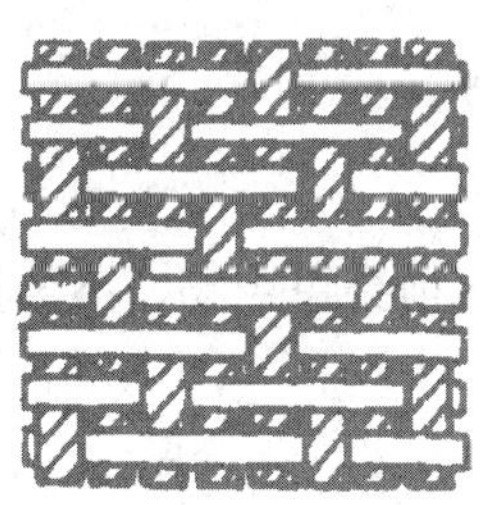

（c）1/3 斜纹组织 2

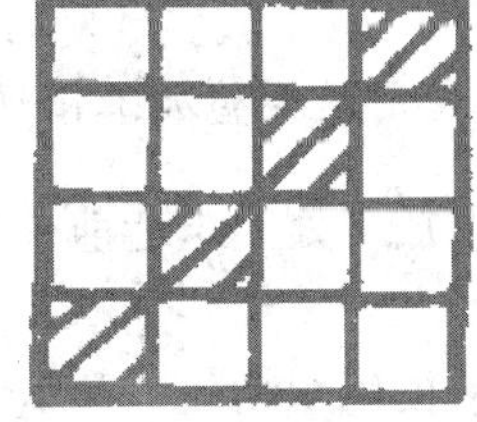

（d）1/3 斜纹组织图 2

图 6-7　斜纹组织及斜纹组织图

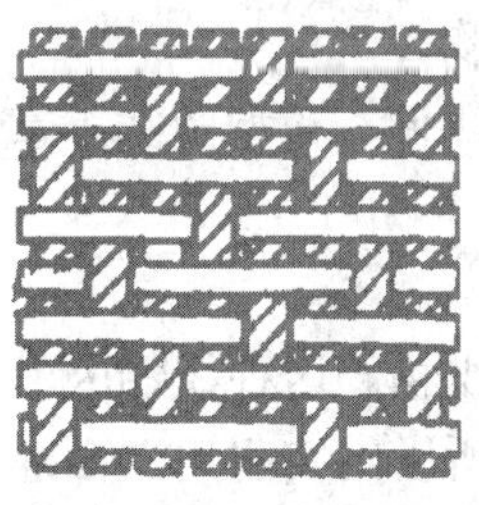

（a）纬面缎纹组织

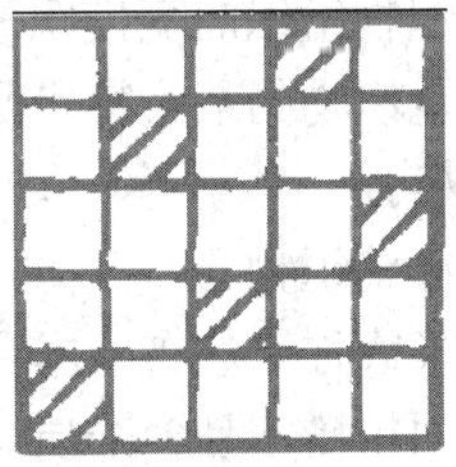

（b）纬面缎纹组织图

图 6-8　缎纹组织及缎纹组织图

机织物的布面有经纬向之分，当经纬向采用不同品种的原料、不同粗细的纱或不同紧密度时，织物呈现各向异性。不同组织面料的外观风格和手感各具特点。一般平纹织物厚实，挺括坚牢，如棉织物中的平布、麻绸、细布等，毛织物中的派力司、凡立丁、法兰绒等，化纤织物的人造棉布、涤棉布等。斜纹织物的手感柔软，织物表面有斜纹的纹路。缎纹织物表面光滑，手感松软，坚牢度较差。

（2）针织物

针织物是由一根或一组纱线在针织机上按照一定的规律形成线圈，并将线圈相互串结而成的织物，针织物按编结方法的不同又可分为纬编织物和经编织物；按织物的组织结构又可分为原组织、变化组织和花色组织三类。针织物与机织物相比，针织物具有良好的延伸性、吸湿透气性、弹性和保暖性等，这使针织物穿着舒适合体。近年来针织物的使用量越来越大，针织服装已被消费者普遍接受和喜爱。过去针织服装以内衣、毛衫为主，而现在春、夏、秋、冬各季穿用的针织面料应有尽有，并成为流行服装、高档服装的主流。

（3）非织造物

非织造物又称无纺布，是指将随机的纤维网或定向铺置的纱线经过机械加工，使之相互结合而成的织物。非织造物具有应用范围广，产品品种丰富，易加工、低成本、高效益等特点，所以非织造物近年来备受重视，发展很快。在服用领域目前更多地用来制作即弃内衣、卫生衣衬垫等。

4. 按织造前后染整加工情况分

按照染色加工处于织造前或后的顺序，织物又分为织前染色织物、不染整织物及织后染色织物。

（1）织前染色织物

毛染织物，即先将原料纤维进行染色，然后用带有颜色的纤维进行纺纱，再织造成各种有色织物条染织物，即在纺纱过程中，将纱线半成品毛条进行染色，然后纺织成的织物。毛染、条染织物多见于毛型织物。色织物，即先将纱线进行染色，而后在织机上利用颜色和织物组织的变换织成各种条、格及花型的织物。

织前染色织物的最大特点是织物色谱全，色彩自然协调，花型图案丰富，花纹清晰牢固，立体感强。

（2）不染整织物

白坯布（或称原色布、本白布）是不经染整加工的织物。这种织物因没有经染整处理，织物表面粗糙，且含杂质，又因织物所受损伤小，所以结实耐用。白坯布一般作为染色、印花布的原料，也可直接消费和使用。

（3）织后染色织物

这类织物主要是指在织造后进行染色加工的织物，典型的有漂白织物、匹染织物、印花织物。

1）漂白织物，是指将白坯布进行漂白加工而成的织物。

2）匹染织物，是指将白坯布进行漂白、染色加工而成的织物。

3）印花织物，是指将白坯布进行漂白、染色、印花加工而成的织物。

这类织物的特点是布面杂质少、光滑匀净、手感柔软、色彩斑斓、花型变化无限。

二、服装面料的服用和加工性能

服装面料的种类繁多，性能各异，在服装的设计、制作、穿用和保养时人们会对面料有各种各样的要求，这就需要对服装面料的基本性能有所了解，以便合理地使用面料，满足不同的需求。这其中即包含单项测试内容，又包括综合性能评定项目。服装面料的性能首先取决于构成织物纤维的性能，除此之外，纱线、织物的结构性能变化，织物后整理加工工艺不同时，织物的性能将随之改变。

1. 耐用性

服装在穿用过程中会受到各种损伤，这就要求服装面料具有一定抵御破坏的能力，即耐用性。服装面料的耐用性涉及许多面料的性能，主要有面料的拉伸、撕裂、顶破、耐磨、耐热、耐光、耐药品等性能。

（1）拉伸、撕裂、顶破性能

服装在穿用时会受到连续力的作用，这时织物被拉伸，在穿用一段时间后，织物局部受到集中力的作用可能被撕成裂缝，或受到单向的垂直力而被顶破。织物的耐拉伸、抗撕裂和顶破的性能主要决定于构成织物纤维的拉伸断裂性能和织物本身结构的紧密度，一般合成纤维和高强高伸纤维制成的面料耐穿，密度、厚度大的织物耐用。

（2）耐磨性

服装在穿用时会经常与外界物体接触而发生磨损，特别是在领口、袖口、裤脚等部位。耐磨性是指织物抵抗这种损坏的能力。织物的耐磨性与纤维的伸长率、弹性恢复能力有关。一般情况下，纤维的伸长率大，且弹性恢复率较大的织物耐磨性好。另外长丝纤维织物、厚重织物和密度大的织物耐磨性好。

（3）耐热、阻燃、耐光性

服装在加工和使用过程中会因染色、热定型、洗涤、干燥等加工整理，或穿着中与热体或明火相遇，织物抵抗高温或明火损害的性能为耐热性。织物在局部长时间受高热处理时，由于纤维的分解或熔融，会出现织物物理机械性能损失、炭化、变硬、变黄、皱缩等现象。所以纤维的耐热性决定了织物的耐热性。一般合成纤维织物的耐热性不如天然纤维织物。

在特殊环境下穿用的服装对织物的阻燃性能有要求。影响织物阻燃性的因素除了与纤维本身的燃烧性有关外，还受织物组织、厚度、重量和织物中空气含量的影响。纤维素纤维和腈纶纤维织物易燃；毛、丝、锦纶、涤纶等织物阻燃性稍好；氯纶织物难燃。

服装在穿用过程中会受到光的照射，特别是经常户外穿用的服装受阳光照射的影响较大。织物抵抗光作用的性能叫耐光性。阳光会使织物吸热升温、老化及变色。织物本身的色彩、光泽也影响吸热，一般暗黑色织物的吸热率高。化学纤维织物耐光性优于蚕丝劣于棉，而腈纶是常见纤维中耐光性最好的。

2. 舒适性

服装的舒适性是指服装在穿用时人的生理和心理感受的综合指标。服装的舒适性和服装的款式、色彩以及服装面料的物理性能有直接关系。与服装舒适性有关的织物性能主要有织物的透气性、透汽性、透水性、保暖性等。

（1）透气性、透汽性

透气性是指织物透过空气的性能，它与织物的吸湿性、密度、厚度、表面形状、弹性及柔软性等因素有关。吸湿性小、轻薄、柔软、密度小、结构松、弹性较好的夏季织物透气性好，穿着舒适、凉爽。而冬季织物则厚重、密实、硬挺，透气性差，挡风遮寒。

透汽性是指织物透过水汽的性能，也叫透湿性，是直接关系到织物排汗能力的舒适性指标。织物透汽性的好坏与纤维的吸湿性密切相关，吸湿性好的天然和再生纤维织物具有较好的透汽性。丝绸、亚麻和人造丝的吸汗能力强，且散湿速度快，出汗不沾身，无闷热感。合成纤维的吸湿性较差，贴身穿时闷热异常、不舒适。

（2）保暖性

保暖性是指织物能保持体温的性能，它一般包括三个方面，即绝热性、冷感性和防寒性。

绝热性是指织物阻止热量从温度高的一面传向温度低的另一面的性能。与之相反的是织物的导热性。纤维材料绝热性能、服装的含气量、织物的厚度和紧密度等是决定织物绝热性的主要因素。例如，含蓬松絮状物的冬季保暖衣或中空纤维织物，因其内部含有较多导热性差的静止空气而使衣物保暖性好。

另外，厚重、紧密的织物因挡风而阻止了空气对流散热，所以是理想的冬季外层保暖服面料冷感性是织物刚与人体皮肤接触时对人体产生的一种冷热知觉反应。表面光滑的织物、导热性好的织物和吸湿放热小的织物冷感性大。如表面光滑的长丝织物，吸湿放热小的合成纤维织物，导热性好的麻织物等，都给人以冷感。

防寒性是指当气候变冷时，织物减少外界环境变化对人体的影响的特性。吸湿性能好，吸湿、放湿速度慢的纤维制织的织物防寒性好。比较典型的是羊毛织物，其吸湿性好，但吸、放湿的速度低，所以羊毛织物的防寒性优良。

3. 外观性

在选用服装面料时，人们不仅要求衣料具有一定的内在质量，而且希望衣料呈现不同的风格特征，以使不同种类、不同款式的成衣穿着得体，充分体现其设计效果。服装面料的外观性就是织物本身所具有的种种性能作用于人的触觉和视觉所产生的效应。其中主要包括面料的免烫性、抗皱性、刚柔性、悬垂性、收缩性、起毛起球性、手感等。

（1）免烫性（洗可穿性）

免烫性是指织物洗涤后不经熨烫就能保持平整状态的性能。它与纤维的吸湿性、织物在湿润状态下的回弹性及缩水性有关。纤维吸湿性小，织物在润湿状态下抗折皱的弹性好，缩水率小的织物免烫性好。合成纤维织物普遍具有这些性能，特别是涤纶织物。所以合纤织物的免烫性优于天然纤维织物。天然纤维和再生纤维的吸湿性能好，缩水率大，下水后会有明显的皱褶，需熨烫整理才能恢复平整的外观。

（2）抗折皱性

抗折皱性是指织物经受外力会折皱变形，当外力去除后织物回复原形的能力。服装在穿着中会产生折皱，这不仅影响外观，而且折皱处易磨损。织物的抗皱性与纤维拉伸变形回复性能、吸湿性能以及织物的弹性回复能力、组织、密度等因素有关。涤纶在小变形下的拉伸回复性好，所以涤纶织物不易皱；锦纶易变形且回复慢，所以锦纶织物不挺括；羊毛的弹性好且弹性回复率较高，因此羊毛织物具有良好的抗皱性。

（3）刚柔性

刚柔性是指织物的抵抗弯曲变形的能力。这一指标通常用来评价织物的柔软程度，织物的刚柔性直接影响服装的廓形和合身程度。构成织物纤维材料的弯曲性能、织物紧密度、组织结构、后整理工艺等因素影响刚柔性。抗弯刚度大的织物硬挺，抗弯刚度小的织物柔软。羊毛、丝、粘纤、锦纶织物柔软，麻、涤纶织物硬挺。

（4）悬垂性

悬垂性是指织物在自然悬垂状态下，呈平滑和曲率均匀的曲面的特性。悬垂性好的服装特别是裙装自然垂落，风格典雅飘逸。悬垂性与刚柔性有关，抗弯刚度大的织物悬垂性较差。蚕丝织物、针织物具有良好的悬垂性。

（5）收缩性

织物在使用和存储过程中会发生尺寸收缩，其中包括自然回缩、受热回缩和遇水回缩。

自然存放时产生的收缩叫自然回缩。一般新制成的衣料自然回缩的比率较大，随存放时间的延长，回缩逐渐减少。

受热回缩是指衣料在受热时发生的收缩，如衣料熨烫时的收缩，遇热水或热空气时的收缩。耐热性好的面料，受热回缩率小。

织物的遇水回缩又叫缩水，用缩水率表示，即织物浸水前后尺寸收缩比率。纤维的吸湿性、织物的紧密度、厚度等都影响缩水率。缩水的存在不仅影响衣物的尺寸，而且影响外观。

一般吸湿性好的天然纤维、再生纤维织物和厚重、松软织物的缩水比率较大。合成纤维织物和轻薄紧密的织物缩水率小。

（6）起毛起球性

服装在穿用时会因经受摩擦而使纤维端伸出织物表面形成绒毛，而绒毛若不脱落还会继续纠缠成球。织物起毛起球后，外观效应明显变差，织物是否容易起毛起球主要与纤维的品种、织物结构、染整加工和服用条件有关。一般天然纤维（除羊毛外）、粘纤、醋酯纤维织物不易起球，各种合成纤维的纯纺或混纺织物则起毛起球现象严重。表 6-6 为常见纤维服用性能。

表 6-6　常见纤维服用性能

服用性能		棉	毛	丝	麻	粘纤	醋纤	涤纶	腈纶	锦纶
耐用因素	耐磨性	优	优	优	优	中	中	超至优	优	超
	干态断裂强度	优	差	优	优	中	差	优	优	超
	湿态断裂强度	超	差	中	超	差	差	优	优	超
	干态抗撕性	超	差	优	超	中	差	优	优	超
	湿态抗撕性	超	差	中	超	差	差	优	优	超
	耐曝晒（无色织物）	中	中	差	优	差	中	优	超	差
	抗蛀腐性	超	差	差	超	超	超	超	超	超
	抗霉性	差	优	优	差	差	优	超	优	超
	耐酸性	差	中	中	中	差	中	优	优	差
	耐碱性	优	差	差	优	差	差	优	中	超
	耐漂性	优	优	差	中	差	优	中	中	中
	抗燃性	差	优	优	差	差	中	超至优	优至差	优
	抗熨烫损伤	超	中	中	超	优	差	差	差	中
外观和舒适因素	悬垂性	差	超	超	差	差	超	优	优	中
	褶裥保持性	差	优 湿时差	优 湿时差	差	差	中	超	超	超至优
	抗皱性和折皱恢复性	差	超 湿时差	优 湿时差	差	差	中	超	优	超至优
	手感柔软度	中	超	超	差	优	优	优	优	中
	易染性	超	优	优	优	超	优	中	差	优
	蓬松保暖性	差	优	优	差	差	中	中	超	优
	久用后仍有保暖性	差	优	优	差	差	中	中	超	优
	各种气候舒适性	优	超	超	优	中	中	中	超至优	差

第四节　其他服装材料

裘皮和皮革是除纤维制品之外用于缝制服装的另一大类原材料。它们的用量虽不如纺织面料，然而人类使用裘皮和皮革制作服装的历史却非常悠久。随着制革技术的日臻完善，裘皮和皮革服装更为人们所喜爱，且其独特的风格和性能是其他材料无法代替的。裘皮和皮革的花色品种很多，性能特点各异。

一、天然裘皮

天然裘皮是指从动物体上剥下的经过鞣制处理的毛皮。天然裘皮因其具有质量轻、手感柔软、吸湿透气、坚实耐用和保暖性极佳等优点，而成为理想的冬季防寒服装材料，它既可做面料，又可做里料和絮料。另外各种动物的毛皮都具有美丽自然的花纹和高贵华丽的色泽，天然裘皮是名副其实的珍贵服装材料。

天然裘皮按毛皮皮板的厚薄、毛被的长度和外观质量分为四大类。天然裘皮的种类和主要特点见表6-7。

表6-7 天然裘皮的种类及主要特点

种 类	主要特点	主要品种
小毛细皮	毛短而细、稠密细腻、光滑美丽	紫貂皮、水獭皮、海龙皮、扫雪皮、黄鼬皮、艾虎皮、灰鼠皮、银鼠皮
大毛细皮	毛粗而长、底绒细密柔软、光亮光滑、张幅大、价值高	狐皮、貉子皮、猞猁皮、水貉皮、狸子皮
粗毛皮	毛粗而长、毛绒丰厚坚韧、张幅大、价值中等	羊皮、狗皮、狼皮、豹皮、旱獭皮
条毛皮	皮质稍差、价值低	猫皮、兔皮

毛皮的质量取决于原料皮的天然性质、规格、价值和加工方法等。毛皮的质量和性能可用以下指标衡量。

1. 毛被的疏密度

毛皮单位面积上毛的数目和毛的细度称为毛被的疏密度。毛被的疏密度首先与毛被的品种有关。水獭、水貂等高档毛皮毛密绒足，毛皮价值高且名贵。旱獭、黄鼬、细毛羊等的毛皮亦平整、细腻、丰满。另外，冬季产的毛皮底绒足、皮板壮、质量好。疏密度好的毛皮保暖性、耐磨性、外观质量和染色性均好。

2. 毛被的颜色、色调和光泽

不同品种和品质的毛被其颜色不同，所以可根据毛皮的天然花色区分毛皮的种类，判定毛皮的质量和档次。同一毛被的色调不完全一致，一般动物脊部色泽较深，花纹明显，质量最佳，由脊部向两肋，颜色逐渐变浅，质量逐渐下降，腹部颜色最浅。

毛被的光泽是由毛的鳞片形态、毛的质量以及油脂含量决定的。质量好、油脂含量高的毛被光泽好。细毛的鳞片密度大，呈环状覆盖，毛粗细均匀，对光的反射小，光泽柔和，近似银光。相反毛越粗，毛的鳞片越稀，且紧贴于鳞片上，使毛表面光滑，光泽强。生长在不同环境的动物，其毛皮的光泽略有差异。一般栖息在水中的动物毛皮毛绒细密，光泽油润。栖息在山中的动物毛皮丰厚、亮泽、板壮、色彩优美。混养家畜的毛皮则受污含杂较多，毛粗，光泽差。

3. 毛被的柔软度

毛被的柔软度取决于毛的长细度及品质，细而长的毛被柔软，毛粗而长，含髓毛比例高的毛被硬涩。一般成年兽的毛皮毛被丰满柔软，宜制高档服装。

4. 皮板的厚度

皮板厚的裘皮强度高、重量大，御寒能力强。毛皮的厚度取决于毛皮的种类、兽龄、性别、部位以及毛皮加工工艺。一般年龄大的公兽的毛皮较厚，脊背部和臀部的皮最厚。

5. 毛、皮板、毛被与皮板结合的强度

毛的断裂强度与毛皮的品种、产皮季节、皮板肥瘦等有关。冬皮毛、肥皮板毛以及皮质层发达的优质毛皮毛的断裂强度高。皮板的强度取决于皮板的厚度、纤维的组织特性和紧密性，以及脂肪层和乳头层的厚薄等因素。皮板厚、纤维束粗壮和纤维组织紧密的皮板强度高。

毛和皮板的结合牢度取决于毛皮品种、产毛季节以及加工保存方法等。皮板厚的毛皮，毛板与毛结合牢度较轻薄板毛好。秋皮的真皮纤维包围毛束紧密，毛与毛板结合牢度高，春皮则差。毛皮适宜在干燥、凉爽的环境下保存，以防受潮、霉变而破坏毛皮与皮板结合牢度。

二、人造毛皮

人造毛皮是用纺织工艺加工而成的一种在外观性能上与天然裘皮相似的裘皮替代品。与天然裘皮相比，人造毛皮具有原料来源丰富、易加工、成本低、品种多、易保管、用途广泛等特点。人造毛皮按毛绒原料构成和制成方法的不同又分为不同的种类，如表 6-8 所示。

表 6-8 人造毛皮的种类

分类方法	毛皮品种
按加工方法	机织人造毛皮、针织人造毛皮、人造卷毛皮
按绒毛原料构成	腈纶毛皮、羊毛毛皮、氯纶毛皮、黏纤毛皮
按所仿动物	仿紫貂皮、仿黄狼皮、仿草狐皮、仿灰鼠皮、仿豹皮、仿虎皮

人造毛皮的质量主要由毛绒的整齐、均匀、色泽、花纹、弹性等因素决定。目前市场上仿裘皮服装在裘皮织造技术上已具有一定水平。仿裘皮服装不仅具有天然动物毛的风格特征，而且形态逼真，深受消费者欢迎。人造毛皮可用来缝制保暖服装，也可用作保暖衬里。

三、天然皮革

天然皮革是将天然动物皮经过一系列的化学和机械加工去除全部毛，制成具有一定理化性能和外观特点的皮板。皮革服装也和裘皮服装一样属高级服装。近年来因皮革和皮革服装加工技术的提高，皮革服装的品种和消费量日益增多，且已成为重要服装品种。皮革不仅用于缝制皮革服装，而且还可作为衣领、兜、肩等的镶拼辅料。

用于服装的天然皮革品种很多，其中，牛皮、猪皮和羊皮的用量最大。天然皮革的主要品种分类见表 6-9。

表 6-9　天然皮革的种类

种　　类	主要品种
兽皮革	牛、羊、猪、马、鹿、麂
海兽皮革	海猪
鱼皮革	鲨、鲸、海豚
爬虫皮革	蛇、鳄鱼

天然皮革具有如下特征。

1）穿着舒适。天然皮革的透气性、吸湿性、保暖性及柔软挺括性均好，穿着挡风御寒、不闷不捂且对季节的适应性较强。

2）保形性好。由于天然皮革组织紧密、纤维固定，所以皮革的保形性很好，久穿不起皱、不变形、不收缩、挺括美观。

3）坚牢耐穿。天然皮革结构厚实，因此耐折、耐磨、耐压、耐穿、耐用，较一般服装的寿命长。

4）防水抗污。皮革服装沾污或遇水后，可用水擦净或用有机洗剂洗涤，擦干或晾干后服装的质量不受影响，仍光亮如新。

5）染色性好。天然皮革的染色能力较强，可染成各种美丽的颜色，而且皮革的色牢度很好，穿用过程中耐洗、耐晒，不易褪色、掉色。

天然皮革的质量受很多因素的影响，影响皮革质量的因素主要有以下几项：

1）皮革的品种。不同品种的皮革其外观和理化性能有所不同，这直接影响皮革的用途和皮革服装的档次，常用皮革中小牛皮和羊皮的档次较高，其次是成年牛皮和猪皮。

2）皮革的部位。不同部位的皮革其质量不同，一般牛革、羊革、猪革都以中心部位的质量最佳，这一部位纤维束交织得最紧密，厚度最均匀，皮面最平整、光滑、结实，其次是肩部皮革，腹部皮革质量最次。

3）动物的年龄。动物皮革因年龄不同，质量各异，一般年龄越小，其纤维越细，皮面越光滑细柔，革面各部位之间的质量差异越小。随着动物年龄的增大，革质越粗，整张革各部位之间的质量差异也越大，但革的结实坚牢度提高。

4）动物的性别。雌性革比雄性革的纤维束细致、柔软，但雌性动物皮各部位质量差异大。

四、人造皮革

人造皮革是利用涂层技术将聚氯乙烯或聚氨酯等化学物质涂于纤维织物基布上制成的外观与天然皮革相近的皮革替代品。人造皮革由于有天然皮革的外观，造价低廉以及诸多优于天然皮革的性能而被大量使用。早期生产的人造皮革是用聚氯乙烯涂于织物表面制成的。其服用性能较差，近年来开发的聚氨酯合成革品种，使人造皮革的质量和性能得到了显著的提高。特别是用非织造物作基布，表面涂以聚氨酯多孔材料的人造皮革，其结构和性能优良，使人造皮革的开发和应用向前迈进了一大步。

不同品种人造皮革的性能特征不同，表 6-10 为人造皮革的主要品种及性能。

表 6-10　人造皮革的主要品种及性能

品　种	主要性能
聚氯乙烯人造革	同天然皮鞋相比其耐用性能、强度与弹性较好，易洗、不燃烧、不吸水、变形小、不脱色，对环境的适用性强、性能均匀等；缺点是易污、透气、透湿性能不如天然皮革
聚氨酯合成革	外观和性能接近天然皮革，强度和耐磨性优于聚氯乙烯人造革，防水透气性良好，所以制成服装穿着舒适，耐光、耐老化和水解稳定性较好，易洗涤去污、易缝制，仿真效果好，花色品种多
人造麂皮	具有天然麂皮细密均匀的绒面外观，且质地为柔软，耐用，弹性和透水、透气性均好，质地均匀，容易洗涤，花色品种全，手感细腻，穿着舒适，环境适应性强

第五节　服装商品的分类

产品的生产是指从准备生产该产品开始，经过各种加工形成合格产品的过程。具体到服装生产主要体现在作业人员运用服装机械设备和各种器具，直接或间接作用于面、辅料等加工对象，通过裁剪、缝纫、整烫、包装等一系列劳动加工形成服装产品的全过程，从广义上讲还包括服装产品的设计开发。

市场上供应的服装品种很丰富，式样也琳琅满目。将服装按照一定规律进行区分、归纳，称为服装分类。服装商品的分类方法很多，可从服装用途、材料、季节、年龄、性别、形态、工艺等方面来区分。从商品流通的角度，通常把服装商品分为针织类服装和非针织类服装两大类。

一、针织类服装

针织类服装指的是由针织物缝制而成或由各种材质的纱线编织而成的一类服装。针织类服装伸缩性、柔软性和吸湿及透气性均良好。

（一）针织物服装

针织物是一根或若干根纱线，沿纬向或经向弯成线圈，线圈相互套结成织物，再用这种织物裁制成服装。

1. 针织内衣

内衣是穿在里面的服装的总称。内衣有保温、吸汗及防污等性能。除用于保持身体卫生外，还有作为外装的内衬，对体型进行美化、补正，使外装穿着方便的作用。衣料质地要求富有吸湿性、保暖性、低缩性、质轻又牢固、容易干燥等特点，因此多选棉、毛、丝及其混纺织物。

内衣大致分为贴身内衣（保护皮肤）、紧身内衣（补正体型）与装饰内衣（有装饰效果）。

（1）贴身内衣

贴身内衣是紧贴皮肤穿着的服装，是最里面的内衣，具有防止皮肤污染、吸汗、保暖的作用，主要品种有无袖背心、袖长不同的衬衣、三角裤、长短衬裤等。

（2）紧身内衣

紧身内衣又称补正服，专为女性穿着，以补正人体曲线，使外装美观。多用轻而伸缩性强的纤维材料制成。

主要的紧身内衣品种有以下几种。

1）胸罩：补正胸部造型，托护乳房的衣着用品。

2）紧身裤（又称束裤）：补正腰腹部、臀部及大腿部形态的内衣，多用有伸缩性的材料制成，有三角裤式和其他裤子的式样。

3）弹性紧腰带（又称腰夹、腰封）：用于束腰，使之线条优美。

4）紧身胸衣：把胸罩、弹性紧腰带、紧身裤合为一体的内衣，用于从整体上调整人体形态。

（3）装饰内衣

装饰内衣配合外衣穿用，有装饰效果的内衣。

1）衬衣：穿在里面的衣服，使穿着外衣时轻滑，并使人体外型优美，多缀以花边或刺绣等装饰。

2）衬裙：女内衣的代表品种，在外裙里面穿着。有以腰部向下的半截衬裙，也有在肩部用吊带吊起，遮盖胸部到膝盖以上部分的长衬裙穿着内衣可增进健康、增加美感。现在内衣的面料、色彩、设计上都有丰富的变化和更新，也出现了一些功能性和装饰性俱佳的“新型内衣”。

2. 针织外衣

由针织物裁制而成的外衣品种。这类服装是由于近几年来国际上的“内衣外穿”的流行趋势而风行起来的。这类服装既保持针织物柔软、舒适、穿着随意等特点，而在款式上更融合了各种外衣类服装的不同风格、特征，不论是上衣、裙子，还是裤装，针织物都使其产生有别于传统服装的效果，款式变化更丰富多样，针织外衣在成衣市场上所占比重越来越大。

（二）编织服装

编织服装俗称毛衣或毛衫，是由纱线编织成的衣片缝制而成的。这类服装以前多以保暖为主要用途，因此花色、款式变化较少，近些年毛衫品种也逐渐多样化，以满足消费者的不同穿着需要（编织服装的下装仍以保暖装为主，主要款式为合体保暖型的裤装）。

编织服装的上装款式较多，分类方式也不同。从性别上，可分为男装和女装，男装以V型领套头衫，圆领或圆高领套头衫、开衫、背心等传统款式居多，女装则在款式、花色上有丰富的变化。从材质上分，主要有羊毛衫（以纯羊毛为原料织造而成的）、羊绒衫（以山羊绒为原料）、兔毛衫（以不同比例的兔毛与羊毛混纺织造）、绢丝衫（以蚕丝为原料）、棉毛衫（以棉纤维为原料）等，还有以各种人造纤维为原料或人造纤维与天然纤维混纺织造的服装，近几年又出现了如丝绒服装（蚕丝与羊绒混纺织造）、牦牛绒服装、绵羊绒服装等新产品。而从纱线的粗细及毛衫的厚度上，又有薄型（细线）、中厚型（中粗线）、厚型（粗线）等。

二、非针织类服装

非针织类服装是按材料织造方式区别于针织服装的一大类服装，主要由梭织物以及各种不同工艺处理的材料缝制而成。

梭织物是经过织机使两组相互垂直的经线和纬线按照一定的组织规律交织而成的服装材料，是形成成衣服装的主要原材料。而将针织物、梭织物经过涂层、热压等工艺方法处理而形成的复合材料也是主要的服装面料。

非针织类服装可分为男装、女装、童装、运动装、休闲装等几大类。

1. 男装

男士穿着的服装，款式品种较为传统而固定。

（1）衬衫

衬衫也称衬衣，就是衬在里面的衣衫，实用性很强，可与多种服装搭配穿着。男衬衫有长袖和短袖之分，款型相对较固定，面料主要采用棉、麻、丝、毛及涤棉等织物，质地柔软而平挺，透气性强，耐洗、耐穿。

（2）西装

西装亦称洋装，指男西式套装，是男子必备的国际性服装，有两件套（上下装）、三件套（上下装和背心）和单上装（上下装异料或异色）等组合；其中又有单排扣与双排扣、平驳头与戗驳头等不同式样；为活动方便，西装还可设计背开衩和旁开衩。西装面料的质地、花色、色泽的选择余地较大，纯毛精、粗纺、混纺、化纤、条绒等均可选用。

（3）T恤衫及休闲装

T恤是英语T-shirt的音译，原是T字形的短袖贴身汗衫，现已发展成为包括装领、印花、加贴袋等款式的外衣。以恤衫、休闲裤、夹克衫等为代表的休闲系列在服装市场上自成体系，同时由于品质不同也分高、中、低不同档次。

2. 女装

女装即女士穿着的服装，占服装市场的很大比重，女装没有强制性的统一模式，各类款式变化层出不穷，色彩和面料的选用范围也很广泛，而随季节的变化流行周期也很短，因此表现在服装市场上，女装不像男装有明显的款式区域划分，而是随流行不断更新品种。

3. 休闲服装

通常特指牛仔服装，这类用厚的棉斜纹粗布制成的服装，原来只是一百多年前美国淘金工人穿的一种低腰、包臀、直筒式的工作裤，经过多年的发展，在保持牛仔风格的基础上，牛仔裤在裤型、细节部位上有了多种不同的款式变化，而在面料上早已不仅是靛蓝色的棉织坚固呢，织纹和色彩上不断翻新，同时还出现了与之相配的衬衫、短裤、裙子、茄克衫等品种，目前牛仔服装在市场上已自成一派，是畅销不衰的系列产品。

4. 运动服装

运动服装是从事各种体育活动时穿着的服装，由于要为体育运动服务，因此这类服装首先要保证运动动作的充分发挥，多采用有弹力、运动阻力小、保温、吸汗、不易起皱的材质制成。根据不同的体育项目，运动服又有各种不同的功能性和服务性的特别设计处理，在配色上也根据项目特点的不同或鲜明、大胆，或简洁、明快。

成人服装除以上几大类之外，还有几种特点较不同的服装。

1）羽绒服装：一种新型防寒服装，它轻、软、暖的特点是受人欢迎的主要原因，用于填充的鹅、鸭羽绒表面有油脂保护，不易被水浸湿，不易粘结，便于清洗，这是棉、驼毛等其他防寒物所不能及的。

羽绒服的面料多采用组织细密的涂塑尼龙、防水塔夫绸、涤棉防雨府绸等，用直或斜的缉线将羽绒固定好，既防止羽绒钻出来，同时又有防水功能。

羽绒服装的品种也日益增多，有夹克、背心、中长款式、长款以及羽绒裤等。

2）家居服：一般在室内家居穿着的服装。随着人们对生活质量的要求不断提高，为消除外出社交和工作的疲劳，更好地放松休息，家居服的作用逐渐被越来越多的人认识。除了传统的睡衣、睡裤、睡裙之外，各种服装，如家居休闲服、浴袍、围裙及围裙衣等，根据不同的家居活动目的，各有功用。

3）皮革及裘皮服装：皮革服装是采用天然优质牛革、绵羊革、山羊革、猪革等制成的服装。皮革具有天然透气性，纤维组织紧密，冷热空气均不易侵入，因此皮革服装对气候的适应性较强，耐穿耐用，防水抗污是皮革的另一大优点。目前市场上的皮革服装以冬装和春秋装为主，如长大衣、中大衣、夹克、外衣、背心、皮裙等，取其保暖功能，而用削薄后的皮革制成的春夏装，如衬衫则有很好的吸汗、排汗的功能。

裘皮服装是用毛皮制成的服装，是一种较高档的服装，手感轻柔，保暖性极好。同时这类服装强调设计与工艺的结合，巧妙运用皮毛的纹理，从而打破皮毛原有的纯自然的构成，形成新的风格特点。貂皮、羊皮、狐狸皮是裘皮的三大支柱，此外还有狸子皮、鼠鼬类皮、猞猁皮、兔皮等。近些年，人造毛皮由于其光泽好、染色容易、价格低廉而对市场形成一定的冲击。

4）工艺服装：工艺服装是占市场份额相对较小的一类服装，多为用抽纱、补花、刺绣、珠绣、手绘、蜡染及扎染等工艺手法制做的礼服、戏服、演出服等。

5. 童装

儿童的服装不是简单地将成人装缩小，而是根据儿童心理、生理特点设计的。童装一般指从婴儿到 12 岁儿童所穿的服装。根据年龄段又可分为婴儿装、幼儿装、小童服装、大童服装等。

三、服装号型

服装号型包括两方面内容：基础号型标准和成品号型标准。基础号型标准通常以国家标准形式出现，是由各个国家的技术标准机构根据各民族、人种情况，在科学调查的基础上，经过归纳、统一与研究而具有较广覆盖率的服装号型，由于多为净体尺寸，因此它常作为企业或商家生产与销售服装商品时的参照标准；而成品号型标准则是生产厂家或商家为适应消费者的需求，以基础号型为参照，根据产品种类与要求，在相关部位加入一定的放松量而制定的号型标准。由于服装品种的某些独特性以及各国、各地域的习俗不同，因此它在各国和不同的市场有不同的表示形式，如常见的等形式。目前，我国正大力提倡和推行统一的标准形式，即号 / 型这一形式。

1. 基础号型标准

服装号型国家标准日前已由国家质量监督检验检疫总局、国家标准化管理委员会批准发布。GB/T1335.1—2008《服装号型——男子》和 GB/T1335.2—2008《服装号型——女子》于 2009 年 8 月 1 日起实施。GB/T1335.3—2009《服装号型——儿童》于 2010 年 1 月 1 日起实施。

（1）号、型的定义

号是指人体的身高，以厘米为单位表示，是服装设计与选购服装长短的依据。型是指上体的胸围或下体的腰围，以厘米为单位表示，是服装设计和选购服装肥瘦的依据。国家号型标准依据人体的胸围与腰围之差数，将成人体型分为四类，见表 6-11 和表 6-12。

表 6-11　男子体型分类单位

体 型	Y	A	B	C
胸腰差量	17～22	12～16	7～11	2～6

表 6-12　女子体型分类单位

体 型	Y	A	B	C
胸腰差量	19～22	14～18	9～13	4～8

（2）号型标志与应用

服装上必须标明号型，套装中的上、下装分别标明号型。号型的表示一般在号与型之间用斜线分开，后接体型分类代号来完成，如 160/84A。

由于设定了体型分类，裁剪制图及生产、销售中胸腰差量尺寸便一目了然，有利于消费者在购买服装时能迅速找到适合自己体型的衣服。如 160/84A 号数是 160cm，它适用于身高 158～162cm 的人；型数是 84cm，体型分类代号为 A，它适用于胸围 82～85cm、腰差数 14～18cm 的人。

（3）号型系列

号型系列以各体型中间体为中心，向两边依次递减或递增组成。单纯的号型标准还不能直接用于服装的裁剪与缝制，服装成品规格应按此系列，根据款式需要进行相关部位的松量设计来完成。其中，成人号型系列为身高，以 5cm 分档，胸腰围分别以 4、2cm 分档，组成系 5.4、5.2 系列（见表 6-13 和表 6-14）。身高 52～80cm 的婴儿，身高以 7cm 分档，胸围以 4cm 分档，腰围以 3cm 分档，组成 7.4 和 7.3 系列；身高为 80～130cm 的儿童，身高以 10cm 分档，胸围以 4cm 分档，腰围以 3cm 分档，组成 10.4 和 10.3 系列；身高为 135～155cm 的女童和 135～160cm 的男童，身高以 5cm 分档，胸围以 4cm 分档，腰围以 3 分档，组成 5.4 和 5.3 系列。

表 6-13　5.4A 和 5.2A 号型系列控制部位数值（男）

单位：cm

A

部位	数值						
身高	155	160	165	170	175	180	185
颈椎点高	133.0	137.0	141.0	145.0	149.0	153.0	157.0
坐姿颈椎点高	60.5	62.5	64.5	66.5	68.5	70.5	72.5
全臂长	51.0	52.5	54.0	55.5	57.0	58.5	60.0
腰围高	93.5	96.5	99.5	102.5	105.5	108.5	111.5

胸围	72	76	80	84	88	92	96	100
颈围	32.8	33.8	34.8	35.8	36.8	37.8	38.8	39.8
总肩宽	38.8	40.0	41.2	42.4	43.6	44.8	46.0	47.2

腰围	56	58	60	60	62	64	64	66	68	68	70	72	72	74	76	76	78	80	80	82	84	84	86	88
臀围	75.6	77.2	78.8	78.8	80.4	82.0	82.0	83.6	85.2	85.2	86.8	88.4	88.4	90.0	91.6	91.6	93.2	94.8	94.8	96.4	98.0	98.0	99.6	101.2

表 6-14　5.4A 和 5.2A 号型系列控制部位数值（女）

单位：cm

A																					
部位	数值																				
身高	145			150			155			160			165			170			175		
颈椎点高	124.0			128.0			132.0			136.0			140.0			144.0			148.0		
坐姿颈椎点高	56.5			58.5			60.5			62.5			64.5			66.5			68.5		
全臂长	46.0			47.5			49.0			50.5			52.0			53.5			55.0		
腰围高	89.0			92.0			95.0			98.0			101.0			104.0			107.0		
胸围	72			76			80			84			88			92			96		
颈围	31.2			32.0			32.8			33.6			34.4			35.2			36.0		
总肩宽	36.4			37.4			38.4			39.4			40.4			41.4			42.4		
腰围	54	56	58	58	60	62	62	64	66	66	68	70	70	72	74	74	76	78	78	80	84
臀围	77.4	79.2	81.0	81.0	82.8	84.6	84.6	86.4	88.2	88.2	90.0	91.8	91.8	93.6	95.4	95.4	97.2	99.0	99.0	100.8	102.6

2. 成品号型标准

成品号型标准是根据服装种类的不同而设定的不同控制部位，并根据产品特性、穿着要求、消费者的喜爱程度、流行性等，加入一定的放松量来制定其规格尺寸的，通常在质量标准中以号型配置形式出现，它还由于各国习俗及生产企业的不同而以不同的表示方法出现。一般来说，根据上、下装的不同，主要有以下控制部位尺寸出现。

（1）上装

上装主要控制部位尺寸是领大、肩宽、衣长、袖长、胸围、腰围、下摆大及袖口大等等。

（2）下装

下装主要控制部位尺寸是裤长（或裙长）、腰围、臀围、裆长、裤口、膝围、开衩长及下摆大等等。

生产企业可以根据种类不同，强调某一控制部位，如衬衫的领围与胸围，并可以用 S、M、L 或 44、46 等数目编号形式来覆盖一定范围尺寸，来满足不同体型顾客的要求。

第六节　服装的洗涤和保养

服装生产完成之后，送到市场上销售。服装商品在运输、销售以及消费者购买后在穿着过程中的保存、清洁、保养也是不容忽视的环节，因为正确的保养方法可以延长服装产品的使用寿命。

一、洗涤

服装在穿着过程中，必然要被外来污物、灰尘及人体皮肤分泌物所污染，服装一旦沾污，如不及时清洗，不但有损服装外观，而且时间一长，织物的孔隙会被污垢阻塞，造成透气性下降，热传导率增大，使人穿着不适，同时滋生的微生物会使织物的机械性能发生变化。据试验，一套脏衣服如不及时洗涤，在适当的温度下，仅 30 天服装的牢度就下降 25%～30%，如及时清除，牢度仅下降 2%左右。

1. 服装的洗涤方式

服装洗涤的目的是将置留在衣物缝隙和纤维内部的污垢清除掉，不同的污物、不同材料的服装，其清洗方式也不相同。

根据洗涤介质不同，洗涤方法可分为湿洗和干洗两种。湿洗也就是一般常说的水洗，是一种常规的洗涤方式，也就是将清洗剂溶于水中来清洗衣物，这种洗涤方式适用于多种织物。干洗是用有机溶剂（如苯、四氯化碳、四氯乙烯等）作为洗涤剂而去污的洗涤方式，适用于不耐碱、易缩绒的高级呢绒服装及其他易变形、易褪色的高档服装，但去除水溶性污垢效果差，而且溶剂易燃、有毒、价高。

根据所用洗涤用具不同又可分为手洗和机洗两种。手洗有搓洗、挤压（揉）洗、刷洗等方式。机洗用洗衣机及专用洗衣设备清洗。不论何种洗衣方法，服装较脏的部位都应重点清洗。

2. 洗涤剂的选择原则

不同类型的服装，选择不同的洗涤剂。洗涤剂的种类很多，性质各异，因此在服装洗涤前必须考虑到被洗服装的性质及其要求，合理地选择洗涤剂的种类。

1）对于棉、麻服装来说，其耐碱性好，选用普通肥皂或一般洗衣粉等碱性洗涤剂，不仅不会损伤纤维，而且有助于去污。

2）对于丝绸或毛呢绒服装来说，因蛋白质纤维不耐碱，洗涤时应选用中性皂片、中性洗衣粉或弱碱性洗涤剂，这样可避免纤维损伤，影响手感。

3）对于有奶渍、肉汁、酱油、血等斑渍的服装，还应选用加酶洗衣粉，利用碱性蛋白酶将斑渍分解去除。

3. 服装商品的洗涤标识

不论是服装商品的生产者还是服装商品的消费者，都应了解服装的洗涤要求，生产者要将洗涤要求用图示标在服装上，而消费者应能看懂提示，正确合理地清洗保养服装。这种用以提示消费者正确保养衣物的图解标签称为洗水标鉴，除洗涤要求外，一般还标明熨烫和干燥方法等。按照有关的标准要求，洗水标签应符合下列要求：

1）洗水标签是耐久性的物品，所以不得使用在使用期间会出现磨损、褪色而使人看不清的标签。

2）洗水标签必须缝在消费者容易看到的部位，一般在服装的侧缝上。

3）图样原则上应是白底黑色或藏青色图文，对禁止的事项印红色记号，排列方向从左往右。

4）对产品的特性，要用合理的搭配标识。

二、熨烫

服装商品在运输和销售过程中，由于外力挤压会出现一些褶皱，而服装经清洗和晾干后，往往不像原来那样平整、挺括，而会出现不同程度的褶皱和收缩，这就需要经过熨烫来恢复它的本来面貌。

熨烫就是给服装热定型，其目的是通过高温作用于纤维及织物组织，从而赋予服装平整、挺括的外观，使穿着时显得平挺，线条轮廓清晰，伏贴、合身。同时，熨烫温度高还兼有杀去服装中细菌的作用。

1. *熨烫三要素*

（1）熨烫温度

熨烫是热定型，当然离不开温度，不同的纤维，其结构、性质不同，因而熨烫所需的温度也不相同。温度过低，达不到热定型的目的，而温度过高，又会损伤纤维，甚至使纤维熔化或炭化。

因此，服装的熨烫需要一定的温度控制，各种纤维的熨烫温度如表 6-15 所示。

表 6-15　各类纤维的熨烫温度表

服装纤维种类	直接熨烫温度/℃	垫干布熨烫温度/℃	垫湿布熨烫温度/℃
麻	185～205	205～220	220～250
棉	175～195	195～220	220～240
羊毛	160～180	185～200	200～250
桑蚕丝	165～185	190～200	200～230
柞蚕丝	155～165	180～190	190～220
涤纶	150～170	185～195	195～220
锦纶	125～145	160～170	190～220
维纶	124～145	160～170	—
腈纶	115～135	150～160	180～210
丙纶	85～105	140～150	160～190
氯纶	45～65	80～90	—

对于混纺或交织面料缝制的服装，其熨烫温度的选择应就低不就高，即按其中耐热性最差的纤维的熨烫温度来确定。服装的熨烫温度的选择还应考虑其质地的厚薄及色泽等因素。厚的，其熨烫温度可适当高一些；薄的，则熨烫温度低一些。易变色的熨烫温度也应适当降低。

（2）含水度

通常熨烫时要在服装上洒点水或垫上一层湿布，以利于借助水分子的润滑作用，使纤维润湿、膨胀、伸展，较快地进入预定的排列位置，在热的作用下进行定型。熨烫时对衣物的用水给湿程度取决于衣料的纤维成分和厚薄程度。一般质地较轻薄的棉、麻、丝、粘胶丝、合成纤维服装都可以在熨烫前喷洒水，过一段时间，等水点化匀后再熨烫。厚型的呢绒、涤纶、腈纶等服装，因质地厚实，给湿量要略多一些，但水喷得太多，熨烫温度会下降，衣物不易烫干，而温度过高，纤维又不耐高温，因此最好垫一块湿布熨烫。

柞蚕丝服装一般不能喷水，否则易出现水渍印。维纶服装不能喷水，也不宜垫湿布熨烫，通常垫干布熨烫，因为维纶在潮湿状态下受到高温会收缩，甚至熔融。

（3）熨烫压力和时间

有了一定的温度和适当的湿度，再给熨斗施加一定方向的压力，就能迫使纤维进一步伸展，或折叠成所需要的形状，使纤维分子往一定的方向移动。一旦温度下降，纤维分子就在新的位置上固定下来，不再移动，从而完成服装的热定型。

熨烫压力的大小和时间的长短取决于纤维的种类和衣料的质地。质地轻薄、组织结构较松的衣料，熨烫压力宜轻、时间宜短；质地较厚，组织结构较紧的衣料，熨烫压力宜重、时间宜长；垫湿布熨烫时用力要重，而湿布烫干后，压力要逐渐减轻，以免造成不正常的发亮，即极光；熨烫丝绒、长毛绒、灯芯绒、平绒等服装时，压力切忌过重，防止纤维倒伏，产生极光或影响质量；另外，熨斗应避免在服装某一位置停留时间过久或重压，防止服装上留下熨斗的印痕或变色。

2. 熨烫温度的控制

在熨烫前，最好先在与要熨烫的服装同类型织物的零料上试烫，如熨斗熨烫时不发涩，布料不被烫黄，也不起褶，又能被熨烫平挺，说明这样的温度比较合适。

用熨斗熨烫时，还应对熨斗的温度做到心中有数，可以用滴水测温法来测试熨斗温度。用手沾一些水，滴在熨斗底面的最热区，再看水滴的变化，听水滴受热时发出的声音来辨别熨斗或烙铁的大致温度，具体温度识别方法见表 6-16。

表 6-16 熨斗温度的鉴别

熨斗温度/℃	水滴变化	水滴声音
60～100	水珠形状不散开	没有迸发散开的声音
100～140	水珠扩散，发生较大的气泡	发出“嗤嗤”声
140～160	水珠立即向四周扩散成水水滴	发出“叽由”声
160～180	出现滚转的小水滴	发出“扑叽”声
190～220	很少留有小水泡	发出“扑嗤”声
203～250	水滴很快消失	发出短促的“扑嗤”声

三、保养

服装，特别是棉、毛、丝、麻等天然纤维及其混纺织物的服装，在商品流通及个人使用过程中，如果保管不当，很容易发生泛黄、霉烂及虫蛀等问题，因此服装的保养是很重要的。

1. 服装在保管中易发生的问题

（1）泛黄

泛黄指白色或浅色服装在储藏、流通或穿着过程中，因受了日光、环境条件的影响或药品的作用而发生的带黄光的变化。造成服装泛黄的原因很复杂，将服装在以上的湿状态下保管，衣料因出水不清而含有杂质；服装穿着时粘上的污垢，因不适当的洗涤而引起洗涤剂在服装上的残留；服装反复受日光、紫外线和干湿热性的影响，服装保管不当，所有这些因素，都会引起服装泛黄、脆化。易泛黄的服装有蚕丝、羊毛、锦纶、腈纶、氨纶以及棉和麻等纤维素纤维制的服装。另外还发现，多数香水有促进泛黄的作用。

（2）霉变

发霉是霉菌作用于含纤维素纤维或蛋白质纤维的服装，使纤维组织遭受破坏的结果。霉菌的生长繁殖，以有适当的温度和湿度为前提。在易受湿度影响的环境下保存服装，或者将沾污的服装未经洗涤就保存起来，或者服装经雨淋受潮，保存时储存场所的温湿度过高，又没有通风散热等措施，都会引起服装发霉变质。

（3）虫蛀

含天然纤维的服装，因含有纤维素、蛋白质等营养物质，是衣鱼、蠹虫、衣蛾、白蚁等害虫的良好食料，如保管时采用不完善的容器或保管方法不妥，就容易受到虫蛀。

一般来说，合纤服装是不霉不蛀的，但在合纤的制造、加工、染整过程中，往往加有某种添加剂，如增塑剂、油剂、浆料、色素等，因而在一定的湿热环境条件下，也会引起轻度发霉。有时，蛀虫也会咬坏合成纤维服装。

2. 服装保管的一般注意事项

1）外衣穿着后应用毛刷轻轻刷去表面的灰尘，挂在通风处以去除水分。针织品不宜久挂，以免发生变形。

2）从洗衣店取回的服装，不要马上就收藏起来，要充分晾晒干透之后再收藏。

3）存放衣物的房间湿度要低，温湿度变化要小，必须选择避免日光直射、通风良好的场所。

4）洒过香水的服装在收藏保管之前，必须将香水味充分晾晒散发掉。

5）切勿存放未经清洗的脏衣服，放置衣物时，不宜压得过紧。

6）存放服装的容器要加衬底，不宜靠近室内的暖气或炉子。

7）服装保管时，宜尽量放在暗处或避光的场所，哪怕在弱的人工光线下，也要避免在同一位置上长时间地静置。

3. 服装的保养方法

（1）棉、麻服装的保养

棉、麻服装一般不怕日晒，但长时间在日光下暴晒会降低穿用的坚牢度，尤其易使服装褪色或泛黄，因此应忌暴晒，并晾晒反面。穿着过程中应避免沾上酸液引起腐蚀破损。灯芯绒和平绒服装要尽量减少肘、臂、膝、臀部的压、磨，防止轧光、脱绒，沾污、胶糊类物质后不能干除，以免拔掉绒毛；平时最好经常刷理绒面。棉、麻服装洗净、晒干、熨烫后，要叠放平整，深、浅色服装分开存放。棉、麻服装易吸湿，收藏时要避免潮湿、闷热、不通风，以及衣橱、箱、柜不洁引起的霉变。

（2）呢绒服装的保养

呢绒服装宜选择阴凉通风处晾晒，暴晒会引起褪色和光泽、弹性、强度的下降。较厚的深色服装晾晒时间可以长些，较薄的浅色服装晾晒时间宜短。呢绒服装穿着时不要与尖锐、粗糙的物品和强碱性物质接触，防止钩纱、起毛和腐蚀。缩绒加工的粗纺呢绒服装还要注意尽量减少摩擦，以免绒毛脱落，露出底纹。呢绒服装收藏前，应洗净、熨烫、晾晒，待衣物充分干燥、晾透，再叠好收存。高档呢绒服装最好悬挂于衣柜中，勿压，以免变形，影响外观。收存同时，要在衣物的口袋、里袋、箱柜内放入用纸包好的卫生球或樟脑片，以防止虫蛀。收藏过程中应适当打开箱柜，让其通风透气。在高湿高温的夏季还应晾晒几次，防止生霉。长毛绒服装不能重压，不然会使绒毛倒伏。

（3）丝绸服装的保养

丝绸服装属于高档服装，一般不宜在日光下暴晒，以免褪色和强度、手感、光泽变劣。穿用时，注意不要与粗糙、锋利物品接触，防止钩丝起毛，也不要与碱、酸等物质接触，防止纤维受损。柞蚕丝服装还应避免沾污水渍，否则较难去除。丝绸服装收藏时，应先洗净、熨烫、晾干，最好叠放，用布包好放于箱柜中。用衣架挂放，往往使某些丝绸服装因自重而变长。白色或浅色丝绸服装收藏时不宜放入卫生球和樟脑片，也不能放在樟木箱中，否则会泛黄。

（4）化纤服装的保养

化纤服装一般不宜长时间日晒，否则会老化变硬，强度下降，变色或褪色。化纤服装收藏时应洗净、熨烫、晾干后，叠放平整，不宜长期吊挂在衣柜中，以免使衣物悬垂伸长。由于化学纤维一般不虫蛀、霉变，存放时可不放卫生球或樟脑片。如存放其混纺织物服装时，应放入少量卫生球或樟脑片，但要用纸包好，避免直接接触衣物，因为这些药剂会使化纤溶胀变形、发黏及降低强度，甚至使服装遭到损坏而无法穿用。还应适当通风晾晒，防止发霉。

（5）羽绒服装的保养

羽绒服装穿用时应避免与锐利、粗糙物品的接触，防止钩扯和摩擦造成破洞。不能与强酸、强碱物质接触，以免腐蚀破损。羽绒制品收藏前要洗净、晾干，存放时要注意避免长时间重压，要适量放入用纸包好的卫生球或樟脑片，以防虫蛀。

（6）裘皮服装的保养

裘皮服装，尤其是细毛类和名贵毛皮服装穿着时，宜避免摩擦、沾污和雨淋受潮，受潮后会因脱鞣变性造成脱毛。裘皮服装收藏不当，也容易出现虫蛀、脱毛、绒毛并结或皮板硬化等，因此要注意以下方法、事项：

1）收藏前要注意挑一个好天气进行晾晒。高档名贵的水貂皮、狐狸皮、黄狼皮等晾晒时外面要罩上一块布，利用早上的阳光晒两个小时即可；兔皮、狗皮、猫皮等晒的时间宜长一些。

2）晾晒后的裘皮服装，可用竹片或藤条轻轻拍打，去掉毛上的尘埃；但对卷毛的毛皮，如羊羔皮、滩羊皮等，只能用手拍打或用抖动的方法来松毛除尘。

3）晾晒后，要等裘皮服装的热量完全散尽后才能放入箱内或橱内。存放时，最好用宽衣架挂起来，并在大衣袋内放上用纸包好的樟脑片。如放在箱内，折叠时应将毛朝里平放，宜放在箱子的最上层，上面不要重压，特别是长毛绒不宜重压，否则绒毛会倒伏。在伏天里，可取出晾晒、通风，以防止虫蛀或霉变。

（7）皮革服装的保养

皮革服装穿着时不要与锋利、粗糙物品接触，防止皮革表面擦伤或割破，也不宜在雨、雪天穿用，防止受潮后强度降低。皮革由胶原纤维组成，经过穿用，难免受潮吸湿，收藏前要晾晒一下，时间宜在上午 8～10 时、下午 3～5 时，晾在阴凉通风处，不可在日光下暴晒，否则会使皮革发热变色，还会使革中的油脂加速酸败，使皮革柔软性、弹性下降，容易折裂。收藏时不宜折叠，以免折皱，应用衣架悬挂于柜橱内，并放适量用纸包好的卫生球。为增加皮革柔润，可用布在皮革表面薄薄的涂上一层甘油，穿用前晾晒一下即可。收藏期间还应注意防潮防霉，受潮后要及时晾晒。

（8）人造革服装的保养

人造革服装穿着中要避免与尖利、粗糙物接触，以免涂层损伤；沾污后用湿布或毛刷擦刷，不能用硬刷刷洗或汽油干洗；收藏时避免高温、潮湿，中间可取出通风、晾晒，另外不要放入卫生球。

小结

本章主要介绍了纺织品商品的构成、结构以及性质等内容。首先是纺织纤维的分类和各种纤维性状的内容；其次是纺织品商品的分类、纺织品形成的生产过程和织物组织的基本知识；最后是纺织品商品的物理、机械、化学性质及服装质量要求。

生产纺织品商品的主要原材料都是由各种纺织纤维原料所组成，而纺织纤维的种类又有很多种，它们的纤维构成与结构均有差异，所以，由它们所组成的纺织织物，表现出的特性与特征也不相同。即使纤维相同，织物的组织结构不同、生产加工过程的差异，也会使织物所表现出的特征和特性有很大的区别。因此，服装选料与织物的性质（物理、化学、机械）有非常直接的关系。

复习思考题

1．学习纺织品商品特性对我们搞好商品促销工作有什么指导意义。
2．按纺织纤维的来源，可将纺织纤维分为几大类？
3．纺织品商品的分类方法有哪些？并简单叙述之。
4．纺织品的生产过程主要有几个环节？其主要作用是什么？
5．服装的美观性主要包括哪几个方面？
6．简述服装商品的保养方法

实训项目

【实训一】

1．实训内容：

天然纤维的纵向外观。

2．实训步骤：

1）仔细阅读显微镜说明书，熟悉显微镜的基本结构，了解显微镜的使用方法。

2）缓慢调节物镜旋钮，使物像清晰度最大。

3）取 3～4 根棉纤维样本，放在载玻片上，加一滴蒸馏水，用针分开纤维使其平行，盖上玻片，用滤纸吸干外面的水分，在显微镜下观察其纵向外观。

4）再按上述操作分别观察蚕丝、羊毛纤维、化学纤维的外观结构。

3．实训分析：

画出观察到的纤维形态，并注明名称；写出实训报告。

【实训二】

1．实训内容：

燃烧法鉴别纤维。

2．实训步骤：

1）收集天然纤维和化学纤维的边角余料，通过观察、触摸初步判断纤维的种类。

2）取各种纤维样本，用剪刀切成 2～3cm 的小段，分别放入编了号的表面皿中。

3）用镊子分别镊取表面皿中的纤维标本，在酒精灯上点燃。

观察燃烧过程的情况，并做好记录。主要记录内容有：燃烧的难易程度、气味、火焰性状、燃烧时纤维的性状等。

3．实训分析：

1）根据实训中纤维燃烧的特征判断纤维的种类。

2）写出实训小结。

案例分析

北京市工商局对流通领域服装类商品质量监测结果公示稿

近期，北京市工商局对北京市场销售的服装类商品进行了质量监测，本次服装类商品质量监测涉及的主要检验项目包括服装的标识、成分含量、甲醛含量、pH 值、可分解有害芳香胺的偶氮染料、异味、色牢度、水洗尺寸变化率等，发现主要问题如下：

1．成分含量与实际不符

原料的成分含量是商品材质的说明，标识成分含量的符合性是强制性标准考核的内容，也是商品是否“货真价实”主要内容。采用原料成分标注的正确与否,直接关系到消费者的切身利益,否则会误导消费者对商品的选择，还为不法商人以次充好，欺骗消费者来获取不正当的利益以可乘之机。本次监测有 25 个商品的实际成分含量与标识不符。

2．染色牢度项目不合格

纺织产品使用时和洗涤后的褪色、沾染同洗衣物一直是消费者关注的问题。染色牢度采用 5 级九档制评级，5 级最高，一般标准要求在 3 级左右，商品染色牢度项目不合格将影响衣物的实际使用。本次监测有 28 个商品该检验项目不合格。

3．水洗尺寸变化率

水洗尺寸变化率是考核服装在国家标准规定的条件下洗涤后其外形尺寸发生变化程度的指标。该项目不合格的商品在水洗后容易改变原有尺寸，影响消费者穿用。本次监测有 7 个商品水洗尺寸变化率项目检验不合格。

4．标识不符合标准

标识项目主要是检测商品标签是否符合规定，标识内容是否完整、准确。根据国家标准对产品标识要求有十几项，本次抽查着重考核 11 项：制造者名称地址、产品名称、产品型号规格、原料成分含量、洗涤方法、产品标准号、产品质量等级、产品检验合格证明、耐久性标识、使用说明的一致性、使用说明的文字规范性。其中制造者名称地址、产品名称、产品型号规格、原料成分含量、产品标准号、耐久性标签 6 项中不允许缺项。本次监测标识项目不合格商品有 2 个。

5．pH 值超标

服装上的 pH 值过高或过低，都会对皮肤产生刺激，并易使皮肤受到其他病菌的侵害。本次监测 pH 值项目不合格商品有 1 个。

6．甲醛含量

本次服装监测中发现有 1 个商品甲醛含量超标，甲醛赋予纺织品防缩、抗皱、免烫和易去污等功能。但对人体呼吸道和皮肤产生强烈的刺激，引发呼吸道炎症和皮肤炎。此外，对皮肤也是多种过敏症的引发剂。各国法规或标准均对产品的甲醛含量作了严格的限定。

今后，北京市工商行政管理局将不断加强流通领域商品质量监督工作，充分发挥流通领域商品质量监测和不合格商品强制退出机制的作用，实施对流通领域商品质量的有效监测，净化首都市场消费环境。

注：新闻媒体在刊登不合格商品时应将商品的名称、商标、生产企业、规格型号、货号一同登上。（不合格商品生产企业名单略。）

（资料来源　http://www.hd315.gov.cn/xbwq/spzljcgs/200912/t2009/209_331168.htm）

分析与思考：

1．根据本资料，服装商品质量问题主要有哪些方面？

2．你在购买服装时主要关注的服装商品质量有哪些？

第七章　家用电器商品

学习目标

了解家用电器商品的主要特点，家用电器商品的分类；掌握主要家用电器商品的质量要求，商品质量的检查方法，以及它们的包装和销售要求；熟悉主要家用电器商品的基本结构、工作原理、安全使用方法和保养方法。

随着人民生活水平的提高，家用电器的使用已经越来越普及，大到空调、电冰箱、洗衣机，小到电动剃须刀、计算器等家用电器商品已成为消费品的重要组成部分，进入到千家万户，从衣、食、住、行等各个方面，给人们带来了极大的方便。随着科学技术的发展，模糊理论、微电脑技术、激光技术、数字信号处理技术、高密度记录技术等高新技术在家用电器上的应用，使家用电器商品的性能越来越优良，功能越来越强大，自动化程度越来越高，为人类创造出更轻松、更舒适的生活和工作环境。

第一节　家用电器的特性

家用电器商品是指日常家庭使用条件下或类似使用条件下电子器具和电器器具的总称。电子器具是指以电子线路为主的器具，如电视机、录音机、录像机等。电器器具是指以电动机为主的电工器件组成的器具，如洗衣机、电冰箱、空调器等。它们的共同特点是以电力为能源；进行电能与机械能、热能、光能的转换；能够减轻人们的家务劳动；给以精神上的享受；美化生活环境；提高生活质量。

一、家用电器商品的分类及品种

经过 100 多年的发展，家用电器商品已形成了完整的商品分类体系，一般估计，现有品种近 300 余种。常见的分类方法主要有按工作原理和用途分类两种。

1. 按工作原理分类

家用电器商品按工作原理分类主要考虑能量转换方式，适用于组织生产和学术研究，可分为以下五类。

1）电动器具。此类电器将电能转换为机械能，由电动机带动工作部件完成各种规定作业，如洗衣机、电风扇和吸尘器等。

2）电子器具。此类电器将电能转换为声能和视像，以电子元件为基础，通过电子技术完成各种功能，如收音机、录音机和电视机等。

3）电热器具。此类电器以各种电热元件完成电能与热能的交换，实现加热功能，如电熨斗、电热炊具、远红外取暖器和电热油汀等。

4）制冷器具。此类电器消耗电能进行热交换，获得制冷效果，如房间空气调节器和电冰箱等。

5）电光器具。此类电器也称照明器具，使用电光源实现电能与光能的转换，如各类灯具。

2. 按用途分类

家用电器商品按照用途分类主要考虑使用方向、适合商业部门和用户的需要，可分为 11 类。

1）声像器具：主要用于家庭文化娱乐，如音频设备和视频设备。

2）空调器具：用于调节室内温湿度，加速空气流动，清洁改善室内环境，如空调、电风扇、去湿机和阴离子发生器等。

3）取暖器具：用于生活取暖，如取暖电炉、电热褥和空气加热器。

4）冷冻器具：用于食品冷冻或冷藏，如电冰箱和冷藏柜。

5）清洁器具：用于个人卫生的清洗和环境卫生的清洁，如洗衣机、吸尘器、消毒柜和电熨斗。

6）整容器具：用于个人容貌的整理和保健，如电吹风机、卷发器和电动剃须刀。

7）厨房器具：用于食品加工、烹饪和食品炊具的洗涤，如微波炉、电磁炉、电饭锅和洗碗机。

8）照明器具：用于室内照明及艺术装饰，如吊灯、台灯和壁灯。

9）电动工具：用于家庭修理和加工，如电钻和电刨。

10）计时、计算器具：用于计时和计算，如电子表和电子计算器。

11）其他器具：凡不能归入以上各类的器具，如电动缝纫机和电动自行车等。

二、家用电器商品的质量要求

家用电器商品从价格上看，一部分属于高档耐用消费品，在家庭消费中所需开支较大，一般来说，使用期限都要求在 5～10 年以上，其质量要求侧重于坚固耐用性。另一部分属于中小型电器商品，在日常生活中使用频繁，其质量要求侧重于功能有效性和使用方便性。这两类家用电器商品都以电为能源，共同的基本质量要求是安全可靠，不能造成触电的人身伤害事故，这一点尤为重要。家用电器商品的基本质量要求，概括起来有四个方面。

1. 性能要求

尽可能完善的使用性能是构成家用电器类商品使用价值的基本条件。性能要求是指商品必须具有满足用途的主要功能。例如，电冰箱必须要有满足冷冻、冷藏食品的降温功能；电视机必须要有清晰的图像和伴音。至于不同档次的使用要求，可以由不同型号和规格来满足，如电冰箱的星级标准和电视机的荧光屏尺寸。

在提供完善使用性能方面还包括多功能性要求和操作方便性要求。在一件商品上使用性能合理的综合多样性是现代商品发展的趋势。集洗涤、漂洗、脱水功能于一体的全自动洗衣机往往比单一功能的洗衣机更受用户欢迎。家用电器商品随着功能的增加，带来了操作复杂的问题。有些消费者由于难于掌握繁多的操作程序，致使商品有些功能不能得以充分发挥。所以，现代化的家用电器商品大多采用微电子技术提高操作的自动化程度，即所谓电脑控制。

此外，对家用电器商品的性能要求中还要兼顾造价和便于维修等经济性方面的问题。因为增加和完善商品功能都会使产品成本有所提高，在我国目前的消费水平条件下，尚不宜过分追求商品性能的尽善尽美，如果超出消费者购买力，必然会制约它的发展。家用电器商品的性能发挥，有赖于使用过程中的维护和保养。所以在产品设计时还要考虑到维修的方便性，使用户在发生小故障时可以自己动手更换零配件，减少修理费用的开支。

2. 耐用要求

作为耐用消费品的家用电器商品，重要特征就是“耐用”，即质量稳定可靠和使用寿命长。许多大件的家用电器商品重量沉、怕碰撞、搬运不便，如果可靠性不佳经常发生故障，不但修理费用开支大，而且往返修理的搬运也很费力费事。在家用电器商品的耐用性还达不到较好的要求时，经常听到消费者发出“买得起、用不起”、“花钱买气受”的感叹。所以家用电器商品的坚固耐用性是很重要的质量要求。

3. 安全要求

确保家用电器商品的使用安全十分重要。各国及各有关国际组织对此均有严格的要求。例如，国际电工委员会明确提出：家用电器商品应做到“设计与结构应使其在正常使用中能够安全地运行而不会给人和外界环境带来危险，即使有在正常使用中可能出现的草率操作时，也应如此”。

电可能造成的危害是多方面的。电流通过人体可以引起电击伤；通过人体的电流达到 50mA，触电时间超过 1 秒，即可致命；电流的热效应可以引起火灾；强电磁场辐射能量会对人的中枢神经产生有害影响。所以家用电器商品必须有良好的绝缘性能，并要求有一定的安全系数,以承受各种恶劣使用环境和意外原因造成的过电流、过电压。新式的家用电器商品多采用双重绝缘结构，绝缘材料要有足够的耐热性。一般在使用时最好采用接地保护措施，正式出售的产品应有安全合格标记。

4. 节能要求

我国电力资源还比较紧张，家用电器商品的节能要求也是不可忽视的因素。家用电器商品的耗电量和民用电费水平关系到家用电器商品的使用成本。目前我国家庭每月总用电量和同时使用耗电商品的总电流量还受到一定限制，这是国家对民用电节能政策所规定的。设计节能型的家用电器商品于国于民都是有利的。

三、家用电器商品的包装、储运和销售要求

家用电器商品一般都是多元件组成的精密贵重商品，因此特别要注意包装质量、储运条件和在销售中保护消费者的权益。

1. 家用电器商品的包装要求

家用电器商品的包装基本要求可参照国家标准 GB1019—89《家用电器包装通则》，主要的要求如下：

1）包装环境应清洁、干燥、无有害介质。产品包装应在室温条件下，相对湿度不大于 85%的环境中进行。

2）产品检验合格后，应在附件、备件及产品使用说明书、合格证、装箱清单等齐全后才能包装。

3）产品包装作业应严格按照产品的包装技术文件进行。

4）产品在包装箱内要防止松动、碰撞，不应与包装箱的内壁直接接触，以免受外力的冲击而损伤产品。

5）包装材料必须保持干燥、整洁，符合标准要求。与产品直接接触的包装材料无腐蚀作用和其他有害的影响。

6）采用集装箱和托盘运输的包装应符合有关规定。

家用电器商品包装外箱体应有各种包装标志。主要有识别标志（如品名、型号、体积、重量等）和指示标志（如“易碎”、“防潮”、“向上”、“小心轻放”等文字或图形说明）。

家用电器商品包装内必须有符合规定的使用说明，国家标准 GB5296•2—87《家用和类似用途电器的使用说明》中有明确规定。使用说明的项目一般置于产品的铭牌、销售包装和说明书上。使用说明的主要内容有：产品标志；各种控制和调节标记；必要的操作、安装、维修的警告语和标志；产品名称；型号；商标；重量和数量；识别标志；包装外型尺寸；消费者须知的储存、运输注意事项；必要的开启包装指示；产品概述；额定电压和电源种类；额定频率；输入功率；主要使用性能指标；接地说明；组装和安放、安装事项；使用事项；维护保养事项；产品附件名称、数量、规格；常见故障及其处理方法一览表；售后服务事项和生产者责任；制造厂名和厂址等。

家用电器商品的包装质量要强调防震性和防潮性。因为在运输和装卸中可能会有各种冲击和震动，这将影响商品的开箱合格率；家用电器商品储运期间，空气中的潮气侵入，会造成金属部件的锈蚀和电气绝缘性能的下降。大件的家用电器商品一般采用单机包装，使用单层或双层瓦楞纸箱，箱体内采用可发性聚苯乙烯泡沫材料衬垫。小件的家用电器商品可用折叠瓦楞纸、白卡纸、硬纸板包装。整机应用防潮纸或塑料袋包裹防潮，防潮层内一般还要加入防潮硅胶。

2. 家用电器商品的储运要求

家用电器商品在运输过程中应避免各种强烈的机械震动和冲击，严格按照包装指示标志的要求作业。对于不得倒置的商品尤其要注意码放方向。对于不得过分倾斜的商品要注意搬运角度。如电冰箱压缩机密封罐的底部装有润滑油，超过45° 倾斜会使冷冻油进入制冷系统，从而影响制冷剂正常循环，此外，也易造成压缩机减震弹簧脱落，使压缩机无法正常工作。

3. 家用电器商品的销售要求

家用电器商品在销售时应开箱通电验机，为顾客当面调试，售出的商品在保证期限内发现质量不符合国家有关法规、质量标准以及合同规定的要求时，应由生产企业或经销企业负责对用户实行包修、包换、包退，承担赔偿实际经济损失的责任。由国家经委、商业部等八部委联合颁发的《部分国产家用电器“三包”规定》中有明确规定。

第二节　音 频 设 备

一、收录机

收音机和录音机既能单独成为商品，又能组合在一起成为收录两用机，简称为收录机。收音机、录音机的社会普及率很高，是一种大众化商品。近年来随着低噪声磁带、二氧化铬磁带、单晶铁氧体磁头、高硬度坡莫合金磁头的出现，盒式磁带录音机的质量有了大幅度的提高。随着数字技术、微电子技术、超精密机械加工技术和激光技术的发展和成熟，形形色色的数字录音机应运而生。

1. 收录机的类型

1）按外形、体积分，可分为落地式、台式、录音座、便携式、袖珍式（又称随身听）、微型收录机和笔型录音机等几种。

2）按功能分，可分为放音机、录放机、收录机、跟读机和电话录音组合多用机等多种。

3）按声源分，可分为单声道收录机、双声道立体声收录机和多声道立体声收录机等。目前市场上以双声道立体声收录机为多，这种收录机的性能较高、音质好、失真小，特别适合欣赏音乐节目。

4）按性能功能分，可分为低档机、中档机和高档机。不同档次的收录机，在性能、功能、价格等方面都相差很远。

5）按电路结构分，可分为模拟录音机和数字式录音机。目前，数字式录音机有DAT、DCC、固态数字录音机等几种。其中DAT录音机用于录制母带，并在电台、电视台得到广泛的使用。DCC录音机用于制作音乐盒带，生产成本低；它使用与模拟录音带相同尺寸的录音带，能兼放现有的模拟录音带。固态数字录音机是用固态存储芯片作为记录媒体，因不需要机械传动机构，所以具有不会磨损，不怕震动，体积小巧，记录时间长，反复录制性能指标不降低等优点。

2. 收录机的主要性能

评价一台收录机的性能和质量，可用它的电声性能和机械性能指标来衡量。收录机的性能指标很多。其中收音部分的基本性能指标主要有频率范围、灵敏度、选择性、信噪比、失真度等；录音部分的主要性能指标有带速误差、抖晃率、频率特性、失真度、信噪比等。

3. 收录机的选择

（1）选型

根据收录机的主要用途、个人的喜好和家庭经济情况等因素，确定所购收录机的档次、类型。

（2）外观检查

1）所选购的机型外形要新颖美观。外表应无缺损现象，金属件和电镀件应光亮无锈斑。

2）各旋钮、按键、开关、插孔完好，安装牢固，各功能键按下或复位应该手感好、灵活轻快、准确到位。

（3）试听检查

1）噪声检查。先不要装入磁带，将音量调至最小，按下放音键细听，收录机的机械噪声应越小越好。再放入新空白磁带放音，将音量调至最大，细听收录机的内部噪声，也应越小越好。

2）带速和抖晃检查。将一盘质量好，已录有所熟悉的音乐节目的磁带，放入机内，依次快进、快倒、放音，磁带运转应灵活、平稳，磁带卷绕得越平整，说明收录机的抖晃越小。放音时，声音应清晰、稳定，高音应清脆明亮，低音应丰满柔和，中音浑厚有力，音色层次分明、富有力度、悦耳动听，应无变调现象。

3）录音和抹音的检查。可通过话筒录音，鉴定一下收录机的录音性能。声音清晰、失真不明显、噪声小的机器质量好。用一盘空白磁带在没有输入信号的情况下录音一段，然后倒回重放，仔细对比经过抹音和没有经过抹音的空白磁带的两段磁带的噪声大小，噪声差别越小，则收录机的抹音性能好。

4）干扰检查。对于收录机，在放音的同时打开收音部分，试听放音是否干扰收音。

5）立体声效果检查。立体声收录机还要试听收、录、放的立体声效果。带有其他功能的还应分别试验这些功能的效果和可靠性等。

4. 录音磁带的选用

录音磁带的选择是很重要的。选用恰当，不仅能充分发挥收录机效能，而且可延长收录机的使用寿命。特别是高档收录机尤其显得重要。

普及型收录机要选用一般的普通磁带。中、高档收录机，一般设有磁带选择开关，所以要选用高档普通磁带、铬带、金属带等高级磁带。

（1）盒式录音磁带的类型

随着盒式录音机的不断发展与完善，与之配套的盒式磁带也已经形成了一个完整的体系。目前盒式磁带已经有普通磁带、二氧化铬磁带、多涂层磁带、钴磁带、金属磁带等多种类型的产品，而每个类型的产品，又有不同的品牌和型号。

1）普通磁带：是低偏磁的磁带，录、放音时，高频提升较多。普通磁带是盒式磁带中发展最快、系列最全的一种磁带。目前国内常见的有 SONY 的 CHF 型、EF 型、HF 型和 HF-X 型，其中 HF 型和 HF-X 型属于较高档的普通磁带；万胜牌的超低噪声型磁带；TDK 的全系列普通磁带、D 型磁带、AD 型磁带、AR 型和 AR-X 型磁带，其中 AR-X 型是高档普通磁带。一般的普通磁带在中低档录音机上录放音时，信噪比不高，只适合一般的语言录音或要求不太高的音乐录音；而高档的普通磁带在专业盒式录音座上使用，高频特性好、信噪比指标高、动态范围宽，录放音乐节目时，可保持极为优秀的音色，但这种磁带较贵。

2）二氧化铬磁带：一类中等偏磁的磁带，使用二氧化铬磁带录放音时的高频噪声较低，频响范围较宽；但录制的音乐动态范围不够大。常见的二氧化铬磁带有 TDK 的 SA 型、万胜的 XLⅡ-S 型、SONY 的Ⅱ型磁带等。

3）金属磁带，采用高偏磁；金属磁带的磁粉多种多样，有钴粉、镍粉和纯铁粉等。金属磁带的记录频响宽，动态范围很大，音色也很好；但必须在高档盒式录音座上使用才能体现。金属磁带主要用于录音棚和少数音乐爱好者，真正要用好金属磁带，还需要一定的技术水平和录音器材作基础。常见的金属磁带有 TDK 的 MA 型、MA-X 型和 MA-XG 型等磁带。

（2）录音磁带的规格

录音磁带的规格是以磁带的最大录音时间划分的，一般以选用 45 分钟或 60 分钟为宜；90、120、180 分钟等磁带的带基太薄，在中、低档录音机上使用时，容易引起轧带等故障，且其灵敏度不高，音质较差。

（3）录音磁带的挑选

1）磁带颜色。普通磁带中，颜色深的磁带比较好。因磁带内掺有石墨粉，以防静电噪声。其最大输出电平、信噪比及高频响应相对较好。

2）表面光洁度。磁带的表面应平整、光洁度高、发亮、磁粉细密。表面要无压纹、皱折、斑点等。磁带边缘应齐整。

3）带盒的质量。带盒表面应平整、精致、无毛刺，不变形、扭曲，接缝应对齐、严密。盒内的各传动机构应灵活，转动自如，不要过松或过紧。

5. 收录机的使用与保养

为了保持收录机的性能，应定期地对收录机进行清洁、消磁、润滑、调整等保养工作。

1）按正确的使用方法操作收录机，不要随便乱按键钮。不使用时，各键钮应恢复原来状态。

2）收录机的清洁。应对收录机的磁头、磁带、导带柱、压带轮等部件经常进行清洁，可用无水酒精棉球或磁头清洁剂轻轻擦洗。

3）消磁。收录机在平时使用和保存时，一方面要注意防磁，另一方面还要定期用专用磁头消磁器对磁头进行消磁。

4）润滑。收录机使用一段时间后，应适时、适量地给各传动部位、转轴加注润滑油。

5）在使用和保管收录机时，应注意防震、防尘、防潮、防高温。

二、激光唱机

激光唱机又称 CD 唱机或镭射唱机。它应用了激光技术、数字技术、大规模集成电路技术、高密度记录技术和精密机械伺服技术等高科技技术，是集光、机、电于一体的高科技产品。

1. 激光唱机的类型

1）按性能和功能分，可分为普及型激光唱机和高档激光唱机。

2）按光学拾音系统分，可分为单光束激光唱机和三光束激光唱机。

3）按唱片传动机构分，可分为单片激光唱机和多仓自动换片激光唱机。

4）按唱片种类分，可分为 CD、CD-G、CD-V、CD-I、CD-E 等几种。

5）按用途分，可分为家用激光唱机、车用激光唱机、便携式激光唱机（又称 CD 随身听）和专业级激光唱机。

2. 激光唱机的特点

由于激光唱机采用了数字技术，它的工作原理和工作方式，与电唱机和磁带录音机等一类模拟音响设备有着很大的差异。因此，它具有许多独特的优点。

1）音响质量优异。激光唱机的频率特性很宽；信噪比、动态范围、立体声分离度三项性能指标都很高；噪声、失真度和抖晃率极低。

2）使用寿命长。激光唱机放音时，是靠激光束扫描唱片上存储的信息。因此，它们之间没有机械磨擦，所以唱片的寿命特长。且多次重放，音响质量不会劣化。

3）激光唱片记录的信息密度高。它不仅可以记录音乐信息，而且可记录图像信息、各种检索信息等。因此，激光唱机具有许多新的功能，如按程序播放、随机播放、重复播放、常规检索、程序组合、多种编辑等。

4）便于大量生产。由于采用了大规模集成电路，使得整机调试方便，性能稳定，可靠性高，便于大量生产。

3. 激光唱机的选择

（1）类型的选择

激光唱机的类型，可根据用途、个人喜好及音乐素质、家庭经济条件等因素采考虑。一般家庭以选购适当价格的中档机型较为适宜。

（2）外观检查

激光唱机的外观检查与其他的音响设备基本相同，首先应检查其外型是否新颖美观，外壳有无损伤，各种按键、旋钮、插孔等是否完好可靠，标志是否清晰，操作是否灵活，唱片仓的弹出和进入是否灵活。

（3）质量检查

在选购激光唱机时，主要是接入放音系统，检查放音效果。音色是否真实，声场是否正确。同时，检查唱机的各项功能是否都能正常工作。

（4）激光唱片的选择

首先，应对激光唱片的种类、性能和质量有所了解；通过唱片上的标签，了解唱片的录音方法；注意唱片表面的真空镀膜的质量；仔细检查唱片的外表，不应有扭曲变形、气泡、划痕等现象。

4. 激光唱机的使用与维护保养

1）激光唱机应放置在清洁、通风、温度和湿度都较适宜的环境中使用，避免阳光直射。搬动唱机时，不要强烈振动，以免影响激光扫描系统的精度和性能。

2）首先应熟练掌握唱机各功能键的作用和使用方法。

3）正确选用激光唱机的接口。激光唱机的档次不同，其输出接口的数量、功能也不同。因此，激光唱机与不同的音响设备连接时，要注意接口的选用；它们间的连机线应选用无氧铜（OFC）的导线。

4）放音时，应先将音量调至最小，再慢慢放大，以免损坏放大器和扬声器。

5）不可自行拆卸机器，以防激光束和高压造成事故；或是损坏机器。唱机不使用时，应将唱片仓关好，以防灰尘。

6）不要使用破损、已变形、有裂纹、质量低劣的盗版唱片，以免损坏唱机。拿取唱片时，要手持唱片的边缘部分轻拿。唱片的清洁最好用专用的清洁液和清洁器来清洗。

7）唱机、唱片表面的灰尘，可用柔软的干布轻轻地擦拭，不可用酒精等挥发性试剂来清洗。擦拭唱片时，应沿径向方向由里向外擦拭。

三、音响组合

随着人们音乐欣赏水平的不断提高，以及现代家庭影院的日渐兴起，配置相对固定的组合音响已不能满足人们的需要，音响组合系统可根据听众对不同音乐、不同音响设备的爱好而进行选择和配置，受到人们的欢迎。

音响组合系统可分为专业和家用两类，家用音响组合又称家庭音乐中心，一般是指收、唱、录、放等功能齐全的高保真立体声重放系统。家用音响组合通常由调谐器、磁带录音机、激光唱机、前置放大器、图示均衡器、功率放大器和高保真音箱等几大部分组合而成。专业音响组合主要用于影剧院、歌舞厅等公共场所，除功率较大外，还应具备调音控制台等。下面主要介绍家用音响组合。

1. 音响组合的类型

1）按款式、从外观造型上分类，可分为落地式、台式和迷你型等。

2）按结构形式分类，可分为整体式和分体式两大类。

3）按功能和性能分类，可分为普及型、中档型和高档型音响组合。

2. 音响组合的选择

（1）类型的选择

主要应根据自己的经济能力和个人爱好及聆听环境来考虑。经济条件上许可，应当选择中高档机型。居住面积较大的家庭，以选择落地式机型为好，易于发挥机器的音响效果。

（2）音响组合系统的配置

首先应根据系统的用途和居室面积确定系统功率、选择音箱，如果主要用于欣赏音乐，系统所需功率可小些；若还要兼顾家庭影院，则系统功率应大些。再选择功率放大器及其功率，然后选配音源及周边设备。

音响组合系统的配置要合理，同一套音响组合系统中，各单元设备的性能应基本上处于同水平级，档次一致。音响组合系统的配置以实用性和层次最少为原则，系统的层次要尽量少，以缩短信号通道，减少损耗和失真，系统的配置层次可根据人们音乐爱好和实际需要来决定。

（3）外观检查

在确定机型后，首先应挑选外观。音响组合各单元设备的造型应美观大方，表面色调和谐，连线设计合理；各种功能键、旋钮、插座安装应牢固，动作灵活准确，手感柔和；插座安装应牢固，机壳密封性好；各种配套附件应齐全完好。

（4）性能检查

1）噪声。按说明书上的要求将各功能单元连接好，经检查确认无误后，接通电源。依次开启每个单元，在无信号状态下将音量开大，应无明显的沙沙声或交流声。

2）按说明书上的介绍，逐项试验各项功能，应都能正常运行。

3）在试听时，最好选择交响乐唱片试听，通过调节音量、音调、左右声道平衡、超重低音提升、回响控制开关等有关键钮，细细品味音响组合系统的音质和音色。当音量开大时，音质、音色应无明显变化。

3. 音响组合的使用和保养

1）使用时，应先了解音响组合系统的各种功能的操作方法，并能正确装配。高保真音响组合系统各单元设备的电源相位要保持一致。按正确的顺序开、关音响组合系统中的各单元设备。

2）音响组合应放置在干燥、通风的地方；注意机器的散热。搬动时，要轻取轻放。

3）停用时，各种功能键要复位，音量钮关至最小。

4）平时要注意防尘，定期清扫；保持听音环境的干净。

第三节 视 频 设 备

一、电视机

电视机是电子技术高度发展的产物，是 20 世纪人类最重大的发明之一。随着科学技术特别是微电子技术、数字技术的飞速发展，电视机的性能和功能已日趋完善，新一代的电视正朝着大屏幕、多功能、高清晰度、智能化、数字化的领域推进。

（一）电视机的类型

1）按图像颜色分，可分为黑白电视机和彩色电视机两种。

2）按机内所用元件分，可分为电子管式电视机、晶体管式电视机和集成电路电视机，现在的电视机都采用大规模集成电路。

3）按电视广播制式分，目前生产的电视机基本上可分为 NTSC 制、SECAM 制和 PAL 制三类。中国采用的是 PAL-D/K 制。

4）按接收频道范围分，可分为单频道电视机、多频道电视机和全频道电视机。

5）按显像管分，可分为普通显像管电视机、平面直角电视机、超平面电视机、纯平面电视机、等离子电视机、液晶电视机、大屏幕投影电视机等。目前，超平面显像管和纯平面显像管在大屏幕彩电中已被普遍采用，液晶电视机和等离子电视机已经进入家庭。

6）按电视信号的传输形式和处理方式分，可分为模拟电视机和数字电视机两类。模拟电视是指电视节目的采集、制作、编辑、传输、接收过程中使用模拟方式；数字电视是指电视节目从摄制、编辑、播送、传输、接收到显示的全过程均采用全数字化的技术处理。目前，国内市场上销售的电视机大部分为模拟电视机，数字电视机正逐步进入家庭。

除此外，还有彩色投影电视机、激光电视机、图文电视、水下电视机等多种电视机。随着新技术的不断出现，电视机的制造技术发展迅速，电视机的种类将越来越多。

（二）电视机的规格

电视机的规格是按显像管屏幕对角线的长度来划分的，单位为厘米，目前市场上常见电视机的规格有 35cm、47cm、51cm、54cm、63cm、74cm、84cm、86cm 等几种。

（三）彩色电视机的工作原理

1. 电视信号接受技术

以 PAL 制彩电为例，简述其基本工作原理（见图 7-1）：从天线插口输入的高频电视信号经过调谐器的选台，将选中的频道信号降为 38MHz 的固定中频信号。此中频信号经过放大及声表面滤波器（SAWF）的滤波后，再经过一系列噪声抑制和放大，送入检波电路去掉高频载波得到 0～6MHz 的图像信号及调制在 6.5MHz 上的调频伴音信号，从此图像、伴音信号分别经过各自的信号通道进行处理。伴音信号经解调后得到音频信号，再经音量、音调控制、功率放大，通过扬声器还原出电视伴音。图像信号经过梳状滤波器将亮度信号 Y 和色度信号 C 分离开，Y 信号进入亮度通道放大、提升高频；C 信号进入色度通道进行解调、解码，得到 R、G、B 三基色信号，最后这四种图像信号共同进入末级视放，放大后加在显像管上得到逼真的图像。行扫描电路和场扫描电路的作用是在偏转线圈中产生扫描磁场，以及进行各种几何失真、线性的校正；行扫描电路还担负为显像管提供高、中、低压的任务。电源为整机提供电能。微处理器全面控制着电视机中各部分电路的工作状态和功能。

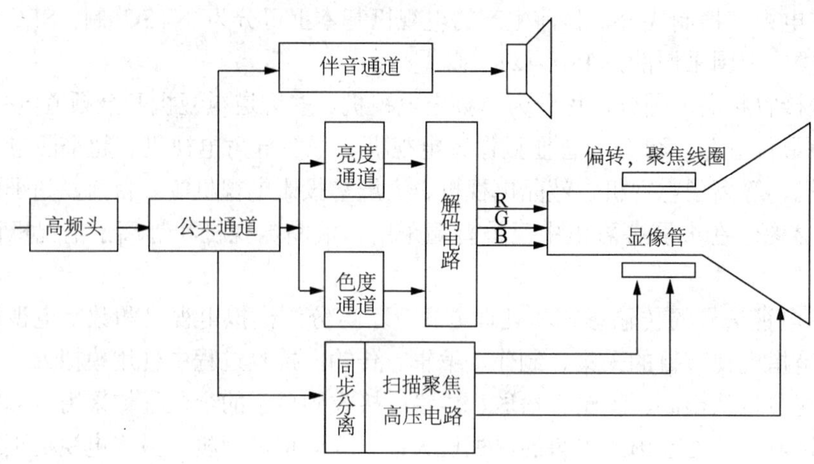

图 7-1　电视机工作原理示意图

2. 大屏幕彩电技术

一般把屏幕尺寸为 25 英寸以上的彩电称为大屏幕彩电。随着彩电技术的发展，特别是计算机辅助设计、电子枪、荧光粉等彩管关键技术的日臻完善，直角平面黑底管工艺的成熟，为大屏幕彩电的诞生和大批量生产奠定了基础。大屏幕彩电具有性能先进的大尺寸显像管、高画质和高清晰度的图像、功能多等特点。随着数字技术的发展，大屏幕彩电的优越性得到了充分的体现。

目前的大屏幕彩电基本上都是模拟电视机，但采用了大量的新技术。其中主要有如下一些。

（1）数码 I2C 总线控制

I2C 总线是一种先进的控制技术，大屏幕彩电采用这种技术，可以很方便地进行各种模拟量的调整和控制，简化了电路，大大提高了彩电的可靠性；通过程序设定，可以很方便地增加机器的各种功能。

（2）数码 100Hz 扫描技术

传统的 PAL 制彩电均采用 50Hz 场频隔行扫描方式。因此，图像会产生闪烁现象，长时间观看电视节目易引起视觉疲劳。数码 100Hz 扫描技术利用数字场频术，通过专门的数字处理器，实现 50Hz 场频的倍频转换，变为 100Hz 场频的视频信号送至显像管。消除了屏幕图像的闪烁现象，减轻了视觉疲劳，提高了电视画面的垂直清晰度。

（3）数字式梳状滤波器

数字式梳状滤波器称为“三行梳状滤波器”。它利用高速逻辑电路来进行精确的动态 Y/C 分离，避免发生串色干扰和色斑现象，图像清晰度和稳定性得到保证。

（4）画质提高电路

画质提高电路即常见的“5D”、“7D”，主要包括：超级动态景色层次控制电路、动态四角聚焦电路、动态扫描速度调整电路、动态亮度瞬态增强电路、动态彩色瞬态特性改善电路、动态数字式梳状滤波电路、超强 VM 调速电路等。主要作用是改善了画面的对比度、画面边缘和动态画面、文字的清晰度、电视画面的亮度水平等。

（5）数码人工智能电路（AI）

数码人工智能电路是利用一系列的图像检测和模糊控制技术，来对影响彩电图像、伴音质量的因素进行自动检测、判断、调整，使其各部分处于最佳工作状态。它又可分为视频人工智能电路和音频人工智能电路两类。

3. 液晶电视

（1）液晶电视的显示原理

液晶是一种介于固态和液态之间的物质，是具有规则性分子排列的有机化合物，如果把它加热会呈现透明状的液体状态，把它冷却则会出现结晶颗粒的混浊固体状态。正是由于它的这种特性，所以被称之为液晶（liquid crystal）。用于液晶显示器的液晶分子结构排列类似细火柴棒，称为 Nematic 液晶，采用此类液晶制造的液晶显示器也就称为 LCD（liquid crystal display）。而液晶电视是在两张玻璃之间的液晶内，加入电压，通过分子排列变化及曲折变化再现画面，屏幕通过电子群的冲撞，制造画面并通过外部光线的透视反射来形成画面。

（2）液晶电视的分类

常见的液晶电视分为：①TN-LCD（twisted nematic-LCD，扭曲向列 LCD）；②STN-LCD（super TN-LCD，超扭曲向列 LCD）；③DSTN-LCD（double layer STN-LCD，双层超扭曲向列 LCD）；④TFT-LCD（thin film transistor-LCD，薄膜晶体管 LCD）四种。

其中 TN-LCD、STN-LCD 和 DSYN-LCD 三种液晶电视基本的显示原理都相同，只是液晶分子的扭曲角度不同而已。STN-LCD 的液晶分子扭曲角度为 180° 甚至 270° 。而 TFT-LCD 则采用与 TN 系列 LCD 截然不同的显示方式。

（3）TFT 液晶显示器的原理

TFT 液晶显示器与 TN 系列液晶显示器的原理大不相同，但在构造上和 TN 液晶仍有相似之处，如玻璃基板、ITO 膜、配向膜、偏光板等，它也同样采用两夹层间填充液晶分子的设计，只不过把 TN 上部夹层的电极改为 FET 晶体管，而下层改为共同电极。

在光源设计上，TFT 的显示采用“背透式”照射方式，即假想的光源路径不是像 TN 液晶那样的从上至下，而是从下向上，这样的做法是在液晶的背部设置类似日光灯的光管。光源照射时先通过下偏光板向上透出，它也借助液晶分子来传导光线，由于上下夹层的电极改成 FET 电极和共通电极。在 FET 电极导通时，液晶分子的表现如 TN 液晶的排列状态一样会发生改变，也通过遮光和透光来达到显示的目的。

（4）液晶电视的优势

1）轻薄便携。传统显示器由于使用 CRT，必须通过电子枪发射电子束到屏幕，因而显像管的管颈不能做得很短，当屏幕增加时也必然增大整个显示器的体积。液晶显示器通过显示屏上的电极控制液晶分子状态来达到显示目的，即使屏幕加大，它的体积也不会成正比的增加（只增加尺寸不增加厚度所以不少产品提供了壁挂功能，可以让使用者更节省空间），而且在重量上比相同显示面积的传统显示器要轻得多，液晶电视的重量大约是传统电视的 1/3。

2）色彩丰富。液晶电视拥有 1670 万的色彩，画面层次分明，颜色绚丽真实。

3）分辨率大，清晰度高。液晶显示器最初就使用纯平面的玻璃板，其平面直角的显示效果比传统显示器看起来好得多。不过在分辨率上，液晶显示器理论上可提供更高的分辨率，但实际显示效果却差得多（存在一个最佳分辨率的问题），虽然液晶电视可以克服扫描线的抖动和闪烁，但由于液晶本身的缝隙较粗，会造成图像如网格般的收看效果。所以液晶屏幕的最佳分辨率一般可达 1024×768（已经足够了）。而传统显示器在较好显示卡的支持下可达到完美的显示效果。

4）绿色环保。液晶显示器基本没有辐射，而且只有来自驱动电路的少量电磁波，只要将外壳严格密封即可排除电磁波外泄。所以液晶显示器有称为冷显示器或环保显示器。液晶电视不存在屏幕闪烁现象，不易造成视觉疲劳。

5）耗电量低，使用寿命长。按照行业标准、使用时间为每天 4.5 小时的年耗电量换算，用 30 英寸液晶电视替代 32 英寸显像管电视，每年每台可节约电能 71 千瓦。液晶电视的使用寿命一般为 5 万个小时，比普通电视机的寿命长得多。

（5）液晶电视的劣势

1）在显示反应速度上，传统显示器由于技术上的优势，反应速度非常好。TFT 液晶显示器由于显示特性，就不怎么乐观了（低温无法正常工作，且存在反应时间）。LCD 的响应时间比较长，因此在动态图像方面的表现不理想。

2）显示品质。传统显示器的显示屏幕采用荧光粉，通过电子束打击荧光粉而显示，因而显示的明亮度比液晶的透光式显示（以日光灯为光源）更为明亮。LCD 理论上只能显时 18 位色（约 262144 色），但 CRT 的色深几乎是无穷大。

3）LCD 的可视角度相对 CRT 显示器来说是比较小的。

4）LCD 显示屏比较脆弱，容易受到损伤。这就提高了液晶电视的使用和维护难度。

5）由于液晶是一种介于固体与液体之间，具有规则性分子排列的有机化合物。在不同电流电场作用下，液晶分子会做规则旋转 90° 排列，产生透光度的差别，如此在电源 ON/OFF 下产生明暗的区别，依此原理控制每个像素，便可构成所需图像。液晶电视就是利用这种原理制成的。但是正是由于这个原理，所有液晶电视在工艺上很难做大，而且价格昂贵。

6）目前的制造工艺决定了 LCD 存在点缺陷问题，其制造的良品率相对较低，这也在一定程度上增加了 LCD 的制造成本。所以价格是困扰 LCD 推广的最大障碍。

（四）电视机的选择

1. 类型、型号的选择

电视机的类型、型号的选择，应根据所在地区的广播电视的制式、家庭居住和经济条件、家中已有视频电器的情况等因素来考虑。选择大屏幕彩电时，特别要重视对显像管和机芯的选择，还要从数字电视的发展情况考虑是否购买数字电视。选择机芯时，要了解该机芯采用了哪些新技术，具有哪些实用性新功能。根据自己的需要和已有视频设备的性能选择电视机接口的数量和类型。

2. 电视机的质量检查

1）外观检查。外形应美观大方，色泽协调；机壳外表应无划伤、破损和变形。各种开关、旋钮、按键和插座等部件的安装应牢固，操作方便，动作准确灵活。荧光屏应无划痕、气泡和麻点，荧光粉要均匀、颜色一致，不应出现局部发黄、发黑等现象。

2）检查光栅质量。光栅应无弯曲、无滚道、亮度均匀、表面五色斑、光栅充满荧屏；亮度旋钮调到最大时光栅应有刺眼的感觉。

3）灵敏度的检查。一般可通过观察荧光屏上的噪波点来判断。当无信号输入时，荧屏上的噪波点越多、越小、越圆，则说明灵敏度越高。

4）检查图像。有信号输入时，图像画面应层次分明、色彩逼真、清晰度好。画面的层次，一般可从画面中天空的云朵或头发细节看出，尤其当画面较暗和较亮的部分细节能否看清。通过人的肤色的还原程度可反映彩色的还原程度。从字幕轮廓是否清楚、景物细节的多寡可看出彩电的清晰度。

5）检查调色变化。当色度旋钮调到最小时，画面应变为黑白图像；调到最大时，色彩应当很浓；且色彩上不应有横向细条纹滚动和杂波干扰。

6）检查伴音质量是否良好，而且不应干扰图像。一般大屏幕彩电的伴音质量较高，其声音应逼真，信噪比较高，杂音干扰小；加有音调控制、回响控制、重低音等功能的机器，可对照说明书的使用方法进行检查。

7）功能检查。还要按照说明书介绍的方法和要求，逐项检查电视机的各种遥控、静噪、自动选台、画中画、重低音等功能的工作是否可靠、有效。

8）防震检查。在电视机开机过程中用手以 5～10kg 的力度均匀地连续拍击电视机的机壳上部，在拍击瞬间，电视的图像和伴音应无任何变化。

（五）电视机的使用和保养

为了减少电视机的故障，延长电视机的使用寿命，应当正确地使用电视机，注意电视机的日常维护保养工作。

使用前，应仔细阅读说明书，熟悉电视机的各种功能并掌握其操作方法。除此外，还应了解下列使用注意事项。

1）不要频繁开关电视机。因为开机时产生的瞬时冲击电流，对显像管的灯丝有较大损害。

2）电视机的亮度不要开得过大。因为亮度越大，电子枪发射的电子束就越强，强电子束长期轰击荧光屏，会使荧光物质过早地失效，加速显像管的老化。

3）使用过程中，若荧光屏上出现一条竖直或水平亮线时，应立即关机待修，以免灼伤显像管。

4）尽量减少调节各种旋钮、开关和按键的次数，以免因磨损使这些部件过早地失效。

5）电视机的使用环境应清洁、干燥、通风，避免阳光直射或曝晒。收看时注意电视机的散热，放置应当平稳、牢固，彩电不宜经常变换位置。

6）搬运电视机时，要轻拿、轻放，严禁磕碰、撞击、摔跌；收看过程中或刚关机后不宜立刻搬动电视机。

7）经常注意电视机的防尘和防潮，定期清除机内外的灰尘。除尘时，一定要先拔下电源插头；当清除机内灰尘，还要特别注意一定要先对机内高压进行放电。长期不用的电视机应定期通电驱潮。

二、家用摄录机

家用摄录机是集摄像机和录像机于一体，具有摄像、录放像等多种功能的家用视频设备。家用摄录机已逐渐统一为 VHS 和 8mm 两种主要格式。随着微电子技术、数字技术和固体摄像器件等技术的发展，家用摄录机向着更加小型化、数字化、智能化、多功能及高清晰度等方向发展，形成了独自突出的特点。

1. 家用摄录机的特点

（1）体积小、重量轻、携带方便

目前的家用摄录机集摄像机、录像机于一体，为出差旅游、家庭使用提供了极大的方便。由于采用了固体摄像器件和大规模集成电路，减小磁鼓直径，从而使得摄录机的体积和重量大为减小。有些 8mm 摄录机的体积跟普通照相机差不多大，重量只有零点几千克。

（2）功能多、自动化程度高、操作简单

家用摄录机的功能已日趋完善，自动化程度越来越高，操作越来越简便。使得初次使用的人员也能拍摄出较为满意的画面来。

（3）技术性能不断提高

随着科技的发展和新器件的不断被应用，特别是数字技术的发展和成熟，家用摄录机的质量和技术性能得到不断提高。一些家用摄录机在技术性能上已达到或接近专业级摄像机的水平。由于数字技术的应用，使得有些家用摄录机具备许多特殊的功能。

2. 家用摄录机的类型及特点

目前，市场上常见的家用摄录机种类很多，分类方法也各不相同，但一般习惯以磁带宽度来分，主要可分为三类。

（1）1/2 英寸（12.56mm）型摄录机

在我国市场上，这种类型的摄录机 1/2 VHS 格式为系列，主要包括 S-VHS、VHS-C、SVHS-C 等。

1）S-VHS 型：是 VHS 的改进型，S-VHS 与 VHS 相比，在记录方式上进行了重大改进，使图像的分辨率由 230 线左右提高到 400 线左右。S-VHS 型摄录机使用的磁带外型尺寸与 VHS 型带盒完全相同，所以两者可以兼容（互换），但只能单向兼容。

2）VHS-C 型：俗称“掌上宝”。这种摄录机使用的磁带盒几乎是 VHS 型磁带盒大小的一半，因而摄录机的体积也较小。这种小型盒带装在 VHS 适配盒上就可以在普通 VHS 型录像机上重放。

3）S-VHS-C 型：是 VHS-C 的改进型产品，是 S-VHS 的小型化。其图像的清晰度可以达到 400 线，录制的声音是高质量的 Hi-Fi 立体声。

（2）8mm 型摄录机

8mm 机型是由 127 个厂家共同制定的标准，带盒很小，因而摄录机体积更加小型化。我国市场上销售的产品主要有 V8 和 Hi8 两种。

1）V8 型。这种摄录机使用的磁带宽度为 8mm，体积比 1/2 英寸磁带小得多，其记录时间比 VHS-C 要长，SP 模式下可达 90 分钟。它记录的图像质量比 VHS-C 好一些。

2）Hi8 型。Hi8 是 V8 系统的改进型产品，声像质量可达到 S-VHS 型摄录机的水平。尤其是使用一种称为 Metal-E 的 Hi-8 磁带，其图像质量更好，超过了 S-VHS（C）型摄录机的水平。

Hi-8 型摄录机的声音是用数字方式记录的，所以保真度很高。

（3）DVC 型摄录机

DVC 型摄录机是一种数字盒式摄录机，它采用国际标准 MPEG-2 规格对视频信号进行压缩编码，和数字光盘（DVD）、高清晰度电视（HDTV）等构成数字影视系统。DVC 型摄录机的图像清晰度可以达到 500 线以上，声音质量可以达到 CD 唱片的水平，目前价格还较高。它采用 1/4 英寸（6.35mm）宽度的磁带，盒带有标准型（125～78×14.6mm）和迷你型（66×48×12.2mm）两种。现在上市的几种 DVC 都为掌上型，全部使用迷你型盒带，有的磁带盒中含有一个半导体存储器，摄录机上也有一块相同的半导体存储芯片，这两个芯片的共同作用是记录索引数据，为日后的使用、编辑提供了方便条件。

3. 家用摄录机的选择

（1）家用摄录机的挑选

家用摄录机的选型应根据用户的爱好、用途、经济条件及市场的供应情况等因素，首先确定所购摄录机的规格、制式和机型。然后重点选择摄录机的功能和性能，在选择功能和性能时，主要应从清晰度、镜头口径大小和焦距长短、取景器、输出功能等几方面权衡考虑。此外，还要注意选择摄录机的一些有用的小功能，如防抖动系统、逆光补偿系统、高速快门模式等。如果花费不太大，能拥有这些功能，对于日后的使用大有好处。

（2）家用摄录机的质量检查

1）外观检查。首先检查包装是否完好，包装箱上的机号与摄录机上的是否一致。打开摄录机的包装箱后，应根据说明书清点附件。检查摄录机的外壳有无机械性损伤；各处开关、按键、旋钮和插口、插座等是否完好。应特别仔细地检查摄录机的镜头。

2）电源的检查。先后分别用电池、电源适配器接通摄录机，打开电源开关，这时寻像器应有显示，说明电源正常。

3）自动、手动功能的检查。接通电源，打开镜盖，将镜头对准被摄物，此时，若选择开关均处于“自动”位置，则摄录机的自动调焦、自动变焦、自动光圈、自动平衡等均应工作正常，屏幕上的图像应很清晰。按自动变焦的船形开关时，随着施力的大小，变焦速度应随之变化。若开关均置于“手动”位置，则各相关功能的调节运用自如，且手感良好，阻力均匀。还应对各种键控、钮控功能进行检查，按下每一个键或调整每一个钮时，均应有相应的动作。在检查自动、手动功能的同时，也要注意对寻像器和显示屏的检查，摄录机工作时，寻像器和显示屏均应正确地还原。

4）机械伺服系统的检查。在开机操作时，可用耳贴在机壳上仔细听其运行情况，应当平稳、声音小且均匀，不能有杂音。对准某个被摄物，按下自动变焦按键后，通过电子寻像器观察，被摄图像应均匀地变化，不应有抖晃现象等。

5）摄录功能的检查。插入空白录像带，使机器处于摄录状态。按动记录开关，记录几分钟后，按记录开关，暂时停止。这时按动记录复查键，可在电子取景器上看到约2 秒钟刚刚记录的图像。这时可按动待命键，电子取景器中无光，再次按动待命键，然后又按动记录开关，机器又开始记录。这样反复几次。然后重放刚才摄录的内容，图像应清晰稳定，颜色真实，不应出现明显的跳动和不同步的现象。在放像过程中，可同时检查静像、慢放、快进、快倒、搜索等功能。

4. 家用摄录机的使用和保养

家用摄录机是高档消费品。为确保摄录质量，延长机器的使用寿命，在使用摄录机之前，应仔细阅读说明书，了解各操作部位的功能和使用方法。除此外，还要注意以下几点。

1）不能碰、摔摄录机，防止剧烈的震动，尤其是镜头和话筒要妥善保护好。寻像

器在转动和拉出时，不可用力过大；不拍时，要将其及时收回原位。

2）使用自动聚焦和电动变焦时，不可人为阻止聚焦环、变焦杆或镜头的转动，以免损坏内部机件。

3）摄制中暂停时间不宜过长。若预计在几分钟内不拍时，就应立即将摄录机转换至待命状态，以减少磁头磨损，保护磁头和磁带。

4）拍摄过程中不要将镜头直接对准太阳或其他强光源。不拍摄时应将镜头盖盖好。

5）不要使用劣质录像带，防止对磁头的损坏。尽量少用摄录机进行放像，以延长摄录机的使用寿命。

6）摄录机在保存和拍摄时，尽可能远离强电场和强磁场。

7）应避免机内凝聚湿气，防止机内结露，不要在潮湿的环境或在温差变化人的环境中使用摄录机。

8）应及时给电池充电。寻像器上电池的警告指示灯闪烁时，应立即停止拍摄，更换电池。换下的电池应及时充电，以防电池使用过度而过早老化。

9）要经常保持摄录机外表和镜头的清洁，要定时清洁录像磁头和走带通道的各部件。

三、激光影碟机

激光影碟机也称为激光视盘播放机或镭射影碟机。它是在数字化激光唱机基础上发展起来的一种高科技视听产品。由于它能播放高质量的图像和高保真的声音以及齐全的功能，不仅为影剧院、歌厅等公共娱乐场所所采用，现在已普及到百姓家庭中。

1. 激光影碟的类型

（1）LD 激光影碟机

影碟直径为 30cm，单面播放 30 分钟。图像清晰度可达 425 线左右，声音质量可达到 CD 水平。影碟的体积较大，携带和保管不方便，价格贵。按电视制式分，又分为 NTSC 制和 PAL 制。按播放方式可分为 CAV（标准影碟）和 CLV 两种。

（2）VCD 激光影碟机

影碟的直径为 12cm，体积小，保存和携带都很方便，价格较便宜；采用 MPEG-1 压缩格式；图像清晰度为 240～260 线，图像质量略低于 LD 影碟；声音为数字式高保真立体声，可接近 CD 水平。

（3）SVCD 激光影碟机

这类影碟机又称超级 VCD，是 VCD 激光影碟机的第二代产品。影碟的大小与 VCD 机的相同，价格也较便宜；图像清晰度为 350 线左右；具有较强的交互能力；具有高清晰度图文叠加功能；声道数为两路立体声或四路单声道，可以两种语言的立体声信号；SVCD 激光影碟机一般可兼容 VCD 激光影碟机。

（4）DVD 激光影碟机

影碟的直径为 12cm，体积小，保存和携带都很方便；采用 MPEG-Ⅱ压缩格式；图像清晰度可达 500 线以上，具有多视角功能；声音为数字式高保真立体声，可配录 8 种不同语言声音和 32 种不同文字字幕等功能；还可以采用杜比 AC-3 技术，采用 5.1 声道播放音乐时，其数码环绕声能获得逼真的临场感。DVD 播放机兼容性好，可兼容 CD、VCD、SVCD 等，可继续利用现有软件资源。

（5）光盘录像机

目前市场上的激光影碟机只能播放影像和声音，不能进行录像，从而不能取代录像机。光盘录像机就是具有录像功能的激光影碟机。目前的光盘录像机附和我国的超级 VCD（SVCD）标准，它采用 MPEG-Ⅱ编码、解码技术，向下可兼容 VCD、CD；它可以播放 SVCD、VCD 和 CD 等盘片。录像时，可选择 SVCD 标准，此时每盘片可录制 40 分钟节目；也可选择 VCD 标准，此时每盘片可录制 74 分钟节目。采用 CD-R 光盘驱动器的光盘录像机，只能使用 CD-R 光盘片，且只能进行一次录像。采用 CD-RW 光盘驱动器的光盘录像机，可以使用 CD-RW 光盘片进行多次录像。

2. 激光影碟机的选择

（1）类型、制式、功能的选择

随着我国人民生活水平的提高，特别是大屏幕彩电和家庭影院进入家庭，人们追求画面的高清晰度、声音品质的超群，DVD 已经走进千家万户。选购 DVD 时，应注意以下几点：

1）尽量选购新一代产品，目前销售的 DVD 机已是第三和第四代的 DVD 机，其兼容性更好、性能和功能更强。

2）要了解 DVD 机芯的结构特点。机芯的主要部件是激光头系统，DVD 机激光头主要有双光头双透镜、双光束单光头、单光头双透镜、单光束双聚焦等几类。其中双光束单光头系统是一种比较先进的激光头系统，它读片速度快、兼容性好、使用寿命较长。还要了解机芯是否使用专用的解码芯片。

3）对于为与高清晰度大屏幕彩电或高档家庭影院设备配套选购的 DVD 机，还应注意 DVD 机的视频输出端口和音频输出端口。视频输出端口除 RF 端子、AV 端子外，还应有 S 端子、色差端子或 R、G、B 端子等输出端口。音频输出最好选择有杜比 AC-3 或 DTS 输出功能的机型。

4）了解区域编码。在国内使用，应选择标明“第六区”的机型和碟片。最好能选购能够播放各区域影碟的全（零）区域机型。

（2）质量检查

1）外观检查。造型、外表应美观，色调柔和；外壳应无损伤；各种按键、旋钮、插孔安装应牢固，操作应灵活，标志应清晰；碟片盒的弹出、进入应灵活；各种附件应当齐备。

2）通电试机。将激光影碟机按说明书的要求与视音频设备连接好，检查确认连接无误后，接通电源。将试机影碟片装入碟片盒，进行正常播放，图像应清晰稳定，声音动听。然后逐一检查其他各项功能都应能正常工作。DVD 播放机要配置高清晰度彩电和音响设备，用 DVD 影碟，来检查其图像和声音质量，否则难以鉴别。

3. 激光影碟机的使用和保养

（1）激光影碟机与电视机、立体声音响的连接

1）连接前应将机器的主电源关闭。

2）将影碟机的音频输出用两条音频电缆分别与立体声音响的音频输入端连接。DVD 播放机要用专用电缆连接。

3）将影碟机的射频输出用一条电缆与电视机的射频输入端连接。同时可将电视天线插头与影碟机的射频输入接口连接，这样在不播放影碟片时可观看电视台的节目。

（2）影碟、影碟机操作使用的注意事项

1）影碟机要安放在远离热源、强磁场的地方，要注意通风、防尘、防潮。

2）影碟机与电视机、立体声音响、录像机等设备共同使用时，最好分开摆放，影碟机应放置在稳定坚固的平台上。

3）操作影碟机前要仔细阅读说明书，并熟悉影碟机上各操作键的功能及使用方法。

4）影碟机在工作过程中，禁止移动或搬动影碟机。若需搬动时，应先将机内的碟片取出，关断电源后，再进行搬动。

5）使用过程中，不要让影碟机长时间处于暂停状态。

6）应选择适合用户影碟机的唱碟或影碟使用，严禁使用劣质或变形的碟片。

7）当碟片使用完毕后，应从机内取出，放入保护套中，垂直存放在通风、干燥的环境中。

8）掌握正确的拿取碟片的方式，防止碟片变形或污染碟面。

9）对影碟机或碟片进行清洁处理时，应用干净、柔软的干抹布，切不要使用汽油、清洁剂或挥发性溶剂进行擦洗。

四、家庭影院

近年来，随着激光影碟机、大屏幕彩色电视机、高保真录像机等视听产品的出现并不断普及，伴随着节目源的丰富多彩和声像质量的极大提高。于是，家庭影院就应运而生。家庭影院亦称为家庭 AV 系统，这个系统主要包括多声道 AV 功率放大器、高保真音箱、激光影碟机（或高保真录像机）、大屏幕电视机等。

1. 家庭影院的组成

家庭影院是由多种视听设备组成的。其中，包括一套能模仿影剧院环绕立体声的 AV 放大器，不同位置上的配套音箱、大屏幕彩色电视机（或投影机）、必要的 AV 节目源（如激光影碟机、录像机等）。

2. 家庭影院设备的选配

家庭影院的各种设备档次可根据用途、个人经济条件等因素来确定，但同一档次各设备的性能应基本处于同一水平级，并应符合层次最少的原则。

（1）AV 放大器

AV 放大器是家庭影院系统的控制中心，其性能的好坏，对系统的表现具有举足轻重的作用，应仔细地选择。它应能容纳各种 AV 节目源；必须有足够的视频输入/输出端子（包括 S 端子）、音频输入/输出端子和功能转换开关等。AV 放大器中杜比环绕声解码系统的选择，应根据家庭影院设备的档次来确定。

（2）音箱

音箱也是系统中的关键设备之一，音箱的选择，应根据自己对不同流派音乐的喜爱、音箱在系统中的作用、系统的档次和个人的经济能力等因素来选配。

（3）大屏幕彩色电视机

大屏幕彩色电视机一般应选用 25 英寸以上的高画质彩电，功能和性能可根据家庭影院其他设备的档次来选配。高档家庭影院最好选择具有高清晰度的 5D 电路和高画质接收的“S”端子电路的“名牌”大屏幕彩电或高档投影机。

（4）节目源

节目源包括设备和软件。目前市场上的节目源设备主要有激光影碟机（LD、VCD、SVCD、DVD 等）、录像机等，可根据自己的经济能力和其他设备的档次来选配。

3. 家庭影院设备的使用

1）在同一套家庭影院系统中，各音频设备的电源相位要保持一致，以免因工频波动在设备间窜入低频噪声干扰，影响系统的信噪比。

2）使用中，要注意系统中各音频设备的开、关机顺序。开机时的顺序为：音源、电子均衡器、其他音频处理设备、功放。关机时，应先关掉功放电源，然后再关掉音源、电子均衡器、其他音频处理设备。这对于保护系统设备，延长其使用寿命是很重要的。

3）系统连接中，要注意连接线的使用。音源与功放等音频处理设备间的连接线一定要用优质屏蔽线；视频接口间的连接要用专用的视频线；功放与音箱的连接线要选择优质的音箱线，同时，要注意功放的输出阻抗应与音箱的输入阻抗匹配。

第四节　制冷、空调器具

一、电冰箱

电冰箱是利用电能在箱体内制造低温环境的电器设备，它可以对食物起到保鲜、冷冻和冷藏的作用。新一代电冰箱在外型上追求国际流行的预涂高光泽镜面，或带花纹、画面板，流线造型，暗拉手；性能上，大多具有无霜、环保、保鲜、除臭、节能等；结构上，向着大容积、多样化、实用化的方向发展。

1. 电冰箱分类

电冰箱分类方法很多，一般有以下几种。

1）按制冷方式分，可分为压缩式、吸收式和半导体式等。

2）按用途分，可分为冷藏箱、冷藏冷冻箱和冷冻箱等。

3）按外形分，可分为单门电冰箱、双门电冰箱和多门电冰箱等。

4）按箱内的冷冻方式分，分为直冷式、间冷式（即风冷式）和间直冷并用式等。

5）按放置形式分，可分为台式、卧式、立式和嵌入式等。

6）按使用的气候环境分，可分为亚温带型（SN）、温带型（N）、亚热带型（ST）和热带型（T）。

目前家庭使用的、市场上出售最多的电冰箱是电机压缩式电冰箱，它具有使用方便，可靠性强，有效容积大，单位容积耗能少，制冷量大，制冷效率高等优点。因此本节只讲述电机压缩式电冰箱的有关知识。

2. 电机压缩式电冰箱的构成

电机压缩式电冰箱是由箱体、制冷系统、控制系统和附件四大部分构成。

1）箱体。电冰箱的箱体包括外箱体、绝热层、内箱体、箱门和门封等几部分构成。

2）制冷系统。电机压缩式电冰箱的制冷系统主要由压缩机、冷凝器、干燥过滤器、毛细管、蒸发器等组成，由管路将它们连接起来，并在其内充有适量的制冷剂，形成一个封闭的循环系统。

3）控制系统。电冰箱的控制系统按控制装置的功能不同，可分为温度控制装置、电机启动与保护装置、照明装置及除霜控制装置等几部分。

4）附件。电冰箱的附件主要用来盛放食品。各种电冰箱配置的附件大不相同，一般有冰格、冷餐杯、冰碗、食品搁板、水果盘、蛋架和瓶架等。

3. 工作原理

电机压缩式电冰箱的制冷系统主要由压缩机、冷凝器、干燥过滤器、毛细管和蒸发器等部件组成，并在制冷系统中注入制冷剂。电机压缩式电冰箱通过压缩机做功，吸入低压气态冷剂，使其由低压气态压缩成高压气态，并被送入冷凝器。在冷凝器中，外界空气通过管壁冷却高压气态的制冷剂，使其变为液态。液态制冷剂通过干燥过滤器去除杂质和水分，再经毛细管节流降压，进入蒸发器（如图 7-2 所示）。由于制冷剂沸点很低，加之压力骤然降低液态制冷剂迅速沸腾蒸发吸收大量气化热，重新变成低压气态制冷剂，从而带走箱内的大量热量，使箱体内温度下降。此时压缩机再次吸入低压气态，重复上述过程。这样循环往复，使制冷剂不断地进行相态变化，连续地吸收箱内的热量，并把热量排至箱外，从而达到冰箱制冷降温的目的。常用的制冷剂应是无色、无毒、无味、没有腐蚀性、易液化的气体，常压下呈现气态，经高压后即变成液态。电机压缩式电冰箱具有启动降温快，制冷效率高、耗电量少等优点。

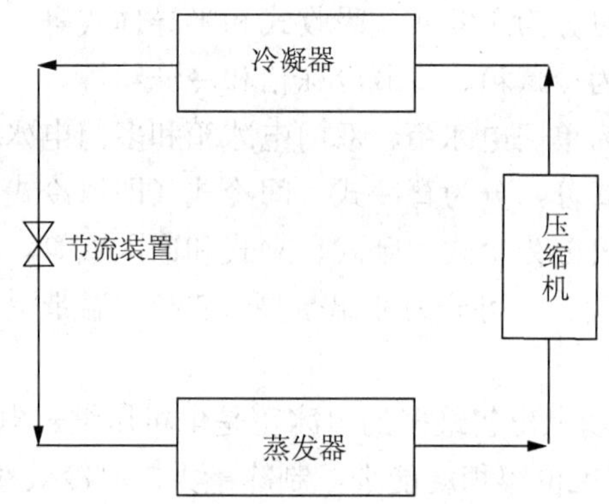

图 7-2 制冷系统的工作原理示意图

4. 主要质量指标

1）冷却性能。冷却性能是指电冰箱负荷制冷能力的指标。其测试方法是：在规定测试条件下，在环境温度为 15℃和 32℃时，调温装置在可调范围内调于任意点上，并按容积每升放置 1kg 冷冻负荷物。使电冰箱运行，达到稳定状态后（冷藏室温度变化每 2 小时低于 1℃），测定冷藏室和冷冻室的负荷温度：冷藏室温度为 3±1℃，冷冻室应达到各星级的规定值。

2）冷却速度。冷却速度是反映电冰箱制冷效率的质量指标。在规定测试条件下，在环境温度为 32±1℃时，待箱内外温差大致一致的情况下，关上箱门，启动压缩机连续运行，使冷藏室温度降到 10℃，冷冻室温度降到-5℃时，所需时间称冷却速度，（不应超过 3 小时）。测试时，箱内不置负荷物。

3）冷藏室温度波动范围。在规定测试条件下，试验环境温度为32±1℃，电冰箱内冷藏室温度稳定在3±1℃，冷冻室负荷温度符合各星级规定值。在一个运行周期内，在冷藏室中心部位测试点上，其温度的最高值与最低值之差为冷藏室温度波动范围，波动范围不得大于±1℃。

4）耗电量和输入功率。测量电冰箱在规定条件下，24 小时的耗电量作为该冰箱日耗电量。输入功率是指压缩机的电动机正常运转时的消耗功率。上述两项实测值不应超过标定值的15%。

5）启动性能。启动性能是指在电源电压允许的波动范围内，电冰箱启动能力。

6）噪声。电冰箱在运行中，不应产生明显噪声和振动，在消音室内，距电冰箱 1 米处，用声级计“A”计权网络测量电冰箱运行时的噪声，应不高于54分贝。

7）冷冻能力。四星级电冰箱，应具有冷冻能力，是指电冰箱在 24 小时能冻结到-18℃的食物重量。

8）耐泄漏性能。用灵敏检漏仪检查制冷系统，制冷剂不应泄漏。

5. 电冰箱的选择

购买电冰箱时，根据家用电冰箱的发展趋势，应选购带有环保标志、具有保鲜、节能功能的“绿色冰箱”。此外，在选择电冰箱的品牌时，还应从厂家的售后服务、厂家的信誉等方面来综合考虑。当确定电冰箱的型式、牌号和容积后，可按下面内容来进行检查挑选。

（1）外观检查

1）外形。要求表面平整光亮无划痕，各电镀件十分光亮，无脱皮现象。箱内壁应平滑、光洁，不允许有任何裂痕。压缩机、冷凝器、过滤器、毛细管和蒸发器等部件的安装十分牢固；管路不应有压扁或裂纹，接头处焊缝应牢固可靠，无裂纹。温控器旋钮转动应灵活、可靠。各附件应齐备完整。

2）箱门的密封状况。要求箱门上的门封磁条平面要平直、无扭曲或变形；磁性门封吸力应符合要求；关门后不能有缝隙。

3）绝热层。用手轻敲箱体外壳各处，听听有无明显的“空感”，如果没有，说明发泡比较均匀、丰满。

4）照明灯。插上电源后，照明灯应开门时亮，关门时灭。

（2）性能和功能的检查

1）制冷性能。当箱内无食品、室温约 30℃时，关闭箱门开机运行半小时后，打开箱门，应感觉到有一股冷气。观察蒸发器表面，会发现有一层薄霜，手摸应有冻手的感觉。冷凝器在压缩机运转时应立即发热，热得越快、越均匀，说明制冷系统的性能越好。

2）启动性能。刚接通电源时，可听到轻微“嗒”的一声，接着电机启动运转。一般电冰箱要求在185～230V供电电压下能正常启动和运转。压缩机每次启动时间不应超过 2 秒。

3）绝缘性能。接通电源后，用试电笔检查箱体，金属部分不应带电。

4）噪声。通电试验时，用耳朵贴近压缩机，应只能听到轻微而均匀的转动声；距电冰箱 1 米远处不应明显地听到压缩机工作时的运转声。

5）按照说明书的介绍，逐项检查各种功能的运行是否正常。

6. 电冰箱的搬运和维护保养

（1）搬运

搬运电冰箱时，应抬电冰箱的底部，轻搬轻放，切不可抓住门把手或冷凝器等部件，也不能抬拉冰箱的上盖板。箱内的部件应取出，以防跌落碰撞内胆而产生裂纹。搬运过程中不能使冰箱倒置或倾斜角度过大；避免强烈的震动。运输过程中切忌过大的颠簸。

（2）维护保养

电冰箱应安放在平坦坚实的地面上，安放环境应通风干燥、远离热源，四周要留有适当的空间，以利于空气流通。经常的维护保养可以保证电冰箱的正常工作，延长冰箱的使用寿命。日常的维护保养主要从以下三个方面入手。

1）定期清洗。电冰箱使用一段时间后，应切断电源，对冰箱内部、冰箱门密封处进行清洗。先用优质肥皂水或中性洗涤液擦洗干净，再用清洁的软布擦净。

2）除尘。每隔数月，应对压缩机和冷凝器等裸露部件进行灰尘的清扫，以保持良好的散热效果。

3）定期除霜。霜层会降低蒸发器表面的热交换能力而影响制冷效果。因此，当箱内霜层达到一定厚度时，应立即进行除霜工作。

二、空调器

空调器是房间空气调节器的简称。它是一种向封闭的空间、房间或区域提供经过处理的空气，并能将空气自动调节到适宜状态的电器设备。近年来，家用空调器正朝着健康、节能、环保的方向发展，冷触媒技术、光触媒技术、数字变频技术、负离子发生器的应用等新技术被应用于家用空调器，使得空调器的性能得到进一步改善。

1. 空调器概述

空调器的分类

1）按结构形式分，可分为窗式空调器、分体式空调器和柜式空调器等。

2）按功能分，可分为单冷型、热泵型、电热型、热泵辅助电热型、保健型和变频空调器等。

3）按冷却方式分，可分为水冷式和风冷式两种。

2. 空调器的性能

空调器的性能优劣取决于以下几项主要性能参数。

1）空调器在进行制冷运行时，单位时间内从封闭空间、房间或区域内除去的热量，单位为 W（瓦）。名义制冷量是空调器的主要指标，它指在国家有关规定下，空调器应具有的制冷量。

2）制冷消耗功率：是指空调器进行制冷运行时所消耗的总功率，单位为 W（瓦）。

3）循环风量：是指空调器在新风和排风门完全关闭的状况下，单位时间内向封闭空间、房间或区域内送入的风量，单位为 m^3/s（米^3/秒）。

4）噪声。空调器的噪声分室内和室外两部分，以室内噪声为重点。室内噪声是风机气流声和电机的电磁噪声。国家对房间空调器噪声指标规定见表 7-l。

表 7-1 房间空调器噪音指标

名义制冷量（W）/（kcal/h）	室内侧噪声/dB	室外侧噪声/dB
2500（2150）	不大于 54	不大于 60
2500（2150）～4500（3870）	不大于 57	不大于 64
4500（3870）	不大于 60	不大于 68

3. 空调器的结构

（1）窗式空调器的结构

窗式空调器是安装在房间窗台或其他合适位置上的一种制冷降温设备，有冷风型和热泵型两种。窗式冷风型空调器一般是由制冷系统、通风循环系统和电器控制系统三大部分组成。

制冷系统主要包括压缩机、冷凝器、毛细管和蒸发器等部件。

通风循环系统包括离心风扇、轴流风扇、风扇电机和空气过滤器等部件。

电器控制系统主要包括转换开关和温度控制器等部件。冷暖型窗式空调器还设有四通电磁阀。

（2）分体式空调器的结构

分体式空调器有多种形式，它们的基本结构和工作原理与窗式空调器大同小异。但分体式空调器的箱体外形款式较多，特别是挂壁式空调器的室内机组，常采用流线型、圆弧面相结合，格调高雅、造型新颖，表面再进行光亮、喷花处理，色调具有时代感，可以配合室内装修，既是适用品，又是装饰物。现代分体式空调器电器控制系统常采用微电脑和电子温控器。对于无线遥控的电子温控器还设有远红外线接收装置。

4. 空调器的工作原理

以分体式空调器为例，降温原理与电冰箱基本相同，也是通过压缩机压缩制冷剂放热，通过蒸发器蒸发制冷剂吸热，不断循环工作来实现降温的。

（1）室内机组工作原理

室内空气被机组内的离心风扇吸取，经进风滤网过滤流向蒸发器，被降温成为冷气，再经出风栅送入室内，使室内温度降低。空气中的水蒸气遇冷而凝结成水，经集水盘和排水管排至室外。

（2）室外机组工作原理

室外机组工作时轴流风扇吸入室外空气吹向冷凝器，强制冷却冷凝器，热空气又吹向室外。

5. 空调器的选择

（1）结构型式

目前，中国市场上有窗式、挂壁式、悬吊式和落地柜式等多种型式。但作为家用空调器，基本上多选用窗式和挂壁式两种。家庭居住面积较大且经济条件较好的，也可选择落地柜式空调器或家用中央空调器。除此外，还应根据厂家的售后服务和信誉度来选择生产厂家和品牌。

（2）确定性能、规格

1）制冷量。应根据房间面积、房屋结构、房间朝向、楼层、家庭人口等情况粗略估计一下制冷量。

2）耗电量。应选择能效比高，耗电量小的空调器，以提高空调器的制冷效率。

3）功能。空调器除必备的功能外，有些还设置一些辅助功能。例如，有些空调器具有除湿、制热功能，定时停机、睡眠温度控制、遥控等功能，消费者可根据需要、个人爱好和经济状况进行选择。

（3）外观检查

外观喷漆应平整、光滑，没有划伤等痕迹。整机的结构应装配良好，各处无松动现象。风门调节应自然。转换开关手感好，力矩适中。

（4）试运转

根据不同的控制状态，空调器在相应的工作状况下运转，无明显的振动撞击噪声。变速时，风量应有明显区别。制冷运行时，室内出风口应有冷风吹出，出风温度应均匀。整机运转噪声应符合规定。

6. 空调器的日常维护保养

1）空调的保养工作，主要是要经常地清洗空气滤清器。因为过滤网在滤尘时，尘埃容易将网孔堵塞，不仅使进出风量减少，而且降低了制冷效率。所以要定期清洗一次，每月至少要清洗一次。

2）保持电器系统的干燥、清洁，防止因电器系统受潮而漏电。室内机组要避免长时间处于高温运行。要定期给风扇电机添加润滑油。

3）定期对制冷系统各接管的焊接头处进行检查。首先要看焊接头是否有油迹，发现油迹，用肥皂水检漏。确定渗漏点后，进行补漏。

4）定期检查电器系统各线路的接线点是否有松动现象。

5）窗式空调器和分体式空调器的室外机组，在冬季不用时，最好用专用机罩或布遮盖，以防灰尘进入。

第五节 清洁、保健器具

一、洗衣机

家用洗衣机是指容量较小供家庭使用洗涤衣物的电器。洗衣机一般具有洗涤、漂洗、脱水三个功能，有些高档洗衣机还有烘干等功能。多年来，人们不断探索、研究，设计新水流，新的搓洗方式，编制新的程序，应用模糊控制、变频等新技术，提高洗衣机的性能，达到洗得多、洗得快、省水、省电、环保的效果。

1. 洗衣机的类型

1）按自动化程度分，可分为普通洗衣机、半自动洗衣机和全自动洗衣机。

2）按结构原理分，目前国内常见的有波轮式洗衣机和滚筒式洗衣机两种。波轮式洗衣机具有结构简单，操作方便，洗净度较高，洗涤时间短，耗电量少，综合经济性能好，价格低等优点。但对衣物的磨损率较大，用水量和洗涤剂用量较多，且洗衣容量小。滚筒式洗衣机具有洗衣容量大，对衣物的磨损率小，洗涤剂用量少，省水且可用热水，洗涤过程易于自动化。但洗涤时间长，噪音较大且结构复杂，价格较贵。除此之外，洗衣机还有搅拌式、喷流式、喷射式和振动式等类型。

3）按桶数分，可分为单桶、双桶和套桶三种。

2. 洗衣机的规格和型号

（1）规格

洗衣机的规格是按照洗衣机的额定洗涤（或脱水） 干衣（织物）容量来划分。单位是kg（千克）。

（2）型号

国产洗衣机的型号由六部分组成，第一部分用字母表示是产品名称；第二部分用字母表示是自动化程度代号；第三部分用字母表示是洗涤方式代号；第四部分用两数字表示是规格代号；第五部分数字是工厂设计序号；最后一部分用字母表示是结构型号。例如，XPB20-3S表示该洗衣机是普通型波轮式双桶洗衣机，额定洗涤容量为2kg，是工厂的第三次改进型产品。

3. 家用洗衣机的选择

1）洗衣机的选型。选择洗衣机主要是根据使用环境、住房设施、个人的喜好和家庭经济条件等因素来确定洗衣机的牌号、类型、功能和规格。但信誉较好的名牌产品应是首选目标；在经济条件允许时，应尽量选择采用了新技术的洗衣机，如模糊控制洗衣机、变频洗衣机等。

2）外观检查。机箱表面无刮痕、无碰伤，油漆应无气泡、色调均匀，塑料面平整无变形，各种开关旋钮动作灵活，整体结构牢固，定时器走动稳定准确。

打开机盖检查，洗衣桶内壁和波轮表面应光滑无毛刺，无裂纹，无划伤；波轮的安装与洗衣桶之间的间隙要均匀，并且间距要小。用手转动波轮，正、反向应旋转灵活，无异常声响。

3）密封性能的检查。向洗涤桶和脱水桶内倒入适量水，应不漏水。

4）电气性能的检查。将洗衣机接通电源，开机后整机运转应平稳，无严重振动。脱水时内外桶应无撞击现象。打开脱水桶上盖后，10秒钟内脱水桶应能停止转动。运转一定时间后，电机外壳温升不应太高，箱体金属部分不应有漏电现象。

全自动洗衣机还要检查各程序的运行情况，进排水电磁阀的动作是否灵活准确，水位选择器功能应完好；总之，全自动洗衣机应能顺利实现进水—洗涤，关水—排水，储水—进水的循环过程。

5）附件应齐备完好。

4. 洗衣机的维护保养

洗衣机每次使用后应排除污水，用清水冲洗洗衣桶和脱水桶，用软布擦去机箱、控制面板等处的水渍、污物，取下过滤网清除上面的线、屑等杂物，使控制面板上的各旋钮、按键和开关恢复原位。

定期向含油轴承上的注油孔注入适量机油；按说明书上的要求，适时更换或加注润滑油或润滑脂。

经常检查地线和电源线。地线的接地电阻应小于2Ω；电源线应完好无破损。

二、吸尘器

吸尘器是一种用于家庭等场合除尘的电器，用于替代传统的扫帚、刷子、抹布、鸡毛掸子等除尘工具。其结构主要是由主机腔、集尘腔、外壳和附件等组成。

1. 吸尘器的类型

1）按电机容量分，可分为小型吸尘器、中型吸尘器、大型吸尘器三种。家用吸尘器多为中小型吸尘器（100～800W）。

2）按结构形状分，可分为立式吸尘器、卧式吸尘器、便携式吸尘器和微型吸尘器。立式吸尘器噪声低，吸力大，集灰量大；卧式吸尘器吸力大，重量轻，外形美观，安全可靠；便携式、微型吸尘器体积小，使用灵活，便于携带。

3）按使用功能分，可分为干式吸尘器、干湿两用吸尘器、地毯吸尘器和打蜡吸尘器等各种专用吸尘器。

4）按安全性能分，可分为Ⅰ类吸尘器、Ⅱ类吸尘器、Ⅲ类吸尘器。Ⅰ类吸尘器只有基本绝缘，使用时需可靠接地；Ⅱ类吸尘器具有双重绝缘结构，一般是塑料外壳，没有保护接地装置；Ⅲ类吸尘器采用独立电源，可免于触电危险。

2. 吸尘器的选择

（1）选型

吸尘器的种类很多。一般进口的吸尘器性能好，噪声小，但价格贵且维修较困难。

一般家庭用吸尘器，可根据用途选择合适的型号。如用于打扫房间、地板，选用功率在500～800W的比较合适。一般多选用立式吸尘器。

（2）外观检查

外壳应无裂纹，主机腔与集尘腔之间的密封应良好。附件齐全完好，且与箱体配合良好。自动卷线机构功用良好。底轮动作灵活，运动平稳，立式吸尘器的重心要低。各种开关操作灵活，手感良好。

（3）通电、试机

接通电源，吸尘器的噪声不应过大，运转声音应均匀、平稳、无杂音；整机振动要小。吸力应符合机型的要求。开机一段时间后，电动机的温升不应过高。

3. 吸尘器的使用和保养

1）注意保管，应避免曝晒、烘烤等；防止重压，以免损伤外壳。

2）使用过程中，绝对不可有杂物阻塞吸嘴、软管、进出风口，以免引起电动机过热或使吸力变小。每次连续工作时间不应过长。

3）经常清除集尘腔内的积灰，经常清洗过滤器，保持过滤器的清洁。

4）定期给电动机的轴承加油润滑。

5）禁止吸取未熄灭的炉灰、烟蒂，以及具有腐蚀性的物质。

6）经常检查电源线，以防破损漏电。

小结

本章主要介绍了家用电器商品的种类、分类方法，家用电器商品的质量要求等知识；重点阐述了彩色电视机、激光影碟机、音响设备、电冰箱、空调器、洗衣机等主要常用家用电器的结构和工作原理；以及这几类家用电器的选择和质量检查，家用电器商品的使用方法和维护保养。还介绍了家用电器商品附件产品的相关知识，质量检查和使用保养；家用电器商品的包装要求等。

复习思考题

1. 家用电器商品的主要特点有哪些？
2. 简述家用电器商品的种类和分类方法。
3. 家用电器商品主要哪些方面的质量要求？
4. 简述彩色电视机的主要工作原理和结构。
5. 简述空调器的主要结构和工作原理。
6. 简述电冰箱的主要结构和工作原理。
7. 激光影碟机是如何分类的？它们各有什么特点？
8. 洗衣机是怎样分类的？如何选择洗衣机？
9. 音响设备的主要种类有哪些？如何选择？

实训项目

【实训一】

1. 实训内容：

调查家用电器的种类。

2. 实训要求：

1）利用节假日到家电专卖商场调查销售的家电；将各种商品的名称、主要生产厂家、产品的主要型号、规格等记录下来。

2）对记录的家电商品进行分类。

3）找出新商品（采用新技术、新方法，或新规格、款式），查阅资料了解新商品的性能和特点。

【实训二】

1. 实训内容：

了解空调器的工作原理和结构。

2．实训要求：

1）组织学生参观空调生产企业的生产线，了解空调器的结构和工作原理。

2）写出实训总结。

案例分析

消费者起诉某品牌液晶电视屏幕缩水

消费者张先生购买32英寸某牌液晶电视后，发现屏幕比32英寸少了1.28cm，张先生起诉商店和生产企业，认为构成欺诈，要求双倍赔偿。企业方称产品符合行业惯例。海淀法院开庭审理了此案。

消费者：以小充大就是欺诈。

张先生诉称，去年3月，他在旺市百利商店购买了某品牌32英寸液晶电视一台，价格为4290元，当年11月装修时，装修工人无意中量了一下，发现电视屏幕仅为80cm。

张先生说，按换算标准，1英寸等于2.54cm，32英寸应该是81.28cm，该液晶电视涉嫌以小充大，是对消费者的欺诈行为。

张先生要求商店和生产企业双倍赔偿。

企业：业内80cm左右即32英寸。

据海淀法院工作人员介绍，生产企业代理人在法庭上表示，认为32英寸的液晶电视屏幕就是32英寸，是错误理解，根据行业标准，32英寸的液晶电视使用的液晶屏是80.4cm，中国商场液晶电视的屏幕规格是完全一致的，均为80cm左右。

企业代理人称，公司是按四舍五入的传统计算方法计算的，生产模具差异会造成具体产品差异，但只是一个数字差距，不会产生经济上的影响。

该代理人说，根据业内公认的标准，从31.5英寸到32.4英寸都可以标注为32英寸。

此案未当庭宣判。

律师说法："生产企业做法不妥但未必构成欺诈"。

中消协法律顾问邱宝昌分析，生产企业的做法有一些不妥，但不一定构成欺诈。欺诈指虚构事实误导消费者购买的情况，如没有某功能，销售时却介绍有某功能，但液晶显示屏误差1cm左右，不一定能够构成对消费者的误导。不过，消费者就此事件起诉，对规范行业能起到促进作用。

分析与思考：

1．你认为本案例中生产企业以行业惯例解释是否合适？

2．规范行业生产行为，国家、企业、消费者可以做哪些工作？

第八章　商 品 标 准

学习目标

通过商品标准以及与标准工作相关的商品质量监督、商品质量认证知识的学习，了解商品标准的概念及作用、商品质量监督的概念及类型、商品质量认证的概念及重要性；熟悉商品标准的级别及内容；重点掌握商品标准的制定，如何使用标准去判断商品质量，以及商品质量及商品质量体系的认证。

商品质量问题，首先是商品标准问题，商品标准是实施商品生产、规范商品经营、评定商品质量、解决贸易争端的准则和依据。制定商品标准时，对其质量特性的选择及其指标水平的确定，决定了商品质量的客观性和水平的高低。商品标准贯彻时，实施的情况决定了商品质量的最终保障程度。

第一节　商 品 标 准

一、商品标准的概念

1. 标准

我国颁布的标准化基本术语第一部分中对“标准”作了如下定义：“标准是对重复性事物和概念所作的统一规定。它以科学、技术和实践经验的综合成果为基础,经有关方面协商一致，由主管机构批准，以特定形式发布，作为共同遵守的准则和依据。”

国际标准化组织发布的定义：“由有关各方根据科学技术成就与经验，共同合作起草,一致或基本上同意的技术规范或其他公开文件，其目的在于促进最佳的公众利益，并由标准化团体批准。”

世界贸易组织技术性贸易壁垒协议（WTO/TBT）对标准术语的定义为：“被公认机构批准的、非强制性的、为了通用或反复使用的目的，为产品或其加工和生产方法提供规则、导则或特性的文件。标准可以包括或专门给出适用于产品、加工或生产方法的术语、符号、包装、标志或标签要求。”（注：《ISO/IEC 指南 2》中的术语定义的标准可以是强制性的或自愿采用的。）

关于标准的定义，虽然人们可以有不同角度、不同侧面的各种各样的认识，但就其标准所包含的内容是基本一致的，在理解标准的概念时应把握以下几方面。

（1）标准制定的目的

标准是针对某类重复性的事物和概念所做的统一规定，以作为共同遵守的依据和准则。标准以科学、技术和经验的综合成果为基础，以促进最佳社会效益目的。标准按其性质不同有技术标准、管理标准、工作标准，其中技术标准是规定和衡量标准化对象的技术特性的标准，是从事生产、建设及商品流通的一种共同的技术依据。

（2）标准的对象是重复性的事物和概念

重复性是指事物和概念的反复性特征，只有当它们反复出现和应用时，对该事物和概念才有制定标准的必要。

（3）标准产生的基础

它是科学技术和实践经验的综合成果。一方面标准是新技术、新工艺、新材料等科学技术进步创新的结果；另一方面标准又是人们不断总结和吸收实践中带普遍性和规律性经验的结果。

（4）标准形成的程序

标准首先经有关各利益方（生产商、销售商、消费者和政府等）共同协商一致，其次由主管机构或团体批准，最后以特定形式公开发布。

总之，标准是科学技术与生产力发展的必然要求，是质量管理发展的必然结果，是国际贸易发展的必然产物。标准具有指导企业建立和健全质量管理体系，作为需方（顾客）对供方质量保证能力评价的依据，作为质量认证的依据的作用。

2. 商品标准

商品标准是标准的一部分，它是指为保证商品的适用性，对商品必须达到的部分或全部要求所制定的标准，包括商品品种、规格、技术要求、检验规则、包装、储藏、运输等。

商品标准是生产力发展的产物，是科学技术水平和生产水平的标志，又是发展生产力的一种手段；有利于加强商品质量管理工作，提高企业的管理水平，不断改进和提高商品质量，增强企业市场竞争优势；统一表达生产和消费对商品的要求，提高生产、流通、使用的经济效益，是质量评价、监督检验、贸易洽谈等的准则和依据，有利于维护消费者和用户的合法权益。在国际贸易中谁掌握了标准和规则的制定权，谁就抓住了利润的牛鼻子，“一流企业卖标准，二流企业卖技术，三流企业卖产品”说的就是这个道理。

二、商品标准的种类

1. 按标准的约束性不同，分强制性标准和推荐性标准

强制性标准也称为法规性标准，是指由法规规定，要强制实行的标准。推荐性标准也称为自愿性标准，是指除强制性标准以外的自愿采用、自愿认证的标准。

《中华人民共和国标准化法》（以下简称《标准化法》）规定，国家标准、行业标准分为强制标准和推荐性标准。保障人体健康，人身、财产安全的标准和法律、行政法规规定强制执行的标准是强制标准，其他标准是推荐性标准。省、自治区、直辖市标准化行政主管部门制定的工业产品的安全、卫生要求的地方标准，在本行政区域内是强制性标准。

强制性标准，必须执行。不符合强制性标准的产品，禁止生产、销售和进口。推荐性标准，国家鼓励企业自愿采用。

2. 按标准的表达形式不同，分文件标准和实物标准

文件标准是用特定格式的文件，通过文字、表格、图样等形式，表述商品质量有关方面技术内容的统一规定。商品标准中绝大多数是文件标准。

实物标准是对难以用文字表达的质量要求如色、香、味等，由标准化机构或指定部门用实物制成与标准规定的质量要求相同的标准样，按一定程序颁布，用以鉴别商品质量和评定商品等级。

第二节　商品标准的级别

一、我国商品标准

《标准化法》将我国标准分为国家标准、行业标准、地方标准和企业标准四级。

1. 国家标准

国家标准是指由国家标准化主管机构批准发布的，对全国的经济、技术发展具有重大意义的，在全国范围内统一的标准。国家标准由国务院标准化行政主管部门编制计划，协调项目分工，组织制订（含修订，下同），统一审批、编号、发布。

国家标准包括以下内容：

1）通用的技术术语、符号、代号（含代码）、文件格式、制图方法等通用技术语言要求和互换配合要求。

2）保障人体健康和人身、财产安全的技术要求，包括产品的安全、卫生要求，生产、储存、运输和使用中的安全、卫生要求，工程建设的安全、卫生要求，环境保护的技术要求。

3）基本原料、材料、燃料的技术要求。

4）通用基础件的技术要求。

5）通用的试验、检验方法。

6）工农业生产、工程建设、信息、能源、资源和交通运输等通用的管理技术要求。

7）工程建设的勘察、规划、设计、施工及验收的重要技术要求。

8）国家需要控制的其他重要产品和工程建设的通用技术要求。

国家标准分为强制性国家标准和推荐性国家标准。属于强制性国家标准的有：①药品国家标准、食品卫生国家标准、兽药国家标准、农药国家标准；②产品及产品生产、储运和使用中的安全、卫生国家标准，劳动安全、卫生国家标准，运输安全国家标准；③工程建设的质量、安全、卫生国家标准及国家需要控制的其他工程建设国家标准；④环境保护的污染物排放国家标准和环境质量国家标准；⑤重要的涉及技术衔接的通用技术术语、符号、代号（含代码）、文件格式和制图方法国家标准；⑥国家需要控制的通用的试验、检验方法国家标准；⑦互换配合国家标准；⑧国家需要控制的其他重要产品国家标准。其他的国家标准是推荐性国家标准。

国家标准的代号由大写汉字拼音字母构成，强制性国家标准代号为“GB”，推荐性国家标准的代号为“GB/T”。国家标准的编号由国家标准的代号、标准发布顺序号和标准发布年代号组成，如图 8-1 所示。

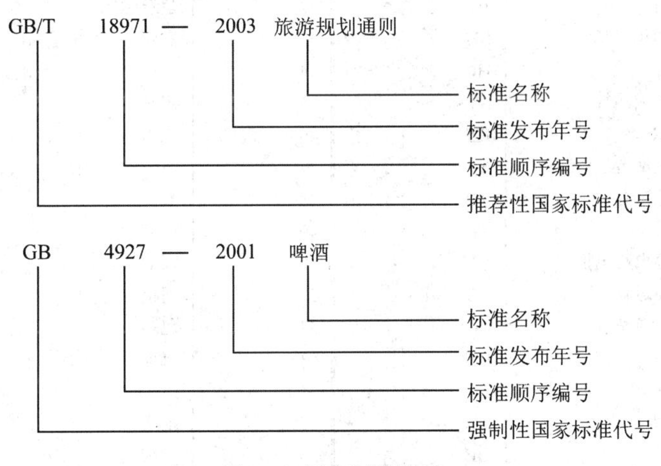

图 8-1 国家标准编号

2. 行业标准

行业标准是对没有国家标准而又需要在全国某个行业范围内统一的技术要求所制定的标准。行业标准不得与有关国家标准相抵触。有关行业标准之间应保持协调、统一，不得重复。行业标准在相应的国家标准实施后，即行废止。根据《标准化法》的规定：由我国各主管部、委（局）批准发布，在该部门范围内统一使用的标准，称为行业标准。例如，邮政、机械、建筑、化工、冶金、纺织、交通、能源、农业、林业、水利等行业，都制定有行业标准。

行业标准由行业标准归口部门统一管理。行业标准的归口部门及其所管理的行业标准范围，由国务院有关行政主管部门提出申请报告，国务院标准化行政主管部门审查确定，并公布该行业的行业标准代号（见表 8-1）。

表 8-1 国务院标准化行政主管部门审查确定并正式公布该行业标准代号

序号	行业标准	行业标准代号	序号	行业标准	行业标准代号
1	教育	JY	30	金融系统	JR
2	医药	YY	31	劳动和劳动安全	LD
3	煤炭	MT	32	民工民品	WJ
4	新闻出版	CY	33	核工业	EJ
5	测绘	CH	34	土地管理	TD
6	档案	DA	35	稀土	XB
7	海洋	HY	36	环境保护	HJ
8	烟草	YC	37	文化	WH
9	民政	MZ	38	体育	TY
10	地质安全	DZ	39	物资管理	WB
11	公共安全	GA	40	城镇建设	CJ
12	汽车	QC	41	城建工种建设规程	CJJ
13	建材	JC	42	建筑工业	JG
14	石油化工	SH	43	农业	NY
15	化工	HG	44	水产	SC
16	石油天然气	SY	45	水利	SL
17	纺织	FZ	46	电力	DL
18	有色冶金	YS	47	航空	HB
19	黑色冶金	YB	48	航天	QJ
20	电子	SJ	49	旅游	LB
21	广播电影电视	GY	50	商业	SB
22	铁路运输	TB	51	商检	SN
23	民用航空	MH	52	包装	BB
24	林业	LY	53	气象	QX
25	交通	JT	54	卫生	WS
26	机械	JB	55	地震	DB
27	轻工	QB	56	外经贸	WM
28	船舶	CB	57	海关	HS
29	通信	YD	58	邮政	YZ

行业标准包括以下内容。

1）技术术语、符号、代号（含代码）、文件格式、制图方法等通用技术语言。

2）工、农业产品的品种、规格、性能参数、质量指标、试验方法以及安全、卫生要求。

3）工、农业产品的设计、生产、检验、包装、储存、运输、使用、维修方法以及生产、储存、运输过程中的安全、卫生要求。

4）通用零部件的技术要求。

5）产品结构要素和互换配合要求。

6）工程建设的勘察、规划、设计、施工及验收的技术要求和方法。

7）信息、能源、资源、交通运输的技术要求及其管理技术等要求。

行业标准分为强制性标准和推荐性标准。属于强制性行业标准的有：①药品行业标准、兽药行业标准、农药行业标准、食品卫生行业标准；②工农业产品及产品生产、储运和使用中的安全、卫生行业标准；③工程建设的质量、安全、卫生行业标准；④重要的涉及技术衔接的技术术语、符号、代号（含代码）、文件格式和制图方法行业标准；⑤互换配合行业标准；⑥行业范围内需要控制的产品通用试验方法检验方法和重要的营业产品行业标准。其他行业标准是推荐性行业标准。

行业标准代号由汉字拼音大写字母组成。行业标准的编号由行业标准代号、标准发布顺序及标准发布年代号组成，如图 8-2 所示。

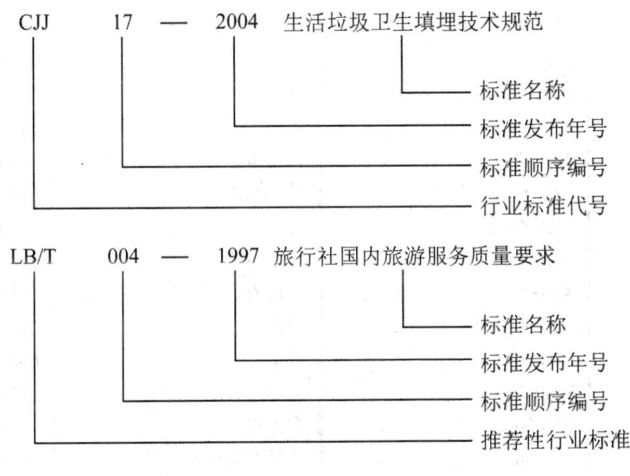

图 8-2　行业标准编号

3. 地方标准

地方标准是指在没有国家标准和行业标准而又需要在省、自治区、直辖市范围内统一制定和使用的标准。它包括工业产品的安全、卫生要求；药品、兽药、食品卫生、环境保护、节约能源、种子等法律、法规规定的要求；其他法律、法规规定的要求。

地方标准由省、自治区、直辖市标准化行政主管部门统一编制计划、组织制定、编审、编号和发布。地方标准在相应的国家标准或行业标准实施后，即行废止。法律、法规规定强制执行的地方标准，为强制性标准；规定非强制执行的地方标准，为推荐性标准。

地方标准的代号是“DB”加上省、自治区、直辖市行政区划代码（见表 8-2）的前两位数再加斜线所组成。若斜线后再加“T”，则表示推荐性地方标准。如“DB21/”为辽宁省强制性地方标准；“DB32/T”为江苏省地方推荐标准。地方标准的编号，由地方标准代号、地方标准顺序号和年号三部分组成。如图 8-3 所示。

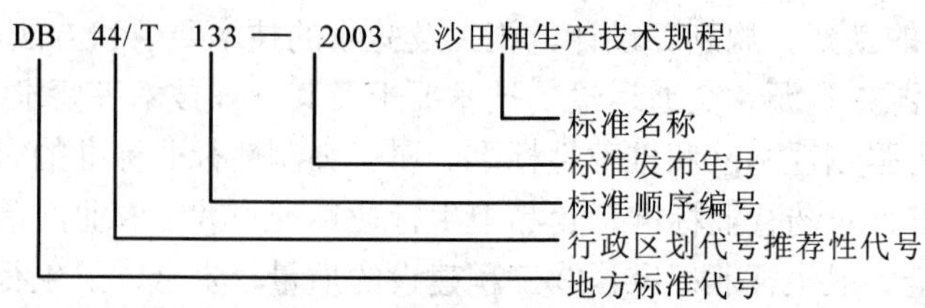

图 8-3　地方标准编号

表 8-2　省、自治区、直辖市行政区划代码

名　称	代　码	名　称	代　码
北京市	110000	湖南省	430000
天津市	120000	广东省	440000
河北省	130000	广西壮族自治区	450000
山西省	140000	海南省	460000
内蒙古自治区	150000	四川省	510000
辽宁省	210000	贵州省	520000
吉林省	220000	云南省	530000
黑龙江省	230000	西藏自治区	540000
上海市	310000	重庆市	550000
江苏省	320000	陕西省	610000
浙江省	330000	甘肃省	620000
安徽省	340000	青海省	630000
福建省	350000	宁夏回族自治区	640000
江西省	360000	新疆维吾尔自治区	650000
山东省	370000	台湾地区	710000
河南省	410000	香港特别行政区	810000
湖北省	420000	澳门特别行政区	910000

4. 企业标准

企业标准是指由企业制定发布、在该企业范围内统一使用的标准。企业生产的产品没有国家标准、行业标准和地方标准的，应当制定相应的企业标准，作为组织生产的依据。对已有国家标准、行业标准或者地方标准的，鼓励企业制定严于国家标准、行业标准或者地方标准要求的企业标准，在企业内部适用。

企业标准一经制定颁布，即对整个企业具有约束性，是企业法规性文件，没有强制性企业标准和推荐企业标准之分。

企业标准的代号由汉字“企”大写拼音字母“Q”加斜线再加企业代号组成，企业代号可用大写拼音字母或阿拉伯数字或两者兼用所组成。企业代号按中央所属企业和地方企业分别由国务院有关行政主管部门或省、自治区、直辖市政府标准化行政主管部门会同同级有关行政主管部门加以规定。企业标准编号（如图 8-4 所示）由企业标准代号、标准发布顺序号和标准发布年代号（四位数）组成。

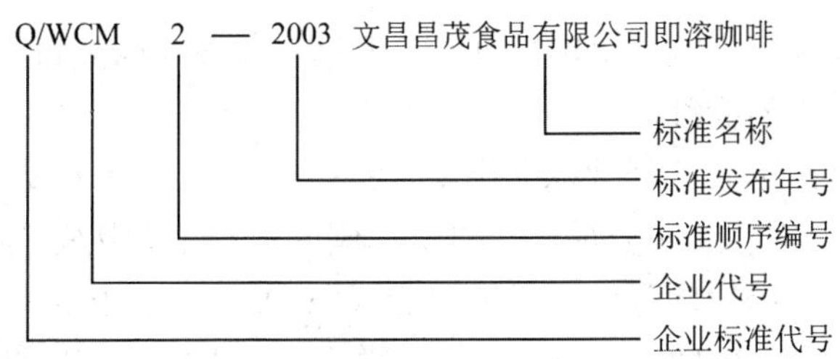

图 8-4 企业标准编号

二、国际商品标准

为了促进采用国际标准和国外先进标准工作的开展，提高我国产品质量和技术水平，适应发展社会主义市场经济和国际贸易的需要，国家鼓励企业采用国际标准和国外先进标准。

采用国际标准和国外先进标准（简称采标），是指将国际标准或国外先进标准的内容，经过分析研究、不同程度地转化为我国标准（包括国家标准、行业标准、地方标准和企业标准，下同），并贯彻实施。

我国标准采用国际标准或国外先进标准的程度，分为等同采用、等效采用和非等效采用。等同采用，指技术内容相同，没有或仅有编辑性修改，编写方法完全相对应；等效采用，指主要技术内容相同，技术上只有很小差异，编写方法不完全相对应；非等效采用，指技术内容有重大差异。

采用国际标准（不包括即将制定完成的国际标准）的我国标准，其采用程度，在我国标准的封面上和首页上表示方法如下：

GB ××××－××（idt ISO ××××－××××）等同

GB ××××－××（eqv ISO ××××－××××）等效

GB ××××－××（neq ISO ××××－××××）非等效

国际标准反映了国际先进水平，具有技术的先进性、完整性和实用性。采用和推广国际标准是世界上一项重要的技术转让，是一种廉价的技术引进；采用国际标准能及时了解国际上先进的生产技术，有利于改进设计、工艺、工装、配置检测手段，有目标地进行技术改造和设备更新，促进企业管理水平的提高；它有利于吸收国外先进的科学技术，是提高产品质量、技术水平和经济效益的重要手段。此外，国际标准作为国际贸易的基本要素和共同依据，采用国际标准和国外先进标准有利于消除国际贸易上的技术壁垒，开拓国际市场，扩大产品的出口。

从世界范围来说，标准通常被分为国际标准、区域标准、国家标准、行业或专业团体标准以及公司（企业）标准五级。

1. 国际标准

国际标准是指由国际标准化组织(ISO)、国际电工委员会(IEC)、国际电信联盟(ITU)

制定的标准，以及经国际标准化组织认可、并收集到《国际标准题录索引》中加以公布的其他国际组织所制定的标准。

其他国际组织有国际人造纤维标准化局（BISFA）、食品法典委员会（CAC）、关税合作理事会（CCC）、国际照明委员会（CIE）、国际无线电干扰特别委员会（CISPR）、国际原子能机构（IAEA）、国际航空运输协会（IATA）、国际民航组织（ICAO）、国际辐射单位和测量委员会（ICRU）、国际乳制品联合会（IDF）、国际图书馆协会和学会联合会（IFLA）、国际制冷学会（IIR ）、国际劳工组织（ILO）、国际海事组织（IMO）、国际橄榄油理事会（IOOC）、国际辐射防护委员会（ICRP）、国际兽医局（OIE）、国际法制计量组织（OIML）、国际葡萄与葡萄酒局（OIV）、国际铁路联盟（UIC）、联合国科教文组织（UNESCO）、世界卫生组织（WHO）、世界知识产权组织（WIPO）。

国际标准的编码是由国际标准代号（ISO、IEC、ITU 等）、标准顺序号、标准发布年号组成，如图 8-5 所示。

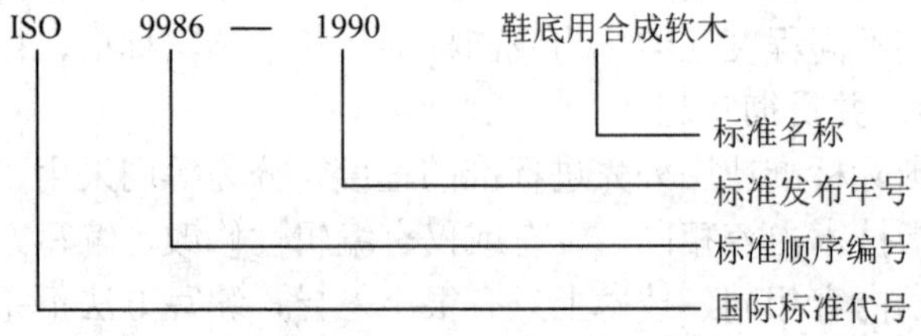

图 8-5 国际标准编码

除了正式的国际标准外，ISO 还发布国际推荐标准，其代号为 ISO/R；国际技术报告，其代号为 ISO/TR；国际标准建议草案，其代号为 DP；国际标准草案，其代号为 DIS。

下面介绍几个主要的标准组织。

（1）国际标准化组织（International Organization for Standardization，ISO）

该组织是目前世界上最大、最有权威性的国际标准化专门机构。1946 年 10 月 14 日至 26 日，中、英、美、法、前苏联等 25 个国家的 64 名代表集会于伦敦，正式表决通过建立国际标准化组织。1947 年 2 月 23 日，ISO 章程得到 15 个国家标准化机构的认可，国际标准化组织宣告正式成立。ISO 是联合国经社理事会的甲级咨询组织和贸发理事会综合级（即最高级）咨询组织。ISO 的目的和宗旨是："在全世界范围内促进标准化工作的发展，以便于国际物资交流和服务，并扩大在知识、科学、技术和经济方面的合作"。其主要活动是制定国际标准，协调世界范围的标准化工作，组织各成员国和技术委员会进行情报交流，以及与其他国际组织进行合作，共同研究有关标准化问题。ISO 现有技术委员会（TC）188 个，分技术委员会（SC）550 个。截止到 2002 年 12 月底，ISO 已制定了 13736 个国际标准，如常见的 ISO9000、ISO14000 等。

（2）国际电工委员会（International Electrotechnical Commision，IEC）

该组织成立于 1906 年、是世界上最早的非政府间国际标准化组织，总部设在日内瓦。其宗旨是促进电工、电子领域产品国际标准、认证标准和指南文件的制定及相关的国际与区域性标准化方面的合作。目前 IEC 共有成员 65 个，下设中央秘书处、理事会、执委会、ISO/IEC 联合技术委员会、未来高新技术顾问委员会、合格评定局、无线电干扰委员会及 99 个技术委员会和 104 个分技术委员会。

（3）国际电信联盟（International Telecommunication Union，ITU）

该组织是联合国的一个专门机构，是国际电信界最权威的标准制修订组织，总部设在瑞士的日内瓦。1865 年 5 月 17 日，为了顺利实现国际电报通信，来自法、德、俄等 20 个国家的代表举行会议，决定成立“国际电报联盟”。1932 年，来自 70 个国家或地区的代表聚会西班牙马德里，通过了将“国际电报联盟”改为“国际电信联盟”的决议。1947 年 10 月 15 日，经联合国同意，国际电信联盟成为联合国的一个专门机构。中国于 1920 年加入了国际电报联盟。1932 年派代表参加了马德里国际电信联盟全权代表大会。1947 年在美国大西洋城召开的全权代表大会上，中国当选为行政理事会成员和国际频率登记委员会委员。中华人民共和国成立后，我国在 ITU 的合法席位曾一度被非法剥夺。1972 年 5 月 30 日，ITU 第 27 届行政理事会正式恢复了我国在 ITU 的合法席位。

2. 区域性标准

区域标准是由世界某一区域性标准化组织制定的标准。区域标准的目的在于促进区域性标准化组织成员进行贸易，便于该地区的技术合作和技术交流，协调该地区与国际标准化组织的关系。较重要的区域性标准化组织有：欧洲标准化委员会（CEN），欧洲电工标准化委员会（CENELEC），泛美标准化委员会（COPANT），欧洲电讯标准化协会（ETSI），欧洲海事数据模型产品交换标准协会（EMSA），阿拉伯工业发展与矿业组织（AIDMO）。

3. 外国先进标准

外国先进标准是指国际上有权威的区域性标准、世界主要经济发达国家的国家标准（如英国国家标准 BS、美国国家标准 ANSI、法国国家标准 NF、日本工业标准 JIS 等）、其他国家的某些世界先进标准（即国外名牌产品或名牌公司标准）、国际上通行的团体标准。

三、商品标准内容及标准制定、修订

（一）商品标准的内容

标准的内容是由要素的规范性或资料性的性质以及它们在标准中的位置来划分的，可分为资料性概述要素、规范性一般和技术要素、资料性补充要素。

1. 资料性概述要素

资料性概述要素是标识标准、介绍标准、提供标准的附加信息的要素，具体由封面、目次、前言、引言、首页等构成。

2. 规范性要素

规范性要素是要声明符合标准而应遵守的条款的要素，分为一般要素和技术要素。一般要素包括标准名称、范围、引用标准等。技术要素包括定义、符号和缩略、要求（有关产品加工和服务的特性，技术要求及实验方法等）、抽样、试验方法、分类与命名、包装标志、标签、标准的附录等。

3. 资料性补充要素

资料性补充要素是提供附加信息以帮助理解或使用标准的要素，即标准的资料性附录参考文献和索引等，具体包括提示的附录、脚注、条文中的注释、表注和图注、采用说明的注等。

（二）商品标准的制定与修改

1. 制定商品标准的原则

标准所规定的条款应明确而无歧义并且在其范围所规定的界限内按需要力求完整、清楚准确、相互协调，充分考虑最新技术水平，为未来技术发展提供框架，能被未参加标准编制的专业人员所理解。

制定商品标准是一项技术性复杂、政策性强的工作，商品标准本身所含的技术水平高低和质量的好坏将决定标准贯彻后的技术经济效果，因此，制定标准时必须遵循以下原则。

（1）统一性

在每项标准或系列标准内标准的结构文体和术语应保持一致，系列标准的结构及其章条的编号应尽可能相同，类似的条款应使用类似的措辞来表述，相同的条款应使用相同的措辞来表述。在每项标准或系列标准内某一给定概念应使用相同的术语，对于已定义的概念应避免使用同义词，每个选用的术语应尽可能只有唯一的含义。

（2）标准间的协调性

为了达到所有标准整体协调的目的，每项标准应遵照现行基础标准的有关条款，尤其涉及下列方面的：标准化术语；术语的原则和方法；量单位及其符号；缩略语；参考文献；技术制图；图形符号等。

对于特定技术领域，还应考虑涉及下列内容的标准中的有关条款：极限和配合；尺寸公差和测量的不确定度；优先数；统计方法；环境条件和有关试验；安全；化学。

制定标准应当做到有关标准的协调配套。

（3）标准间的等效性

当提供标准的其他语种版本时，不同版本应保证在结构和技术上的一致。

（4）适用性

标准的内容应便于实施并易被其他标准引用。

1）制定标准应当有利于保障安全和人民的身体健康，保护消费者的利益，保护环境。

2）制定标准应当有利于合理利用国家资源，推广科学技术成果，提高经济效益，并符合使用要求，有利于产品的通用互换，做到技术上先进，经济上合理。

3）制定的标准应当发挥行业协会、科学研究机构和学术团体的作用。

（5）计划性

为了保证一项标准或一系列标准的及时发布，在制定标准时应遵守标准制定程序，在起草标准之前应确定预计的结构和内在关系，尤其应考虑内容的划分，如果标准分为多个部分，则应列出预计各个部分的名称，以及从工作开始到随后所有阶段均应遵守GB/T 1 的本部分和其他部分规定的规则，以避免在任何阶段上的延误。

（6）采用国际标准

对于等同采用国际标准的标准文本，其结构应与被采用的国际标准一致，制定标准应当有利于促进对外经济技术合作和对外贸易。

2. 制定商品标准的方法

标准的制定在遵循上述原则的前提下，还应认真调研，广泛收集有关信息，充分考虑各方面的要求，并根据标准应具有的特性进行商品标准的制定。

制定标准的大致程序为：标准化计划下达→组织标准制定工作组→调查研究与试验验证→起草标准草案（征求意见稿）→广泛征求意见→协调修改标准草案→编写标准草案送审稿→审查标准草案→编写标准草案报批稿→审批发布→组织发行。

制定标准的部门应当组织由专家组成的标准化技术委员会，负责标准的草拟，参加标准草案的审查工作。

标准实施后，制定标准的部门应当根据科学技术的发展和经济建设的需要适时进行复审，以确认现行标准继续有效或者予以修订、废止。

3. 商品标准化工作

（1）标准化工作的概念

标准化是指在经济、技术、科学及管理等社会实践中，对复杂事物和概念通过制定、发布和实施标准，达到统一，以获得最佳秩序和最大社会效益的全部活动过程。商品标准化是指在商品生产、流通的各个环节中制定、发布、实施商品标准的活动。它是商品标准的制定、发布、贯彻实施和修订的整个动态实践过程。

在国民经济的各个领域中，凡具有多次重复使用和需要制定标准的具体产品，以及各种定额、规划、要求、方法、概念等，都可成为标准化对象。

通过制定、发布和实施标准，达到统一是标准化的实质。获得一定范围内的最佳秩序和最大社会效益则是标准化的目的。

制定标准是指标准制定部门对需要制定标准的项目，编制计划，组织草拟、审批、编号、发布的活动。它是标准化工作任务之一，也是标准化活动的起点。

标准的实施是指有组织、有计划、有措施地贯彻执行标准的活动，是标准制定部门、使用部门或企业将标准规定的内容贯彻到生产、流通、使用等领域中去的过程。它是标准化工作的任务之一。

标准化具有抽象性、技术性、经济性、连续性亦称继承性、约束性、政策性的基本特性。标准化的基本原理通常是指统一原理、简化原理、协调原理和最优化原理。

（2）标准化的形式

标准化的形式有简化、统一化、系列化、通用化和组合化。

简化是在一定的范围内缩减商品的类型数目，使之满足既定需要的标准化形式，它是商品品种规格的合理简化。

统一化是把同类商品两种以上的表现形式归并为一种或限定在一定范围内的标准化形式。

系列化是对同一类商品中的一组商品同时进行标准化的一种形式。

通用化是在相互独立的系统中，选择和确定具有功能或尺寸互换性的子系统或功能单元的标准化形式。

组合化是按照标准化的原则，设计并制造一系列通用性较强的单元，根据需要组合成不同用途的一种标准化形式。

（3）标准化的主要作用

标准化的重要作用就在于，为了其预期目的改进产品、过程或服务的适用性，促进经济建设的有序发展，同时控制和最大限度地降低经济活动所带给社会的负面作用（如生态破坏、环境污染等），由此促进经济建设和社会生活的协调发展。

标准化有利于科学技术的进步和发展。标准化是积累实践经验，推广应用高新技术，促进技术合作和技术进步的桥梁。

标准化有利于消除“技术性贸易壁垒”，促进国际贸易的发展。技术性贸易壁垒是指进口国以维护国家安全、保护人类及动植物的健康安全、保护生态环境、防止欺诈、保证产品质量等为由所采取的一系列限制贸易的技术性措施。技术贸易措施可分为技术法规、技术标准、合格评定程序等。实施技术性贸易壁垒对于国家安全、保障人类健康和安全、保护生态环境、防止欺诈、保证产品质量具有重要意义。但是也应看到，很多国家利用技术性贸易措施的合理性和复杂性作为贸易保护的手段，阻挠其他国家的产品进入本国市场，保护本国市场，维护国家安全，调节或平衡国际贸易，成为贸易发展的障碍。技术贸易壁垒一般来说包括六个方面：技术标准与法规、合格评定程序、包装和标签要求、产品检疫、检验制度、信息技术壁垒和绿色技术壁垒。

（4）标准化行政管理职能

标准化行政管理职能由中国国家标准化管理委员会承担。中国国家标准化管理委员会（中华人民共和国国家标准化管理局）为国家质量监督检验检疫总局（以下简称质检总局）管理的事业单位。国家标准化管理委员会是国务院授权履行行政管理职能，统一管理全国标准化工作的主管机构。主要职责如下：

1）参与起草、修订国家标准化法律、法规的工作；拟定和贯彻执行国家标准化工作的方针、政策；拟定全国标准化管理规章，制定相关制度；组织实施标准化法律、法规和规章、制度。

2）负责制定国家标准化事业发展规划；负责组织、协调和编制国家标准（含国家标准样品）的制定、修订计划。

3）负责组织国家标准的制定、修订工作，负责国家标准的统一审查、批准、编号和发布。

4）统一管理制定、修订国家标准的经费和标准研究、标准化专项经费。

5）管理和指导标准化科技工作及有关的宣传、教育、培训工作。

6）负责协调和管理全国标准化技术委员会的有关工作。

7）协调和指导行业、地方标准化工作；负责行业标准和地方标准的备案工作。

8）代表国家参加国际标准化组织（ISO）、国际电工委员会（IEC）和其他国际或区域性标准化组织，负责组织 ISO、IEC 中国国家委员会的工作；负责管理国内各部门、各地区参与国际或区域性标准化组织活动的工作；负责签订并执行标准化国际合作协议，审批和组织实施标准化国际合作与交流项目；负责参与标准化业务相关的国际活动的审核工作。

9）管理全国组织机构代码和商品条码工作。

10）负责国家标准的宣传、贯彻和推广工作；监督国家标准的贯彻执行情况。

11）管理全国标准化信息工作。

12）在质检总局统一安排和协调下，做好世界贸易组织技术性贸易壁垒协议（WTO/TBT 协议）执行中有关标准的通报和咨询工作。

13）承担质检总局交办的其他工作。

第三节　商品质量监督

一、商品质量监督的概念、内容和作用

1. 商品质量监督的概念及内容

商品质量监督是指根据国家的质量法规和商品质量标准，由国家指定的商品质量监

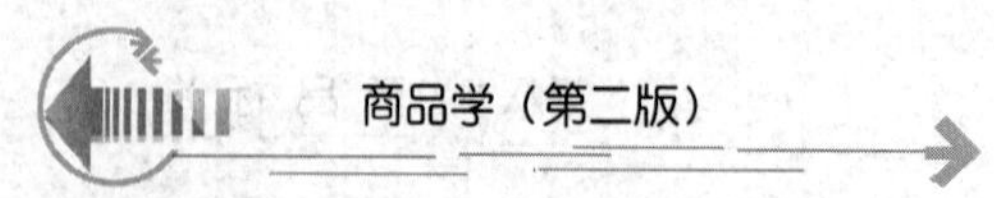

督机构对生产和流通领域的商品质量和质量保证体系进行监督的活动。商品质量监督是国家对生产和流通领域进行宏观调控的一种手段。通过商品质量监督能有效规范市场经营行为，保障市场商品质量，杜绝假冒伪劣商品，净化市场环境、保障市场经济健康发展。

实施商品质量监督，全国由国家技术监督局主管，各省、市、自治区由本地区人民政府标准化管理部门负责管理。国家质量技术监督局将依法全面加强对市场商品质量的监督管理。

国家对商品质量监督是技术监督，监督的重要手段是监督检验。监督检验属于第三方检验，是指由政府规定的商品检验机构，按照国家颁布的质量法规和质量标准，对企业生产的产品和市场上销售的商品进行检验和质量评价，并对企业的质量保证体系进行检查。

市场销售的商品必须符合国家法律、法规和所执行标准规定的质量要求，禁止销售不符合保障人体健康、人身、财产安全要求的商品；禁止销售未经质量检验、没有产品质量检验合格证明和应当实行安全认定而未经认证的商品；禁止销售应当实行生产许可证而未取得许可证的商品；禁止销售国家明令淘汰和失效、变质的商品及质量法规规定明令禁止的其他商品。

各类市场经营者应当守法经营，不得利用商品进行质量欺诈。销售者销售商品，不得掺杂、掺假；不得以假充真、以次充好；不得以不合格商品冒充合格商品。

商品销售者应当按照国家规定对所售出商品的质量负责。所售出商品出现质量问题符合法定修理、更换、退货条件的，应当执行；给购买商品的用户、消费者造成损失的，应当赔偿损失。

市场销售的商品和销售、使用的计量器具必须符合国家规定的计量要求。市场销售的定量包装商品和零售商品必须符合《定量包装商品计量监督规定》和《零售商品称重计量监督规定》的要求，不得缺斤短两；销售和进口的计量器具必须符合计量法律、法规的要求。任何单位或个体工商户以销售为目的制造计量器具，或者对社会开展经营性修理计量器具业务，必须依法取得“制造计量器具许可证”或者“修理计量器具许可证”。

市场销售的商品应当具有中文标识，并符合有关法律、法规及国家质量技术监督局发布的《产品标识标注规定》和有关产品标识标注国家标准的要求。商品标识标注的内容应当与商品的实际质量、属性和产地真实相符，不得伪造或者冒用他人企业的名称和地址；不得伪造产品的产地、生产日期和失效日期、不得伪造和冒用生产许可证标志，认证标志、名优标志等质量标志以及产品条码等其他质量证明。销售的商品或其说明书、包装物上应当标注所执行标准的代号、编号、名称。

实施商品质量监督要坚持公正性和科学性，要实行统筹安排与分级管理和分工负责相结合，突出重点，讲求效益，并注重处罚与教育相结合。

2. 商品质量监督的作用

商品质量监督实质上是国家对生产和流通领域商品质量进行宏观调控的一种手段，

具有如下作用：

1）是贯彻实施质量法规和商品标准不可缺少的重要手段。

2）是维护消费者利益，保障人体健康和生命安全的需要。

3）提高商品竞争能力，促进对外贸易的发展。

4）解决存在的质量问题，维护市场经济的正常秩序。

5）利于商品质量管理和更好地实现国家计划质量目标。

二、商品质量监督的种类

1. 国家的商品质量监督

国家的商品质量监督是指国家授权，指定第三方专门机构以公正的立场对商品质量进行监督检查。

国家的商品质量监督是以政府行政的形式进行。国家监督抽查是国家对产品质量进行监督检查的主要方式之一。国家监督抽查是由国务院产品质量监督部门依法组织有关省级质量技术监督部门和产品质量检验机构对生产、销售的产品，依据有关规定进行抽样、检验，并对抽查结果依法公告和处理的活动。

国家监督抽查分为定期实施的国家监督抽查和不定期实施的国家监督专项抽查两种。定期实施的国家监督抽查每季度开展一次，对可能危及人体健康和人身财产安全的商品，影响国计民生的重要工业产品，消费者和用户反映有质量问题的商品，实行定期、经常监督检查，公布质量检验结果，并根据国家有关法规及时处理质量问题，它是法定的质量监督。国家监督专项抽查则根据产品质量状况不定期组织开展。

国家监督抽查的质量判定依据是被检产品的国家标准、行业标准、地方标准和国家有关规定，以及企业明示的企业标准或者质量承诺。

2. 社会质量监督

社会质量监督是指社会团体、组织和新闻机构根据消费者和用户对商品质量的反映，对流通领域的某些商品进行质量监督检查。

实施社会质量监督常常是从市场一次抽样，委托第三方检验机构进行检验和评价，将检验结果特别是不合格商品的质量状况及企业名称予以公布，通过强大的社会舆论压力迫使企业改进商品质量，抵制销售不合格商品，对消费者和用户承担相应质的量责任，实行包修、包换、包退，赔偿经济损失。

3. 用户的质量监督

用户质量监督是指内外贸部门和使用单位为保证所购商品的质量而进行的质量监督检查。这种质量监督包括用户自己派人或委托技术服务部门进驻承制单位实行质量监督；内外贸部门派驻厂人员进行质量监督；以及进货时进行验收检验。

三、商品质量监督体系

我国的商品质量监督管理工作，由技术监督和专业监督等系统的质量监督管理机构和质量监督检验机构形成了质量监督管理网络。

1. 技术监督系统

全国的质量监督管理机构是国家质量技术监督局，负责管理全国商品质量监督工作，组织协调有关部门开展商品质量监督检验工作。县级以上地方质量技术监督部门负责本行政区内的商品质量监督管理工作，组织协调本地区承担质量监督检验任务的单位开展质量监督检验工作。

为适应我国商品监督检验工作的需要，国家在各省、自治区、直辖市工业集中的城市都建立产品质量监督检验机构。其任务是：根据标准进行商品质量监督检验，当产、销双方对商品质量有争议时执行仲裁检验，管理产品质量认证，组织生产许可证发放和参与优质产品审查工作等。

产品质量监督检验机构主要有四种形式：①国家级产品质量监督检验测试中心，主要承担国家指定的商品质量监督抽查检验；②各部级行业产品质量监督检验测试中心，负责本行业内部企业的产品质量监督检验；③全国各地方产品质量监督检验站、所，可代表国家行使商品质量监督检验权，承担地方商品质量监督抽查检验；④各省、市综合检验所，负责各专业检验机构未包括的商品质量的监督检验工作。

2. 专业监督系统

我国专业监督系统的监督管理机构和质量监督检验机构包括外贸、卫生、兽药监察、船舶和锅炉等多个子系统。

1）外贸子系统。国家出入境检验检疫局是我国主管进出口商品检验的行政执法机构。国家检验检疫局以设在各地的进出口商品检验机构监督管理所辖地区的进出口商品检验。

2）卫生子系统。国务院卫生行政部门主管全国的药品监督管理工作，药品检验所负责药品的质量监督检验工作。各级卫生行政部门负责所管辖范围内的食品卫生监督工作，卫生防疫站负责食品卫生监督检验工作。

3）兽药监察子系统。各级农牧行政管理机关主管兽药监督管理工作。各级兽药监察机构，协助农牧行政管理机关，分别负责全国和本辖区的兽药质量监督检验工作。

4）船舶子系统。由国家船舶检验局及其在有关地区设立的船舶检验机构负责船舶的质量监督管理和检验工作。

5）锅炉子系统。由国家劳动人事部和地方劳动人事部门负责锅炉压力容器的安全监督工作。

此外，中国消费者协会、中国质量管理协会等社会团体，也在全国各地设立了质量监督机构。

第四节 商品质量认证

一、商品质量认证的概念

早在 18 世纪中叶就有了商品认证的雏形，当时只是一些自发的民间机构对产品实行检验。目前认证已发展成为保护消费者利益，企业开拓海外市场，商家建立市场信誉的有力措施。认证已被全球广泛采用，世界各发达和相对发达的国家都已建立了独立的认证体系。

关于商品（即产品，下同）质量认证，ISO 将其定义为：由可以充分信任的第三方证实某一经鉴定的产品或服务符合特定标准或其他技术规范的活动。根据《中华人民共和国产品质量认证管理条例》，商品质量认证是依据商品标准和相应的技术要求,经认证机构确认并通过颁发认证证书和认证标志来证明某一商品符合相应标准和相应技术要求的活动。

我国商品认证包括合格认证和安全认证两种。

1. 合格认证

合格认证是依据标准中的性能要求进行认证，是某一产品经第三方检验后，确认它符合规定标准，并颁发合格证书或合格标志，予以正式承认。实行合格认证的商品，必须符合《标准化法》规定的国家标准或者行业标准的要求。合格认证一般要经过商品认证申请、企业质量保证能力检查、抽样检验、认证商品的审批。商品获得认证之后，对企业和商品质量进行经常性的监督，对企业的生产设备、制造工艺、质量控制体系，进行定期检查。商品质量认证一般按 ISO9002 体系认证。商品的合格认证是在自愿的基础上进行的。

2. 安全认证

安全认证是依据标准中的安全要求进行的认证。由于商品的安全性直接关系到消费者的生命和健康，一定要符合标准和法规要求，所以安全认证也称为强制认证，不经过安全认证的商品不能进口或在市场上销售。实行安全认证的商品，必须以《标准化法》中有关强制性标准的要求。在我国属于强制性标准的商品（主要是安全性的商品），必须取得认证资格，如药品、电器、玩具、建筑材料、压力容器、防护用品、汽车玻璃等。

国务院标准化行政主管部门统一管理全国的认证工作；国务院标准化行政主管部门直接设立的或者授权国务院其他行政主管部门设立的行业认证委员会负责认证工作的具体实施。

企业对有国家标准或者行业标准的商品，可以向国务院标准化行政主管部门或者国务院标准化行政主管部门授权的部门申请商品质量认证。认证合格的，由认证部门授予认证证书，准许在商品或者其包装上使用规定的认证标志。

已经取得认证证书的商品不符合国家标准或者行业标准的，以及商品未经认证或者认证不合格的，不得使用认证标志出厂销售。

商品质量认证对一个国家的经济发展起着很重要的促进作用。国家可通过实行商品认证制度提高本国商品质量，提高企业质量保证能力；是国家用来发展经济、扩大出口的一项行之有效的措施，世界上许多国家对进口商品都有认证要求，出口商品如果没有取得认证就无法进入这些国家的市场；质量认证有助于消费者选购满意的商品；可为生产企业带来信誉，并可节省大量的社会重复检查费用，有利于减少伤害和财产损失，有助于提高产品在国际市场上的竞争能力。

二、商品质量认证的类型和程序

1. 商品质量认证的类型

目前，世界各国实行的质量认证制度主要有八种类型，如表 8-3 所示。

表 8-3 质量认证制度的主要类型

认证类型	型式试验	质量体系评定	认证后监督		
			市场抽样	工厂抽样	质量体系复查
一	●				
二	●				
三	●			●	
四	●		●	●	
五	●	●	●	●	●
六		●			●
七	批量检验				
八	100%检验				

1）型式试验。按规定的试验方法对产品的样品进行试验，以证明样品符合指定标准或技术规范的要求。

2）型式试验加认证后监督——市场抽样检验。这是一种带有监督的型式试验，监督的办法是从市场上购买或从商品仓库中抽取样品进行检验，以验证认证产品质量的持续稳定性。

3）型式试验加认证后监督——工厂抽样检验。与第二种类似，只是样品在企业抽样。

4）型式试验加认证后监督——市场和工厂抽样检验。该种认证制度是第二、三种的综合，监督力度更大。

5）型式试验加工厂质量体系评定加认证后监督——质量体系复查加工厂和市场抽样检验。此种认证制的显著特点是在批准认证的条件中，既要求对产品作型式试验，又要求对与产品相关的工厂质量体系进行评定，并且都要实施监督检查。

6）工厂质量体系评定。这种认证制度是对企业按所要求的质量体系，如 ISO9000 标准质量体系，进行检查评定，对获得认证后的企业质量体系要实施监督检查。

7）批量检验。根据规定的抽样方案，对某批产品进行抽样检验，并据此作出该批产品是否符合个标准要求，能否认证的判断。由于存在抽样风险，只有在供需双方协商一致后方能有效执行。

8）全数检验。对每一种产品，在出厂前要依据标准，经认可的独立检验机构进行检验。一般只有极少数与人身健康密切相关的产品才实施全数检验。

上述八种认证类型中，第六种就是目前国内广泛开展的质量体系认证；第五种由于内容最为完整全面，集中了各项认证制的优点，被称为典型的质量认证制度，也就是产品质量认证。农机产品质量认证即属此类。这两种认证制度是各国普遍采用的，也是国际标准化组织 ISO 向各国推荐的认证制。

2. 商品质量认证的程序

（1）商品质量认证的条件

中国企业、外国企业均可提出认证申请。提出申请的企业应当具备以下条件：

1）产品符合国家标准或者行业标准要求。

2）产品质量稳定，能正常批量生产。

3）生产企业的质量体系符合国家质量管理和质量保证标准及补充要求。

（2）商品质量认证的程序

1）中国企业向认证委员会提出书面申请；外国企业或者代销商向国务院标准化行政主管部门或者其指定的认证委员会提出书面申请。其主要内容包括：①申请单位的基本情况；②申请认证产品的名称、规格型号、商标、产量、产值等情况；③申请企业愿意遵守我国产品质量认证法规的规定，依法接受检查及监督的声明等。企业递交申请书的同时，还应当提供申请认证产品的企业质量保证体系手册副本及认证采用的标准和有关技术资料。申请书经审核被接受后，由认证机构向申请单位发出“接受认证申请通知书”。

2）认证委员会通知承担认证检验任务的检验机构对产品进行检验。

3）认证委员会对申请认证的生产企业的质量体系进行审查。企业产品质量认证申请被接受后，认证机构应当组织对企业进行质量体系审查，审查的目的在于检查、评定企业的质量保证体系确实具备保证企业持续稳定地生产符合标准要求的产品的能力。经企业质量体系审查合格后，由认证机构委托符合法定条件的产品质量检验机构对申请认证的产品依照认证标准进行抽样检验。

4）认证委员会对认证合格的产品，颁发认证证书，并准许使用认证标志。企业通过质量体系检查和产品样品检验后，认证机构负责对"企业质量体系检查报告"和"样品检验报告"进行全面审查，依法对于符合规定条件的产品批准认证，颁发认证证书，并允许企业在该产品上使用认证标志。对于经审查不符合规定的企业，认证委员会应当书面通知申请单位，并说明理由。如果企业能在六个月内采取有效措施予以改正，并经认证机构进行复查，确实达到规定的条件的，仍可予以批准认证、颁发认证证书。对于经过复查，仍达不到规定要求的，应通知企业撤回申请。

三、商品质量体系认证

1. 商品质量体系认证的概念

质量体系认证，亦称质量体系注册，是指由公正的第三方体系认证机构，依据正式发布的质量体系标准，对企业的质量体系实施评定，并颁发体系认证证书和发布注册名录，向公众证明企业的质量体系符合某一质量体系标准，有能力按规定的质量要求提供产品，可以相信企业在产品质量方面能够说到做到。

质量体系认证的目的是要让公众（消费者、用户、政府管理部门等）相信企业具有一定的质量保证能力，其表现形式是由体系认证机构出具体系认证证书的注册名录，依据的条件是正式发布的质量体系标准，取信的关键是体系认证机构本身具有的权威性和信誉。

质量体系认证的主要作用包括：

1）从用户和消费者角度：能帮助用户和消费者鉴别企业的质量保证能力，确保购买到优质满意的产品。

2）从企业角度：能帮助企业提高市场的质量竞争能力；加强内部质量管理，提高产品质量保证能力；避免外部对企业的重复检查与评定。

3）从政府角度：能促进市场的质量竞争，引导企业加强内部质量管理稳定和提高产品质量；帮助企业提高质量竞争能力；维护用户和消费者的权益；避免因重复检查与评定而给社会造成浪费。

2. 商品质量体系认证的步骤

商品质量体系认证过程总体上可分为四个阶段：认证申请、体系审核、审批与注册发证、监督。

1）认证申请。企业向其自愿选择的某个体系认证机构提出申请，按机构要求提交申请文件，包括企业质量手册等。体系认证机构根据企业提交的申请文件，决定是否受理申请，并通知企业。按惯例，机构不能无故拒绝企业的申请。

2）体系审核。体系认证机构指派数名国家注册审核人员实施审核工作，包括审查企业的质量手册，到企业现场查证实际执行情况，提交审核报告。

3）审批与注册发证。体系认证机构根据审核报告，经审查决定是否批准认证。对批准认证的企业颁发体系认证证书，并将企业的有关情况注册公布，准予企业以一定方式使用体系认证标志。证书有效期通常为三年。

4）监督。在证书有效期内，体系认证机构每年对企业至少进行一次监督检查，查证企业有关质量体系的保持情况，一旦发现企业有违反有关规定的事实证据，即对相应企业采取措施，暂停或撤销企业的体系认证。

3. ISO9000 族

ISO/TC176 在 1999 年 9 月召开的第 17 届年会上，提出 2000 版 ISO9000 族标准的文件结构，见表 8-4。

表 8-4　2000 版 ISO9000 族标准的文件结构

核心标准	其他标准	技术报告	小册子
ISO9000 ISO9001 ISO9004 ISO19011	ISO10012	ISO10006 ISO10007 ISO10013 ISO10014 ISO10015 ISO10017	质量管理原理选择和使用指南 小型企业的应用

（1）ISO9000：2000 质量管理体系——基本原则和术语

此标准是在 ISO8402：1994《质量管理和质量保证——术语》和 ISO9000 —1：1994《质量管理和质量保证——第 1 部分：选择和使用指南标准》的基础上合并而成。它规定了 ISO9000 族标准中质量管理体系的术语共 10 个部分 87 个词条，表述了质量管理体系应遵循的基本原则。由于 1994 版 ISO8402 标准已被撤销，ISO9000-1 标准中第七和第八章有关“选择和使用”的内容，也从新版的 ISO9000 标准中删除，将在一个单独出版的《ISO9000 族标准选择和使用指南》小册子中出现。

（2）ISO9000：2000 质量管理体系——要求

此标准在 1994 版 ISO9001 的基础上，在标题、结构、内容上均作了重大修改。它替代了 ISO9002：1994 和 ISO9003：1994（这两项标准也被撤销）。新版 ISO9001 允许有条件的剪裁，但对剪裁的规则作出了明确的规定。标准的标题也发生了变化，不再用“质量保证”一词，反映了该标准规定的质量管理体系要求不仅是产品的质量保证，还包括了使顾客满意。标准的结构从 1993 版的“要素结构”，变为 2000 版的“过程模式”；

从产品形成各阶段的控制方式，转为顾客为核心的过程导向方式。

（3）ISO9004：2000 质量管理体系——业绩改进指南

标准在合并 ISO9004：1994 及其分标准的基础上，从结构到内容均作了重大修改。修改后的标准为组织提供了业绩改进的指南，但不是 ISO9001 的实施指南。该标准以质量管理的八项原则为基础，使组织理解质量管理及其应用，从而改进组织的业绩。标准还给出了质量改进中的自我评价方法，并以质量管理体系的有效性和效率为评价目标。

（4）ISO19011：2000 质量和环境审核指南

标准合并了 1994 版 ISO 10011—1、ISO 10011—2、ISO 10011—3 三个分标准，并取代了 1996 版的 ISO14010、ISO14011、ISO14012，遵循“不同管理体系，可以有共同管理和审核要求”的原则，为质量管理和环境管理审核的基本原则、审核方案的管理、环境和质量管理体系审核的实施以及对环境和质量管理体系审核员的资格要求提供了指南。它适用于所有运行质量和/或环境管理体系的组织，指导其内审和外审的管理工作。

四、我国的质量认证工作

1. 我国认证认可制度

1978 年 9 月，我国恢复为 ISO 正式成员后，引入了质量认证的概念。1981 年成立中国第一个认证委员会——中国电子元器件认证委员会（OCCECC）。1988 年 12 月公布和实施《中华人民共和国标准化法》，之后，我国的质量认证管理工作纳入法制轨道。颁布了一系列与商品质量认证管理有关的法规，并开展了产品质量认证、质量体系认证、实验室认可和环境体系认证等。自加入世贸组织之日起使所有的技术法规、标准和合格评定程序符合《技术性贸易壁垒协议》。目前，我国认证认可制度的基本结构分为以下四个层次。

（1）政府主管部门

根据我国产品质量法、标准化法和国务院认证管理条例规定，国家技术监督局作为质量监督管理主管部门和标准化主管部门。为加强对我国认证认可工作的统一领导和监督管理，国务院组建国家认证认可监督管理委员会（中华人民共和国国家认证认可监督管理局），统一管理、监督和综合协调全国认证认可工作。

（2）认可机构

中国国家认证机构认可委员会（CNAB）于 2002 年 7 月 3 日成立，统一负责全国认证机构（包括各类管理体系认证机构和各类产品认证机构）国家认可工作。CNAB 的职责是：

1）根据国家有关法律法规，参照国际准则和惯例研究各管理体系认证机构和产品认证机构认可的工作政策和技术措施。

2）对申请认可的认证机构的认证管理与技术能力实施评定。

3）对获准认可的认证机构的认证管理与技术能力保持状况实施监督。

中国实验室国家认可委员会（CNAL）于2002年7月4日成立，其主要任务是：

1）按照我国有关法律法规和国际规范建立并运行实验室和检查机构的认可体系，制定并发布实验室和检查机构的认可方针政策和规则、准则、指南等规范性文件。

2）对境内外实验室和检查机构按照国际规范开展能力评价、做出认可决定，并对获得认可的实验室和检查机构进行监督管理。

3）组织开展与实验室和检查机构认可相关的人员培训工作，对评审人员进行资格评定注册和后续管理。

4）为实验室和检查机构提供相关技术服务，为社会各界提供获得认可的实验室和检查机构的公开信息。

5）受理对认可委员会认可工作及对认可的实验室和检查机构工作的申诉与投诉，负责调查并作出处理决定。

（3）认证机构

认证机构主要包括产品认证机构、质量体系认证（注册）机构和检验及核准实验室。

中国方圆标志认证委员会（简称中国方圆委，CQM）是经国家批准认可的，开展质量体系认证、产品合格认证、产品安全认证、环境管理体系认证或其他合格评定活动的综合性认证机构。中国方圆委方圆标志认证中心已形成覆盖全国范围的认证工作网络，其认证标志为方圆标志。方圆标志认证中心是中国方圆委的实体，具有独立的法人资格。

中国电工产品安全认证委员会（CCEE），是我国唯一的电工产品安全认证机构，是国家技术监督局授权，代表中国参加国际电工委员会电工产品安全认证组织（IECEE）的唯一合法机构，代表国家组织对电工产品实施安全认证（长城标志认证）。

中国质量认证中心于2002年 4月25日在北京成立，是强制性产品认证制度的具体实施机构，它关系到中国对加入世贸组织所做承诺的履行情况、中国社会主义市场经济的建立、中国经济生活及人民群众的生命安全。

中国质量体系认证机构国家认可委员会（CNACR）是由国家技术监督局依据《产品质量法》第九条的规定，授权建立的中国质量体系认证机构国家认可机构。1993年开始筹备组建，1994年4月正式开展工作。CNACR按照国际规范，结合我国国情，已经基本建立了一套比较规范的质量体系认证机构国家认可制度。目前，已成为国际认可论坛（IAF）和太平洋认可合作组织（PAC）的正式成员机构，并作为中国国家认可机构列入了ISO向全世界发布的《质量体系注册机构名录》。

（4）申请认证认可企业

企业根据自愿原则可以向国务院产品质量监督部门认可的或者国务院产品质量监督部门授权的部门认可的认证机构申请企业质量体系认证。经认证合格的，由认证机构颁发企业质量体系认证证书。国家参照国际先进的产品标准和技术要求，推行产品质量认证制度。

2. 产品质量认证标志

产品质量认证标志，是指产品经法定的认证机构按规定的认证程序认证合格，准许在该产品及其包装上使用的表明该产品的有关质量性能符合认证标准的标识。目前，我国国内经国务院产品质量监督部门批准的认证标志主要有3种：适用于电工产品的专用认证标志长城标志，适用于电子元器件产品的专用认证标志PRC标志，以及适用于其他产品的认证标志方圆标志。此外，一些较有影响的国际机构和外国的认证机构按照自己的认证标准，也对向其申请认证并经认证合格的我国国内生产的产品颁发其认证标志。例如，国际羊毛局的纯羊毛标志，美国保险商实验室的UL标志等，都是在国际上有较大影响的认证标志。

下面介绍一些国内、国外常见的认证标志。

（1）CCC

为更好地与国际市场接轨，自2003年8月1日起，中国以单一的中国强制性产品认证制度（以下简称“新制度”）逐步取代过去的，由原国家出入境检验检疫局颁布并组织实施的进口商品安全质量许可制度和原国家质量技术监督局颁布并组织实施的产品安全认证强制性监督管理制度（以下简称“老制度”）。过去的进口商品安全质量CCIB标志或长城标志CCEE将被新的中国强制认证CCC标志所取代。

（2）国家产品免检标志

免检标志属于质量标志。获得免检证书的企业在免检有效期内，可以自愿将免检标志标示在获准免检的产品或者其铭牌、包装物、使用说明书、质量合格证上。国家质量技术监督局统一规定的免检标志呈圆形，正中位置为“免”字汉语拼音声“M”的正、倒连接图形，上实下虚，意指免检产品的外在及内在质量都符合有关质量法律法规的要求。

（3）中国名牌产品

中国名牌产品是指经中国名牌战略推进工作委员会认定，实物质量达到国际同类产品先进水平，在国内同类产品中处于领先地位，市场占有率和知名度居行业前列，顾客满意程度高，具有较强市场竞争力的中国制造的产品。

（4）环境标志

环境标志是一种印刷或贴附在商品或其包装上的图案，是一种商品“认证标志”，证明该种商品在其生命周期中符合环境保护要求，不危害人体健康，对生态环境无害或危害极小，有利于资源的节约和回收利用。

（5）绿色食品标志

绿色食品标志是由农业部正式注册的质量证明商标，用以标识、证明无污染的安全、优质、营养类食品及与此类食品相关的事物。绿色食品标志作为一种证明商标正式通过审查核准注册，纳入商标专用权保护范畴。绿色食品标志由三部分组成，即上方的太阳、下方的叶片和中心的蓓蕾。

（6）CB 认证

CB 认证是国际电工委员会电工产品安全认证组织（IECEE）制定的一种认证体系，它主要针对电线电缆、电器开关、家用电器等 14 类产品。拥有 CB 标志意味着制造商的电子产品已经通过了 NCB（国际认证机构）的检测，按试验结果相互承认的原则，在 IECEE/CB 体系的成员国内，取得 CB 测试书后可以申请其他会员国的合格证书，并使用该国相应的认证合格标志。

（7）CSA 认证

CSA 是加拿大标准协会的简称，成立于 1919 年，是加拿大首家专门制定工业标准的非盈利性机构，也是世界上最著名的认证机构之一。在北美市场上销售的电子、电器等产品都要取得 CSA 安全方面的认证。该标准主要对产品、工艺、材料的测试手段、服务的安全性和材料等方面作出了规定。

（8）UL 认证

UL（保险商试验所）是美国最具权威性、非盈利性的民间安全测试机构，它主要对各种设备、系统和材料进行安全性试验和检查，确保是否对生命财产存在危险，并将检验结果公布出来。UL 出版了几百种标准，其中大多数被美国国家标准协会（ANSI）所采纳。总体来说，UL 标准可以分为：对产品结构的要求、对产品使用的原材料的要求、对产品使用的元器件的要求、对测试仪器和测试方法的要求、对产品标志和说明书的要求等。现在 UL 认证已成为全球最严格的认证之一。

（9）TUV 认证

德国莱茵公司技术监督公司（TUV）是德国最大的产品安全及质量认证机构，在欧洲久享盛誉。设有该机构分公司的国家和地区可以方便地申请 GS 标志及其他国家的安全认证。所谓 GS 标志，就是德国劳工部授权 TUV、VDE（德国电器协会）等机构颁发地安全认证标志。GS 的参考标准是 VDE 和 DIN（德国标准协会）标准。如果产品具有 GS 标志，代表该产品符合最新的欧洲和德国标准。

（10）北欧四国认证

北欧四国认证分别是指挪威电器标准协会（NEMKO）、瑞典电器标准协会（SEMKO）、丹麦电器标准协会（DEMKO）和芬兰电器标准协会（FIMKO）认证。其中，具有 NEMKO 标志代表该产品经过了挪威认证的一系列安全测试，以确保产品能经受住物理损耗、燃烧和电子冲击。NDMKO 标志在评测后 10 年内有效，过了有效期则必须重新进行测试。具有 SEMKO 标志说明该产品与欧洲标准一致。

（11）EMC 认证标志

随着电气电子技术的发展，家用电器产品日益普及。广播电视、邮电通讯和计算机网络的日益发达，电磁环境日益复杂和恶化，使得电气电子产品的电磁兼容性问题受到各国政府和生产企业的日益重视。欧共体政府规定，从 1996 年 1 月 1 日起，所有电气电子产品必须通过 EMC 认证，加贴 CE 标志后才能在欧共体市场上销售。国家标准

GM4343《家用和类似用途电动、电热器具，电动工具以及类似电器无线电干扰特性测量方法和限值》已于1996年12月1日起强制实施。

（12）TUV标志

TUV标志是德国零部件产品型式认证标志，适用于电气零部件，如电源、变压器、调光器、继电器、插接件、插头、导线等机械产品零部件及运动器材零部件。

（13）JIS标志

JIS 标志是日本标准化组织（JISC）对经指定部门检验合格的电器产品、纺织品颁发的产品标志。

（14）国际羊毛标志

国际羊毛标志是国际通用的供消费者识别优良品质羊毛产品的标志。使用羊毛标志的产品，其生产过程必须受到严格控制，其成品出厂前须经抽样检验，合格后由国际羊毛事务局授权使用羊毛标志。

（15）NF标志

NF 标志是法国认证标志，这种标志可单独用于电器及非电器类产品，也可与其他标志或字母的图案共同使用，主要指安全标准要求和效能特征。

（16）GOST标志

GOST标志是俄罗斯产品合格认证标志。中国向俄罗斯出口的大多数产品属于强制认证范围。根据俄罗斯法律规定，商品如果属于强制认证范围，不论是在俄罗斯生产的，还是进口的，都应依据现行的安全规定通过认证并领取俄罗斯国家标准合格证书（缩写GOST 合格证）。没有 GOST 证书产品不能上市销售，对许多进口产品来说，连海关也不能通过。

图8-6列出了一些常见的国内、国外认证标志。

CCC认证标志

生态纺织标志

德国电磁兼容认证标志

美国UL认证标志

CCIB认证标志

国际信用认证标志

图8-6 常见的几种认证标志

长城认证标志

国家免检产品标志

中国名牌标志

国际电工 CB 认证标志

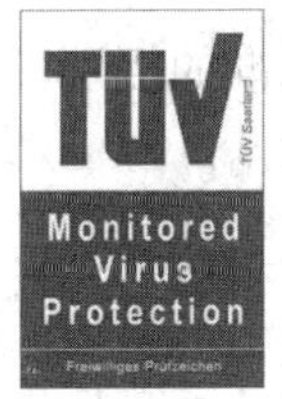

TUV 质量认证标志

挪威 NEMKO 认证标志

加拿大 CSA 认证标志

欧共体 CE 认证标志

国际纯羊毛标志

国际质量体系认证标志

国际电器安全实验室认证标志

欧盟、美国、日本电磁兼容 EMC 标志

图 8-6　常见的几种认证标志（续）

小结

商品标准按标准的约束性不同，分强制性标准和推荐性标准。我国标准分为国家标准、行业标准、地方标准和企业标准四级。

国际标准是指由国际标准化组织(ISO)、国际电工委员会(IEC)、国际电信联盟(ITU)制定的标准，以及经国际标准化组织认可、并收集到《国际标准题录索引》中加以公布的其他国际组织所制定的标准。

商品质量监督是指根据国家的质量法规和商品质量标准，由国家指定的商品质量监督机构对生产和流通领域的商品质量和质量保证体系进行监督的活动。商品质量监督是国家对生产和流通领域进行宏观调控的一种手段。

产品（商品）质量认证是依据产品（商品）标准和相应的技术要求,经认证机构确认并通过颁发认证证书和认证标志来证明某一产品（商品）符合相应标准和相应技术要求的活动。我国产品认证包括合格认证和安全认证两种。

复习思考题

1．什么是商品标准？简述我国标准的级别。
2．什么是商品标准化？简述其作用。
3．什么是商品质量监督？并联系实际说明。
4．什么是商品质量认证？简述商品质量认证的类型和程序。
5．课后进行一些调查活动，收集各类商品包装上的认证标志，并指出是哪类认证。

实训项目

1．实训内容：
了解纯净水的生产标准。
2．实训要求：
1）选择一家超市，了解市场销售的纯净水的品名、商标、规格、厂名和厂址。
2）了解各种纯净水包装上的生产标准，并详细记录。
3．实训分析：
1）根据调查记录，根据记录生产标准号从网络上或图书资料中查询标准主要内容。
2）根据标准内容，对比商品包装上的成分，分析商品质量。
3）写出实训小结。

案例分析

2007年葡萄酒产品质量国家监督抽查结果新闻发布稿

为了维护消费者的合法权益，进一步促进葡萄酒行业的健康发展，国家质检总局组织对葡萄酒产品质量进行了国家监督抽查。共抽查了北京、天津、河北、吉林、辽宁、上海、江苏、浙江、山东、新疆、宁夏、甘肃等12个省、直辖市、自治区78家企业的78种产品，产品抽样合格率为88.5%。本次抽查依据GB2758—2005《发酵酒》等国家标准，对葡萄酒的卫生、理化、感官等指标进行了检验。经检验，卫生指标（包括细菌总数、大肠菌群）全部合格。

抽查中发现的主要质量问题:

1)感官品质不合格。感官是保障葡萄酒质量的指标之一，通过外观、色、香、味典型性来表现。抽查有少数产品感官品质不合格，主要是有异香，异味，酒体寡淡，不具备葡萄酒的典型性。

2)酒精度不合格。抽查中有个别产品酒精度不符合标准要求，其中有 1 种产品的酒精度为 7.9（vol），低于规定值 11.0～24.0（vol）的要求。

3)超范围使用甜味剂和合成色素。葡萄酒属于发酵酒，国家强制性标准 GB2760—1996《食品添加剂使用卫生标准》中明确规定，发酵酒中不得添加甜味剂（糖精钠、甜蜜素）。不得添加合成色素（苋菜红）。抽查中有个别产品检出甜味剂糖精钠、甜蜜素和合成色素苋菜红。葡萄酒中添加甜味剂，会影响酒的真实属性，降低葡萄酒的品质。

针对抽查中反映出的主要质量问题，国家质检总局已责成各地质量技术监督部门严格按照产品质量法等有关法律法规的规定，对抽查中产品质量不合格的企业依法进行处理，限期整改。

同时，公布抽查中质量较好的产品及其生产企业，加大宣传力度。国家质检总局将继续对该类产品质量进行跟踪抽查，促进葡萄酒行业整体质量水平的提高，为消费者创造出安全满意的消费环境，相关名单见表 8-5 和表 8-6。

表 8-5　葡萄酒产品质量国家监督抽查部分质量较好的产品及其企业名单

序号	企业	产品名称	商标	规格	生产日期
1	王朝葡萄酿酒有限公司	王朝解百纳干红葡萄酒	王朝	750mL/瓶 12%（vol）	2006-07-06
2	烟台张裕葡萄酿酒股份有限公司	张裕解百纳干红葡萄酒	张裕	750mL/瓶 12%（vol）	2006-08-24
3	北京龙徽酿酒有限公司	龙徽赤霞珠干红葡萄酒	龙徽	750mL/瓶 12%（vol）	2006-06-14
4	烟台威龙葡萄酒股份有限公司	威龙干红葡萄酒	威龙	750mL/瓶 11.5%（vol）	2006-05-14

表 8-6　葡萄酒产品质量国家监督抽查部分质量较差的产品及其企业名单

序号	企业	产品名称	商标	规格	生产日期	主要不合格项目
1	青州市华威酒业有限公司	莎当妮高级葡萄酒	高祥	750mL/瓶 12%（vol）	2006-08-10	酒精度、干浸出物、总糖、苋菜红、糖精钠，甜蜜素，感官，标签
2	通化市长白山酒业有限公司	贵族红精品红葡萄酒	永结老铁	750mL/瓶 12%（vol）	2006-08-20	酒精度，感官

专家建议，消费者在选购葡萄酒时，可以从两个方面着手:

（1）从标签标注的内容判断

葡萄酒的标签标注内容应该齐全、准确，主要包括以下内容:

1）产品名称。根据产品的定义，名称应该为“葡萄酒”。

2）酒精度。葡萄酒的酒精度不应低于 7%（V/V）。

3）执行标准。我国葡萄酒标准是GB/T15037。

（2）从内在质量判断

葡萄酒的质量包括卫生、理化和感官三个部分，其中最能全面、有效地反映葡萄酒质量高低的指标是感官指标。

葡萄酒的感官指标应该从以下三个方面来体现：

1）外观。葡萄酒的外观大多数应该是澄清透明，有光泽，其颜色与酒的名称相符。

2）香气。葡萄酒是一种发酵产品，它的香气应该有葡萄的果香、发酵的酒香、陈酿的醇香，而且这些香气应该平衡、协调、幽雅、令人愉快。

3）口感。葡萄酒的口感应该是舒畅愉悦，各种香味细腻、柔和，余味绵长。

（资料来源 http://www.winechia.com/inspection/jdcc05.asp）

分析与思考：

1．本案例中，国家质检总局对全国葡萄糖质量检测的依据是什么？

2．作为消费者，本次检测结果公示后对你购买相关商品有什么指导意义？

第九章　商 品 检 验

学习目标

了解商品检验工作对保证商品质量的重要意义；熟悉商品检验的内容，掌握商品检验中的商品抽样方法和商品质量的检验方法；了解商品品级的分级方法。

商品检验是商品质量监督和认证的一项基础工作，在商品生产和流通中是一个不可缺少的重要环节。它对维护国家的利益和信誉；促进生产和对外贸易发展，提高国际竞争力；维护对外贸易有关方的合法权益；对进入流通领域的内贸商品进行质量监督检验，保证消费者的利益；对于商品仓储管理、保管、养护提供科学数据以及为国家制定经济技术政策提供最直接、客观的依据都有重要的现实意义。

商品检验有生产检验、验收检验、第三方检验三大类别。商品质量检验的方法有感官检验、理化检验和使用检验等。商品质量分级是商品质量检验的最后结果，是商品确定价格的重要依据。

第一节　商品检验概述

一、商品检验的概念与种类

1. 商品检验的概念

商品检验是指商品的生产方、销售方或者第三方在一定的条件下，借助某种设备、仪器、试剂或采用感觉器官等手段和方法，按照合同、标准或国际、国家有关法律、法规、惯例，对商品的质量、规格、重量、数量及包装等方面进行检验，并做出合格与否和等级判定的业务活动。其中商品质量检验是商品检验的核心内容。因此，狭义的商品检验就是指商品质量检验。商品检验是商品质量管理的重要环节，是商品质量监督和认证的基础，是商品质量保证工作的一项重要内容。

2. 商品检验的种类

商品检验依其检验主体和目的之不同，可分为生产检验、验收检验、第三方检验三大类别。

（1）生产检验

生产检验是指商品制造商为了在竞争中维护企业信誉，达到保证质量的目的，取得竞争优势，而对原材料、半成品和成品进行的检验活动。

（2）验收检验

验收检验是指商品的购买方（商业企业、进出口企业、工业用户等）为了维护自身及消费者的利益，保证其所购商品符合合同或标准规定所进行的检验活动。

（3）第三方检验

第三方检验是指处于交易双方利益之处的第三方，以公正、中立、权威的身份，应有关方面的请求或指派，根据有关法律、合同或标准而对商品进行的检验活动。第三方检验的目的在于维护交易双方的权力和国家、消费者的权益，可以及时协调和解决商品贸易或交换中出现的矛盾，促进商品流通的顺畅进行。

二、商品检验的形式

在三类商品检验中，有多种商品检验的形式，按不同划分标志可分为以下几种主要形式。

1. 按检验是否有破损性，可分为破损性检验和非破损性检验

1）破损性检验：是指为取得必要的质量信息，经测定、试验后的商品遭受破坏的检验，如加工食品罐头、饮料等。

2）非破损性检验：是指经测定、试验后的商品仍能发挥其正常使用性能的检验，如电器类、纺织品类等。

2. 按被检验商品的数量，可分为全数检验、抽样检验和免于检验

（1）全数检验

全数检验是对被检批商品逐一进行的检验，这是适合于批量小、质量特征少且质量不稳定、较贵重的商品检验，如照相机、手表、音响等的检验。该检验的特点是可以提供完全的质量信息，给人安全、可靠感。但应避免由于检验工作单调、检验人员疲劳导致漏检和错检现象。

（2）抽样检验

抽样检验是按合同或标准中规定的抽样方案，从被检验商品中随机抽取一小部分，在质量特性上能代表整批商品的样品，组成样本，再对样品逐一进行测试的检验形式，如天然矿泉水、糕点等。抽样检验适合于商品数量较大的商品检验，可以节省检验时间和费用，有利于加速商品的货物交接。但由于此种检验提供的商品信息量较少，检验不完整，可能导致检验结果和实际商品品质有偏差，因此不适合于商品质量差异程度大的商品批量。

（3）免于检验

免于检验是指对于生产技术和检验条件较好、质量控制完备、成品质量长期稳定的生产企业所生产的产品，在企业自检合格后，商业企业或进出口公司可以直接收货，免于检验。但是，对于涉及安全、卫生以及有特殊要求的商品不能免检。

对于法定商检的进出口商品，依据我国进出口商品免检方法（试行）中规定，只要具备下列条件之一的，可申请免检：

1）在国际上获质量奖（未超过三年时间）的商品。

2）经国家商检部门认可的国际有关组织实施质量认证，并经商检机构多次检验，质量长期稳定的商品。

3）连续三年出厂合格率及商检合格率100%，且在三年内没有出现质量异议的出口商品；连续三年商检合格率和用户验收合格率100%，并且获得用户和消费者良好评价的进口商品。

4）定数量限额内的非贸易性的进出口商品，如无偿援助、国际合作、对外交流和对外承包工程所需的物品；进出口的展品、礼品和样品。

三、商品检验的工作程序

商品质量检验工作程序一般分为定标、抽样、检验、判定、处理五大步骤。

1）定标：是指检验前根据合同或标准规定，明确技术要求，掌握检验手段和方法以及商品合格判定原则，拟定商品检验计划。

2）抽样：是按合同或标准规定的抽样方案，随机抽取样品，使样品对商品批总体具有充分的代表性，同时要对样品进行合理地保护。

3）检验：是在规定的环境条件下，使用规定的试验设备和试验方法，检测样品的质量特性。

4）判定：是指通过将检测的结果与合同及标准所规定技术指标进行比照，根据合格判定原则，对被检商品合格与否作出判定。

5）处理：是指对检验结果出具检验报告，反馈质量信息，对不合格的商品做出处理。

第二节　商品的抽样检验

商品抽样检验是在对工农业产品和进出口商品进行质量检验时，被广泛运用的，并被人们普遍认可的一种商品检验形式。

一、抽样的概念

抽样是根据合同或标准所确定的方案，从被检批商品中抽取一定数量有代表性的、用于检验的单位商品的活动。又称为取样或拣样。

被检批商品应为同一来源、同质的商品，一般以一个订货合同为一批，若同批质量差异较大或订货量很大或连续交货，也可分为若干批。组成被检批的基本单位称为单位商品。

1）单位商品：是指构成商品总体的基本单位。有些产品可自然划分，如一只铅笔、一把胡琴、一套服装等；有些则不能自然划分，需要根据人们的习惯来划分，如每瓶墨水、每袋花生、每百米电线等。

2）批、批量：具有大致相同的生产加工条件，生产时间大致相同的同等级、同品种、同规格尺寸、同原材料工艺的产品可组成商品批。一批商品中每个单位商品的性质、功能必须接近。被检批商品中所包含的单位商品的总数称为批量，用 N（自然数）表示。

3）样本：由被检批中抽取用于检验的单位商品（即样品）的全体。样本中所包含的单位商品数量称为样本大小或样本量，通常用 n 表示。

二、抽样的方法

抽样检验的目的在于用尽量少的样品所反映的质量状况来统计推断整批商品的质量。用哪种方法抽样，对准确判定整批商品的平均质量有重要影响。为此，在不同的情况下应选择不同的抽样方法。常用的抽样方法有随机抽样法和典型抽样法。

1. 随机抽样法

随机抽样法是抽样时不能带人为的主观因素进行抽样，而是随机地抽取样品，使每单位商品均有可能成为样品的抽样方法。随机抽样还可分为下列几种。

1）单纯随机抽样：是在批量为 N 的商品批中抽取几个商品作为样品，每个商品被抽取的概率均等。抽样时随意抽取样品，不比较试样，抽后样品不调换的抽样方法。

2）系统抽样：是将商品批各单位商品编号，再按一定的程序抽样。此种方法可避免抽样人员的主观因素影响，但因有一定规律，客观上使样本的代表性降低。

3）分层、分段随机抽样：对于商品批量巨大、到货期不集中、堆放场所较多的商品，不宜采用单纯随机抽样。这时可将商品均匀整齐地堆码，对商品批量大且在同一场地整齐堆放的商品可以采用分层抽样法，即在每层分别按单纯随机抽样抽取样品，然后集中试样进行检验。对于批量大、到货期不同且堆放地点较多的商品则宜于采用分段抽样，即分不同的时间段和地点随机抽取样品，将抽取的样品按先后顺序排列进行检验，在分别作出检验判定后再行综合评判。

2. 典型抽样法

典型抽样法是按照商品的质量状况，抽取典型的样品，以较少的试样分析估计整批商品的质量状况。这种方法简便，但需要抽检人员经验丰富、抽验技巧好。带有一定的主观性。

三、抽样检验方法

为了适应各种不同情况的需要，目前已形成许多具有不同特色的抽样检验方法。

1. 依据商品质量特性不同划分，分为计量抽样检验方法和计数抽样检验方法

1）计量抽样检验：是从批量商品中抽取一定数量的样品（样本），检验此样本中每个样品的质量，然后与规定的标准值或技术参数进行比较，据此确定该批商品是否合格的方法。ISO3051 和我国 GB6378 都属于这类方法标准。

2）计数抽样检验：是从批量商品中抽取一定数量的样品（样本），通过对样品品质的检验，用计数方法来表示商品质量状况的抽样检验方法。如检验纺织布的疵点数。ISO2859 和我国 GB2828、GB2829 都属于这类方法标准。

2. 依据抽样检验的形式不同划分，分为调整型抽样检验方法和非调整型抽样检验方法

1）调整型抽样检验：是由正常、加严、放宽等不同抽样方案与转移规则相互联系而组成的一个完整的抽样检验体系。根据若干批商品质量变化情况，按转移规则及时调整抽样检验方案，以维护买卖双方的利益。调整型适合于各批质量有联系的连续批商品的质量检验。

2）调整型抽样检验：是指抽样检验方案不考虑商品批的质量变化，也没有转移规则，而是以确定的商品检验方案对商品批进行抽样检验。此种方法对孤立批的商品质量检验较为适宜。

3. 依据抽样检验的程序不同划分，分为一次、二次、多次抽检方法

1）一次抽检方法：只需要抽样检验一次样本就可以做出该批商品是否合格的判断。此法简单易操作，应用广泛，但平均样本量校对应的多次抽样方案量大。

2）二次抽检方法：是同时抽取两个大小相同的样本，先对第一个样本 n_1 进行检验，若检验不合格品数 d_1 小于等于预先指定的某个数值 Ac_1，则判定该批商品合格，即 $d_1 \leqslant Ac_1$，则 N 合格；若不合格品数大于等于预先指定的另一某个数值 Re_1，则判定该批商品不合格，即 $d_1 \geqslant Re_1$，则 N 不合格；如果检验不合格品数介于两个预先指定数值之间，即 $Ac_1 < d_1 < Re_1$，则对第二个样本进行检验，用两次检验结果综合在一起判断该批商品合格与否。

3）多次抽检方法。其原理与二次抽检方法相似，每次抽取样本大小相同，但抽样检验次数多，合格判定数与不合格判定数也多。此种方法抽取的平均样本量少，能节省检验费用，但管理较复杂。对于产品批质量较好时，宜采用多次抽检法。我国 GB2828、GB2829 都采用五次抽样检验方法，ISO2859 采用七次抽检方法。

四、抽样检验方案

抽样检验方案是样本大小或大小系列与接收或拒收商品批的判定规则——判定数组结合在一起的抽样检验方法。一次抽检方案是指由样本大小 n 和判定数组（Ac，Re）组成的抽检方案，Ac 为合格判定数，即判定批合格时，样本中所含不合格品数（d，$d \leqslant Ac$ 的最大值）；Re 为不合格判定数，即判定批不合格时，样本中所含不合格品数的最小值。二次抽检方案是指由第一样本大小 n_1，第二样本大小 n_2 与判定数组（Ac_1，Ac_2，Re_1，Re_2）组成的抽检方案。五次抽检方案就是由第一至第五样本大小 n_1，n_2，n_3，n_4，n_5 与判定数组（Ac_1，Ac_2，Ac_3，Ac_4，Ac_5，Re_1，Re_2，Re_3，Re_4，Re_5）组成的抽检方案。

第三节　商品质量检验的方法

商品质量检验的方法很多，根据检验所用的器具、原理以及条件，一般可分为感官检验法和理化检验法两大类。在实际检验工作中，是按照商品质量特性上的差异而选用或相互配合使用的。

一、感官检验法

感官检验又称感官分析、感官检查或感官评价，是以人体感觉器官作为检验器具并运用人的实践经验，对商品的色、香、味、形、手感、音质、音色等感官质量特性作出判定和评价的检验方法。它简便易行、快速灵活、成本较低，特别适用于目前还不能用仪器定量评价其感官指标的商品和不具备组织昂贵、复杂仪器进行检验的企业和团体。感观检验法广泛用于食品、纺织、日用工业品、医药、家用电器、化妆品、服装、化工商品等领域。感官检验根据检验时所主要使用的感觉器官的不同，分为视觉、嗅觉、味觉、听觉和触觉检验。

1．感官检验类别

（1）视觉检验

视觉检验是用视觉器官检查商品的外形、结构、颜色、光泽以及表面状态、疵点等质量特性的检验方法。视觉检验在检验日用工业品、纺织品时主要检验其美学特点和表面缺陷，在检验食品时则主要检验其新鲜度、成熟度和加工水平。例如，评审茶叶品质时，在外形、香气、滋味、汤色和叶底五项指标中，其中的外形、汤色和叶底这三项均需通过视觉检验来判定。

检验人员的视力及视力调节能力与调节范围是一项很重要的主观因素，此外光线强弱和照射方向，会影响视觉鉴定的准确性。为提高检验的可靠性，必须在标准照明（非直射典型日光或标准人工光源）条件下和适宜的环境中进行。如鉴定茶叶的汤色时，应在反射光线下进行，检验布面疵点时，应用 40W 加罩青光正常日光灯 3～4 支，照度不得低于 750 勒等。

（2）嗅觉检验

嗅觉检验是凭借嗅觉器官（鼻）来鉴定商品气味，评定商品品质的检验方法。嗅觉检验应用于多数食品和某些日用工业品（如医药、化妆品、香精、香料等）的感官指标上。并对鉴别纺织纤维、塑料等燃烧后的气味差异也起到重要作用。嗅觉检验可直接嗅到检验物或将被检验物涂在适宜的底垫上，或用有吸附能力的无气味的、不粘的纸制成小窄条吸收检验物嗅后评审。在检验化妆品时，为评价化妆品的组分和皮肤的天然气味的协同作用，通常将化妆品涂到皮肤上进行。

检验中应避免检验人员的嗅觉器官长时间与强烈的挥发物质接触，并注意采取措施防止串味现象。

（3）味觉检验

味觉检验是利用味觉器官的感觉评价对滋味与口感鉴定的方法。产生味觉的器官主要是舌头，基本味觉有酸、甜、苦、咸四种。其他味觉都是混合味觉，如辣味觉就是热觉、痛觉和味觉的混合，涩味是一些物质刺激舌部后出现收敛作用的结果。

味觉检验主要用来鉴定食品，如糖、茶、烟、调料等味觉食品尤为重要。现在越来越注重对食品风味的评价，食品风味是食品的香气、滋味、入口获得的香味和口感的综合构成。这三项必须用味觉检验才能完成。食品的滋味和风味是决定食品品质的重要因素，凡是品质正常的食品均具有应有的滋味和风味。同一原料来源的食品，由于加工调制方法的不同，滋味和风味也不同。质量发生变化的食品，滋味必然变劣，产生异味。所以味觉评定是检验食品品质的重要手段之一。

味觉检验要求检验人员注意被检验样品的温度与对照样品的温度一致，在一些检验细节上必须遵循一定的检验规程，如检验时不能吞咽物质，应使之在口中慢慢移动，每次检验前后必须用清水漱口等。

（4）听觉检验

听觉检验是音波刺激耳膜引起声感，利用听觉的敏感性和频率辨别能力判断商品某些感官特征的方法。

听觉检验一般用来检验玻璃制品、瓷器、金属制品有无裂痕或其他内在缺陷；评价以声音作为重要指标的乐器、音响装置、家用电器；评定食品的成熟度、新鲜、冷冻程度等。如人们在购买小提琴时，拨拉琴弦，如琴声高音清脆和谐、低音浑厚自然者品质优良，如高音不亮、低音沉闷者品质不佳。此外听觉检验还广泛地用于塑料制品的鉴别、纸张的硬挺性与柔韧性、瓜果的成熟度、蛋品的新鲜度、颗粒状粮食和油料的含水量及罐头食品变质的检验上。

听觉检验需要适宜的环境条件，力求安静，尽量避免外界因素对听觉灵敏度的影响。

（5）触觉检验

触觉检验是利用物质刺激皮肤表面的感应点和神经末梢而引起感觉的鉴别方法。触觉是皮肤受到外界刺激而产生的感觉，如触压觉、触摸觉等。触觉检验的内容体现在商品的手感、弹性、硬度、光滑度、柔韧性、干湿性、冷热等有关的质量指标上。如纸张可根据手感得出纸制品粗糙或平滑、柔韧或挺括、厚薄等。

触觉检验主要用于检查纸张、塑料、纺织品以及食品和其他日用工业品的表面光滑细致程度、强度、厚度、弹性、紧密程度、软硬等质量特性。触觉检验时，应注意环境条件的稳定和保持手指皮肤处于正常状态。

2. 感官检验（分析）评价方法

感官检验评价方法，根据检验的目的、要求及统计方法的不同，有以下几种常用方法。

1）差别检验：是用于判定两种样品之间是否存在感官差别的检验。例如检验某种商品样品与标准样品在感官特性上是否存在差别，或检验经过一段时间储存后商品的风味是否改变等。

2）使用标度和类别检验：此种方法涉及两种以上的商品。在经过差别检验并确定其具有明显差别的基础上，为进一步估计差别的顺序或大小，或估计样品应归属的类别而采用的方法。它们主要有排序、量值估计、评分、评估、分类等。

3）分析或描述性检验：此种评价方法要求评价员对构成商品的各个特性指标进行定性、定量描述，尽可能地完整描述商品品质。

4）敏感性检验法：常用于选择与培训评价员。具体方法有阈检验和稀释检验两种类型。阈检验用于确定评价员的不同阈值，如刺激阈、识别阈、差别阈和最大阈。稀释检验用于确定可感觉到的混入食品中的其他物质的最低量。

二、理化检验法

理化检验法是在实验室的一定环境条件下，利用各种仪器、器具和试剂等手段，运用物理、化学以及生物学的方法来测试商品质量的方法。它主要用于检验商品成分、结构、物理性质、化学性质、安全性、卫生性，以及对环境的污染和破坏性等。理化检验的特点是可用数据定量表示测定的结果，较感官检验客观和精确。同时对检验设备、仪器和检验人员素质也有较高要求。

理化检验方法根据其使用原理可分为物理检验法、化学检验法、生物学检验法等。

1. 物理检验法

物理检验法是运用各种物理仪器、量具对商品的各种物理性能和指标进行测试检验，以确定商品质量的方法。根据测试检验的内容不同，可分为以下几种：

（1）一般物理检验法

一般物理检验法是运用各种量具、量仪、天平、秤或专用仪器来测定商品的长宽度、细度、厚度、体积、面积、质量（物体中所含物质的量）、密度、容重、粒度、表面光洁度等一般物理特性的检验方法，如纤维的长度、细度，水果个体的体积和重量等。

（2）力学检验法

力学检验法通过各种力学仪器测定商品的力学（机械）性能的一种检验方法。这些性能包括抗拉强度、抗压强度、抗冲击强度、抗剪切或弯曲强度、抗疲劳强度、耐磨强度、硬度、弹（塑）性等。商品的力学性能与商品的耐用性密切相关，如水泥的抗压强度是用水泥试样被压碎时试样单位面积（cm^2）所承受的外力表示的，单位是 kg/cm^2。水泥标号表示水泥具有的抗压强度，如普通水泥有225、295、325、425、625等标号。

（3）热学检验法

热学检验法是使用热学仪器测定商品热学特性的方法。这些特性包括熔点、沸点、凝固点、燃点、闪点、耐热性、耐寒性、抗冻性、导热性、保温性等。金属制品、化工制品、皮革制品、橡胶、塑料制品、玻璃和搪瓷制品、建筑材料、石油产品和部分食品等，其热学性质都与商品的质量和品种有关。例如，搪瓷制品的耐热性测定，是将搪瓷制品加热到规定温度后，迅速投入冷水中，以珐琅层在突然受冷时不致炸裂和脱落的温度表示，温度差越大，耐热性越好。

（4）电学检验法

电学检验法是利用电学仪器和适当的测量方法来测定商品的电学性质的方法。电学性质包括电流、电压、电阻、电功率、电导率、介电常数、磁性、电击穿性能、损耗角正切值等。还可通过商品的某些特性如电阻、电容的测量，还可以间接测定商品的其他质量特性如吸湿性、材质的不匀率等。

（5）光学检验法

光学检验法是利用光学仪器（如光学显微镜、X射线机、折光仪、旋光仪等）来检验商品的光学特性的方法。检验的主要内容包括商品的微观结构、物理性质以及品质缺陷等。光学显微镜主要是用来观察、测量商品的细微结构，并根据这些形态结构特性，进一步鉴定商品的种类和使用性能。如观察纺织品中各种纤维的纵向及断面形状，从而判断其性质。X射线机可不破坏商品而鉴定商品的内部结构，如可观察金属制品内部是否有裂痕，被称为无损检验法。使用折光仪测定液体的折射率，在中间产品的质量控制和成品的质量分析中有重要的作用，如鉴定植物油的变质或掺假。旋光仪通过对旋光性物质（分子中含有不对称碳原子的有机物，如蔗糖、葡萄糖、薄荷脑等）的比旋光度进行测定，可鉴定旋光性物质的纯度。旋光法广泛用于食品、化工品、药品和化妆品的鉴定。

（6）其他检验法

其他检验法是指利用一些专门的仪器检验商品某种物理性能的方法。如纺织品、塑料、橡胶、纸张等的透气性、透水性等；纺织品的缩水率、染色牢度；建筑材料的防水性；商品的耐酸碱性、耐溶剂性、耐老化性；化工品、石油产品的黏度、沸程、蒸汽压；振动测试、噪声测试等。

2. 化学检验法

化学检验法是运用各种化学试剂和仪器，通过观察、分析化学反应现象来测定商品的化学成分及其含量，进而判定商品品质是否合格的方法。按具体操作方法，可分为化学分析法和仪器分析法两类。

（1）化学分析法

化学分析法是根据检验过程中试样和试剂所发生的化学反应和在化学反应中试样和试剂的用量，测定商品的化学组成成分及各成分所占比例的相对含有量，以物质的化学反应为基础的化学分析法，是一种传统的化学分析方法。在食品检验中，主要用于营养素、食品添加剂、有毒有害物质及发酵、酸败、腐败等食品变质的成分变化指标测定；在纺织品与工业品检验中，主要分析有效成分、杂质成分、有害成分的含量，以及耐水、耐酸碱、耐腐蚀等化学稳定性质方面的测定。其特点是设备简单、准确度高，是其他化学分析方法的基础，也称为常规分析法。

化学分析方法依据其所用的测定方法不同，又分为重量分析法、容量分析法和气体分析法。

1）重量分析法：是一种较准确的分析方法，它选择某种试剂与被测定成分反应，生成一种难容的沉淀物，再经过过滤、洗涤、干燥、灼烧等过程，使沉淀物与其他成分分离，然后根据沉淀物的重量来计算测定该成分的含量。再根据分离方法不同细分，可分为沉淀法、气化法、提取法和电解法。

2）容量分析法：是在被测定成分溶液中，滴加一种已知准确浓度的试剂（标准溶液），根据它们反应完全时所消耗标准溶液的体积计算出被测成分的含量。再根据化学反应的不同细分，可分为酸碱滴定、氧化还原滴定、络合滴定和沉淀滴定。容量分析法操作简便，并能达到一定的准确度，应用非常广泛。

3）气体分析法：是用适当的吸收剂吸收试样（混合气体）中的被测成分，从气体体积的变化来确定被测成分的含量。

（2）仪器分析法

仪器分析法是采用光学、电学方面较为复杂的仪器，通过测量商品的光学性质、电化学性质来确定商品的化学成分的种类、含量及化学结构，进而对商品品质进行判断的检验方法。仪器分析法已在商品检验中发展成为一个极重要的和独立的分支。它包括光学分析发和电化学分析法。

1）光学分析法：是通过被测成分吸收或发射电磁辐射的特性差异来进行化学鉴定的方法。主要有比色法、分光光度法、（原子吸收光谱、可见光谱和紫外光谱、红外光谱）核磁共振波谱法、荧光光谱法和发射光谱法等。

2）电化学分析法：是利用被测物的化学组成与电物理量（电极电位、电流、电量或电导等）之间的定量关系来确定被测物的组成和含量，它包括伏安法、极谱法、电位滴定法、电导滴定法和电解分析法等。

3. 生物学检验法

生物学检验法是食品类、动植物及其制品、医药类和日用工业品类商品等质量检验的常用方法之一，它包括微生物学检验法和生理学检验法。

（1）微生物学检验法

微生物学检验法是利用显微镜观察法、培养法、分离法和形态观察法等检验食品、动植物及其制品和包装容器中所存在的微生物种类和数量，并判定其是否超过允许限度。食品微生物污染主要有细菌与细菌毒素、霉菌与霉菌毒素，它们直接危害人体健康或危及商品的安全储存。例如，肠衣中的大肠杆菌，冰蛋中的沙门氏菌，罐头中的沙门氏菌、志贺氏菌、致病性葡萄球菌、肉毒梭状芽孢杆菌，猪鬃和皮张中的炭疽菌等，会直接危害人体生命健康及商品的储存安全。

（2）生理学检验法

生理学检验法是用于检验食品的可消化率、发热量、维生素和矿物质对机体的作用以及食品和其他商品中某些成分的毒性等。该法一般用活体动物进行试验。

4. 实际试用观察法

导致商品质量变化的因素很多，在实际使用中，商品质量降低往往是在许多因素同时作用下发生的，而上述的理化检验法是在实验室中利用模拟某个破坏因素（如拉伸）或某几个因素作用的仪器来测试的，有其局限性。因此，用实际试用观察法评价商品的使用质量，可以使商品在实际使用条件下，同时受各种破坏因素的作用，从而取得所需的各种质量信息，并收集试用者对商品试用过程中的意见。实际试用观察法的缺点是试验过程时间长，花费大，需要建立试用的组织管理及专门观测人员，而且检验结果也不够客观。

第四节　商品质量的分级

商品质量分级是商品质量检验活动中的一个重要环节，它是对商品内在质量和外在质量综合评判的结果。

一、商品分级的概念及其作用

商品质量分级是根据商品质量标准（包括实物质量标准）和商品实际质量检验结果，将同类同种商品划分为若干等级的工作。

品级是依据商品质量的高低所确定的等级。商品品级通常用“等”或“级”的顺序来表示，其顺序反映商品质量的高低，如一等（级）、二等（级）、三等（级）等。我国国家标准 GB/T12707－91《工业产品质量分等导则》，规定了我国境内生产和销售的工业产品质量等级的划分和评定原则。它将工业产品的实物质量原则上分成三级。

1）优等品：其质量标准必须达到国际先进水平，这是指标准综合水平达到国际先进的现行标准水平。与国外同类产品相比达到近五年内的先进水平。

2）一等品：其质量标准必须达到国际一般水平，这是指标准综合水平达到国际一般的现行标准水平。与国外同类产品相比达到近五年内的先进水平。

3）合格品：按中国现行标准（国家标准、行业标准、地方标准、或企业标准）组织生产，实物质量水平必须达到上述相应标准的要求。若产品质量达不到现行标准的称废品或等外品。

不同的商品种类，其分等（级）的质量指标内容和类型也不相同。如在纺织行业中对纺织布料的评等是以实物质量、物理指标、染色牢度和外观疵点四项综合定等（以其中最低一项指标分定等）；茶叶按其感官质量指标分级；食糖按其主要成分（蔗糖）含量和杂质含量分等；乳和乳制品必须同时按感官指标、理化指标、微生物指标进行分级。

商品品级的合理划分有利于促进企业加强管理、完善管理机制，不断提高生产技术水平和产品质量；有利于对企业进行合理的效益评价，维护企业和消费者双方的利益；有利于限制劣质商品进入流通领域，便于消费者选购商品；有利于物价部门的监督和管理，促进社会主义市场经济的健康发展。

二、商品分级的方法

商品分级的常用方法有百分记分法、限定记分法和限定缺陷法。

1. 百分记分法

百分记分法是按照商品的各项质量指标的要求，以定量的方式规定各项指标一定分数，依据对商品品质的影响程度划分权重，其中重要的质量指标所占分数较高，次要的质量指标所占分数较低。各项质量指标完全符合标准规定的要求，其各项质量指标的分数总和为 100 分。如果某一项或几项质量指标达不到标准规定的要求，则相应扣分，总分就要降低。分数总和达不到一定等级的分数线，则相应降低等级。这是在食品商品评级中被广泛采用的方法。例如，出口红茶各项质量指标的分值标准是：

干茶 外形 30 分
滋味 20 分
香气 30 分
叶底 20 分
总计 100 分

按分数区分品级的标准为：超级 100～91 分；特级 90～81；上级 80～71 分；中上级 70～61 分；中级 60－51 分；普通级 50～41 分。

2. 限定记分法

限定记分法是将商品的各种质量缺陷（即质量指标不符合质量标准）规定为一定的分数，累计缺陷分数，以此来确定商品的质量等级。商品的缺陷越多，分数的总和越高，商品的品级就越低，商品质量就越差。例如，棉色织布的外观质量主要决定于其布面疵点。标准中将布面各种疵点分为破损性疵点、经向疵点、纬向疵点、边疵点、油污疵点、其他疵点和整理疵点七项。按照疵点对布面的影响程度可以评为 1、3、6、11、21、6、1 分。在标准约定的匹长（30m）、幅宽（100cm）的范围内，分数总和不大于 10 分的为一等品，不大于 20 分的为二等品，不大于 60 分的为三等品，超过 60 分的为等外品。

3. 限定缺陷法

限定缺陷法是在标准中规定商品的每个质量等级所限定的质量缺陷的种类、数量以及不允许出现某些质量缺陷，用以确定商品质量等级的分级方法。此种方法一般使用于工业品商品的分级之中。

小结

本章主要介绍了商品检验的基本概念与内容。其中商品质量检验是商品检验的核心内容。商品检验是商品质量管理的重要环节，是商品质量监督和认证的基础，是商品质量保证工作的一项重要内容。

商品质量检验的方法有感官检验、理化检验和使用检验等。商品质量分级是商品质量检验的最后结果，是商品确定价格的重要依据。

复习思考题

1．什么是商品检验？商品检验有哪些类别和形式？
2．什么是商品抽样？常用的商品抽样方法有哪些？
3．商品技术检验的方法有哪些？简单叙述之。
4．什么是商品质量分级？商品质量分级的方法有哪些？

实训项目

1．实训内容：
茶叶的审评。
2．实训步骤：
1）将茶样倒入白色瓷盘中，观察其外表形态：茶的外形；是否均匀；有无茶梗、杂物；色泽深浅及光泽度等。
2）将茶样与水按 1∶50 比例（乌龙茶按 1∶30 比例）冲泡 5 分钟。
3）依闻香气、看汤色、尝滋味顺序进行审评。
4）弃去茶汤，将冲泡过的茶叶倒出，审评叶底的色泽、软硬、均匀度等。
3．实训分析：
1）按表 9-1 形式填写审评结果和意见。

表 9-1　茶叶审评表

茶叶品种	级别	干茶外形	茶汤			叶底	审评意见
			香气	汤色	滋味		

2）写出实训小结。

案例分析

合同未定检验条款，品质争议引货款纠纷

1．事件

我国甲公司与印度尼西亚乙公司，分别于 2003 年 4 月 26 日、2003 年 9 月 2 日和 9 月 20 日订立 3 份售货确认书，由甲公司向乙公司出售 T 恤衫、背心等纺织品，3 份确认书的总金额为 91.2141 万美元，约定付款方式为 D/A90 天。上述确认书签订后，甲公司按合约全面地履行了供货义务，而乙公司则仅支付了 2 万美元的货款，其余货款未付。乙公司辩称，甲公司提供的 T 恤衫存在多处质量问题：使用多年库存的布料；T 恤衫重

量轻于被申请人要求的规定；T恤衫的长度太短（与规定的尺寸不一致）；同一批货的T恤衫的颜色不一致，为此，乙公司曾提出，将货物打折或将剩余货物退回甲公司等解决办法，但均未获甲公司的同意。但乙公司没有提供相应的证明。经交涉多次无结果，甲公司根据售货确认书中的仲裁条款提起仲裁，要求乙公司：①支付货款 71.2141 万美元；②上述货款的利息 4467.50 美元；③本案的仲裁费及甲公司的代理费等由乙公司负担。

2. 审理结果

仲裁庭经审理后裁定：乙公司向申请人支付全部货款及利息 71.660850 万美元，至于律师费，因甲公司未提供相应的证据，故仲裁庭未予支持，仲裁费则由败诉方乙公司全部负担。对乙公司提出的诸如退货、折价等主张均不予支持。

3. 启示

本案争议焦点是，乙公司提出的货物质量的异议能否成立。甲公司向乙公司提供的商品，均不属法定检验的商品。因此，质量争议问题应根据合同中的检验条款及检验标准来处理。

关于货物质量的异议能否成立的问题，涉及索赔的依据亦即商品的检验问题。《联合国国际货物销售合同公约》第 38 条规定，“（1）买方必须在按情况实际可行的最短时间内检验货物或由他人检验货物。（2）如果合同涉及货物的运输，检验可推迟到货物到达目的地后进行”。第 39 条第（1）款规定，“买方对货物不符合同，必须在发现或理应发现不符情形后一段合理时间内通知卖方，说明不符合同情形的性质，否则就丧失声称货物不符合同的权利”。

在本案的 3 份售货确认书中，双方对检验条款均未作规定，在这种情况下，仲裁庭认为，在双方当事人对检验条款未做约定时，应依据《公约》和国际贸易惯例中的有关规定来判断。根据《华沙－牛津规则》第 19 条的规定：“……如果买方没有被给予检验货物的合理机会和进行这种检验的合理时间，那么不应认为买方已经接受了这项货物。这种检验是在货物到达买卖合同规定的目的地进行，还是装船前进行，可由买方自行决定。在完成此项检验后 3 天内，买方应将他所认为不符合买卖合同的事情通知卖方。如果提不出这种通知，买方便丧失其拒绝接受货物的权利”。在本案中，被申请人接受了货物，不仅未在检验后的 3 日内向卖方发出检验不合格的通知，而且始终未向仲裁庭提交任何足以证明上述货物质量不符的检验证书，说明其声称的质量问题，没有经相关检验机构检验。因此，就丧失声称货物不符合同的权利。仲裁庭对被申请人提出的退货、折价等主张均不予支持是正确的。

分析与思考：

1. 从买卖双方的不同角度分析应如何避免类似事件的发生，发生后应如何保护自己的利益？
2. 本案例中，乙公司对质量问题的诉求为什么得不到支持？

第十章 商品包装与商标

学习目标

通过本章学习，理解商品包装的定义，明确商品包装的作用；了解商品包装的要求与分类及包装材料；掌握商品包装技法；能识别各种运输包装标志，正确评价销售包装的设计恰当与否，掌握商标的分类和设计的基本要求。

商品包装是商品生产的重要组成部分，只有经过包装，商品生产过程才算完成，商品才可能进入流通和消费领域。商品包装也是商品的重要组成部分，本身也具有价值和使用价值；同时又是实现内装商品价值和使用价值的重要手段。商品包装的价值包含在商品的价值中，不但在出售商品时给予补偿，而且会因市场供求关系等原因得到超额补偿，优质包装能带来巨大的经济效益。

第一节 商品包装及其分类

一、商品包装的概念

根据国家标准《包装通用术语》定义，商品包装是指在流通过程中保护商品，方便运输，促进销售，按一定的技术方法而采用的容器、材料及辅助等的总体名称，并且包括为了上述目的而在采用容器材料和辅助物的过程中施加一定技术方法的操作活动。也就是说，商品包装包括两方面的含义：一方面是指盛装商品的容器而言，通常称作包装物，如箱、袋、筐、桶、瓶等；另一方面是指包扎商品的过程，如装箱、打包等。

商品包装是商品生产过程的继续，绝大多数商品只有经过包装后，才算真正完成生产过程，才能进入流通和消费领域。包装是一种特殊的商品，具有使用价值和价值两个属性，从其构成看，商品包装所消耗的劳动，包括物化劳动在内，都是商品社会必要劳动的一部分，它与商品体配合在一起作为一种买卖对象，成为商品的附属物，并能美化商品使之增值，它附加在商品上的价值，通过出售商品得以补偿。包装是一类物质产品或商品，本身又具有使用价值，如有些商品包装容器，设计精美、造型独特、工艺精良，具有很高的欣赏价值；有些包装在商品被消费后，还可有其他用途。因此，商品包装具有从属性和商品性两种特性。包装是其内装物的附属品；商品包装是附属于内装商品的特殊商品，具有价值和使用价值；同时商品包装又是实现内在商品价值和使用价值的重要手段。

二、商品包装的功能

包装是实体产品的一个重要组成部分，具有保护、便利经营和消费，美化产品，以及促进销售等功能。

1. 保护被包装的商品

包装是保护商品在流通领域过程中质量完好和数量完整的重要措施，这是包装最重要和最基本的作用。商品从生产到流通，再到消费的过程中，要经过多次装卸、运输、储藏，通过包装可使商品体与外界条件有效分开，减少外界因素对商品的损害，防止商品出现风险和损坏，如渗漏、损耗、散落、掺杂等，有时某些商品甚至根本离不开商品的包装，和包装成为了不可分割的统一体。例如，照相胶卷必须用黑纸包装才能保持其使用价值，液体商品必须盛入容器内才能进入流通领域和消费市场。

2. 便于流通

产品从生产者到消费者手中，往往要经过购、销、调、存等许多环节，由于产品的性质各不相同，形状各异，如果没有合理的包装，在这诸多环节中将会产生很多不便，势必增加一些工作的难度，尤其是具有毒性或腐蚀性的商品，更可能对人体造成危害。若是将商品按一定的数量（或重量）、形状、尺寸、规格、大小等，选用适当的材料相互配套包装起来，既便于商品的计量与清点，又利于合理利用各种运输工具，提高运输力、装卸和堆码效率，提高仓储利用率，从而加快商品流通，提高企业的经济效率。

3. 便于消费者的携带及消费

包装为消费者携带、保存和使用商品提供了方便。像糕点、糖块等食品，若无包装，难于携带，也会使商品受到污染。若将商品用大小不同的包装物包装起来，既可介绍商品的成分、性质、用途和使用方法，指导消费者消费，又可适应不同的消费者消费。

4. 美化商品、促进商品销售

包装应具有良好的商业销售宣传功能，包装设计实际是商品销售策略的设计。在众多的商品包装功能中，促销功能随着市场经济的发展，越来越被人们所重视，得到了不断的开发和运用。许多商品本身并不能使人产生美感，通过精心设计的包装可美化商品，提高档次，吸引消费者青睐，尤其是在自选商店，好的包装更能吸引顾客的注意力，并能将他的注意力转化为兴趣，从而引起消费者的购买动机，可以说，精美的包装是“无声的推销员”，在琳琅满目的商品陈列中，包装标志了产品的特性、容量和使用方法，以其鲜丽的图案或较个性化的设计帮助消费者识别产品，发挥指导消费者的作用，从而促进商品的销售和刺激市场的目的。

5. 提高商品的内在价值

包装是商品的一个重要组成部分，也是商品价值的体现。商品销售越来越取决于良好的包装设计，在激烈的市场竞争中，精明的企业利用包装来提升产品价值，扩大销售利润。作为开拓市场的战略手段之一，包装既能够发挥重要的作用，有效的将产品打入市场，同时又能够提升产品的形象和预期价值。在商品经济迅猛发展的今天，人们的消费能力不断提高，对商品的质量、外观、档次要求越来越高，包装设计作为一种促进销售的手段，它将现代设计观念与企业营销策略结合起来，将商品的特征和销售意识融入设计中，从而提高商品的形象和价值。

三、商品包装的分类

商品包装种类繁多，常见的商品包装的分类和包装种类如下。

1. 按商业经营习惯分类

1）内销包装：是为适应在国内销售的商品所采用的包装，具有简单、经济、实用的特点。

2）出口包装：是为了适应商品在国外的销售，针对商品的国际长途运输所采用的包装。在保护性、装饰性、竞争性、适应性上要求更高。

3）特殊包装：是为工艺品、美术品、文物、精密贵重仪器、军需品等所采用的包装。由于这些商品具有特殊性，要求商品包装防压、抗震、抗冲击等方面具有强度更高的保护性能，安全系数更大，因而这类包装一般成本较高。

2. 按流通领域中的环节分类

1）内包装：又称小包装，个体商品包装，是直接接触商品，与商品同时装配出厂，构成商品组成部分的包装，如酒瓶。商品的小包装上多有图案或文字标识，具有保护商品、方便销售、指导消费的作用。

2）中包装：是商品的内层包装，通称为商品销售包装，是保护首要包装的包装物，多为具有一定形状的容器等，如酒瓶外部的小纸盒。它具有防止商品受外力挤压、撞击而发生损坏或受外界环境影响而发生受潮、发霉、腐蚀等变质变化的作用。

3）外包装：是商品最外部的包装，又称运输包装，是为了储存和运输需要而形成的大包装，多是若干个商品集中的包装，如集 12 瓶为一箱的大木箱。商品的外包装上都有明显的标记。外包装的主要作用在于保护商品和防止货物出现货损货差。

3. 按照内含商品的数量分类

1）单个包装：是指包装物内只有一个商品销售单位的包装，如卷烟盒等。单个包装一般随同商品销售给顾客。

2）集合包装：是指将若干个商品销售单位置于一个包装物内的包装。

4. 按商品的使用范围分类

1）专用包装：指专为某些特殊商品而设计的包装，如易燃、易爆、易挥发、易污染的商品，为确保商品在流通和消费过程中质量与安全，相应采用专门设计的专用包装。

2）通用包装：是指对一般商品都适用的包装。

5. 按商品使用的次数分类

1）一次性包装：是指商品的包装物只能使用一次，不可复用的包装。一次性包装对包装材质的要求适当，费用较低。

2）复用包装：是指商品的包装物回收后经适当加工后仍可复用的包装。复用包装对包装材质的要求较高，一般都要求耐磨耐用。

除此之外，商品包装还有很多其他分类，如以包装容器为分类标志，可分为箱、桶、袋、包、坛、缸、罐、筐、瓶等；以包装材料为分类标志，可分为纸类、塑料类、玻璃类、金属类、木材类、复合材料类、陶瓷类、纺织品类、其他材料类等包装；以包装货物种类分类，可分为食品、医药、轻工产品、针棉织品、家用电器、机电产品和果菜类包装等；以安全为目的分类，可分为一般货物包装和危险货物包装等；以包装技法为分类标志，商品包装可分为贴体、透明、托盘、开窗、收缩、提袋、易开、喷雾、蒸煮、真空、充气、防潮、防锈、防霉、防虫、无菌、防震、遮光、礼品、集合包装等。

第二节 商品包装材料

一、对商品包装材料的要求

包装材料是商品包装的主体，商品包装离不开包装材料，它应具有以下几个方面的性能。

1. 具有保护商品的性能

保护是包装的基本性能，也是保证商品质量的重要功能。商品从生产领域到流通领域再到消费领域，中间要经过运输、储存、搬运、销售、使用等诸多环节，在每一个环节里，商品或包装材料都有可能会发生物理的、化学的或生物方面的变化，为防止对商品或商品包装造成损坏，就必须根据商品的性能、商品所处的环境选择包装材料。

2. 具有易加工操作的性能

加工操作安全性是指包装材料具有良好的加工特性，容易加工成所需的容器，便于包装，且能够印刷、美化，或者可以粘贴印刷品、美化品，并在使用商品时对人的生命财产具有安全性。

3. 方便使用性能

在选用包装材料时，既要满足商品的不同特性对包装材料的不同要求，同时也应考虑便于使用者使用。如使用聚乙烯醇制成的水溶性包装，可用于对粉状或液态的商品按单位使用量进行包装，使用时可连同包装整个地溶于水中，这样既能保护商品的质量，又防止了对使用者身体造成危害，尤其适用于对农药、化肥等商品。

4. 易处理性能

国际上现在普遍重视环境保护工作，为此各国对包装材料及包装废弃物提出了新标准和新法规，例如德国规定中国出口到德国的食品包装应用瓦楞纸箱。选用包装材料时要适应世界市场因此而引起的新竞争，大力发展废弃物少、能回收复用、易于回收再生或自行降解的绿色包装。

二、常用包装材料的特点

商品包装材料有多种，如纸、塑料、木材、金属、玻璃、纺织品、竹、柳、草编、复合材料等。

1. 纸及纸制品

纸及纸制品是当今是主要的包装材料，其用量在各种包装材料中居首位，其中以瓦楞纸使用最为广泛。与其他容器相比，纸制包装材料的优点是：①取材容易、重量轻、成本低；②有一定的弹性和较高的耐压强度；③易加工、印刷，有利于商品的宣传和销售；④便于密封，捆扎，搬运，有利于物流、无金属溶出等优良特点；⑤可回收利用，公害小。其不足是耐压性和密封精度不及玻璃瓶和金属罐等。

但纸和纸板也有一些致命的弱点，如难以封口、受潮后牢度下降、防潮性和透明性差等，从而使其在包装应用上受到一定的限制。

近年来，随着纸质包装新技术、新产品的不断推广应用，新型纸容器产品脱颖而出，以纸为基材的复合材料越来越多，原因是纸的价格便宜，不污染被包装的商品；性能优越，能适合多种用途。纸与其他材料复合，可使包装具有防潮、防漏、防紫外线等多种功能。如复合纸盒和组合罐。复合纸盒由聚乙烯复合纸容器、TetraPak 复合纸结构，共

7 层组成。从内至外分别是聚乙烯（两层）、铝箔、聚乙烯、纸板、印刷油墨、聚乙烯（或蜡层），可供果蔬汁及饮料包装用。组合罐是一种新型三片罐，罐身材料由聚丙烯、铬箔和硬质纸板组成，用平绕法或螺旋卷绕法成型。后者较经济合理，但只能制造圆罐。罐盖用铝或马口铁制造。组合罐封罐速度每分钟高达 500 罐，与金属罐相比，组合罐轻、成本低、废弃容易。组合罐本身仍属纸容器，密封性比金属罐差，不适合高压杀菌，侧重于无菌包装或热灌装。

2. 塑料

在众多的包装材料中，塑料在整个包装材料中的比例仅次于纸与纸制品。随着塑料原料及加工工艺的发展，塑料已在包装领域中占据了重要地位，塑料薄膜、编织袋、复合薄膜、塑料片材等在包装行业发展迅速。塑料包装的优点是：①物理性能好，质轻，有较好的可塑性，加工成型简单，其造型能很好地满足设包装计的要求；②化学性能好，耐酸碱、锈蚀，防虫害，防渗漏；③光学性能好，透明、有光泽等。其不足是易对环境造成污染。

塑料作为包装材料也有不足之处：强度不如钢铁；耐热性不如玻璃；在外界因素长时间作用下易发生老化；有些塑料带有异味，某些有害成分可能渗入内装物；易产生静电；容易造成污染。

塑料包装用途很广，既可用于包装粉状货物，又可用于包装液体货物；既可作为外包装，也可用作内包装。作为包装用的塑料主要有聚乙烯、聚氯乙烯、乙烯醋酸乙烯共聚物、乙烯-乙烯醇共聚物等。近年来许多新型塑料包装也在不断出现，例如微生物（细菌）塑料、生物降解塑料、光降解塑料等生物高分子材料在包装中的应用日益扩大。

3. 金属

金属的种类很多，包装用金属材料主要是钢材、铝材及其合金材料。包装用钢材包括薄钢板、镀锌低碳薄铁板、镀锡低碳薄钢板（俗称马口铁），包装用铝材有纯铝板、合金铝板和铝箔。金属材料作为包装材料的优点是：①具有良好的机械强度，牢固结实，耐碰撞，不破碎，能有效地保护内装物；②密封性能优良，阻隔性好，不透气，防潮，耐光，用于食品包装（罐装）能达到中长期保存的目的；③具有良好的延伸性，易于加工成型；④金属表面有特殊的光泽，易于进行涂饰和印刷，可获得良好的装潢效果；⑤易于回收再利用，不污染环境。

金属作包装材料不足是：①金属材料成本高；②一些金属材料（如钢、铁）的化学稳定性差，在潮湿的条件下易发生锈蚀，遇酸、碱发生腐蚀。因而限制了其在包装上的应用。为了提高钢铁的耐腐蚀性，通常可以给钢铁包装材料镀锌、镀锡、镀铝、涂层等。

目前，刚性金属材料主要用于制造运输包装，如桶、集装箱以及饮料、食品和其他商品销售包装，如罐、听、盒，另外还有少量用于加工各种瓶罐的盖底以及捆扎材料等。

例如，重型钢瓶、罐用于盛装酸类液体以及压缩、液化、加压溶解的气体；薄钢板桶广泛用于盛装各类食用油脂、石油和化工商品；铝和铝合金桶用于盛装酒类商品和各种食品；镀锌薄钢板桶主要用于盛装粉状、浆状和液体商品；铁塑复合桶适于盛装各种化工产品及腐蚀性、危险性商品；马口铁罐、镀铬钢板罐、铝罐是罐头和饮料工业的重要包装容器；金属听、盒用于盛装饼干、奶粉、茶叶、咖啡、香烟等。

软性金属材料主要用于制造软管和金属箔。如铝制软管广泛用于包装膏状化妆品、医药品、清洁用品、文化用品及食品等；铝箔多用于制造复合包装材料，也常用于食品、卷烟、药品、化妆品和化学品等的包装。

4. 玻璃、陶瓷

耐酸耐碱的包装材料首推玻璃、陶瓷，这些材料有一定的机械强度和良好的化学稳定性，可回收利用，且不易变形，是液态商品良好的包装容器，尤其适用于一些危险性较高的液体物品和要求较高的食品的包装。特种玻璃还可拉成极细长丝，和塑料等物组成复合材料。玻璃、陶瓷的不足是比重较大，运输装卸不便。

（1）玻璃

玻璃本身的特性使其作为包装材料具有如下优点：①耐腐蚀无毒无味，卫生安全；②不透气、不透湿，密封性好，有紫外线屏蔽性，有一定强度，能有效保护内装物；③透明性好，易于造型具有特殊的宣传和美化商品的效果；④原料来源丰富，价格低；⑤易于回收复用、再生。

玻璃的缺点是：①强度低、易破碎；②自身重量大、运输成本高；③制造能耗高等，限制了玻璃的应用。

目前，玻璃的强化、轻量化技术以及复合技术已经有了一定发展，增强了对包装的适应性。玻璃主要用来制造销售包装容器，如玻璃瓶和玻璃罐，广泛用于酒类、饮料、罐头食品、调味品、药品、化妆品、化学试剂、文化用品等的包装。此外，玻璃也用于制造大型运输包装容器，用来存装强酸类产品；还可以制造玻璃复合袋，用于包装化工产品和矿物粉料。

（2）陶瓷

陶瓷化学稳定性与热稳定性俱佳，耐酸碱腐蚀，遮光性优异，密封性好，成本低廉，有缸、罐、坛、瓶等多种包装容器，广泛用于发酵食品、酱菜、腌菜、咸菜、调味品、蛋制品及化工原料等的包装，也用作酒类和其他饮料的销售包装容器，其结构造型多样，古朴典雅，釉彩和图案装潢美观，特别适用于高级名酒的包装。

5. 木材

木材具有特殊的耐压、耐冲击和耐气候的能力，并有良好的加工性能，目前仍是大型和重型商品运输包装的重要材料，也用于包装批量小、体积小、重量大、强度要求高的商品。常用的木制包装容器有木箱、木桶（包括胶合板和纤维板制的箱、桶）。木材作为包装材料虽然具有独特的优越性，但由于森林资源匮乏、环保要求、价值高等原因，其发展潜力不大。目前，木制包装容器已经逐渐减少，正被其他包装材料所取代。

除此之外，纺织品、竹、柳、草等也是常用的商品包装材料。

第三节　常用包装技法

一、运输包装技法

商品运输包装技法是指在运输包装作业过程中所采用的技术和方法。采用运输包装技法，才能将运输包装体和销售包装件形成一个有机的整体，从而达到保护商品，便于运输的包装目的。

1. 运输包装应具备的条件

1）牢固耐用。保护商品在运输、装卸和储存中不发生破损是运输包装的首要条件。否则，必将由于运输包装坚牢度不够，在长途运输过程中发生破损而使商品受损。

2）包装材料及技法的适用性。商品必须根据商品特性选用适宜的包装，才能保护内装商品。选择合适的包装材料或容器，研究包装方法和措施。

3）包装的体积重量要适当。在符合牢固的条件下，包装的重量应尽量可能减轻，包装体积要适当，轻泡商品应可能压缩体积。

4）统一规格，实现标准化。商品包装标准化，是根据商品体的要求，对包装的类型、规格、容量、材料、容器的结构造型、印刷标志、封装及衬垫、检验方法等统一规定和贯彻实施。

包装标准化对提高我国商品在国际市场上的竞争力，发展对外贸易有重要意义。国际间贸易往来要求加速实行商品包装标准化、通用化、系列化，为使用集装箱、托盘创造了条件，当实行商品包装标准化后，使运输包装的体积与集装箱的容积或托盘的面积相适应，保证充分利用集装箱和托盘以及商品安全。提高了商品身价，促进商品销售，增加商品在国际市场上的竞争能力。

2. 针对产品不同形态采用的包装技法

这是多数产品都需要考虑采用的技术和方法，故称之为一般包装技法。通常包括以下几项。

（1）对内装物的合理置放、固定和加固

在运输包装体中装进形态各异的产品，需要具备一定的技巧，只有对产品进行合理置放、固定和加固，才能达到缩小体积、节省材料、减少损失的目的。例如，对于外形有规则的产品，要注意套装；对于薄弱的部件，要注意加固；包装内重量要注意均匀；产品与产品之间要注意隔离和固定。

（2）对松泡产品进行压缩体积

对于一些松泡产品，包装时所占用容器的容积太大，相应地也就多占用了运输空间和储存空间，增加了运输储存费用，所以对于松泡产品要压缩体积。一般采用真空包装技法。

（3）外包装形状尺寸的合理选择

有的商品运输包装件，还需要装入集装箱，这就存在包装件与集装箱之间的尺寸配合问题。如果配合得好，就能在装箱时不出现空隙，有效地利用箱容，并有效地保护商品。包装尺寸的合理配合主要指容器底面尺寸的配合，即应采用包装模数系列。至于外包装高度的选择，则应由商品特点来决定，松泡商品可选高一些，沉重的商品可选低一些。包装件装入集装箱只能平放，不能立放或侧放。在外包装形状尺寸的选择中，要注意避免过高、过扁、过大、过重包装。过高的包装会重心不稳，不易堆码；过扁的包装则给标志刷字和标志的辨认带来困难；过大包装量太多，不易销售，而且体积大也给流通带来困难；过重包装则纸箱容易破损。

（4）内包装形状尺寸的合理选择

内包装在选择形状尺寸时，要与外包装形状尺寸相配合，即内包装的底面尺寸必须与包装模数相协调。当然，内包装主要是作为销售包装，更重要的考虑是要有利于商品的销售，有利于商品的展示、装潢、购买和携带。

（5）包装外的捆扎

外包装捆扎对包装起着重要作用，有时还能起关键性作用。捆扎的直接目的是将单个物件或数个物件捆紧，以便于运输、储存和装卸。此外，捆扎还能防止失盗而保护内装物，能压缩容积而减少保管费和运输费，能加固容器，一般合理捆扎能使容器的强度增加 20%～40%。捆扎的方法有多种，一般根据包装形态、运输方式、容器强度，内装物重量等不同情况，分别采用井字、十字、双十字和平行捆等不同方法。对于体积不大的普通包装，捆扎一般在打包机上进行，而对于集合包装，用普通捆扎方法费工费力，一般采用收缩薄膜包装技术和拉伸薄膜包装技术。

收缩薄膜包装技术是用收缩薄膜裹包集装的物件，然后对裹包的物件进行适当的加热处理，使薄膜收缩而紧贴于物件上，使集装的特件固定为一体。收缩薄膜是一种经过特殊拉伸和冷处理的聚乙烯薄膜，当薄膜重新受热时，其横向和纵向产生急剧收缩，薄膜厚度增加，收缩率可达 30%～70%。

拉伸薄膜包装技术是在 20 世纪 70 年代开始采用的一种新的包装技术。它是依靠机械装置，在常温下将弹性薄膜围绕包装件拉伸、裹紧，最后在其末端进行封合而成，薄膜的弹性也使集装的物件紧紧固定在一起。拉伸薄膜不需加热，所消耗能量只有收缩薄膜包装技术的 1/20。

3. 针对产品的不同特性而采用的包装技法

这是针对产品的特殊需要而采用的包装技术和方法。由于产品特性不同，在流通过程中受到内外各种因素影响，产品会发生人们所不需要的变化，或称变质，有的受潮变质，有的受振动冲击而损坏。所以需要采用一些特殊的技术和方法来保护产品免受流通环境各因素的作用。因此，此类技术和方法也称特殊包装技法。它所包括的范围极为广泛，有缓冲、保鲜、防潮、防锈、脱氧、充气、灭菌等。

（1）防振缓冲包装

防振缓冲包装是将缓冲材料适当地放置在内装物和包装容器之间，用以减轻冲击和振动，保护内装物免受损坏。常用的缓冲包装材料有泡沫塑料、木丝、弹簧等。发泡包装是缓冲包装的较新方法，它是通过特制的发泡设备，将能生产塑料泡沫的原料直接注入内装物与包装容器之间的空隙处，约经几十秒钟即引起化学反应，进行50～200倍的发泡，形成紧裹内装物的泡沫体。对于一些形体复杂或小批量的商品最为合适。

（2）防潮包装

防潮包装是为了防止潮气侵入包装件，影响内装物质量而采取的一定措施的包装。防潮包装设计就是防止水蒸气通过，或将水蒸气的通过减少至最低限度。一定厚度和密度的包装材料，可以阻隔水蒸气的透入，其中金属和玻璃的阻隔性最佳，防潮性能较好；纸板结构松弛，阻隔性较差，但若在表面涂上防潮材料，就会具有一定的防潮性能。塑料薄膜有一定的防潮性能，但它多由无间隙、均匀连续的孔穴组成，并在孔隙中扩散造成其透湿特性。透湿强弱与塑料材料有关，特别是加工工艺、密度和厚度的不同，其差异性较大。

为了提高包装的防潮性能，可用涂布法、涂油法、涂蜡法、涂塑法等方法。涂布法，就是在容器内壁和外表加涂各种涂料，如在布袋、塑料编织袋内涂树脂涂料，纸袋内涂沥青等；涂油法，如增强瓦楞纸板的防潮能力，在其表面涂上光油、清漆或虫胶漆等；涂蜡法，即在瓦楞纸板表面涂蜡或楞芯渗蜡；涂塑法，即在纸箱上涂以聚乙烯醇丁醛（PVB）等。还有在包装容器内盛放干燥剂（如硅胶、泡沸石、铝凝胶）等。

此外，对易受潮和透油的包装内衬一层至多层防湿材料（如牛皮纸、柏油纸、邮封纸、上蜡纸、防油纸、铝箔和塑料薄膜等），或用一层至多层防潮材料直接包裹商品。上述方法即可单独使用，又可几种方法一起使用。

（3）防霉包装

防霉包装是防止包装和内装物霉变而采取一定防护措施的包装。它除防潮措施外，还要对包装材料进行防霉处理。防霉包装必须根据微生物的生理特点，改善生产和控制包装储存等环境条件，达到抑制霉菌生长的目的。

1）尽量选用耐霉腐和结构紧密的材料，如铝箔、玻璃和高密度聚乙稀塑料、聚丙烯塑料、聚脂塑料及其复合薄膜等，这些材料具有微生物不易透过的性质、有较好的防霉效能。

2）容器有较好的密封性，因为密封包装是防霉的重要措施，如采用泡罩、真空和充气等严密封闭的包装，既可阻隔外界潮气侵入包装，又可抑制霉菌的生长和繁殖。

3）采用药剂防霉的方法，可在生产包装材料时添加防霉剂，或用防雷剂浸馈包装容器和在包装容器内喷洒适量防霉剂，如采用多菌灵（BCM）、百菌清、水杨脱苯胺、菌舀净、五氯酚钠等，用于纸与纸制品、皮革、棉麻织品、木材等包装材料的防霉。

4）采用气相防霉处理，主要有多聚甲醛、充氮包装、充二氧化碳包装，也具有良好的效果。

（4）防锈包装

防锈包装是为防止金属制品锈蚀而采用一定防护措施的包装。防锈包装可以采用在金属表面进行处理，如镀金属（包括镀锌、镀锡、镀铬等），镀层不但能阻隔钢铁制品表面与大气接触，且电化学作用时镀层先受到腐蚀，保护了钢铁制品的表面；也可采用氧化处理（俗称发蓝）和磷化处理（俗称发黑）的化学防护法；还可采用除油防锈、涂漆防锈和气相防锈等方法，如五金制品可在其表面涂一层防锈油，再用塑料薄膜封装。涂漆处理是对薄钢板桶和某些五金制品先进行喷砂等机械处理后涂上不同的油漆。气相防锈是采用气相缓蚀剂进行防锈的方法，目前采用的是气相防锈纸，即将涂有缓蚀剂的一面向内包装制品，外层用石蜡纸、金属箔、塑料袋或复合材料密封包装。若包装空间过大，则可填加适量防锈纸片或粉末。此外，还可采用普通塑料袋封存、收缩或拉伸塑料薄膜封存、可剥性塑料封存和茧式防锈包装、套封式防锈包装以及充氮和干燥空气等封存法防锈。

（5）保鲜包装

保鲜包装是采用固体保鲜剂（由沸石、膨润土、活性炭，氢氧化钙等原料按一定比例组成）和液体保鲜剂（如用碳酸氢钠、过氧乙酸溶液、亚硫酸与酸性亚硫酸钙、复方卵磷脂和中草药提炼的CM保鲜剂等）进行果实、蔬菜的保鲜。

固体保鲜剂法是将保鲜剂装入透气小袋封口后再装入内包装，以吸附鲜果、鲜菜散发的气体而延缓后熟过程。液体保鲜剂法为鲜果浸涂液，鲜果浸后取出，表面形成一层极薄的可食用保鲜膜，既可堵塞果皮表层呼吸气孔，又可起到防止微生物侵入和隔温、保水的作用。

硅窗转运箱保鲜包装，是采用塑料密封箱加盖硅气窗储运鲜果、鲜菜、鲜蛋的保鲜方法。硅气窗又称人造气窗，在塑料箱、袋上开气窗，有良好的调节氧气、二氧化碳浓度、抑制鲜菜果和鲜蛋的呼吸作用，延长储存期。

（6）脱氧包装

脱氧包装又称除氧封存剂包装，即利用无机系、有机系、氢系三类脱氧剂，除去密封包装内游度态氧，降低氧气浓度，从而有效地阻止微生物的生长繁殖，起到防霉、防褐变、防虫蛀和保鲜的目的。脱氧包装适用于某些对氧气特别敏感的制品。

（7）充气包装和真空包装

充气包装是采用二氧化碳气体或氮气等不活泼气体置换包装容器中空气的包装技术方法。它是通过改变包装容器中的气体组成成分，降低氧气浓度的方法，达到防霉腐和保鲜的目的。

真空包装是将制品装入气密性容器后，在容器口前抽真空，使密封后的容器基本上设有氧气的包装。一般肉类食品、谷物加工食品及一些易氧化变质商品都可采用此类方法包装。

（8）高温短时间灭菌包装

它是将食品充填并密封于复合材料制成的包装内，然后使其在短时间内保持 135℃左右的高温，以杀灭包装容器内细菌的包装方法。这种方法可以较好地保持色、肉、蔬菜等内装食品的鲜味、营养价值用及色调等。

4. 集合包装

集合包装，就是将运输包装货件成组化，集装为具有一定体积、重量和形态的货物装载单元，它是以托盘、滑板为包装货件群体之基座垫板，或者利用包装货件堆垛形式，以收缩、拉伸薄膜紧固，构成具有采用机械作业叉孔的货物载荷单元。它包括集装箱、集装托盘、集装袋和滑片集装、框架集装与无托盘集装等。常见的集合包装主要是集装箱、集装托盘两种形式。

集合包装的体积一般为 lm^3，重量在 500kg～2t。有些货物，如木材、钢材等集合包装重量达 5t 以上。集合包装是现代化的包装方法，是包装货件物流合理化、科学化、现代化的方式之一，发展集合包装是世界各国包装货物运输的共同发展趋势。

（1）托盘集合包装

托盘集合包装是由托盘、单体包装体码垛相捆扎固定三要素组成配合而形成的具有良好功能的运输包装件。目前已发展成多种类型的托盘，按托盘插口区分，有双面式托盘和四面式托盘。双面式托盘只能前后使用铲车，而四面式托盘则可在前后左右使用铲车，较双面式要方便。为了适应较重或较轻的商品，可以采用钢托盘或纸托盘。

（2）集装箱集合包装

集装箱的出现和发展，是包装方法和运输方式的一场革命，它的出现为实现运输管理现代化提供了条件。集装箱有多种类型，按用途可分为通用集装箱与专用集装箱两大类；按结构形式可分为保温式集装箱、通风集装箱、冷藏集装箱、敞顶集装箱、平板集装箱、罐式集装箱、散装贷集装箱、牲畜集装箱、折叠式集装箱、柱式集装箱、挂式集装箱、多层合成集装箱和航空集装箱等；按制造材料可分为钢质集装箱、铝合金集装箱和玻璃钢质集装箱。

1）通用集装箱：也称为杂货集装箱，用来运输无需控制温度的件杂货。其使用范围极广，据 1983 年的统计，世界上 300 万个集装箱中，杂货集装箱占 85%，约为 254 万个。这种集装箱通常为封闭式，在一端或侧面设有箱门。 这种集装箱通常用来装运文化用品、化工用品、电子机械、工艺品、医药、日用品、纺织品及仪器零件等。这是平时最常用的集装箱。不受温度变化影响的各类固体散货、颗粒或粉末状的货物都可以由这种集装箱装运。

2）散装集装箱：一般用于运输散装的粉状和粒状货物，它的顶板上设有 2～3 个放行货源行进货口，端部的下面设有卸货口。进货口上有密闭性能良好的防水盖。

二、销售包装技法

商品的销售包装是随着商品一同出售给消费者的，因此，商品的销售包装不仅要求能够保护商品，方便运输，而且还要能美化商品，便于宣传商品，方便消费者进行识别、选购、携带和使用。因此，商品的销售包装通常要求包装后便于陈列展销、便于识别及便于消费者携带和使用，具有艺术吸引力。

1. 便于陈列展销的包装

1）堆叠式包装：这种造型的包装，既能陈列展销，又可节省空间。

2）挂式包装：它能充分利用货架的空间陈列展销商品。

2. 便于识别的包装

1）透明包装和开窗包装：这种包装，可以让消费者直接认识和了解商品，认识商品的品质。

2）惯用包装：指和常见的同类产品使用同样的包装材料、色彩、造型等，其目的在于便于消费者认知和引起消费者注意。

3. 便于消费者携带和使用的包装

1）携带式包装：商品经包装后便于携带，其造型的长、宽、厚度的比例适当。

2）易开包装：对于密封结构的包装容器，在封口严密的前提下，便于开启，如易开罐、易开盒等。

除此之外，随着消费需求的提高，许多新的包装方式也在不断出现。

三、包装设计的基本原则

1）包装设计要突出内装商品，主题分明。包装设计应以内装商品为中心、为主体，以简练准确地传递与商品质量特征、作用功能、使用保管方法等有关的信息为首要目的。图案应简洁醒目，色彩应明快悦目，文字说明应流畅、明确、易懂，选材应得当，造型应美观、实用。

2）包装设计要风格独特，不落俗套。在商标、图案的设计、色彩的应用及整体造型等方面力求新颖、奇特、美观，以具有独特个性见长。

3）包装设计要寓意美好，且含蓄深远。整体设计效果，除必要的明示之外，应能巧妙运用图、文、形、彩的结合给消费者以种种暗示，引发联想，诱导消费。图案设计常常运用多种艺术手法，如装饰画、国画、油画、水彩画、卡通画、素描、书法、篆刻、剪纸、雕塑、摄影等，并采用多种艺术技巧，使艺术主题得以淋漓尽致地发挥和创造。

4）包装设计要注意对不同地区、不同民族文化背景的研究。包装装潢设计中的图案和色彩有应用，一定要注意遵从不同地区、不同民族、不同国家的风俗习惯、道德规范等文化背景，投其所好，避其禁忌。

5）包装设计要注意美化与实用相结合。无论怎样去美化、装饰，始终不应忘了包装设计要方便消费，要有利于促销等实用性目的。

6）包装设计要注意各部分的协调一致。成功的销售包装装潢，应是材、形、文、图、色等方面的完美统一，在整体上形成抵挡不住的艺术冲击力无法拒绝的情感亲和力，使消费者在其感染之下，接受内装商品。

第四节　商品包装标识

一、使用说明

包装上的使用说明应既能反映出商品的品质，同时也应指导消费者消费，对这些文字说明应力求简明、真实、易懂。我国《产品质量法》第二十七条规定："产品或者其包装上的标识必须真实，并要做到有产品质量检验合格证明；有中文标明的产品名称、生产厂厂名和厂址；根据产品的特点和使用要求，需要标明产品规格、等级、所含主要成分的名称和含量的，用中文相应予以标明；需要事先让消费者知晓的，应当在外包装上标明，或者预先向消费者提供有关资料；限期使用的产品，应当在显著位置清晰地标明生产日期和安全使用期或者失效日期；使用不当，容易造成产品本身损坏或者可能危及人身、财产安全的产品，应当有警示标志或者中文警示说明。第五十四条规定产品标识不符合上述规定的，责令改正。"

二、包装标志

为了便于装卸、运输、仓储、检验和交接工作的顺利进行，防止发生错发错运和损坏货物与伤害人身的事故，以保证货物安全、迅速、准确地交给收货人，就需要在包装上书写、印刷各种有关标志，以便于识别和提醒人们操作时注意。包装上的标志，按其用途可分为运输标志、指示性标志和警告性标志三种。

1. 运输标志

运输标志又称唛头，通常由一个简单的几何图形和一些字母、数字及简单的文字组成（如图 10-1 和图 10-2 所示）。运输标志的主要内容包括：①目的地的名称或代号；②收、发货人的代号；③件号、批号。此外，有的运输标志还包括原产地、合同号、许可证号和体积与重量等内容。运输标志的内容繁简不一，由买卖双方根据商品特点和具体要求商定。

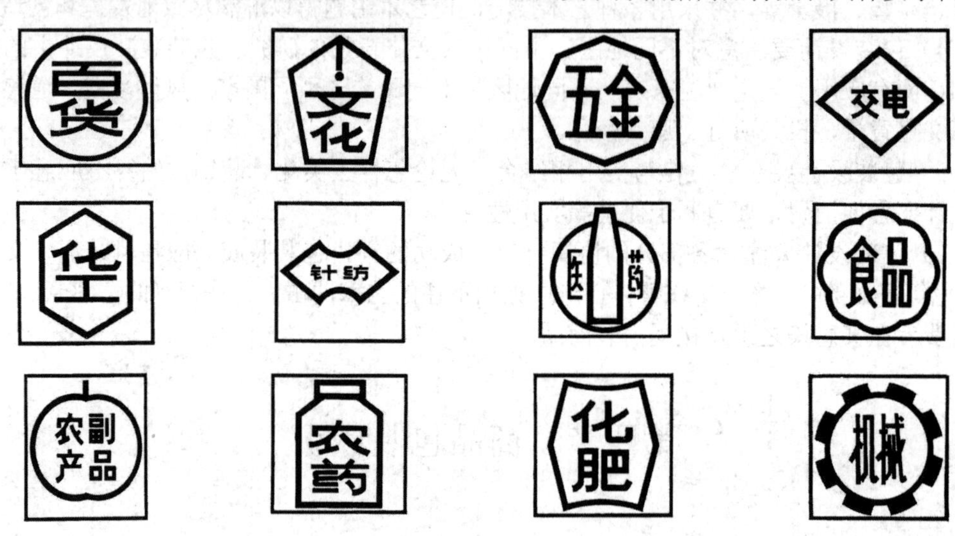

图 10-1 商品分类图形标志

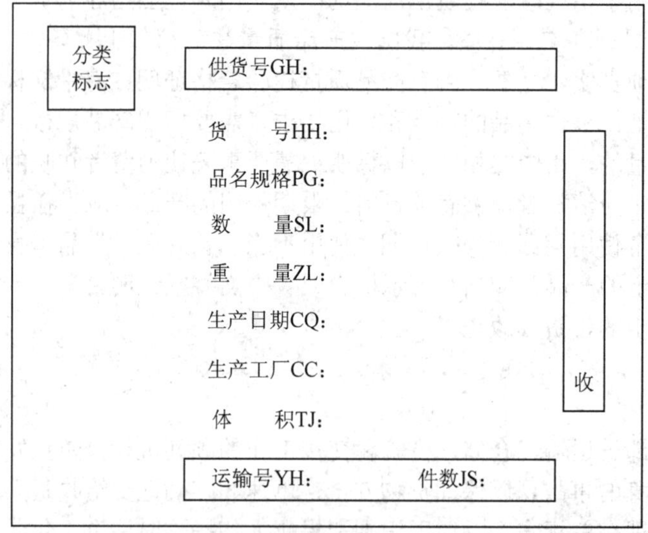

图 10-2 六面体包装件的分类图示标志位置示意图

鉴于运输标志的内容差异较大，有的过于繁杂，不适应货运量增加、运输方式变革和电子计算机在运输与单据流转方面应用的需要，因此，联合国欧洲经济委员会简化国际贸易程序工作组，在国际标准化组织和国际货物装卸协调协会的支持下，制定了一项运输标志向各国推荐使用。该标准化运输标志包括：①收货人或买方名称的英文缩写字母或简称；②参考号，如运单号、订单号或发票号；③目的地；④件号。至于根据某种需要而须在运输包装上刷写的其他内容，如许可证号等，则不作为运输标志必要的组成部分。

标准化运输标志实例如下：

ABC——收货人代号

1234——参考号

LONDON——目的地

1/25——件数代号。

2. 指示性标志

指示性标志是指根据产品的某些特性如怕湿、怕震、怕热、怕冻等确定的，提示人们对某些易碎、易变质的商品在装卸、运输和保管过程中需要注意的事项，引起作业人员的注意，使他们按图示的标志要求进行操作。一般是以简单、醒目的图形和文字在包装上标出，故有人称其为注意标志。常见指示性标志如图 10-3 所示。

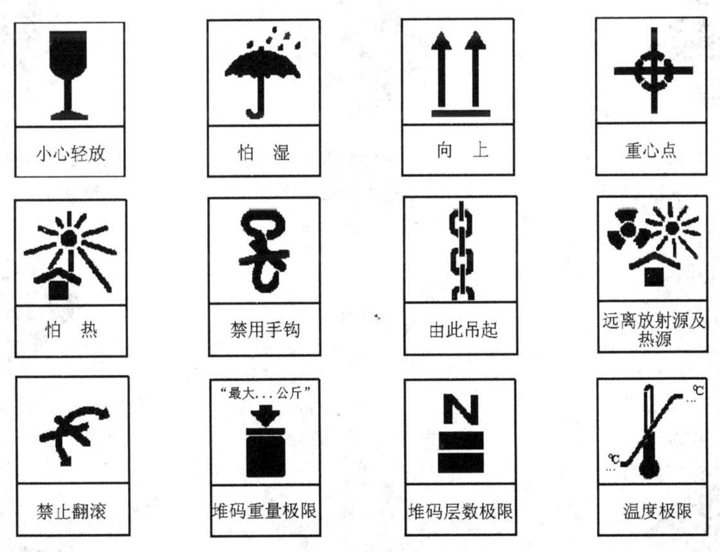

图 10-3　商品包装储运指示标志

1985 年，我国参照国际标准 IS0780—1983《包装-货物储运图示标志》，制定了我国《包装-货物储运图示标志》国家标准。该标准规定了 12 种货物储运图示标志，适用于铁路、水路、公路和航空储运中怕湿、怕震、怕热、怕冻等有特殊要求的货物的外包装上。

包装储运图示标志使用时，对粘贴的标志，箱状包装应位于包装两端或两侧的明显处；袋、捆包装应位于包装明显的一面；桶形包装应位于桶盖或桶身。对喷涂的标志，可用油漆、油墨或墨汁，以楼模、印模等方式按上述粘贴标志的位置涂打或者书写。对于钉附的标志，应用喷涂有标志的金属板或木板，订在包装的两端或两侧的明显处。对于“由此起吊”和“重心点”两种标志，要求粘贴、涂打或钉附在货物外包装的实际位置。

3. 警告性标志

警告性标志又称危险货物包装标志，是指凡在运输包装内装有爆炸品、易燃物品、有毒物品、腐蚀物品、氧化剂和放射性物资等危险货物时，都必须在运输包装上标明用于各种危险品的标志，以示警告，使装卸、运输和保管人员按货物特性采取相应的防护措施，以保护物资和人身的安全。此类标志为了引进人们特别警惕，采用特殊的彩色或黑色菱形图示。

1985 年，国家标准局参照联合国（UN）、国际海事组织（IMO）、国际民航组织（ICAO）和国际铁路合作组织的有关货物运输规则，制定了 GB190—90《危险货物包装标志》标准，对 17 种危险货物包装标志、21 个图形（如图 10-4 所示）作了具体规定。

在我国出口危险货物的运输包装上，要标明我国和国际上所规定的两套危险品标志。

（1）爆炸品标志
（黑色符号，橙色底色）

（2）爆炸品标志
（黑色符号，橙红底色）

（3）爆炸品标志
（黑色符号，橙红底色）

（4）不燃气体标志
（黑色符号，绿色底色）

（5）有毒气体标志
（黑色符号，白色底色）

（6）爆炸品标志
（黑色符号，橙红底色）

（7）易燃液体标志
（黑色符号，正红底色）

（8）易燃固体标志
（黑色符号，红白相间底色）

（9）自燃物品标志
（黑色符号，上白下红底色）

图 10-4　危险货物包装标志

（10）遇湿危险物品标志
（黑色符号，蓝色底色）

（11）氧化剂标志
（黑色符号，黄色底色）

（12）有机过氧化物标志
（黑色符号，黄色底色）

（13）剧毒品标志
（黑色符号，白色底色）

（14）有毒品标志
（黑色符号，白色底色）

（15）有害品标志
（黑色符号，白色底色）

（16）一级放射性物品标志
（黑色符号，白底一红竖条）

（17）二级放射性物品标志
（黑色符号，上黄下白底二红竖条）

（18）三级放射性物品标志
（黑色符号，上黄下白底三红竖条）

（19）感染物品标志
（黑色符号，白色底色）

（20）腐蚀性物品标志
（黑色符号，白色底色）

（21）其他危险品标志
（黑色符号，白色底色）

图 10-4 危险货物包装标志（续）

第五节 商 标

一、商标的概念

1. 商标的定义

商标的起源可追溯到古代，当时工匠们将其签字或“标记”印制在其艺术品或实用产品上。随着岁月迁流，这些标记演变成为今天的商标注册和保护制度。这一制度帮助消费者识别和购买某产品或服务，因为由产品或服务上特有的商标所标示的该产品或服务的性质和质量符合他们的需求。那什么是商标呢？根据国际保护工业产权协会

（AIPPI）对商标的定义，“商标是用以区别个人或集体所提供的商品及服务的标记”。世界知识产权组织在其《发展中国家商标、商号和不正当竞争行为示范法》中将商标定义为：“商标是将一个企业的产品或服务与另一企业的产品或服务区别开的标记。”简单来说，商标是商品的标记，是商品生产者或经营者用以标明自己所生产或者销售的商品，与其他人生产或者销售的同类商品相区别的标记。它表明：第一，商标是商品上使用的标记；第二，商标是具有显著性的标记；第三，商标是区别商品来源的标记。

2. 商标的特性

商标具有以下特性：

1）商标是具有显著性的标志，既区别于具有叙述性、公知公用性的标志，又区别于他人商品或服务的标志，从而便于消费者识别。

2）商标具有独占性。注册商标所有人对其商标具有专用权、独占性，未经注册商标所有人许可，他人不得擅自使用。否则，即构成侵犯注册商标所有人的商标权，属违法。

3）商标具有价值。商标代表着商标所有人生产或经营的质量信誉和企业信誉、形象，商标所有人通过商标的创意、设计、申请注册、广告宣传及使用，使商标具有了价值，也增加了商品的附加值。商标的价值可以通过评估确定。商标可以有偿转让；经商标所有人同意，许可他人使用。

4）商标具有竞争性，是参与市场竞争的工具。生产经营者的竞争就是商品或服务质量与信誉的竞争，其表现形式就是商标知名度的竞争，商标知名度越高，其商品或服务的竞争力就越强

3. 部分标记与商标的关系

在日常生活中，有些标记近似于商标，如商品的装潢、商号、商品名称等。为了正确理解商标的概念，需要弄清楚它们与商标之间的关系。

（1）商品装潢与商标

商品装潢是商品包装上的装饰，其主要功能是为了美化商品，吸引消费者，刺激顾客的购买欲望而采取的一种装饰手段。商标与商品装潢的主要区别在于：

1）二者的主要功能不同，商标主要功能在于区别商品的制造者或经营者，而商品装潢渲染美化商品，图形面积较大，且多为宣传商品的实质内容，以引起消费者的购买欲望。

2）商标应具备显著性的特点，构图应简单鲜明，醒目，商品装潢一般由较复杂的图案色彩构成的。

3）商标图样一经注册就不得改动，而且受商标法保护，而商品装潢可以随着市场需要随时改动。

4）商标的内容不能表现和说明商品的内容性质、特点等，但作为商品装潢却可以表现商品的内容、性质、特点等。

（2）商号与商标

商号又称厂商名称，是企业的名字，它虽是受法律保护的工业产权的一部分，但并不等于商标。

1）它们的作用不同，商号的作用是在一定地域范围内和一定行业中，识别不同的企业，而且识别的是整个企业，而商标的作用是区别一个企业的商品和其他企业的商品。

2）对它们进行管理所依据的法律不同，商号必须按《企业名称登记管理条例》进行登记才能取得和使用，并按该条例规定使用和进行管理，而商标必须按《商标法》进行管理和使用，商标可以注册，也可以不注册。

3）商标注册和商号登记的法律效力范围不同，一个商标一旦获准注册，那么在全国范围内，任何其他人不得在相同或类似商品上使用或注册与该商标相同或相似商标，而对商号则实行地域性保护。

4）商标和商标还有一点区别，就是一个企业可以使用和注册很多商标，而商号只有一个。

商标与商号又存在着紧密联系，它们往往同时出现在同一商品或商品包装上，而且相互影响，相互配合，共同起着识别的推广的作用。

（3）商品名称与商标

商品名称是商品的通用名称，它是指某一类商品所共有的名称，其作用是把不同种类的商品区分开来。例如，电视机、收音机等，它们不是商标，有些商品名称是由商标转化而来的，如“阿斯匹林”是原德国拜尔公司的著名商标，后来成为通用药品名称。

二、商标的作用

商标通过确保商标注册人享有用以标明商品或服务，或者许可他人使用以获取报酬的专用权，而使商标注册人受到保护。保护期限长短不一，但期满之后，只要另外缴付费用，即可对商标予以续展，次数不限。商标保护是由法院来实施的，在大多数制度中，法院有权制止商标侵权行为。从广义上讲，商标通过对商标注册人加以奖励，使其获得承认和经济效益，而对全世界的积极和进取精神起到促进作用。商标保护还可阻止诸如假冒者之类的不正当竞争者用相似的区别性标记来推销低劣或不同产品或服务的行为。这一制度能使有技能、有进取心的人们在尽可能公平的条件下进行商品和服务的生产与销售，从而促进国际贸易的发展。

1. 区别商品的不同生产者和经营者，帮助识别商品的来源

这是商标最基本的功能，企业可以通过商标将自己的商品与他人的商品区别开，以方便消费者在市场上选择、购买。商标显示了产品的质量和特性，消费者熟悉商标后，可以凭商标知道该商品的相关信息，从而易于建立产品声誉，提高用户对该产品的依赖程度，刺激用户重复购买该产品。因此，区别作用对企业与消费者都是重要的。

2. 是市场竞争的有力工具，有利于鼓励企业争创市场名牌

产品质量优良，价格适当，能充分满足消费者的需要，才会使其商标的知名度不断扩大；反过来知名度高、信誉好的商标又会为该商品赢得广大消费者的信任和喜爱，这就可以鼓励企业创名牌、保名牌，从而使该商品的市场竞争力增强。

3. 企业的无形财产

商标作为企业的工业产权，与其他财产一样，是企业的财富。具有一定知名度的商标更是如此，具有巨大的经济价值，这种经济价值体现在两个方面。一方面，它体现在对产品的促销上。由于它能赢得顾客的忠诚，能保持产品传统的销售优势。由于社会知名度高，在市场也较易打开销路。另一方面，商标一旦有了较高的知名度，商标自身就有了独立的内涵，就会成为某种象征，因而也就有了独立于产品之外的价值。

4. 可以鼓励企业提高商品质量

名牌商品不是自封的，只能由消费者公认，而商标就成为公认监督企业产品质量的重要手段。商品的质量是商标信誉的基础，有信誉的商标可以为商品质量提供一定的保证。消费者购买使用商标的商品，就有一定的安全感，一旦出了问题，也可以向厂商要求处理，这样有利于明确工商企业的责任，有利于鼓励企业提高商品质量，同时也有利于国家加强质量监督，维护消费者的合法权益，稳定社会经济秩序。

三、商标的分类

1. 按商标的构成分类

（1）文字商标

文字商标是指仅用文字构成的商标，包括中国汉字和少数民族字、外国文字和阿拉伯数字或以各种不同字组合的商标。文字商标目前在世界各国使用比较普遍。其特点是比较简明，便于称谓，有的词表示一定的含义，可以使商品购买者产生亲近之感。

文字商标还有使用人名签字商标和企业名称缩写的。这种商标能使人对其商标的所有人加深印象，直接知道其商品的生产者或经营者，从而树立企业形象。如“张小泉”剪刀，是张小泉剪刀厂生产的；“沈汽发”汽车发动机，是沈阳汽车发动机厂生产的；“盛锡福”帽子，是盛锡福店经营的。还有以数字作商标的，如“555”、“999”等，这种商标虽然不一定表示什么意思，但其特点是不落俗套，别具一格，也逐渐被一些人所认识，同样可以收到较好的效果。

但是，文字商标也有其不足之处，就是受着民族、地域的限制。比如汉字商标在国外就不便于识别。同样，外文商标在我国也不便于识别。还有少数民族文字，也受着一定地域所限；因此，在使用民族文字的同时，一般需要加其他文字说明，以便于识别。

（2）图形商标

图形商标是指仅用图形构成的商标。这种商标丰富多彩，千变万化，可采用各种动物、植物以及几何图形等图形构成。图形商标的特点是比较直观，艺术性强，并富有感染力。图形商标还有一大特点，就是不受语言的限制，不论哪国人讲何种语言，一般都可以看懂，有的一看即可呼出名称，有的即使不能直呼名称，也可以给人留下较深的印象。

（3）记号商标

记号商标属于图形商标的一种，是指用某种简单符号构成图案的商标。记号商标的特点是标志性较强。

（4）组合商标

组合商标是指由两种或两种以上成分相结合构成的商标，也称复合商标。如胖娃娃的商标图形加上“娃哈哈”的文字后便于识别与称谓，同时又使其内容更加深化，也就更具有感染力。也有的是以汉字、外文字与阿拉伯数字相组合的商标，分别表示不同的含义。

（5）立体商标

立体商标是指以立体物作为商品标志的商标为。如特殊的商品包装、容器等可以区别不同商品的立体物质。

（6）音响商标

音响商标是以音符编成的一组音乐或以某种特殊声音作为商品或服务的商标。如美国一家唱片公司使用 11 个音符编成一组乐曲，把它灌制在他们所出售的录音带的开头，作为识别其商品的标志。这个公司为了保护其音响的专用权，防止他人使用、仿制而申请了注册。音响商标目前只在美国等少数国家得到承认。

（7）气味商标

气味商标就是以某种特殊气味作为区别不同商品和不同服务项目的商标。

目前，立体商标、音响商标、气味商标还不是我国《商标法》保护的客体。

我国《商标法》规定，商标使用的文字、图形或者其组合，应具有显著特征，便于识别。目前，对商标的显著性，很难做出一个统一的标准。对不同的商品，不同的商标，显著性标准也不一样，但获得注册的商标一定可以使消费者将不同企业的商品区别开。

2. 按商标的用途分类

（1）营业商标

营业商标是指生产者或经营者把特定的标志或企业名称用在自己制造或经营的商品上的商标，即以企业的名称、商徽作为商标的， 这种标志也有人叫它是“厂标”、“店标”或“司标”。

（2）商品商标

商品商标又叫“个别商标”，自然人、法人或者其他组织在其生产、制造、加工、拣选或者经销商品上使用的，用以区别商品来源的，具有显著性的标记。

（3）等级商标

等级商标是指在商品质量、规格、等级不同的一种商品上使用的同一商标或者不同的商标，这种商标有的虽然名称相同，但图形或文字字体不同，有的虽然图形相同，但为了便于区别不同商品质量，而是以不同颜色、不同纸张、不同印刷技术或者其他标志作区别，也有的是用不同商标名称或者图形作区别。

（4）保证商标

保证商标又称证明商标，是指商品质量经过鉴定，保证或证明其质量等级的商标。在国际上一般是由某协会申请注册，协会对使用商标的商品质量、原料、制造方法及其他特征有检验能力，并保证负责其质量。使用保证商标，由协会认可，使用商标的商品质量规格等必须达到保证的标准，这样商标使用者通过提供商品质量证明，使该商品对消费者具有更大的吸引力，有利于打开商品销路。这种商标也可用以服务项目上，证明某项服务的特点等。例如，中华人民共和国农业部注册的“绿色食品标志”就是证明商标。

（5）服务商标

服务商标是指用来区别与其他同类服务项目的标志，如航空、导游、保险和金融、邮电、饭店、电视台等单位使用的标志，就是服务商标。

3. 按商标使用者分类

（1）制造商标

制造商标也称工业商标、生产商标，它是表示商品制造者的商标，即把商品的制造者与商标使用者结合起来，有时也作为主商标或厂标使用。制造商标在中国是最常见的，是企业主要的使用形式，如我国的“海尔”、“长虹”日本的“索尼”等。这种商标的特点是突出企业的形象，不仅可以与别的生产者区别开来，而且有利于创名牌，增强消费者的信赖感。

（2）销售商标

销售商标亦称商业商标、推销商标，即销售者为了表示自己销售的商品而使用的商标，它说明商标的使用者是销售商。 销售者使用销售商标，不是在宣传生产者的商标，而是在宣传者自己的商标，这样有利于经营者获得经营的信誉，从而扩大销售。

4. 按商标管理分类

（1）防御商标

防御商标是商标所有人在非类似商品上将其商标分别注册，以扩大其保护范围，一般较驰名的商标采取这种方法。这种商标注册后，不一定都使用，其目的是为了防止他人仿冒或注册，从而更有效地保护自己的商标。

（2）备用商标

备用商标也称储藏商标，是指同时或分别在相同商品或类似商品上注册几个商标，注册后不一定马上使用，而是先储存起来，一旦需要时再使用。注册备用商标，从商标战略角度，主要有三种考虑：一是某商品虽然没投产，但一旦投产时，即可及时使用，而不会影响产品销售；二是为了保证名牌商标信誉，一旦由于某种原因，商品质量达不到要求时，可使用备用的商标（所谓副标）暂时代替；三是万一砸了牌子，可以及时换上备用商标。

图 10-5 所示为几种中外驰名商标。

图 10-5　几种中外驰名商标

四、商标的设计原则

1. 商标的设计应符合法律规范

国家制定的《商标法》，是进行商标设计的重要依据。在设计商标时，必须严格遵守《商标法》的相关规定，如《商标法》规定下列标志不得作为商标使用。

1）同中华人民共和国的国家名称、国旗、国徽、军旗、勋章相同或者近似的，以及同中央国家机关所在地特定地点的名称或者标志性建筑物的名称、图形相同的。

2）同外国的国家名称、国旗、国徽、军旗相同或者近似的，但该国政府同意的除外。

3）同政府间国际组织的名称、旗帜、徽记相同或者近似的，但经该组织同意或者不易误导公众的除外。

4）与表明实施控制、予以保证的官方标志、检验印记相同或者近似的，但经授权的除外。

5）同“红十字”、“红新月”的名称、标志相同或者近似的。

6）带有民族歧视性的。

7）夸大宣传并带有欺骗性的。

8）有害于社会主义道德风尚或者有其他不良影响的。

对于销往国外的产品，商标还应符合产品所销国家的法律规定。

2. 商标的设计应与目标市场相适应

商品的商标必须与企业的目标市场相适应，包括商品的名称、图案、色彩、发音等都要考虑目标市场的风俗习惯、审美观、价值观、语言等方面的要求，这样设计出来的商标，才能被消费者所接受。

3. 商标要具备显著性特征

商标的首要作用就是区别于同类产品、企业或劳务。因此，商标雷同、平庸往往不能引人注目。商标的特殊性质和作用，决定了商标应具备各自独特的个性，不允许丝毫的雷同。在设计商标时，商标还必须具备一定的诱惑力，使人们的认识向商标使用者需要的方向去集中。同时，鲜明生动的形象有很强的视觉冲击力，给人心理上的回味，在回味中得到一种心理上的享受。商标可以具有企业名称所不具备的功能和作用，名称名字虽然可以使人看懂，可决不能在人们脑中建立一个清楚有力的固定的、统一的形象。只有富于创造性，具备自身特色的商标，才有生命力，如同旗帜一样鲜明、醒目而有力。个性特色越鲜明，视觉表现的感染力就越强，刺激的程度越深，保持的时间就越长。

4. 商标要具有审美性

商标设计必须符合艺术法则，充分表现其美观性，并适合大众的审美心理，给人以美的吸引和享受。由于商标设计的艺术形式和社会功能的不同，因此它的思维方法、表现手段、艺术语言和审美观点等都不同于一般艺术创作。商标审美的最大特征是：简洁、易读、易记。由于人的知觉有一定的负荷限度，对环境的刺激有选择性的接受传递和防御拒之功能。也就是说视觉对自己感兴趣的才给以接受。人的视觉与对象的接触是瞬间即逝，视觉对形象的认识能力受到了时间和速度扼制，速度和时间要求人的视觉认识对象要快，并传入大脑而留下记忆，这就要求形象具有简练清晰的视觉效果和视觉感染力。简，不要失之于简单、空洞；繁，不能流之于繁杂、琐碎。简洁中含丰富，单纯中有变化，复杂中求单纯，丰富中找简洁。

商标图案是产生吸引力的主要艺术语言，具有“货架竞争”的强烈表现力，为美化商品、宣传商品发挥不可低估的作用。

5. 商标设计要有利于推销

表现商品的特色，这是商标成功的基础。商标要和使用的商品或服务的特点相符合，只有体现商品特色的商标，才能对消费者产生吸引力；同时每一种商品，都有自己的特点和用途，设计商标时，还要考虑这些特点和用途，以免产生不良的效果。例如，一个商标用在杀虫剂上很贴切，就不能把用在食品上。“敌杀死”是一个很好的用于杀虫剂的暗示性商标，绝对不能用在饮料上。

6. 商标设计要具有时代性

企业商标标志是企业形象的核心。既是产品质量的保证，又是识别商品的依据。它代表一种信誉，这种信誉是企业几年、几十年，甚至上百年培植出来的。经济的繁荣，竞争的加剧，生活方式的改变，流行时尚的趋势导向等，要求商标必须适应时代。一种方式是抛弃旧商标，重新设计，以全新的面貌出现。这种重新设计，在经济上可能要付出较大的代价，通过广告媒介反复宣传，才能重新树立形象。另一种方式是对老牌并享有信誉的商标，在原商标的基础上通过渐变的手法，随着时间的推移，逐步改造和完善，既具有连续性，易于识别，又富于时代感，让人们在不知不觉中接受新商标，这一演进的规律，是由具体到抽象，由复杂到简洁，使其具备现代化、国际化的特征而又保持相对稳定性。

小结

商品包装是指在流通过程中保护商品、方便运输、促进销售，按一定的技术方法而采用的容器、材料及辅助等的总体名称。它的功能主要是保护商品、便于流通、美化商品、促进商品销售等。

商品包装按不同的分类标准有不同的分类方法。选择包装材料时，应根据商品的不同特性及包装材料的不同特点来选择。

商品运输包装技法是指在包装作业过程中所采用的技术和方法。通过包装技法，才能将运输包装体和销售包装件形成一个有机的整体。

包装上的标志，按其用途可分为运输标志、批示性标志和警告性标志三种：运输标志、指示性标志、警告性标志。

商标是商品的标记，是商品生产者或经营者用以标明自己所生产或者销售的商品，与其他人生产或者销售的同类商品相区别的标记。作为商标，它具有显著性、独占性、和价值等特性。

复习思考题

1．什么是商品包装，应如何理解？
2．包装有哪些作用？
3．如何对商品进行运输包装？
4．商品的运输标志包括哪些内容？
5．商标的分类有哪几种？
6．设计商标时应遵循什么原则？试设计出某一商品的商标。

实训项目

1．实训内容：
商品包装。

2．实训要求：

1）收集各种商品的内外包装物，比较分析包装物的材料、结构造型特点；适合包装的商品种类。

2）观察食品、家用电器、服装等类商品标签或说明的内容，了解商标、认证标志、指示标志、包装装饰装潢等的特点。

3）针对商品的各种包装技法，观察它们的特点，分析包装技法的类别和作用。

3．实训分析：

写出实训报告。

案例分析

小包装使葡萄酒贴近大众

利姆•夏敦是葡萄酒的忠实爱好者，他几乎每天都要喝上一杯。但是他有个小麻烦——他是家里唯一喝酒的人，这就意味着一瓶750毫升的标准装葡萄酒他得分五次才能喝完，每次斟完酒后他都得重新把瓶塞塞回去。可是，葡萄酒接触空气后很容易变味，因此往往是一瓶酒喝到一半时他就觉得难以下咽了。不过，最近他的问题解决了。市面上新出现的小瓶装葡萄酒让他每次既能尽兴，又不会有浪费之虞。

1. 酒坛劲吹“小瓶风”

十多年前，大多数小瓶装葡萄酒还只能在飞机上见到。在1999年，法国著名酿造商、香槟业的“龙头老大”柏玛芮率先推出了1/4瓶装的POP香槟。这种钴蓝色的小瓶容积只有187毫升，还附带着一根吸管，彻底颠覆了传统的香槟概念。与柏玛芮旗下的著名品牌Brut相比，POP的口感要更甜一些。公司希望借小包装和新口味吸引年轻的消费者，“让他们在可口可乐以外多一种选择”。

虽然业内有人指责柏玛芮此举破坏了香槟传统的高贵形象，但打破陈规的小包装香槟就此在酒坛流传开来。另一家著名酿造商“白雪香槟”很快推出了200毫升装的“白雪宝贝”。酩悦香槟的Ros é Imp é rial打的也是小包装牌。好莱坞大导演弗朗西斯•福特•科波拉业余爱好之一是酿酒，而且在业内颇有名气。他的酒庄推出的以她女儿名字命名的“索菲亚起泡葡萄酒”也使用了187毫升的小易拉罐包装，杯身上还附着一根吸管。

事实证明，小瓶葡萄酒还是很有市场的。根据市场调查公司AC尼尔森提供的数据，小瓶葡萄酒的销售额要比葡萄酒整体市场的增幅快。去年前者在美国市场的销量增加了10.3%，后者只有6.2%。

2. 把葡萄酒“请下餐桌”

AC尼尔森公司饮料—酒精部门的总监布里安•莱奇纳指出，小瓶葡萄酒受到人们青睐的最主要原因是它们迎合了现代人的生活方式。“过去几十年来，我们的生活方式变得更加积极、流动性更强。传统的750毫升玻璃瓶装葡萄酒显得有些落伍，因为你得带着开瓶器，还要准备高脚玻璃杯，这种正式、古板的形象影响了葡萄酒的普及。而小瓶葡萄酒的出现则显得恰逢其时。它能帮你控制酒量，保持新鲜的口感，可以随时享受美酒而不必担心喝剩下的半瓶会浪费。”

小瓶酒最大的优势是方便。当你想喝白葡萄酒而你的伴侣想要红酒时，你们可以各要一小瓶，而不是像以往那样有一方需要做出让步。而且它们便于携带，尤其是那些通常不提供葡萄酒的场合——体育馆和高尔夫球场等。你还可以把它们塞进包里，带到游泳池或海滩。

近几年来，小瓶葡萄酒不仅逐渐被大众接受，还频频在时装展、夜总会、新潮酒吧、名人婚礼等高档场所露面，甚至还有公司白领把它们带进办公室。加利福尼亚州葡萄酒业咨询公司 Gomberg,Fredrikson&Associates 的合伙人艾林•弗雷德里克森说：“小瓶酒的消费主力是年轻人，他们喜欢非正式地享用葡萄酒。小瓶酒已经把葡萄酒从铺着白桌布的餐桌上请了下来，带到我们的身边。”

3. 酒客的“贴身伴侣”

为了突出小瓶酒方便的特色，各家酿造公司纷纷在包装上动起了脑筋，让小瓶酒“方便携带，方便开启，方便饮用”。如法国丽歌菲雅公司推出的 OneFours 不仅瓶身小巧，瓶子上面还有一个拎绳，方便人们把它挂在腰间或手腕上；而且它的盖子是旋开式的，拧起来也很方便。

还有加州“三贼”公司的“土匪”系列盒装酒，采用了类似于果汁包装的纸盒装，不仅携带轻便，而且能够放在迷你冰箱里储存。这种纸盒每盒可以倒出两杯酒，特别适合两人对饮。

澳大利亚的 HardyShuttles 使用丙烯酸树脂材料做酒瓶的材料，瓶子顶上还倒扣着一个同样材质的杯子，对广大酒友也算考虑周到了。而法国博瓦塞家族酒庄旗下的著名品牌“法国兔子”则采用 250 毫升的利乐包包装，只需插一根吸管就能喝到新酒了。该公司还考虑推出易拉罐和可回收塑料瓶的小包装产品。

与传统包装相比，小包装还具有显著的环保优势。“三贼”公司的首席酿造商查尔斯•比勒说：“我们最初把牛奶和果汁都装在玻璃瓶里，现在都逐渐放弃了。玻璃瓶本身的体积就占了 48%，而盒装的只有 4%。小包装可以大幅节约运输成本，减少碳排放量。”

环保、可回收也是 TetraPaks 公司的利乐、包装受到许多酿造商和消费者们欢迎的原因。公司负责战略发展的副总裁杰夫•凯勒说：“可以回收的利乐无菌包装非常适合保持葡萄酒的口感，包装上的再封口技术也很成熟，使饮酒者不必急着一口气喝完，这是其他包装没有的优势。如果采用利乐包装，在储存和运输空间相同的前提下可以多储运 33%的酒”。

加利福尼亚大学一直研究酿酒业的教授罗伯特•斯麦利分析说，在方便顾客这方面，葡萄酒行业正在向啤酒业学习。“它们将方便与传统结合起来，向‘用户友好型’发展。”但他也建议道，与传统包装相比，小包装在保持口味这方面还需要通过技术创新加以改进，因此那些比较挑剔的顾客最好选择出厂时间比较近的小瓶酒；而且白葡萄酒的性质更不稳定，因此在选购时最好挑选红葡萄酒。

分析与思考：

1．根据本案例，小包装酒与传统包装酒相比有哪些优势？

2．本案例的小包装葡萄酒对你有什么启发？生活中哪些商品可以采用类似的包装？

第十一章　商品的储运与养护

学习目标

通过对储运与养护过程中的商品质量变化形式、影响质量变化的因素以及商品的储运管理和有关商品养护技术的学习，要求了解商品在储存运输过程中的有哪些质量变化形式，并能联系实际分析影响质量变化的因素；熟悉食品和工业品商品的养护技术，重点掌握如何根据商品在储运过程中的质量要求，加强商品的储运管理。

商品从生产环节到流通和使用环节，储存是不可缺少的重要环节，在储存过程中由于商品自身原因以及商品储存环境因素的影响，商品会发生各种变化，甚至会失去使用价值，所以商品在储存过程中必须进行保养与维护。储存过程中对商品科学合理的保养和维护，可以防止和减缓商品质量变化，减少储存过程中商品使用价值的损失。

第一节　商品的质量变化

储运过程中商品的质量变化归纳起来有物理机械变化、化学变化、生理生化变化及某些生物活动引起的变化等。

一、商品的物理机械变化

物理变化是只改变物质本身的外表形态，不改变其本质，没有新物质的生成质量变化现象。商品的机械变化是指商品在外力的作用下，发生形态变化。物理机械变化是由于自然环境因素与商品本身特性的正常作用和非正常的人为原因而造成，结果数量损失，或质量降低，甚至使商品失去使用价值。商品常发生的物理机械变化有商品的挥发、溶化、熔化、渗漏、串味、脆裂、干缩、冻结、沉淀、破碎等。

1. 挥发

挥发是低沸点的液体商品（如白酒、香水等）或经液化的气体商品（如液态氮）在空气中迅速蒸发到空气中的现象。

挥发的速度与气温的高低、空气流动速度的快慢、液体表面接触空气面积的大小成正比关系。液体商品的挥发会降低有效成分，增加商品损耗，降低商品质量，还容易引起燃烧或爆炸，挥发的蒸汽有毒性或麻醉性，容易造成大气污染，对人体有害。常见易挥发的商品如酒精、白酒、香精、花露水、香水、化学试剂中的各种溶剂等。防止商品挥发的主要措施是加强包装密封性。同时，要注意控制仓库温度，保持较低温度条件下储存，以防其挥发。

2. 溶化

溶化是指具有吸湿性和水溶性性能固体商品在保管过程中，吸收空气或环境中的水分达到一定程度时溶化成液体的现象。常见易溶化的商品有：食糖、糖果、食盐、明矾、氯化钙、氯化镁、尿素、硝酸铵、硫酸铵等。

商品溶化与空气温度、湿度及商品的堆码高度有密切关系。在保管过程中，应对易溶化商品应采取吸潮和通风相结合的温、湿度管理方法来防止商品吸湿溶化，按商品性能，分区分类存放在干燥阴凉的库房内，不与含水分较大的商品同时存放，堆码时要注意底层商品的防潮和隔潮，同时注意堆码不宜过高。

3. 熔化

熔化是指低熔点的商品受热后发生软化甚至熔融为液体的现象。商品的熔化，除受气温高低的外界因素影响外，还与商品本身的熔点、商品中杂质种类和含量高低等内因密切相关。熔点愈低，愈易熔化；杂质含量越高，越易熔化。常见易熔化的商品有：香脂、蛤蜊油、发蜡、蜡烛，圆珠笔芯，松香、石蜡，油膏、胶囊、糖衣片等。商品熔化，会造成商品流失、粘连包装、沾污其他商品，有的因熔化而使体积膨胀，使包装破损，有的因商品软化而使货垛倒塌。在保管过程中，一般可采用密封和隔热措施，选择阴凉通风的库房储存，加强库房的温度管理，防止日光照射。

4. 渗漏

渗漏主要是指液体商品，特别是易挥发的液体商品，由于包装容器不严密，包装质量不符合商品性能的要求，或在搬运装卸时碰撞震动破坏了包装，而使商品发生跑、冒、滴、漏的现象。商品渗漏，主要与包装材料性能、包装容器结构、包装技术优劣和仓储温度变化有关。因此，对液体商品应加强入库验收和在库定期检查，以及温、湿度控制和管理。

5. 串味

串味指吸附性较强的商品吸附其他气体、异味，从而改变本来气味的变化现象。具有吸附性、易串味的商品，主要是它的成分中含有胶体物质，以及疏松、多孔性的组织结构。影响商品串味的因素有商品表面状况、与异味物质接触面积的大小、接触时间的长短，以及环境中异味的浓度等。常见易被串味的商品有：大米、面粉、食糖、茶叶、卷烟等。常见的引起其他商品串味的商品有：汽油、煤油、樟脑、卫生球、肥皂、化妆品及农药等。对易被串味的商品尽量采取密封包装，在储存和运输中不得与有强烈气味的商品同车、船并运或同库储藏，注意运输工具和仓储环境的清洁卫生。

6. 脆裂和干缩

脆裂和干缩指某些吸湿性商品如纸张、木制品、糕点等，在干燥的空气中严重失水而引起商品质量变化的现象。储运中应注意防日晒、风吹，注意控制环境的相对湿度，使其含水量保持在合理的范围内。

7. 沉淀

沉淀指含有胶质和易挥发成分的商品，在低温或高温等因素影响下，引起部分物质的凝固，进而发生沉淀或膏体分离的现象。常见易发生沉淀的商品有：墨汁、雪花膏等。对于易产生沉淀的商品，应根据其特点，防止阳光照射，做好商品冬季保温工作和夏季降温工作。

8. 沾污

沾污指商品外表沾有其他脏物，染有其他污秽的现象。商品沾污，主要是由于生产、储运中卫生条件差及包装不严所致。对一些外观质量要求较高的商品，如绸缎呢绒、针织品、服装精密仪器、仪表类等要特别注意。

9. 破碎、变形与散落

破碎、变形与散落指商品在外力作用下所发生的形态上的改变，是常见的机械变化。对于容易发生破碎和变形的商品，主要注意妥善包装，轻拿轻放，在库堆垛高度不能超过一定的压力限度。

二、商品的化学变化

商品的化学变化是构成商品的物质发生变化后，不仅改变了商品的外表形态和商品的本质，并且有新物质生成，且不能恢复原状的变化现象。商品化学变化过程即商品劣变过程，严重时会使商品失去使用价值。商品的化学变化形式主要有氧化、分解、水解、聚合、裂解、老化、曝光、锈蚀等形式。

1. 氧化

氧化是指商品与空气中的氧或其他能放出氧的物质，所发生的与氧相结合的变化。商品发生氧化，不仅会降低商品的质量，有的还会在氧化过程中，产生热量，发生自燃，有的甚至会发生爆炸事故。易氧化的商品有：某些化工原料、纤维制品、橡胶制品、油脂类商品等。此类商品要储存在干燥、通风、散热、避光和低温的库房，避免与氧接触。

2. 分解、水解

分解是指某些性质不稳定的商品，在光、电、热、酸、碱及潮湿空气的作用下，由一种物质生成两种或两种以上物质的变化现象。商品发生分解反应后，不仅使其数量减少、质量降低，有的还会在反应过程中，产生一定的热量和可燃气体，而引起事故。过氧化氢（双氧水）是一种不稳定的强氧化剂和杀菌剂。在常温下会逐渐分解，高温能迅速分解成水和氧气，从而失去效用。漂白粉当遇到空气中的二氧化碳和水汽时，就能分解出氯化氢、碳酸钙和次氯酸。所生成的新生态氧，具有很强的氧化能力，不仅能够加速对其他商品的氧化，还会破坏商品的质量。降低其有效成分和杀菌能力。

水解是指某些商品在一定条件下，与水作用所发生的复分解的现象。棉纤维在酸性溶液中，尤其是在强酸的催化作用下，容易发生水解，使纤维的大分子链节断裂，分子量降低，被分解成单个的纤维分子，大大地降低了纤维的强度。而棉纤维在碱性溶液中却比较稳定，这就是棉纤维怕酸而耐碱的原因所在。

对于易发生分解、水解的商品在包装、运输、储存的过程中，应尽量避免发生这些变化所需的外部条件，要注意包装材料的酸碱性，尤其不能与酸或碱性商品同库储存，以便防止商品的人为损失。

3. 聚合

聚合是指某些商品，在外界条件的影响下，能使同种分子互相加成后，而结合成一种更大分子的现象。例如，桐油表面的结块、福尔马林的变性等现象，均是发生了聚合反应的结果。储存和保管养护此类商品时，要特别注意日光和储存温度的影响，以便防止发生聚合反应，造成商品质量的降低。

4. 裂解

裂解是指高分子有机物（如棉、麻、丝、毛、橡胶、塑料等），在日光、氧、高温条件的作用下，发生了分子链断裂、分子量降低，从而使其强度降低，机械性能变差，产生发软、发粘等现象。如天然橡胶是以橡胶烃为基本单体成分的高分子化合物，在日光、氧和一定温度的作用下，就能发生链节断裂、分子结构被破坏，而使橡胶制品变软、发粘而变质。此类商品在储存保管过程中，要防止受热和日光的直接照射。

5. 老化

老化是指以高分子有机物为主要成分的商品（如橡胶、塑料、合成纤维等），在日光、氧气、热等因素的作用下，性能逐渐变坏的过程。商品发生老化后，化学结构遭受破坏、物理性能发生改变，机械性能降低，出现变硬发脆、变软发粘等现象，而使商品失去使用价值。合成纤维织品发生老化，是由于在日光、氧、高温等因素的作用下，发生变色，强度降低，严重时能逐渐变质脆化。容易老化的商品，在保管养护过程中，要注意防止日光照射和高温的影响，堆码时不宜高，以防止在底层制品受压变形。

6. 曝光

曝光是指某些商品见光产生分解，引起变质或变色的现象。如照相用的胶片见光后，即成为废品。漂白粉储存场所不当，易受日光、热或二氧化碳的影响逐渐发生变化，而降低氯的有效成分。对能够产生曝光的商品在保管和养护过程中，要特别注意防止光线照射，空气中的氧和温、湿度的影响，其包装要做到密封严密。

7. 锈蚀

锈蚀是指金属或金属合金，同周围的介质相接触时，相互间发生了化学反应或电化学反应，而逐渐遭到破坏的过程。金属商品之所以会发生锈蚀，其一是由于金属本身不稳定，在其组成中存在着自由电子和成分的不纯；其二是由于受到水分和有害气体（二氧化硫和盐酸等）的作用所造成的。锈蚀是金属商品的主要破坏形式。

三、商品的生理生化变化及其他生物引起的变化

生化变化是指有生命活动的有机体商品，在生长发育过程中，为了维持它的生命，本身所进行的一系列生理变化，主要有呼吸、发芽、胚胎发育、后熟、霉腐、虫蛀等。

1. 呼吸作用

呼吸作用是指有机商品在生命活动过程中，不断地进行呼吸，分解体内有机物质，产生热量，维持其本身的生命活动的现象。呼吸作用可分为有氧呼吸和无氧呼吸两种类型。

有氧呼吸：$C_6H_{12}O_6+6O_2 \longrightarrow 6CO_2+6H_2O+Q$

无氧呼吸：$C_6H_{12}O_6 \longrightarrow 2C_2H_5OH+2CO_2+Q$

不论是有氧呼吸还是缺氧呼吸，都要消耗营养物质，降低食品的质量。有氧呼吸所产生的热，会促使霉腐微生物生长繁殖，使食品腐败变质。无氧呼吸，则会产生酒精积累，引起有机体细胞中毒，造成生理病害，缩短储存时间。对于一些鲜活商品，无氧呼吸往往比有氧呼吸要消耗更多的营养物质。因此，鲜活商品的储藏应保证它们正常而最低的呼吸，保持正常的呼吸作用，维持有机体的基本生理活动，使其本身具有一定的抗病性和耐储性，利用它们的生命活性，减少商品损耗、延长储藏时间。

2. 发芽、抽苔

发芽、抽苔指有机体商品在适宜条件下，冲破“休眠”状态，发生的发芽、萌发现

象。其结果会使有机体商品的营养物质，转化为可溶性物质，供给有机体本身的需要，从而降低有机体商品的质量。导致组织粗老、空心，失去鲜嫩品质，并且不耐储藏，降低质量。对于能够发芽、抽苔的商品，必须控制它们的水分，并加强温、湿度管理，防止发芽、抽苔现象的发生。

3. 胚胎发育

胚胎发育主要指的是鲜蛋的胚胎发育。在鲜蛋的保管过程中，当温度和供氧条件适宜时，胚胎会发育成血丝蛋、血环蛋。经过胚胎发育的禽蛋新鲜度和食用价值大大降低。为抑制鲜蛋的胚胎发育，应加强温、湿度管理，最好是低温储藏或限制供氧条件，亦可采用石灰水浸泡、表面涂层等储藏方法。

4. 后熟作用

后熟是指瓜果、蔬菜等类食品在脱离母株后，生理活动仍在继续，逐渐达到成熟过程的现象。瓜果、蔬菜等的后熟作用，能改进色泽、香气、口味以及适口的硬脆度等食用性能。但当后熟作用完成后，则容易发生腐烂变质，难以继续储藏甚至失去食用价值。因此，对于这类鲜活食品，应在其成熟之前采收并采取低温储运和适当通风，来调节其后熟过程，以达到延长储藏期、均衡上市的目的。

5. 霉腐

霉腐是商品在霉腐微生物作用下所发生的霉变和腐败现象。商品霉变是由于霉菌在商品上生长繁殖而导致的商品变质。腐败主要是腐败细菌作用于食品中的蛋白质二发生的分解反应。常见危害商品的微生物主要是一些腐败性细菌、酵母菌和霉菌。特别是霉菌，它是引起绝大部分日用工业品、纺织品和食品霉变的主要根源，对纤维素、淀粉、蛋白质、脂肪等物质，具有较强的分解能力。在气温高、湿度大的季节，储存的针棉织品、皮革制品、鞋帽、纸张、香烟以及中药材等许多商品易霉；肉、鱼、蛋类易腐败发臭，水果、蔬菜易腐烂。霉腐的发生，会使商品受到不同程度的破坏，甚至可使商品完全失去使用价值。对易霉腐的商品，在储存时必须严格控制温、湿度，并做好商品防霉和除霉工作。

6. 虫蛀、鼠咬

商品在储存期间，常常会遭到仓库害虫的蛀蚀或老鼠的咬损。不仅破坏商品的组织结构，使商品发生破碎和孔洞，而且排泄各种代谢废物污染商品，影响商品质量和外观，降低商品使用价值，甚至完全丧失使用价值。因此，要搞好运输工具和仓库的清洁卫生工作，加强日常管理，切断虫、鼠来源；同时采用化学药剂或其他方法杀虫、灭鼠。

第二节 影响商品变化的因素及其控制

一、影响商品质量变化的因素

（一）影响商品质量变化的内在因素

1. 商品的物理性质

（1）商品的吸湿性

商品吸湿性是指商品吸收和放出水分的特性。具有吸湿性的商品在潮湿的环境中能吸收水分，在干燥的环境中能放出水分。商品吸湿性的大小，吸湿速度的快慢，直接影响该商品含水量的增减，其含水的多少以及吸水性的大小与商品在储存期间发生的吸潮溶化、风干及腐败等质量变化有直接关系。储存中应严格控制环境的温湿度。

（2）商品的导热性

商品的导热性是指物体传递热能的性质。商品的导热性，与其成分和组织结构有密切关系，同时商品表面的色泽与其导热性也有一定的关系。

（3）商品的耐热性

商品的耐热性是指商品耐温度变化而不致被破坏或显著降低强度的性质。商品的耐热性与其成分、结构、不均匀性、导热性、膨胀系数有密切关系。耐热性差的商品（如橡胶）在温度变化的情况下，易发生成分和结构的变化，产生老化现象。

（4）商品的透气性与透水性

透气性是指商品能被水蒸气透过的性质，透水性是指商品能被液体水透过的性质。这两种性质在本质上都是指水的透过性能，不同的是：前者指气体水分子的透过；后者是指液体水的透过。商品透气、透水性的大小，主要取决于商品的组织结构和化学成分。

（5）商品的弹性

弹性是指物体承受外力作用时发生形变的性质，弹性较大的商品在储存中不易发生破碎和变相的现象，但超过了弹性变形值则会发生塑性变形。

（6）沸点

液体商品的沸点直接影响商品的挥发速度，液体商品的沸点越低，储存中越易产生挥发，从而造成商品中的有效成分的减少和重量的降低。

2. 商品的机械性质

商品的机械性质是指商品的形态、结构在外力作用下的反应。商品的这种性质与其质量关系极为密切，是体现适用性、坚固耐久性和外观的重要内容，它包括商品的弹性、可塑性、强力、韧性、脆性等。

3. 商品的化学性质

商品的化学性质是指商品的形态、结构以及商品在光、热、氧、酸、碱、温度、湿度等作用下，发生改变商品本质相关的性质。商品的化学性质包括：商品的化学稳定性、商品的毒性、腐蚀性、燃烧性、爆炸性等。

（1）商品的化学稳定性

商品的化学稳定性是指商品受外界因素作用，在一定范围不易发生分解、氧化或其他变化的性质。化学稳定性的大小与其成分、结构及外界条件有关。

（2）商品的毒性

商品的毒性是指某些商品能破坏有机体生理功能的性质。具有毒性的商品，主要是用作医药、农药及化工商品等。毒性主要来源于商品本身或分解化合后产生的有毒成分等。

（3）商品的腐蚀性

商品的腐蚀性是指某些商品能对其他物质发生破坏性的化学性质，如硫酸能吸收动植物商品中的水分，使它们碳化而变黑。具有腐蚀性的商品，本身具有氧化性和吸水性，因此，不能把这类商品与棉、麻、丝、毛织品以及纸张、皮革制品和金属制品等同仓储存。在保管时要注意选择储存场所，安全保管。

（4）商品的燃烧性

有些商品性质活泼，发生剧烈化学反应时常拌有热、光同时发生的性质，这一现象称为商品的燃烧性。具有这一性质的商品被称为易燃商品。常见的易燃商品有红磷、火柴、松香、汽油、等低分子有机物。易燃商品在储存中应注意防火。

（5）商品的爆炸性

爆炸是物质由一种状态迅速变化为另一种状态，并在瞬息间以机械功的形式放出大量能量的现象。能够发生爆炸的商品要有严格的管理制度和办法，专库储存。

4. 商品的化学成分

（1）商品的无机成分

商品的无机成分是指构成成分中不含碳，但包括碳的氧化物、碳酸及碳酸盐，如化肥、部分农药商品等。无机性成分的商品，按其元素的种类及其结合形式，分为单质商品、化合物、混合物等三大类。

（2）商品的有机成分

商品的有机成分是指以含碳的有机化合物为其成分，但不包括碳的氧化物，碳酸与碳酸盐，如棉、毛、丝、麻及其制品，化纤、塑料、橡胶制品、石油产品、有机农药、有机化肥、木制品、皮革、蔬菜、水果、食品等。这类商品成分中，结合形式也不相同，有的是化合物，有的是混合物。

（3）商品成分中的杂质

单一成分的商品极少，多数商品含杂质，而成分绝对纯的商品很罕见。商品成分有主要成分与杂质之分。主要成分决定着商品的性能、用途与质量，而杂质则影响着商品的性能、用途与质量，给储存带来不利影响。

5. 商品的结构

商品的种类繁多，各种商品有各种不同形态的结构，概括起来，可分为外观形态和内部结构两大类。商品的外观形态多种多样，在保管时应根据其体形结构合理安排仓容，科学地进行堆码，以保证商品质量的完好。商品的内部结构，即构成商品原材料的成分结构，属于商品体的分子及原子结构，是人的肉眼看不到的必须借助于各种仪器来进行分析观察。结构不同，性质有很大差别。

（二）影响商品质量变化的外界因素

商品储存期间的质量变化，主要是商品体内部运动或生理活动的结果，并与储存的外界因素有密切关系。外界因素主要包括：空气的温度、湿度、环境的气体组成、日光、微生物和昆虫等。

1. 空气的温度

气温是影响商品质量变化的重要因素。高温能够促进商品的挥发、渗漏、熔化等物理变化及各种化学变化，低温容易引起某些商品的冻结、沉淀等变化，温度忽高忽低，会影响到商品质量的稳定性；此外，温度适宜时会给微生物和仓虫的生长繁殖创造有利条件，加速商品腐败变质和虫蛀。因此，控制和调节仓储商品的温度是商品养护的重要工作内容之一。

2. 空气的湿度

空气的干湿程度称为空气的湿度。空气湿度的改变，能引起商品的含水量、化学成分、外形或体态结构发生变化。湿度下降，将使商品因放出水分而降低含水量，减轻重量。如水果、蔬菜、肥皂等的萎蔫或干缩变形，纸张、皮革制品的干裂或脆损。湿度增高，商品含水量和重量相应增加，如食糖、食盐、化肥、硝酸铵等易溶性商品结块、膨胀或进一步溶化，金属的生锈，纺织品、竹木制品、卷烟等的霉变或被虫蛀等。所以，在商品养护中，必须掌握各种商品的适宜湿度要求创造商品适宜的空气湿度。

3. 环境的气体组成

空气中约含有21%左右的氧气。氧非常活泼，能和许多商品发生作用，对商品质量变化影响很大。如金属商品锈蚀、有机体商品发生霉腐、是害虫赖以生存的基础、不利于危险品的安全储存等。因此，在养护中，对于受氧气影响比较大的商品，要采取各种方法（如浸泡、密封、充氮等）隔绝氧气对商品的影响。此外，氧气、二氧化碳、二氧化硫和水气的存在，还会使金属制品因发生电化学锈蚀而质量下降。

4. 日光

日光中含有热量、紫外线、红外线等，它对商品起着正反两方面的作用：一方面，日光能够加速受潮商品的水分蒸发，杀死杀伤微生物和商品害虫，有利于商品的保护；另一方面，某些商品在日光的直接照射下，又发生破坏作用。如日橡胶塑料制品迅速老化、纸张发黄变脆、色布褪色、药品变质、照相胶卷感光等。因此，要注意避免或减少日光的照射。

5. 微生物和仓库害虫

微生物和害虫存在是商品霉腐、虫蛀的前提条件。微生物在生命活动过程中分泌一种酶，利用它把商品中的蛋白质、糖类、脂肪、有机酸等物质，分解为简单的物质加以吸收利用，从而使商品受到破坏、变质、丧失其使用价值。同时，微生物异化作用中，在细胞内分解氧化营养物质产生各种腐败性物质排出体外，使商品产生腐臭味和色斑霉点，影响商品的外观，加速高分子商品的老化。仓库害虫在仓库里，不仅蛀食动植物性商品和包装，有些仓库害虫还能危害塑料、化纤等化工合成商品，影响商品的质量和外观。因此，储存中要根据商品的特征，采取适当的温湿度控制措施，防止微生物、害虫的生长，以利商品储存。

6. 卫生条件

卫生条件是保证商品免于变质腐败的重要条件之一。卫生条件不良，不仅使灰尘、油垢、垃圾、腥臭等污染商品造成某些外观疵点和感染异味，而且还为微生物、仓库害虫等创造了活动场所。因此商品在储存过程中，一定要搞好储存环境的卫生，保持商品本身的卫生，防止商品之间的感染。

三、温度和湿度变化规律

（一）温度和湿度的基本知识

1. 空气温度

温度是表示物体的冷热成度，空气的冷热程度，简称气温。仓库温度的控制包括库房内外的温度（库温和气温）和储存物资的温度（垛温）。常用的温度单位是摄氏温度（℃）、华氏温度（℉）和绝对温度（K），它们之间的换算关系为

$$t℃=(\tau ℉-32)\times 5/9$$

$$\tau ℉=t℃\times 9/5+32$$

$$TK=273+t℃$$

式中：T、t 和 τ 分别为绝对温度、摄氏和华氏温度值。

2. 空气湿度

空气湿度指空气中水蒸气含量的多少或空气的干湿程度。常以绝对湿度、饱和湿度、相对湿度和露点来表示。

（1）绝对湿度

绝对湿度指单位体积空气中实际所含水蒸气的重量，即以每立方米的空气中所含的水汽量用“g/cm^3”（克/立方米）表示，或以空气中的水汽压力“mmHg”（毫米汞柱）或“mbar”（毫巴）表示。空气中的水蒸气含量愈多，密度就愈大，蒸气压亦愈大。

（2）饱和湿度

饱和湿度指在一定气压、气温的条件下，单位体积空气中所能含有的最大水蒸气重量。其单位与绝对湿度的单位相同。空气中的水蒸气超过饱和湿度时，剩余的水蒸气即凝成水珠附在冷物体上，这种现象称为“水淞”。这种现象对物资保管是不利的。饱和湿度随温度升高而增加。

（3）相对湿度

相对湿度指空气中实际含有水蒸气量（绝对湿度）与同温度下饱和蒸气量（饱和湿度）的百分比。

$$\text{相对湿度}=\frac{\text{绝对湿度}}{\text{饱和湿度}}\times 100\%$$

它表示在一定温度下，空气中的水蒸气距离该温度时的饱和水蒸气量的程度。相对湿度愈大，说明空气越潮湿，反之，则越干燥。因此相对湿度表示空气的干湿程度。

绝对湿度、饱和湿度和相对湿度三者的关系：在温度不变的情况下，空气绝对湿度愈大，相对湿度愈高，绝对湿度愈小，相对湿度愈低；在空气中水蒸气含量不变的情况下，温度愈高，相对湿度愈小，温度愈低，相对湿度愈高。

（4）露点

在绝对湿度和气压不变的情况下，若气温降低，空气中容纳不了原气温时所含的水蒸气量，使空气中的水蒸气达到饱和状态，此时的温度称为露点。库内温度如果低于露点温度就会出现水分在商品表面集结的现象，即结露。必须指出，在气压一定时，露点的高低只与空气中的水汽含量有关，水汽含量越多露点也越高。由于空气一般是未饱和的，故露点常常比气温低，只有空气达到饱和时，露点才和气温相等，所以根据露点差，即气温和露点之差可大致判断空气的饱和程度。

（二）温度和湿度变化规律

1. 大气温湿度的变化规律

（1）气温的变化规律

气温的变化分为周期性的变化和非周期性的变化，由于地球自转和公转引起的气温变化，在时间上是以一日或一年为周期的，叫气温的周期性变化。非周期注变化，是指在时间上没有象周期性变化那样有规律的气温变化，可以发生在一日或一年的任何时间，而且大多是由于气团的交替，空气的平流所引起的。气温的周期性变化又包括年变化和日变化。

温度的年变化规律是在一个自然年中，以候（五天为一候）平均温度为标准呈春夏秋冬四个季节，周而复始的变化。一年中气温最高的月份内陆为 7 月，沿海为 8 月；气温最低的月份，内陆为 1 月，沿海为 2 月；平均气温在 4 月底和 10 月底。一年中的月平均气温的最高值与最低值之差称为气温的年较差。

温度的日变化是指一昼夜内气温的变化。其最高值在午后 2～3 点，最低值在凌晨日出前，形成中午暖、早晚凉的规律变化趋势。一昼夜间最高温度和最低温度的差值称气温日较差。

（2）湿度的变化规律

相对湿度的年变化规律是一般最高值出现在冬季，最低值出现在夏季，与气温的年变化相反。

相对湿度的日变化一般最高值出现在日出前，最低值出现在午后 2～3 点，与气温的日变化相反。

2. 库房温湿度的变化规律

（1）库房温度的变化规律

库内空气温度一日间或一年每月间的变比，叫作仓温的日变化或年变化。库房温湿度的变化不论年变化或日变化，与库外温湿度的变化大致相同。

气温逐渐升降时，仓温也随着逐渐升降，仓温主要随气温变化而变化；仓温变化的时间，总是落在气温变比之后 1～2 小时；仓温与气温相比，则夜间仓温高于气温，白天气温高于仓温；仓温变化的幅度比气温变化的幅度小。库温的年变化完全受气温变化的影响。在春、夏季节，库外温度直线上升时，库温通常低于气况，在秋、冬季节，气温急剧下降时，库温通常高于气温。

库房温度变化主要受季节、库房的建筑材料、库房结构、库房建筑物的色泽、库房建筑传热面和光滑程度、库内商品的特性、堆码等因素影响。

（2）库房湿度的变化规律

空气的相对湿度是随着空气温度的变化而变化的。大气的温度在一天之中，随着昼夜的变化而显示着周期性的日变化，在一年中也随着四季的不同以及地理位置和季风的影响而呈周期性的年变化，所以大气湿度也将随着温度的周期性的变化，呈现周期性的日变化和年变化。

大气湿度的周期性变化，与大气温度的周期性变化正好相反。一天之中，当温度最低时即日出之前，湿度最高，午后两点左右湿度最低。相对湿度的年变化，在全国很多地区，都是最冷月份湿度最高，最热月份湿度最低．但沿海地区受海洋季风影响，相反的夏季湿度较冬季高。

库内湿度的变化，随着大气湿度的变化而变化，日变比的时间迟于库外，幅度也较小。库房的湿度除受季节影响外，还与库房的结构、商品本身特性及商品的堆码方式有密切联系。

三、温度和湿度的控制

仓库里温、湿度的变化，对储存商品的安全有着密切的关系。储存中的商品，要保持质量稳定，都需要有一个较适宜的温、湿度范围。因此，控制与调节仓库温、湿度，就成为当前条件下商品养护的一个重要措施。由于仓库的温、湿度是受大气、气候的影响而发生变化。这就需要研究并采取一些措施来控制仓库内温、湿度的变化，对不适宜商品储存的温、湿度及时进行调节，控制与调节仓库环境的方法很多，采取密封、通风与吸潮相结合的方法，是控制与调节库内温、湿度行之有效的方法。

（一）仓库的密封

仓库密封就是利用密封材料把整库、整垛或整件商品尽可能地密封起来，减少外界不良气候条件的影响，以达到商品安全储存的目的。对库房采用密封，就能保持库内温、湿度处于相对稳定状态，达到防潮、防热、防干裂、防冻、防溶化的目的，还可收到防霉、防火、防锈蚀、防老化等各方面的效果。密封措施是仓库环境管理工作的基础。没有密封措施，也就无法运用通风、吸潮、降温、升温和气调的方法。

1. 密封储存应注意的问题

采取密封储存，除应考察库内外的温、湿度变化情况外，还必须考虑商品的质量、温度和含水量是否正常、密封的时期的选择、加强商品密封后的检查管理工作等。

2. 密封储存的几种形式

（1）整库密封

对储存量大，出入库动态不大的商品宜于采取整库密封。若密封库内有易霉、怕虫蛀的商品，可在库内定期用药剂进行杀菌消毒，以防霉菌虫害孳生。

（2）按垛密封

对于一些怕潮易霉或易干裂的商品，可以用防潮效果好的材料，如塑料薄膜、油毡、防潮纸等，进行整垛密封，以减少气候变化时对商品的影响。

（3）货架密封法

对出入库频繁、零星而又怕潮易霉、易干裂、易生虫、易锈蚀的商品，可以采用货架密封法。若储存有特别易潮、易霉、易锈蚀的商品，可在货架内放一容器，内装硅或氯化钙等吸湿剂，以保持架内干燥。若储存易虫蛀商品时，还应在货架内放入适量的驱虫剂。

（4）按件（箱）密封

对数量少、体积小的易霉、易锈蚀商品可将其包装严密地进行封闭。这种密封包装简单易行，效果好。

（二）通风

通风是根据空气自然流动规律或借助机械形成的空气定向流动，使库内、外的空气交换，以达到调节库内空气温、湿度的目的。

1. 通风原理

自然通风主要是利用空气自然对流的原理进行的。其有两个决定因素，即温压和风压。温压又叫热压，是指库房内外因温差而产生的压力。如库外温度低，空气密度大，压力则大，库内温度高，空气密度小，压力则小。这样利用库内外空气温、湿度的不同，构成的气压差，使库外密度大的冷空气会从库房下部门窗或孔隙进入仓内，而库内的热空气就从库房的上部门窗或孔隙被挤出，形成了库内外冷热空气的自然交换，从而达到调节库内温、湿度的目的。库内外温差越大，内外空气的交换量则越大，通风效果就越好。

2. 通风方法

（1）自然通风

自然通风就是利用库房门窗、通风洞等，使库内外空气进行自然交换。当库房外无风时，自然气流的交换，主要靠库房内外温差所产生的气压差进行的。

（2）机械通风

机械通风就是在库房上部装设排风扇，在库房下部装置进风扇，利用机械进行通风，以加速库房内外的空气变换。

（三）吸潮

吸潮是与密封紧密配合，用以降低库内空气湿度的一种有效方法。在梅雨季节或阴雨天，当库内湿度过大，又无适当通风时机的情况下，在密封库里常采用吸潮的办法，以降低库内的湿度。吸潮方法，常采用吸潮剂吸潮和去湿机吸潮。

吸潮剂具有较强的吸潮性，能够迅速吸收库内空气中的水分，从而降低仓库空气中的相对湿度。作为吸潮剂的物质很多，常用的有生石灰、氯化钙、硅胶，还可以因地制宜，就地取材，如使用木炭、炉灰和干谷壳等进行吸潮。

空气去湿机吸潮是利用机械吸潮方法，来降低空气的相对湿度。工作原理：室内潮湿空气经过滤器（吸尘泡沫塑料或金属网）到蒸发器，由于蒸发器的表面温度低于空气露点温度，空气中的水分就会凝结成水滴，流入接水盘，经水管排出，使空气中的含水量降低，被冷却干燥空气，经加热后，使其相对湿度降低，再由离心机送入室内。室内空气相对湿度便不断地下降，当达到所要求的相对湿度时，即可停机。

第三节　商品储运管理

一、商品储存管理

商品储存是指产品在离开生产领域而尚未进入消费领域之前，在流通领域的合理停留。作为物流的构成要素之一，直接影响到企业的采购、生产和销售过程。

加强商品在储运中的质量管理，必须贯彻“预防为主”的指导思想，从商品入库到商品的出库实施全过程和全员管理，确保商品在储存期间的质量保持不变。

1. 严格验收入库

商品要防止商品在储存期间发生各种不应有的变化，首先在商品入库时要严格验收，弄清商品的种类、品种、规格、数量，检查商品的质量现状及其包装状况。对有异常情况的商品要查清原因，针对具体情况进行处理和采取救治措施，做到防微杜渐。

2. 储存场所和商品堆码管理

商品性能不同，对保管条件的要求也不同，分区分类，合理安排存储场所是商品养护工作的一个重要环节。如怕潮湿和易霉变、易生锈的商品，应存放在干燥的库房里；怕热易溶化、发粘、挥发、变质或易发生燃烧、爆炸的商品，应存放在温度较低的阴凉场所；一些既怕热、又怕冻、且需要较大湿度的商品，应存放在冬暖夏凉的楼下库房或地窖里；性能相互抵触或易串味的商品不能在同一库房混存，以免相互产生不良影响；对化学危险物品，要严格按照有关规定，分区分类安排储存地点。

为了防止阳光、雨雪、地面潮气等对商品的质量影响，要切实做好货垛遮苫和货垛垛下苫垫隔潮工作。货垛的垛形与高度，应根据各种商品的性能和包装材料，结合季节气候等情况妥善堆码。此外，库内商品堆码留出适当的距离，俗称“五距”，即顶距：平顶楼库顶距为 50cm 以上，人字形屋顶以不超过横梁为准；灯距:照明灯要安装防爆灯，灯头与商品的平行距离不少于 50cm；墙距：外墙 50cm，内墙 30cm；柱距：一般留 10～20cm；垛距:通常留 10cm。对易燃商品还应留出适当防火距离。

3. 仓库温、湿度控制与管理

仓库的温度和湿度，对商品质量变化的影响极大，是影响各类商品质量变化的重要因素。各种商品由于其本身特性，对温、湿度一般都有一定的适应范围，有安全湿度和安全温度的要求。因此，应根据库存商品的性能要求、质量变化规律、本地区的气候条件与库内温湿度的关系，适时采取密封、通风、吸潮和其他控制与调节温、湿度的办法，力求把仓库温、湿度保持在适应商品储存的范围内，以维护商品质量安全。

4. 认真进行商品在库检查

库存商品质量会因各种因素的影响而发生变化，如不能及时发现并采取措施进行救治，就会造成或扩大损失。因此，对库存商品的质量情况，应进行定期或不定期的检查，切实维护商品安全。检查应特别注意商品温度、水分、气味、包装物的外观、货垛状态是否有异常等。

5. 加强仓库清洁卫生管理

储存环境不清洁，不仅会使商品受玷污，影响商品的外观，还会引起微生物、虫类寄生繁殖，危害商品。因此，对仓库内外环境应经常清扫，彻底铲除仓库周围的杂草、垃圾等物，必要时使用药剂杀灭微生物和潜伏的害虫。

6. 商品的出库管理

为了保证出库商品在数量上和质量上的准确和完好，必须对出库商品的品名、数量、规格等进行核实检查，遵循相关的管理原则。

二、商品运输管理

1. 商品运输的原则

商品运输是指借助各种运输工具实现产品由生产地运送到消费地的空间位置的转移。通过选择最好的运输方式、确定合理的运输量、规划合理的运输线路，尽可能地防止或降低商品的数量损失和质量劣变。商品运输质量强调的是商品在运输过程中，保证商品、人身及设备安全，不发生事故，防止各种差错，减少商品损耗，保证商品的合理运输。因此，运输过程中的商品质量管理应做到及时、准确、安全和经济。

1）及时。及时就是要按照市场需求和商品流通规律，不失时机地以最少的时间和最短的里程，按时把商品送达到指定地点，及时供应消费需要。它主要是通过缩短在途时间，减少周转环节，加快运输各环节的速度，采用先进的运输工具等措施来实现。

2）准确。准确就是要求在商品的运输过程中，切实防止各种差错的出现，确保商品准确无误，保质保量运达到目的地。

3）安全。安全是商品在运输过程中避免出现商品霉烂、丢失、污染、燃烧、爆炸等出现以保证商品在质量和数量上的完整无损。它主要是通过选择合适的商品运输包装，合理的运输路线、工具和方式以及提倡文明运输等措施来实现。

4）经济。经济就是要采取经济合理的运输方式、路线和工具，节约人力、财力、物力，降低商品流通费用，完成商品的运输任务。

2. 商品运输的基本要求

1）合理选择运输工具。合理选择运输工具不仅能提高运输工具的使用效能，而且直接影响到运输过程中的商品的质量。因此，应根据商品的特性（如石油、危险品、鲜活易腐品、一般商品等）和运输量来选择适合的运输工具。

2）严格消防。对装载易燃易爆商品的运输工具，装运前，发货单位必须对车船及其消防设备进行严格的检查。

3）严格装载规定。建立严格的商品装运制度，使商品运输的质量保证。如对活禽畜跨地区运输时，应进行检疫，取得检疫合格证，才能办理托运。同时，对车船进行严格的卫生检查，符合运输条件方可装运。

第四节　商品养护技术

一、食品商品的保鲜与防腐

（一）食品防腐保鲜原理

1. 储存中的生理生化和生物学变化

（1）呼吸作用

呼吸作用鲜活食品（菜、果）储存中最基本的生理变化，它是鲜活食品中有机成分（主要是糖类）在氧化还原酶作用下逐步降解为二氧化碳和水的过程，此过程中同时还产生热量，实际上是有机物进行的生物氧化过程。

从菜、果的储存来讲，不论哪种类型的呼吸作用都要消耗养分，呼吸热的产生和积累往往加速食品腐坏变质，尤其是无氧呼吸产生的酒精还会引起活细胞中毒，造成生理病害，缩短储存期限，故应尽量防止无氧呼吸。但是，应该看到正常的呼吸作用是鲜活食品最基本生理活动，它是一种自卫反应，有利于抵抗微生物的侵害，所以在食品储存中应做到保持较弱的有氧呼吸，防止无氧呼吸，这是鲜活食品进行储存需要掌握的基本原理。

（2）后熟作用

后熟是果实、瓜类和以果实供食用的蔬菜类的一种生物学性质，它是果实、瓜类等鲜活食品脱离母株后成熟过程的继续。后熟中酶会引起一系列生理生化变化，改进色、香、味及适口的硬脆度等方面的食用品质，达到食用成熟度，如叶绿素分解，类胡萝卜素和花青素显露使果蔬呈现红、黄、紫等颜色；有机酸的数量相对减少，同时产生挥发油和芳香油而增加果蔬的香味；淀粉水解为单糖而产生甜味，鞣质聚合而涩味降低；原果胶质水解，使果蔬的硬度降低、柔软度增加等。总之，随着果实、瓜类的后熟进行，生理衰老的加速，当它完成后熟后，容易腐坏变质，储存则很难继续，因此作为储存的果实和瓜类应该在它成熟前采收，采取控制储存的条件来延长其后熟过程，以达到延长储存期的要求。

（3）萌发与抽苔

萌发与抽苔是两年生或多年生蔬菜打破休眠状态由营养生长期向生殖生长期过渡时发生的一种变化。主要发生在那些变态的根、茎、叶等作为食用的蔬菜，如马铃薯、洋葱、大蒜、萝卜、大白菜等。萌发与抽苔的蔬菜，其养分大量消耗，组织变得粗老，食用品质大为降低。

（4）蒸腾与发汗

蒸腾是指由于鲜活商品含水量大。造成储存期间水分蒸发而发生萎蔫（细胞膨压降低）的现象。蒸腾过多，商品重量减轻，自然损耗大，降低鲜嫩品质；蒸腾过高，水解酶的活性加强，使复杂有机物水解为简单物质（如淀粉、蔗糖）。发汗是由于空气湿度超过饱和点时在商品表面出现的“结露”现象。发汗对商品储存极为不利，会给微生物的侵蚀提供机会，特别是在商品的伤口部分很容易引起腐烂。

（5）僵直

僵直是刚屠宰的家畜肉、家禽肉、鱼等生鲜食品的肌肉组织所发生的生物化学变化，其特点是肌肉紧缩失去原有的柔软性和弹性，变得僵硬。畜、禽、鱼肉的僵直形成原因是肌肉中的肌糖原酵解产生乳酸和三磷酸腺苷、磷酸肌酸的分解等。这些成分的分解都会增加肌肉中酸性成分的积累，降低肌肉的 pH 值。使原来呈松弛状态的肌肉因肌纤蛋白质和肌球蛋白质结合形成无伸展性的肌凝蛋白质，丧失肌肉的弹性。

（6）成熟和自溶

成熟是畜、禽、鱼肉僵直后进一步的变化，蛋白质和三磷酸腺苷分解使肌肉多汁，产生芳香的气味和滋味。其特点是肌肉由硬变软，恢复弹性。随着成熟作用的继续，就进入自溶阶段，肌肉中的复杂有机化合物被分解成分子量低的物质，它是肉质变坏的开始，不仅弹性降低、色泽变暗，而且肉的风味变劣。成熟和自溶过程的快慢与环境温度有关，因此需要在低温下储存和运输生鲜肉类、禽类和水产品。

2. 储存中由微生物引起的变化

（1）腐败

腐败多发生在那些富含蛋白质的动物性食品中，食品腐败的主要是腐败细菌作用于食品中的蛋白质而发生的分解反应。腐败细菌依靠起分泌的蛋白酶，把蛋白质分解成氨基酸，进一步分解产生多种有酸臭味的有毒的低分子化合物，并产生含硫化氢的臭味气体。

（2）霉变

霉变是霉菌在食品上吸取营养物质与排泄废物的结果。霉菌因能分泌大量的糖酶，使富含糖类的食品容易发生霉变，霉变的食品，不仅营养成分损失，降低食品的内在质量，其代谢产物又使食品的外观颜色因菌落的寄生被污染，产生难闻的霉味和毒素等。如果被含毒素的黄曲霉菌株污染，还会产生致癌性的黄曲霉毒素，所以储存中要防止食品的霉变。引起食品霉变的霉菌危害性较大的是：青霉属的白边青霉、扩张青霉;毛霉属的丝状毛霉；根霉属的黑根霉；曲霉属的灰绿曲霉、烟曲霉、棒曲霉和黑曲霉等。

（3）发酵

发酵是某些酵母和细菌所分泌的酶作用下，使食品中的单糖发生不完全氧化的过程。食品储存中常见的发酵有酒精发酵、醋酸发酵、乳酸发酵和酪酸发酵等。发酵不仅破坏食品中的有益成分，使食品失去原有的品质，而且还会产生异味和有害物质。

3. 储存中的脂肪氧化酸败

脂肪氧化酸败是游离脂肪酸氧化、分解的结果。脂肪水解产生游离的脂肪酸，游离的脂肪酸特别是不饱和的游离脂肪酸，受到空气中氧的氧化则生成过氧化物，性质不稳定的过氧化物，会继续分解成低分子醛、酮和脂肪酸等，使食品带有哈喇气味。脂肪氧化酸败使食品的食味变劣，营养价值降低，其所产生醛、酮化合物有害于人体健康。

（二）食品防腐保鲜方法

用于食品防腐保鲜的最常用方法有的冷藏法干制、盐腌、糖渍以及烟熏。

1. 低温储藏法

低温储藏法是利用低温抑制酶的活性及微生物的生长繁殖，降低食品的生化变化的速度，延缓或阻止食品的腐败变质，从而延长食品的储藏期，保证食品品质的一种储藏方法。按储藏温度不同，低温储藏分为冷却储藏和冷冻储藏。

冷却储藏又称冷藏，储藏温度一般在 0～10℃，由于温度在 0℃以上，食品中酶的活性并未完全被控制，某些嗜冷性微生物仍可繁殖，因此食品的储存期不宜过长。采用冷藏的食品主要有水果、蔬菜和鸡蛋等。冷冻储藏又叫冻藏，是利用低温保藏食品，即降低食品的温度，并维持冻结状态，以便阻止或延缓食品的腐败变质，从而达到较长时期地保藏食品的目的。冷冻的温度一般为-18℃。

0℃时微生物的繁殖速度已非常缓慢，故短期储藏食品的温度通常在0℃左右。-7～-10℃时只有少数霉菌尚能生长，而所有细菌和酵母几乎都停止了生长，故-10～-12℃就作为冻制食品长期储藏的安全储温。酶的活动一般只有温度降到-20～-30℃时才有可能完全停止，工业生产实践证明-18℃以下的温度是冻制食品冻藏的最适安全储温。

2. 干藏

食品脱水干制，是为了能在室温条件下长期保藏，以便延长食品的供应季节，平衡产销高峰，交流各地特产，储备供救急、救灾和战备用的物资。食品脱水后，重量减轻，容积缩小为包装和运输创造了有利条件；同时，产品中的干物质含量提高，水分活性降低，抑制了微生物的活动，便于长期储藏。食品的干制的基本原理是依靠热能汽化蒸发产品中的水分，再以空气为干燥介质带走水汽，使产品达到干燥的目的。利用干制藏是基于水分对于微生物和酶之间的关系。大多数新鲜食品的水分活度在 0.99 以上，而微生物的适宜水分活度在 0.75 以上，因此如将食品脱水，使其水分活度下降到 0.65 以下，能生长的微生物为数极少。酶为食品所固有，它同样需要水分才具有活性，水分减少，其活性也下降，但只有当干制品的水分降到 1%以下时，酶的活性才会完全消失。

3. 盐腌与糖渍储藏

腌制是利用食盐的高渗透压作用、微生物的发酵作用、蛋白质的水解作用，以及其他的生化作用，使产品具备特有的色、香、味。当食盐用量达 15%～20%时，大部分的微生物活动被抑制，增加了产品防腐性能，更耐储藏。腌制中利用微生物引起乳酸发酵和轻度的酒精发酵，以及微量的醋酸发酵。发酵所产的乳酸和酒精，使产品产生特殊风味，当腌制中积存的乳酸达到一定浓度时（pH 值 5 以下），还可抑制腐败细菌的活动。腌制法广泛用于腊肉、咸蛋、腌酱菜等的防腐储藏。

糖渍的加工原理是以糖的保藏作用为依据，在糖煮和糖渍过程中使食品渗入大量的糖分。浓糖液（60%～65%）具有很大的渗透压，使微生物处于脱水的“生理干燥”状态，而被抑制；糖液浸渍还能阻止其维生素 C 的氧化损失，同时也改善了制品的风味。糖渍法主要用于蜜饯、果脯和果酱食品。

4. 化学保藏

食品的化学保藏就是在食品生产和储运过程中使用化学制品（化学添加剂或食品添加剂）来提高食品的耐藏性和尽量保持其原有品质的措施。食品的化学保藏法具有简便而又经济的优点，与罐藏、冷冻保藏、干藏等相比，只需在食品中添加化学制品如化学防腐剂、生物代谢物或抗氧剂等，就能在室温下延缓食品的腐败变质。食品在采用化学保藏法时，需要有严格的卫生条件，而且所用的防腐剂或添加剂必须对人体无毒害。化学保藏法只能作为辅助性的措施，并需控制使用。

5. 气调储藏

果蔬在储藏期间的呼吸作用，消耗了果蔬组织中的养分（包括糖类、酸类和其他有机物），降低果蔬品质。由于影响呼吸作用的重要因素是温度、空气成分和湿度，利用低温可以减弱呼吸强度、延迟呼吸高峰的到来，从而抑制果蔬衰老。但是过低温度又会引起果蔬的低温伤害，降温受到限制。气调储藏是改变库内气体成分的含量，创造比正常空气的氧含量低，二氧化碳和氮的含量高的气体环境，配合适宜的温度，可显著地抑制果蔬的呼吸作用和延缓其衰老过程，从而延长果蔬的储藏期限，减少干耗和腐烂，获得好的品质。

气调储藏按其设备条件不同可分为普通气调储藏和机械气调储藏两类。普通气调储藏，主要利用食品本身的呼吸作用来消耗空气中的氧气和增加二氧化碳的浓度，以达到调气的目的。其中又有密闭性高的气密库储藏法与塑料薄膜袋（或帐）储藏法。机械气调储藏，是利用气调库中的气体发生器和二氧化碳吸附器等设备达到调气的目的。

6. 辐射储藏

原子能辐射应用技术在世界上是近几十年才发展起来的一项新技术。食品辐射储藏保鲜，是利用射线源放射出穿透力强的射线照射食品，对新鲜肉类及其制品、水产品及其制品、蛋及其制品、粮食、水果、蔬菜、调味料，以及其他加工产品进行杀菌、杀虫、抑制发芽、延迟后熟等处理，使微生物被杀死，酶的活性受破害，从而可以最大限度地减少食品的损失。使其在一定期限内不发芽、不腐败变质，不发生品质和风味的变化，以增加食品的供应量和延长保藏期。辐照保藏食品无化学残留物质，能较好地保持食品的原有新鲜品质，并能节约能源。所以辐射是一种较好的保藏食品的物理方法之一。但是辐射的方法不完全适用于所有的食品，要有选择的应用。

二、工业品商品的养护

（一）商品的霉变与防治

商品霉腐是由于微生物的作用所引起的商品变质。对食品则主要是发生“腐败”，对轻纺工业品所引起的变化主要是“生霉”，不论是“腐败”或“生霉”，其结果都会使商品的使用价值受到不同程度的破坏甚至完全丧失。

商品的霉腐是由微生物引起的，微生物是指所有形态微小的单细胞或个体结构较为简单的多细胞甚至没有细胞结构的低等生物的通称。它们的类群十分复杂，包括细菌、酵母菌、霉菌、放线菌、立克次氏体、病毒、单细胞藻类和原生动物等。霉腐微生物是指与商品霉腐有关的微生物，主要有细菌、霉菌、酵母等。其中霉菌对商品破坏的范围较大，而细菌则主要是破坏含水量较大的动植物食品，对日用品、工业品也有影响。酵母菌主要引起含有淀粉、糖类的物质发酵变质，对日用品、工业品也有直接危害。

霉腐微生物的生长与环境条件：环境温度、环境湿度、适宜的温度可以促进微生物的生命活动，不适宜的温度能减弱微生物的生命活动或可能引起微生物形态、生理等特性的改变，甚至可促使微生物死亡。不同的生物对干燥的抵抗力是不同的，湿度的影响见表 11-1。除了温湿度对它们有一定的影响外，渗透压、辐射、酸类、碱类、盐类等物理、化学方面的影响也较为明显。

表 11-1　三种类型微生物发育对最低相对湿度的要求

微生物类型	发育要求最低相对湿度
湿生型（高湿性）微生物	90%以上
中生型（中湿性）微生物	80%～90%
干生型（低湿性）微生物	80%以下

1. 常规防霉腐

常规防霉腐就是采取常用的方法，消除适于霉菌滋长发育的条件，使库内温湿度控制在一定标准以下，以达到防霉腐的目的。通常可采用的方法是做好商品入库验收工作和严格控制仓库的温湿度。商品入库前，必须进行品质检验，严格控制已霉商品或超过安全水分含量的商品及其他有变异的商品进入库内，控制低温环境条件，即通过控制和调节仓库内及商品本身的温度，使其低于霉腐微生物生长繁殖的最低界限，抑制酶的活性。一方面抑制生物性商品的呼吸、氧化过程，使其自身分解受阻；另一方面抑制霉腐微生物的代谢与生长繁殖，来达到防霉腐的目的，保证商品储存的稳定。干燥防霉腐也是生态防霉腐方法之一，它是过降低仓库环境中的水分和商品本身的水分，使霉腐微生物得不到生长繁殖所需水分，来达到防霉腐的。目前主要采用吸潮防潮和通风、晾晒降水、烘干降水和其他物理方法的烘干方式。

2. 使用防霉腐剂

防霉腐药剂简称防腐剂，是指能够直接干扰霉菌、酵母菌和细菌的生长繁殖，用于商品防霉腐的化学药物，这些药物中有些是抑制微生物生长，有些则是杀菌的。

防霉腐剂的基本原理是使微生物菌体蛋白凝固、沉淀、变性;或破坏酶系统使酶失活，影响细胞呼吸和代谢；或改变细胞膜的通透性，使细胞破裂、解体。防霉腐剂低浓度能抑制霉腐微生物，高浓度就会使其死亡。有实际应用价值的防霉腐剂需具有低毒、广谱、高效、长效、使用方便和价格低廉等特点。

3. 气调防霉

气调防霉是生态防霉腐的形式之一。霉腐微生物与生物性商品的呼吸代谢都离不开空气、水分、温度这三个因素。只要有效控制其中一个因素，就能达到防止商品发生霉腐的目的。气调储藏是一种调整密封环境条件下气体成分的储藏方法，通常由减少环境中的氧，增加二氧化碳含量及降低环境温度等三方面综合作用，来抑制霉腐微生物的生命活动与生物性商品的呼吸强度，从而达到防霉腐的效果。用这种方法储藏水果、蔬菜等商品，可以达到防霉腐或者大幅度减少霉腐损失。气调储藏足以控制水果、蔬菜的呼吸作用为理论依据。

4. 射线防霉腐

射线防霉腐是利用射线源放射出穿透力强的射线来照射食品，杀灭微生物和害虫，破坏酶的特性，以延缓水果、蔬菜的新陈代谢及鱼肉等自溶过程，以达到长期储藏的目的。常用来照射食品的射线主要有γ-射线和β-射线

5. 气相防霉腐

气相防霉腐是挥发性的防霉防腐剂，利用其挥发生的气体，直接与霉腐微生物接触，杀死或抑制霉腐微生物的生长，以达到防霉腐的目的。

（二）商品的虫害与防治

1. 仓库害虫的种类

仓库害虫又叫储藏物害虫。从广义上讲，它应包括所有一切危害储藏物品的害虫。仓库害虫不仅种类多，而且分布相当广泛，有许多主要的仓库害虫可以说是世界性种类。这也是仓库害虫不同于其他害虫的一个重要特点。

（1）按仓库害虫的来源和生活处所分类

1）仓库及其他储藏室，如粮仓、货栈、干果储藏室、酒窖及地下室等。

2）室外场所，如田间作物上、树根、树洞、死树叶、花间及土壤中。

3）加工厂，如米厂、面粉厂、食品加工厂、蚕丝工厂、烟厂等。

4）运输工具，如火车、汽车、轮船、酒桶等。

5）种动物巢穴，如胡蜂巢、蝙蝠巢、松鼠巢、田间鼠穴、鸟巢、家禽巢等。

6）厩房及稻草堆等，如草堆、干草棚和家畜厩房。

7）特殊室内场所，如图书馆、洗衣房、温室、药店、粮店、肉店、厨房及旅社。

8）动物体上，包括羚羊角内，禽、畜体上。

9）粪便垃圾废物及尸体上，包括各种动物的粪便、垃圾桶、废植物、死动物、臭肉、堆肥及霉纸上。

（2）按储存商品的对象不同

仓库主要害虫：纺织品、毛织品的害虫；竹制品的害虫；淀粉类制品的害虫；烟草和中药材的害虫等。

2. 影响仓库害虫生长繁殖的因素

仓库害虫的生长繁殖主要和环境因素如温度和湿度、食物因素、和其他生物的生存关系、人为因素等有关。温度和湿度对昆虫的影响是相关联的。高湿度不利于昆虫生存，因为高温下的高湿度妨碍了热量的调节，体温不能因水分蒸发而降低；低温则可能因体内水分无法减少而降低了抗寒能力。食物可以直接或间接影响害虫有机体的生长发育速

度、繁殖力、活动能力及死亡速度，从而影响害虫的种群数量、地理分布以及器官结构和体躯大小。昆虫与其他昆虫或生物之间的关系有共生、共栖、寄生、捕食等。人类的各种活动对害虫的影响也是极为重要的，人类的活动使一些害虫种群受到抑制，或者促使其兴旺起来。如人类的经济活动生产、贸易、运输、储存等，使一些局部地区的害虫种群传播蔓延。有些形成了世界性害虫。人类的科学技术发展，创造了很多防治害虫的方法，采取了各种措砌使某些害虫种群受到抑制，甚至几乎在局部地区灭迹。

3. 仓库害虫的防治管理

仓库害虫的传播与扩散一般有两种途径：自然因素引起的传播与扩散和人为因素引起的传播与扩散。由于仓库害虫一般个体较小，常隐蔽在商品或包装及物料用品中而不易被入发现。并且非常容易受各种因素的影响而到处传播扩散、滋生繁殖，甚至造成商品的巨大损失。因此，必须加强仓库害虫的防治管理。

仓库害虫的防治管理是由一系列技术措施组成，是综合防治的基本条件。防治管理技术主要包括以下几个方面：合理建筑与使用库房；搞好清洁卫生消毒工作；做好商品的入库检查和分立隔放；加强仓库害虫的虫情预报。

（1）机械防治

机械防治主要是利用人工操作或动力操作的各种机械来清除储藏物中害虫。

机械防治的主要方法有：风车除虫；筛子除虫；压盖粮面；竹筒诱杀；离心撞击机治虫及抗虫粮袋等。

（2）物理防治

物理防治是指利用各种物理因素（光、电、热、冷冻等）直接作用于害虫有机体，破坏害虫的生理机能和机体结构，改变或恶化仓库害虫的生活环境条件，使其不能生存，或者抑制其生长繁殖。

物理防治的主要方法有灯光诱集、高温杀虫、低温杀虫、电离辐射杀虫、微波和远红外治虫、臭氧杀虫等。

（3）密封防治

密封防治是把有虫害的粮食密封储藏在仓库或容器中，利用粮食本身的呼吸作用和害虫、微生物的生命活动消耗去仓内或容器中的氧气，产生一种缺氧大气，使昆虫窒息而死亡。据试验，当空气中的氧气下降到 2%时，即可控制虫害。下降的速率主要视为害范围的大小而定。例如，6 只谷象为害含水量为 13%～14%的 589.6g 小麦，需要 25 天才把氧气降到 2%的水平，如果有谷象成虫 60 只，则只需要 4 天。霉菌降氧的速率主要视粮食含水量而定，含水量愈高，降氧速率愈快，发芽率也愈受影响。所以，密封储藏不适用于制麦芽的大麦和种子粮。

（4）气调防治

生物有机体的生命活动需要一定浓度的氧，如果氧的供给不能满足需要，生命活动就会受到抑制，甚至发生死亡。气调防治害虫人为地改变仓间中的气体成分，就是将害虫周围空气中的含氧量降低到可以保证其生命活动需要标准以下，使害虫窒息而死，保证货物安全。

气调防治一般有两种方法，一种是在密封的条件下，抽出含有氧气的空气，达到缺氧的目的；一种是以其他气体如氮、二氧化碳充入，以排除含氧的空气，从而降低含氧量。气调防治可以用于粮食、中药材、油料、于呆、烟叶、棉花、毛皮制品等等，对虫、霉的防治都有较好的效果。它是目前国内外使用的一种新技术，主要优点是没有残毒，也不致使害虫产生抗性。

（5）化学防治

化学防治，即利用化学杀虫药剂直接或间接的防治害虫的方法。它是以化学药剂对生物有机体的毒力作用为基础的。在施用时，必须考虑杀虫药剂、害虫有机体及环境条件三者的关系，要求所施用的杀虫药剂对害虫有较高的毒性，被治害虫是处在抵抗力较弱的虫期，以及具备对施药有力的温度、湿度等环境条件，从而获得更好的杀虫效果。最大优点是：杀虫力强，防治效果显著。其缺点是：对人畜有毒，会给粮食带来不同程度的污染，以及引起害虫抗药性。目前，用于防治仓库害虫的化学药剂主要有保护剂和熏蒸剂两大类。

（6）生物防治

生物防治是利用仓库害虫外激素和内激素以及利用病原微生物、害虫的天敌（寄生物、捕食者、病原物）来防治和控制害虫的发生和发展。生物防治的优点是：能够有效地控制仓库害虫，对某些害虫的发生有着长期的抑制作用，减少对储物和环境的污染，对人畜安全，降低储藏费用，因而它是一种安全、有效、经济的防虫措施。但对仓库害虫的控制不能像化学药剂那样见效快、简便和方便，有一定的局限性。在采用此法时，应与其他方法相配合，互相协调，取长补短，才能更好地发挥生物防治的作用，收到好的防治效果。

（三）商品的锈蚀与防止

锈蚀是指金属与它所接触的物质（气体或液体）发生化学或电化学作用所引起的破坏或变质现象（从本质上既是金属失去电子被氧化成离子的过程）。多数金属的锈蚀是自然进行的。金属锈蚀根据锈蚀过程的不同，可以分为化学锈蚀和电化学锈蚀两大类。其中，化学锈蚀是金属与环境介质直接发生化学作用而产生的损坏，在锈蚀过程中没有电流的生成。电化学锈蚀是金属在介质中由于发生电化学作用而引起的损坏，在锈蚀过程中有电流产生。仓储金属商品的锈蚀主要是在潮湿的大气中锈蚀，属电化学锈蚀。

1. 金属的锈蚀原理

活泼金属在空气里或在某些环境中容易受到锈蚀，即金属原子失去电子变成离子，生成各种“锈”。但是某些活泼金属在氧或某些氧化剂的作用下，会在表面上生成表面膜，即金属表面保护膜，它能把金属表面和锈蚀环境隔离开，降低金属的锈蚀速度。

化学锈蚀的机理：化学锈蚀是当金属与非电解质相接触时，介质中的分子被金属表面所吸附，并分解为原子，然后与金属原子化合，生成锈蚀产物的过程。如果锈蚀产物是挥发性的或结构松散，在金属表面形成不了保护性膜，锈蚀反应将继续下去。如果锈蚀的产物可以附着在金属表面上，形成完整的保护膜时，则锈蚀反应被阻止。

金属电化学锈蚀的原理和金属原电池的原理是相同的。即当两种金属材料在电解质溶液中构成原电池时，作为原电池负极的金属就会锈蚀。这种能导致金属锈蚀的原电池为腐蚀电池。只要形成腐蚀电池，负极金属就会发生氧化反应而遭到电化学锈蚀。电化学锈蚀要比化学锈蚀更普遍，危害性也更大。

金属商品在储存中发生锈蚀必须具备两个条件即金属商品表面上的电化学不均一性与表面上形成电解液膜。

影响锈蚀的内因有：金属的性质、合金组分与杂质、金属表面加工方法与表面状态、锈蚀产物的性质与制品的结构、金属表面镀层的影响等。

影响锈蚀的外因即储存环境因素是商品在储存中能否发生绣蚀决定因素，是防止仓储金属商品锈蚀的主要控制因案。它包括储存环境空气湿度、气温及空气中有害物质。

2. 防止金属腐蚀的主要途径

（1）提高金属材料自身的抗蚀性

此外，通常均匀化热处理、表面渗氮、渗铬、渗铝等方法，也可以提高金属材料的抗蚀性。

（2）采用覆盖层法

防蚀覆盖层也称保护层，实质在于把金属同可能引起或促进腐蚀的各种外界条件，如水分、氧气、二氧化硫等，尽可能隔离开来，从而达到防蚀目的。

（3）采用化学处理法防蚀

采用化学处理的方法，使金属表面形成一层钝化膜防蚀。最常见的有氧化膜和磷化膜。

（4）控制环境法防蚀

1）干燥空气封存法：也称控制相对湿度法。当空气相对湿度控制在≤35%时，金属则不易生锈，非金属也不易长霉。

2）充氮封存法：氮气的化学性质比较稳定，在产品包装中，充入干燥的氮气，隔绝了水分、氧气等腐蚀性介质，从而达到使金属不易生锈、非金属不易老化的目的。

3）隔离污染源法：如去氧封存法等。一般在设计、建筑厂房、库房时，应尽量远离有害气体源，以防止金属腐蚀。

（5）采用缓蚀剂法

防蚀在腐蚀性介质中，加入少许能减小腐蚀速度的缓蚀剂，来防止金属腐蚀。通常缓蚀剂可分为气相缓蚀剂、水溶性缓蚀剂及油溶性缓蚀剂三类。

（6）采用电化学法防蚀

电化学腐蚀总是在负极区域进行，而正极材料却受到保护。因此人为地选择一些电极电位负的活泼金属极（作阴极），安装在基体金属（作阳极）上，或用导线连接，结果活泼金属被腐蚀，而基体金属得到保护。这种用牺牲阳极而保护阴极的方法，称之为阴极保护法。

（四）商品的老化与预防

高分子材料与制品，如塑料、橡胶及合成纤维等，在储存过程中受各种环境因素（如光、热、氧、臭氧、水以及微生物等）的作用，使其弹性与强度等性能逐渐变坏，严重降低商品的使用价值，甚至完全报废。这种变化称为“老化”，高分子商品老化后会发生如下变化。

1）外观的变化，即商品表面失光、变色等。

2）物理性能的变化如比重、导热能力、溶解度、折光率、透光性等。

3）机械性能的变化如拉伸强度、体长率、冲击强度、弯曲强度、疲劳强度以及硬度、弹性、附着力、耐磨性能等。

4）电性能的变化，即材料的绝缘性能、介电常数、介电损耗、击穿电压等。

5）分子结构的变化，如分子量的变化。

1. 商品老化的原因

（1）老化的内因

塑料老化的内因来自以下几个方面：①高分子结构上存在的一些弱点；②制造过程（包括聚合、成型加工）中，引进高聚物中的一些新弱点；③除树脂外，其他组分存在的一些弱点；④塑料中的微量杂质。

（2）老化的外因

影响商品老化的环境因素是指与商品直接接触的各种外界因素。在储存中主要是环境的自然因素。如空气条件（包括气温、湿度、空气成分及其中有害气体）、日光以及微生物等。此外，储存与使用环境中的高能辐射的影响、机械应力的作用、昆虫的破坏等因素的作用，也能明显影响商品的老化。其中光、热、氧是影响商品老化的主要因素。

2. 商品老化的预防

高分子材料的老化有内外两种因素，它的防老化也就可以从这两方面着手。一方面，可用添加防老化剂的方法来抑制光、热、氧等外因对高分子材料的作用；也可用物理防护方法使高分子材料避免受到外因的作用。另一方面，可用改进聚合和成型加工工艺或改性的方法，提高高分子材料本身对外因作用的稳定性。

小结

储运过程中商品的质量变化归纳起来有物理机械变化、化学变化、生理生化变化及某些生物活动引起的变化等。影响商品质量变化的内在因素有商品的物理性质、化学性质、机械性质及商品的化学成分。影响商品质量变化的外界因素主要包括：空气的温度、湿度、环境的气体组成、日光、微生物和昆虫等。

商品储存是指产品在离开生产领域而尚未进入消费领域之前，在流通领域的合理停留。加强商品在储运中的质量管理，必须做到严格验收入库，储存场所和商品堆码管理，仓库温、湿度控制与管理，认真进行商品在库检查，加强仓库清洁卫生管理，商品的出库管理。

商品运输是指借助各种运输工具实现产品由生产地运送到消费低的空间位置的转移。运输过程中的商品质量管理应做到及时、准确、安全和经济。

主要商品养护技术包括食品商品的保鲜与防腐，工业品商品的霉变与防治，商品的虫害与防治，商品的锈蚀与防止，商品的老化与预防。

复习思考题

1．简述商品在储运过程中的质量变化形式。
2．试分析影响商品质量变化的因素。
3．联系实际说明如何做好商品的储运管理。
4．简述食品和日用工业品的主要养护技术。
5．仓库害虫有哪些特点？主要有哪些来源？
6．影响金属商品锈蚀的因素有哪些？常用的防锈方法有哪些？
7．影响高分子商品老化的因素有哪些？常见的防老化方法有哪些？

实训项目

1．实训内容：

商品储藏。

2．实训要求：

1）指定 5～8 种商品，让学生通过参观仓库或市场，熟悉它们的在库储藏或在架陈列销售的条件。

2）根据本校条件，让学生学会使用温湿度测量工具测量环境温湿度，并观察和记录库房一天内的温湿度变化规律。

3）利用显微镜观察霉腐食物的霉菌形态，并查阅有关霉菌资料，了解种类和危害。

3．实训分析：

写出实训报告。

案例分析

水果催熟“欲速则不达”

台山市三合镇一黄姓果农至今还是心有余悸。他为了使自己的柑桔提前上市卖个好价钱，盲目使用了陕西一厂家生产的“增色防裂剂”（标示有“提前成熟”作用）用来催熟，结果造成了桔树大量落叶落果，损失较大。果树催熟到底有哪些方法？应该注意哪些环节？

水果催熟分采前和采后两种催熟，当前采前催熟还没有很完备的技术，因此主要使用采后催熟的方法。该法主要在香蕉、芒果等后熟水果中广泛运用。具体做法是在这类水果成熟前半个月内采摘，然后利用适当浓度的乙烯利溶液对其进行浸泡，再将处理后的水果置于密封的环境下，保持一定的温度和湿度，通过乙烯利释放的乙烯（具有催熟作用）加速水果成熟。

据了解，乙烯除了具有催熟作用之外，还会造成一定的落叶、落果，催熟过程同时也就是加速其老化的过程。因此，如果直接对挂果的树体施用乙烯利，若使用量控制不当，将会使果树出现严重的落叶落果现象。

不同的果树对乙烯利的敏感度不同，如沙糖橘、贡柑等宽皮类柑橘对乙烯利比较敏感，5ppm 浓度就会造成严重的落花落果。

对柑橘类这种不具有后熟作用的水果而言，一旦采摘，其果品、果味便已确定。所谓催熟作用充其量只是“褪绿”而已，过早采摘进行催熟处理，就会造成“色熟肉不熟”的结果。即水果表面颜色看起来成熟了，但果肉并没成熟，果味不佳、营养不全。结果影响了品质，只有好颜色也是徒劳，卖不了好价钱。但是，对香蕉、芒果等具有后熟作用的水果来说，情况就不同了，在成熟前半个月之内采摘，通过乙烯利溶液浸泡可以加快成熟进度，而几乎不会影响产品品质。

水果催熟可以提前上市，可能有机会卖个好价钱，获得较大经济效益。然而，物极必反，水果的过早采摘催熟处理也可能会降低水果品质，得不到消费者青睐，最终影响经济效益。另外，催熟剂过量使用对人体没有任何好处。

分析与思考：

1．什么是后熟？后熟对水果的品质有什么影响？

2．水果催熟有什么作用和副作用？如何采用催熟才比较合理？

第十二章　商品与环境

学习目标

了解商品与资源和环境的关系；掌握环境污染、环境保护、绿色产品的含义；了解商品生产对资源及环境造成的影响和破坏；深刻理解保护资源、保护环境的重要性，培养环境意识；了解新商品开发的意义，新商品的现代特点；新商品开发的任务和方式，熟悉新商品开发的基本原则和新商品开发的步骤。

自然是人类生活的家园，人类的衣、食、住、行无一不依赖于自然资源，社会所从事的经济活动主要表现就是在从自然环境中获取资源，利用自然资源生产各种商品或产品营造人工环境。人类社会、自然资源和自然环境三者之间构成一个相互关联的复杂系统——人地系统。20 世纪以来，全球人口急剧膨胀，人类的消费规模是空前的，随着科学技术的不断进步和发展，人类对自然的开发利用速度越来越快。由于人类无节制地开发利用自然资源，人类生活、生产产生大量污染物质，打破了人地系统本身的动态平衡，使生态系统遭到破坏，出现了全球性的资源和环境危机。现在人们已经认识到：走可持续发展的道路，促进环境与人、社会协调发展，已成为实现各国社会经济发展战略目标的必然选择。商品的生产、流通、消费无一不对自然和环境产生重大影响，学习“商品学”过程中也必须了解商品生产、流通、消费与自然的关系，培养绿色生产、绿色营销、绿色消费的环境保护意识。

第一节　商品与资源

一、资源的概念与分类

资源泛指人类所需要的一切要素。它不仅包括物质要素，也包括由这些物质要素构成的环境或条件要素，资源是人类生存和发展的物质基础。人类生活所需要的生活资料，生产所需要的生产资料，无不仰仗于资源。通常所说的资源主要是指自然资源。

1. 自然资源

自然资源是指在一定技术经济条件下，自然界中对人类有用的一切能以任何方式为人类提供福利的、未经劳动加工而被人类在自然界所发现的物质、能量和景观，如土壤、水、空气、阳光、草场、森林、野生动植物、矿物、能源、自然景观等。

资源与商品的根本区别在于：资源只有经过劳动加工才能成为社会财富；尚未开发的资源仅仅具有潜在的使用价值和经济价值，通过生产活动将其开发出来并转化为市场需求的商品，资源才能成为有用之物。随着人类取得和使用资源技术的进步和经济的发展，资源的范畴是在不断扩大的，例如远古时代人类并不知道煤是有用的，那时的煤对远古人类来说就和山上普通石头一样，不是可利用的资源。资源利用与经济技术条件密切相关，由于经济技术条件的限制，许多有用的物质条件难以利用。如许多深海海底矿产资源、深层地下水、月球上的矿产、南极的冰山等，这些虽然知道有用但还无法加以利用，或虽然现在没有发现其用处，但科学技术发展到一定水平可能被利用的自然物质和能量，可称之为“潜在资源”。

2. 自然资源的分类

根据研究的需要或应用目的不同，人们对资源分类的方法各不相同，主要有以下六种分类方法。

1）按自然资源的存在条件及其特征，可把自然资源分为两大类。一类是存在于地壳之中的地下资源或地壳资源，主要包括矿物资源和能源等；另一类是存在于生物圈中的地表资源或叫生物圈资源，主要包括土地资源、水资源、生物资源和气候资源等。

2）按自然资源所在的地理位置和地貌类型，可把自然资源分为陆地资源（山地、丘陵、平原、水体等）、海洋资源和大气资源等。

3）按自然资源在经济部门中的地位，则可分为农业资源、工业资源、交通资源和旅游资源等。

4）按自然资源的用途及其利用方式，可将自然资源分为两大类：一类是作为人们直接生活资料的资源，如植物界中的各种天然食物，森林、草原中的各种动物以及海洋、河湖中的各种水产品；另一类是作为劳动资料来源的资源，如矿物原料、燃料和木材等。

5）按自然资源本身的固有特征，可分为再生性资源和非再生性资源。再生性资源具有可更新、永续利用性和退化、耗竭性。非再生性资源具有有限性，要求人类节约使用。

6）按资源的耗竭能力，可分为耗竭性资源和非耗竭性资源。

二、自然资源的特性

自然资源分类虽然比较复杂，但各种资源以及资源总体却有着一系列共同特性。了解这些特性对合理开发和保护自然资源，主动协调人与资源、环境的平衡关系，具有重大的理论指导意义。从不同的角度分析，自然资源表现出不同的特性。

1. 从区域的角度分析，自然资源具有地域性、整体性和综合性

1）地域性。自然资源都有一定的地域分布，各种不同的自然资源地带性分布规律有很大差别。因此，在研究和开发自然资源时应贯彻因地制宜的原则。

2）整体性。一个地域的自然资源是一个完整的系统。一种资源与另一种资源之间相互联系、相互制约，一种资源或整个地域资源系统的变化，将对其他资源以及该地域周围的资源环境产生影响。

3）综合性。由地域性和整体性所决定。综合利用是节约资源、进行资源效益管理的重要途径。

2. 从自然资源生成角度分析，自然资源具有变动性与稳定性、层次性和共用性

1）变动性与稳定性。如果把资源看成是一个生态系统，这个系统一直处于运动和变化之中，但在某个时段系统各成分间又保持相对稳定性。从资源的管理角度出发，保持资源生态系统的稳定性非常重要。

2）层次性。从资源的地域性看，自然资源研究的空间范围，具有局部的地带、地区、国家或洲乃至全球的层次范围。同一种资源的地域层次对比研究工作是交流传递横向信息的重要手段。

3）共用性。大部分资源都具有多种功能和多种用途，不同的部门可以共用一种资源。对共用性的资源，在规划开发时要根据生态效益、经济效益和社会效益相统一的原则，择优利用，最大限度地发挥资源综合性作用。

3. 从人类开发利用角度分析，自然资源具有有限性、国际性、稀缺性、竞争性、选择性和增值性

1）有限性。自然资源是有限的，这种有限性会随着人口的不断增加而加剧。

2）国际性。全人类共拥有一个地球，受主权条件的制约，除了本国国土上的资源以外，还有诸多国际社会共同享有的资源，如公海、跨国国际河流等。对这类资源的开发和利用必须通过国际合作和多边协调来解决。

3）稀缺性。资源一旦被消耗，如果不能进行更新、补充，也就愈用愈少，变为稀缺。即使是可再生资源，随着人口的动态增长，也表现出潜在的稀缺特征。这就要求人类必须珍惜任何一种资源。

4）竞争性。由于资源的稀缺性，因而出现资源利用上的竞争性。人类在开发利用资源的过程中，更应及早识别、重点保护竞争激烈的资源。

5）选择性。资源的选择性表现在人与资源的相互选择上。随着时间的推移，两者互补和互适的双向选择行为逐步走向“优化”。

6）增值性。资源的增值主要是由于人类有效的投入才得以实现。自然资源的开发

本身就意味着其价值的增长。

三、自然资源面临的问题及其保护

自然资源为商品生产和消费提供所需物质和能源，是发展生产力、提高人们生活水平的物质基础。随着人口的急剧增多，社会对自然资源的消费量迅猛增长，再加上不合理的开发和利用，造成资源浪费、破坏和耗竭。现在，自然资源面临的问题主要是：森林面积减少、土地沙漠化、水资源危机、粮食短缺、生物物种不断灭绝、矿产资源耗竭等。

1. 森林资源面临的问题和对策

（1）森林资源面临的问题

森林是地球陆地上最庞大的生态系统，森林在人们的生产和生活中具有很重要的地位，涉及到国计民生，衣、食、住、行各个领域，森林不仅为人类提供木材、纤维、水果、树脂、油漆等数以千计的林副产品。而且在整个生态系统中，森林还起着防风固沙、保持水土；调节和改善气候；消除污染、净化环境的作用。但是，目前全世界已有约 80% 的原始森林遭到了不同程度的破坏。统计数据表明，最近十年中消失的树木种类比过去 1000 年消失的还要多，现在每分钟有 25 公顷热带森林被砍伐。

造成森林面积迅速减少的原因有三：首先是由环境污染造成的“森林死亡”；其次是由于人口的增加引起了对粮食需求的增长，使大面积的森林被开垦成农田；第三是由于人口的增长导致了对木材、薪柴需求的增长，导致乱砍滥伐。

（2）保护和扩展我国森林资源的主要对策

1）大力植树造林，扩大森林资源总量。加快重点林业生态工程建设，加大退耕还林的力度。大力加强商品林建设，种植薪炭林，大力推广节柴灶。

2）抓好森林资源保护工作。认真实施天然林保护工程，坚决制止毁林开垦，陡坡种植；坚持不懈地抓好森林防火工作，重视森林病虫害防治工作；进一步强化野生动植物的保护和管理，大力加强森林公安和林业工作站的建设。

3）加大宣传力度，提高全民绿化意识和生态环境意识。大力宣传保护森林、发展林业的重要性，特别是宣传林业在大农业中的地位和作用。

4）加强林业法制建设，实施依法治林。

5）实行责任制。制定并实施领导干部保护和发展森林资源任期目标责任制，及时检查通报目标完成情况；坚持“谁造林，谁所有”的原则，稳定完善各种形式的联产承包责任制，调动集体、个人、企业经营林业的积极性。

6）建立健全稳定的投入保障机制。按照“谁受益、谁补偿，谁破坏、谁恢复”的原则建立生态效益补偿制度；按照“谁投资，谁经营，谁受益”的原则，鼓励社会上的各类投资主体向生态环境建设投资。

7）实施科教兴林战略，推进林业建设的进一步发展。强化林业科技推广工作，促进科技成果的转化；建立新型林业科技体制，形成科技与生产建设协调发展的新格局。

8）加强森林生态自然保护区的建设与管理。

2. 土地资源面临的问题和对策

（1）土地资源面临的问题

土地资源是自然资源的重要组成部分，是人类赖以生存、生活的最基本的物质基础和环境条件。据统计，人类所需食物能量的98%是直接或间接地来源于土地上生长的作物和牧草。工业化和城市化的蓬勃发展，新城镇和各种基础设施、文化娱乐设施的兴建都要占用大量土地，地球上可供开垦的优良土地已为数不多。人类为了生存和发展，长期地毁林开荒，破坏植被，结果非但没有使耕地扩大多少，反而造成了水土流失，加速了沙漠化。目前，我国沙化土地的面积为168.9万km^2，占国土面积的17.6%，形成了一条西起塔里木盆地，东至松嫩平原西部，东西长4500km，南北宽600km的风沙带。

（2）合理利用和保护土地的具体对策

1）加强土地管理。一是建立健全土地管理机构，二是要坚决施行《中华人民共和国土地管理法》。另外要采取一系列配套的行政和经济政策，严格控制城乡建设用地，保护土地资源。

2）做好土地资源的调查和规划工作。这是保护土地资源的基础和前提，加强对土地资源的宏观控制，协调各部门、各单位用地矛盾，促进国民经济均衡发展。

3）搞好水土保持。实行预防与治理相结合，以预防为主；生物措施与工程措施相结合，以生物措施为主。因地制宜，综合整治。水土保持的关键是植树种草，恢复植被。应退耕还林，退耕还草，封山育林、育草。

4）防治沙漠化。调整生产方向，一般以牧为主，农、林、牧结合，严惩滥垦草原行为，加强草原建设，控制载畜量，保护草原植被。

5）矿用土地复垦。采矿作业结束后，矿区大量耕地丧失，自然界景观遭破坏，加强矿用土地复垦，合理利用土地资源，保护土地资源。

3. 水资源面临的问题和对策

（1）水资源面临的问题

地球上的总水量约为14亿km^3，其中96.5%是海水，而用以维持地球上陆栖生物和人类生存发展的淡水仅占3.5%（其中又有77.2%被封闭在两极冰川之中）。我国水资源面临的主要问题是：地区分布不均，水土资源分布不平衡，全国大部分地区严重缺水；水污染问题严重，目前我国污水处理能力严重不足，不达标排放现象非常严重，还有进一步加剧的趋势；水资源利用效率低下，浪费严重；地下水开采过量，导致地面下沉，海水入侵、地下水污染。

（2）保护水资源对策

1）统筹规划，科学管理。从水资源的特点出发进行统筹规划，在水资源开发利用时，要根据水资源的可开采量，考虑流域内社会经济发展的总体要求和各部门的需要，从持续利用水资源出发，近远期结合，合理规划水体功能，取水位置分布、取水量和取水方式。

2）设立保护区，重点保护饮用水源。

3）运用经济手段管理水资源，合理确定水价、水资源补偿费，促进节约用水。

4）强化监督执法。各部门要各负其责，严格执行《中华人民共和国水法》等有关法律和规定，运用法律武器保护水资源。

5）发展和推广节水技术，建立节水型社会。推广、鼓励节约用水的技术、行业和产品，限制高耗水待业和发展规模和布局，鼓励循环用水，发展分质供水以及中水技术。

6）发展替代技术。在有条件的地方和淡水资源紧缺的地方，要鼓励发展替代技术，如以海水替代淡水，以风冷替代水冷等。

7）运用新技术解决水资源紧缺问题。进一步研究应用人工增雨技术，解决干旱地区农业生产缺水的困难，提高海水淡化效率，降低成本，解决沿海有关城市淡水资源严重匮乏的问题。

8）积极防止水污染。贯彻“谁污染谁治理”的原则；用水户必须支付被其污染的水的处理费用；尽快实现由浓度控制过渡到总量控制；实施工业废水和城市污水集中处理。

9）保护和改善水资源生态环境。森林能涵养水源，调节气候，促进大气水、地表水和地下水的正常循环，要大力提倡植树造林，恢复一些重要流域的森林和植被，重建良好的水资源生态系统。

10）加强水利建设，有计划有步骤地跨流域调水。我国水资源地区分布不均衡，为了开发缺水地区，促进这些地方社会经济发展和人民生活水平的提高，必须进行跨流域调水。

4. 生物物种资源面临的问题和对策

生物多样性是种内遗传多样性和物种多样性的生物学复合体系，包括数以万计的动物、植物、微生物和它们所拥有的基因，是人类赖以生存和发展的各种生命资源的总汇，是未来农业、医学和工业发展的生命资源基础。

（1）生物物种资源面临的问题

生物的多样性在全世界范围内持续不断地遭到损害。据估计，地球上共存在过 5 亿个物种，而现在只有 3000 万种，其余的都已经灭绝。目前已查明有 3956 个物种濒危，3647 个物种易危，7240 个物种被认为是稀有的。

生物物种多样性丧失的主要原因，一是生存环境的丧失或改变，特别是热带雨林的大量砍伐；二是过度的海洋捕捞和陆地猎获；三是空气和水的严重污染。

生物多样性的丧失已引起了人们的普遍重视，许多国家都在设法挽救日趋减少的物种。

（2）生物多样性保护对策

1）把生物多样性的保护和利用列为一项重大的科学问题来进行研究。

2）加强宣传保护生物多样性的意义，大力培训人才。

3）加强对保护区、植物园、动物园和水族馆的领导，实行多功能的有效管理。

4）大力建设现代化的保存物种的基因库。

5）加强立法和执法。

6）注意控制野生动物贸易。

7）建立综合农业示范场。

5. *矿产资源面临的问题和对策*

（1）矿产资源面临的问题

矿产资源是在漫长的地质历史时期形成的，是人类所必需的而又是有限的资源。近年来，由于矿产资源的消耗速度越来越快，世界采矿量增长速度有增无减，使矿产资源的储量大为减少，有的甚至趋于枯竭。矿产资源面临的问题有：矿产分布不均、开发利用中，加工的回收利用率低，对共、伴生矿产的利用，回收不重视，浪费大；开发利用不合理，造成矿产资源的破坏和浪费；采矿作业对环境破坏现象严重。

（2）合理开发利用矿产资源的措施

1）严格执法。坚决贯彻执行《中华人民共和国矿产资源法》，严格执法，做好矿产资源的保护工作。

2）采取适宜的经济政策。制定合理的矿产品价格政策和对保护矿产资源的生产行为的扶持政策，充分发挥市场经济手段在提高资源开发利用效率，减少浪费和破坏。

3）加强科学管理，提高开发利用矿产资源的技术水平。采取科学合理的开采顺序、开采方法和选矿工艺，提高矿产企业的开采回收率、采矿贫化率和选矿回收率。

4）防治环境污染和生态破坏。大型矿山开发前要做好环境影响评价工作，设立专门的环境保护机构，采取积极的措施，防止重大生态破坏事件发生，改善和恢复矿区的生态环境。

第二节　商品与环境

一、环境的概念和分类

商品是人类利用自然和改造自然的结果，环境是人类生存与发展的所有外部因素的总和。环境问题实际上是人类的商品生产、消费活动与环境之间的冲突，表现在资源的耗费、生产的规模、速度超过了环境的承载能力，导致严重的环境污染与破坏，造成了人类生存与发展的危机。

1. 环境的概念

《中华人民共和国环境保护法》（以下简称《环境保护法》）明确规定："本法所称环境，是指影响人类生存和发展的各种天然的和经过人工改造的自然因素的总体，包括大气、水、海洋、土地、矿藏、森林、草原、野生生物、自然遗迹、人文遗迹、自然保护区、风景名胜区、城市和乡村。"这里，环境的概念已不仅仅局限于自然环境，还包括人工环境。

2. 环境的分类

根据构成环境的要素，可以把环境分为大气环境、水环境（地表水环境如河流、湖泊和海洋环境，以及地下水环境）、土壤环境、生物环境（如森林、草原、其他野生生物环境）、地质环境等自然环境类型，以及文物古迹保护区、风景名胜区、自然保护区、城市环境、乡村环境等人工环境类型。

人类的生存环境是一个各类环境要素相互作用的庞大系统，是多种环境成分的统一体。

二、商品与环境污染

环境污染是指由于人为或自然因素，使环境的组成成分、状态发生了变化，扰乱并破坏了生态系统与人们的正常生活条件，对人体健康产生了直接或间接或潜在的影响。自然环境污染是指有害物质对大气、水质、土壤和生物的污染。使环境免受破坏的措施和活动叫做环境保护。

1. 商品对自然环境的污染

商品的生产和使用过程中，对自然环境的污染主要有三个方面，即化学的、物理的和生物的。化学方面是指某些有害有机物、无机物被引入环境，或由于化学反应而发生破坏作用。如商品生产和消费中排放出的有毒化学物质镉、汞、铅、砷、氰类、酚类、多氯联苯类等。物理方面是指由粉尘、固体废物、放射性物品、噪声、废热等对环境的污染和破坏。生物方面原因是指各种致病菌、病毒、有害生物等对环境的侵害。

（1）商品生产性环境污染

商品生产性环境污染是造成环境破坏的主要原因。工业生产中形成的废水、废气和废渣在未经处理或处理不当的情况下排放到环境中，可造成空气、水域、土壤的污染。农业生产中大量使用农药、化肥、生物激素等，也或造成对环境的污染，残留在农产品、畜产品及野生动物中的污染物质通过生物链汇集对人类、动物形成危害。

（2）商品流通中的环境污染

在商品流通中，由于商品储存保管不当，运输中遭受意外事故等，也可能使易燃、易爆等化学危险品散失到空气、水域和土壤中，造成环境污染。例如曾多次出现的油轮原油泄漏对海洋环境的污染事件。

（3）商品消费性环境污染

商品消费可以产生大量的污染物，比如生活垃圾、包装废弃物、生活洗涤污水等都可能对环境产生不良影响，甚至可能引起疾病的传播和流行。我国城市垃圾处理率只有33%，大部分城市垃圾被弃置在城郊，对大气和地下水形成了严重的污染。

2. 商品对生态系统的污染

自然环境有一定的自净能力，当少量商品污染物进入环境时，不会产生较明显的影响；但当污染物数量超过一定限度，会造成对生态系统二级结构的影响，如食物链中断、物种毁灭、气候异常等，就会导致生态平衡失调，严惩的将导致生态系统的破坏。

3. 自然环境对食品商品的污染

商品对自然环境的污染主要针对的是非食品商品（工业品商品），而自然环境对商品的污染主要针对的是食品商品。

食品污染是指食品在生产、加工、运输、储藏、销售、烹饪等各个环节中，混入了有害于人体健康的微生物或化学毒物。食品污染按其受污染性质的不同可分为两类：生物性污染和化学性污染。

三、商品环境污染的防治

商品系统由商品、过程、分配和管理四个部分构成。每项构成既对商品质量有重要影响，同时也可能消耗大量的资源和能源，产生大量的污染。

1. 商品对空气的污染及其防治

在正常情况下，大气是清洁的。然而人类不断从事商品生产的活动，特别是现代工业的发展，向大气中排放各种物质，使大气增加新的成分，超过了环境所能允许的极限。从而对人体、动植物和其他物体产生不良影响的大气状况即为大气污染。大气污染源主要有两大类：自然污染源，如火山灰、沙尘等；人工污染源，如工业废气、饮食业和取暖设备排气、汽车尾气等。

（1）商品生产过程对空气的污染

从事商品生产的各种工业企业是大气污染的重要来源。从原料进厂到成品出厂都可能排出有害物质和气体，造成空气污染。

首先，大气中二氧化碳含量增加引起全球气候的异常变化，导致“温室效应”。其次，大气中二氧化硫和二氧化氮的增加可形成酸雨和酸雾。再有，各种有毒的气体可以导致人体急性中毒和慢性中毒，引起呼吸道疾病和癌症。

为了控制我国酸雨和二氧化硫不断恶化的趋势，1998 年 1 月 12 日国务院正式批复了我国酸雨控制区和二氧化硫污染控制区（简称“两控区”）的划分方案，并制定了控制措施。其控制措施是：禁止新建煤层含硫份大于 3%的矿井，建成的生产煤层含硫份大于 3%的矿井，逐步实行限产和关停；新建、改造含硫份大于 1.5%的煤矿，应当建设煤炭洗选设施；禁止在大中城市城区及近郊区新建燃煤火电厂；现有燃煤含硫量大于 1%的电厂要在 2010 年前分期分批。建成脱硫设施或其他具有相应效果的减排二氧化硫的措施；并从制定规划、强化监督管理、推行二氧化硫污染防治技术和经济政策、完善酸雨和二氧化硫监测网络、开展科技研究、积极进行宣传培训等方面提出具体计划，以实现控制目标。

此外，防止商品工业污染的办法还很多：以合理的工业布局来减少对城市的污染；绿化造林，利用植物吸附有毒物质和净化空气；改善燃料种类，使用无污染能源；改进生产工艺、取代有害物质；综合利用、变废为宝、化害为利等都是防治空气污染的最积极的有效措施。

（2）机动车尾气对空气的污染

近年来，我国汽车保有量年平均增长率接近 15%。随着人们的生活水平进一步提高，私家车的拥有量和增长速度在幅度增加，机动车尾气排放已经成为城市大气污染的一个主要来源。

汽车废气中碳氢化合物和氮氧化物经过太阳紫外线照射而形成二次污染物，即光化学烟雾。汽车废气中的四乙基铅和四平基铅，对人体中枢神经系统有显著危害。一氧化碳导致人体缺氧、中毒甚至死亡。

控制机动车的空气污染，主要通过继续完善配套法规的建设；制定更加严格的排放标准；控制新污染源的排放；加强对在用车排气污染监控和治理，落实汽油无铅化工作，推广使用清洁燃料汽车；制定税收政策，引导有利于污染控制的机动车生产和消费；制定有利于防治汽车排气污染的交通管理政策等措施来进行。

（3）制冷设备对空气的污染

空调、电冰箱等制冷设备的制冷剂——氟利昂，在制冷设备损坏时，就会释放进入大气，破坏臭氧层。臭氧保护伞的破坏使阳光紫外线辐射强度增加，给人类及其他生物带来一系列难以预料的连锁反应。

控制消耗臭氧层物质的生产和使用，保护臭氧层很快成为全球性的行动。在国际社会的共同努力下，1985 年签署了《保护臭氧层维也纳公约》，1987 年又签定了《关于消耗臭氧层物质的蒙特利尔议定书》（以下简称《议定书》），并建立了旨在帮助发展中国家履约的多边基金。自此，氟利昂的生产和消费量才逐年减少，才避免了臭氧空洞的无限度扩大。

自 1991 年 6 月加入《议定书》以来，中国制定实施了《中国逐步淘汰消耗臭氧层物质国家方案》，并先后颁布了近 30 项有关保护臭氧层的政策措施。

（4）商品造成的室内空气污染

造成室内空气污染的因素比较多。首先，室内吸烟是室内空气污染的重要来源。其次，厨房内中国式的烹饪方法如油炸、爆炒、熏烤等也会产生氮氧化物、醛类等有害物质。第三，室内所用的绝缘材料，装潢所用的油漆涂料、粘合剂，塑料制品中的添加剂，织物中的纤维助剂，合成材料中的有毒单体等都会挥发出有毒成分，造成室内空气污染。清洁剂、除臭剂、杀虫剂等日化商品也是室内空气中有机蒸汽的主要来源，这些物质也会造成慢性中毒。

开展戒烟活动和良好的通风是解决室内空气污染最简便和有效的方法。室内和房前屋后多种植一些花草树木，也能起到减轻毒害的作用。

2. 商品对水体的污染及其防治

水体污染是指进入水体的污染物含量超过了水体的自然净化能力，使水质变坏，水的利用受到影响的现象。

水体的人为污染主要有三个方面：工业废水、生活污水和农业退水。污染主要分为化学性污染和生物性污染两大类。

（1）商品生产过程中的水体污染

企业在生产各种商品的过程中排放出的生产废水、污水、废液统称工业废水。工业废水如果不经过特殊处理，一旦排放到河流、地下，海洋里都会造成水体污染。其中，冶金、建材、化工酸碱行业主要排放含有无机物的废水；食品、塑料、石化、毛皮、合成材料等行业主要排放含有有机物的废水。

废水中的有机和无机毒物会引起人体急性或慢性中毒，并能在自然环境中积累，在生物体内不断富集，影响生态环境，对人和生物危害很大。

防治工业废水污染的方法主要有：改进工艺和技术；对废水进行综合利用和回收处理；无法回收的废水需进行无害化处理；改变商品成分；调整工业布局等。

（2）商品消费中的水体污染

这方面以生活污水中洗涤剂引起的问题最为突出。

合成洗涤剂中的表面活性剂是一种带有亲水基和亲油基并能降低表面张力的物质。早期使用的是支链型烷基苯磺酸钠（ABC），发泡力强，在自然环境中生物降解困难，使河道泡沫泛滥，并危害鱼类，影响水稻生长。目前改用直链型烷基苯磺酸钠（LBS），生物降解快，发泡污染易消失，洗涤剂引起的泡沫污染问题基本可以解决。

合成洗涤剂的主要助剂是三聚磷酸钠，它可作为植物和藻类的营养物质，导致水体富营养化，出现“红潮”，在这种污染下，鱼类丧失了生存空间，窒息而亡。防止这种水体污染最有效的方法是找到三聚磷酸钠的取代物。它必须具有聚磷酸盐的洗涤功能又不会造成江河湖海的富营养化污染。现在较有前途的一种代用品是沸石。

3. 废弃物的回收与利用

废弃物的回收与利用是现代生产发展和科学技术进步的必然趋势，是节约与合理利用物质资源、减少环境污染的客观要求。

包装作为商品的一部分，在完成了运输商品、保护商品和销售商品等各种功能后，大多被遗弃于自然环境之中，由此造成的环境污染问题日趋严重。由于大量使用一次性塑料包装物、农用薄膜，特别是大量使用一次性塑料餐具，垃圾中废塑料制品的比例迅速增加，形成“白色污染”。

通过废弃物的回收和循环利用形成的二次资源，是解决现代经济发展中资源危机的重要途径，也是保护环境、改善生态环境的重要途径。

4. 加强立法，依法治理环境

面对日益严峻的环境状况，我国实施的环境保护政策也日益完善和严格，对商品生产过程中所产生的废水、废气、废渣和噪声提出了更多的限制。

（1）环境保护是我国的基本国策

1983 年 12 月召开的全国第二次环境保护会议提出把环境保护确定为我国的一项基本国策。构成环境的各种要素都是发展生产、进行经济建设不可缺少的宝贵资源，而保护环境也就是保护资源，保持经济发展所需要的物质基础。为了实现社会、经济的持续发展，必须把环境与社会、经济作为一个整体来全面规划，达到三者之间的协调发展。而把环境保护作为一项基本国策，就是实现这种协调关系的最佳选择。

（2）我国环境保护的方针政策

1973 年召开的第一次全国环境保护会议正式确立了我国环境保护工作的基本方针：“全面规划，合理布局，综合利用，化害为利，依靠群众，大家动手，保护环境，造福人民。”

1983 年召开的第二次全国环境保护会议提出环境保护是我国的一项基本国策的同时，还确定了我国环境保护的战略方针，即“三同步”方针：经济建设、城乡建设和环境建设同步规划、同步实施、同步发展，做到经济效益、社会效益和环境效益的统一。

经过长期的探索和实践，我国制定了预防为主、谁污染谁治理和强化环境管理的三大环境保护政策；制定了环境保护目标责任制、城市环境综合整治定量考核制度、排放污染物许可证制度、污染限期治理制度和污染集中控制等制度和措施。

（3）强化环境立法

1999 年是《环境保护法》颁布 20 周年。各级环保部门认真总结环境法制建设经验，继续强化环境法制，环境立法稳步推进。全国人大常委会通过了《海洋环境保护法》，国家环保总局发布了《环境保护行政处罚办法》、《建设项目环境影响评价资格证书管理办法》、《污染源监测管理办法》等九项部门规章。国家发布各类环境标准 39 项，各地也发布了一批地方性环保法规。

同时，各商品生产企业也严格执行产业政策，坚决淘汰落后生产能力、工艺和产品；结合技术改造，促进企业开展资源节约和综合利用，使“三废”最大限度地实现资源化和无害化。

第三节　商品生产经营的绿色理念

经济不断发展，生活水平不断提高，但人类赖以生存的自然环境却在不断恶习化，不断恶化的环境反过来不断地对人类进行惩罚，自然灾害频繁，污染公害事件不断发生。要提高人类的生活质量，必须降低生产、生活对环境的污染，合理开发利用自然资源，保护和恢复自然环境，也就是走可持续发展的道路。在这样的共识之下，出现了一场席卷全球的绿色浪潮。人们用绿色来证明自己的开发、生产、消费行为对环境无害，把环境意识与绿色产品、绿色技术、绿色营销、绿色包装、绿色贸易、绿色产业、绿色标志、绿色企业等一系列“绿色”相结合，从而形成了绿色市场。

一、商品环境生命周期

对人类生存的总体环境和社会可持续发展的关心，使人们把商品生命周期的概念引入环境管理，在诸如商品、材料、工艺过程、技术或服务的环境评价中，从生命周期的角度，对其环境影响进行整体评价和认识，其目的是使商品生产和消费的整体环境影响减到最小。

1. 商品环境生命周期评估

环境有利性的根本判断依据于对商品、材料、工艺过程的生命周期的评估和所采取的措施。对“绿色商品”的基本要求是促进和发展有利于环境的理想的材料、技术工艺和消费，包括原材料的供应或元件的制造、运送、维修、收集、废物加工、回收者、消费者等各种要素。

环境生命周期评估是指一套用于对贯穿一种产品或服务生命周期所使用的材料、能源的投入与产出及伴随的直接对产品或服务系统功能发生作用的环境影响进行汇总与评定的系统化程序。

环境生命周期评估程序一般包括三个环节：

1）确定环境生命周期评估的目的。由用户确定通过生命周期评估欲实现的目的。

2）生命周期列项分析。由评估师确定与量化在产品或服务整个生命周期中的所有环境因素。

3）环境影响评估。由评估师对可能对环境产生影响的各种因素进行系统的分类，并确定其相互关系；然后根据生命周期列项分析获得的数据，对各种影响环境的因素进行分析，以确定其对环境的危害程度；最后比较判断产品或服务在整个生命周期中对环境的影响及其影响程度，为产品和服务的设计与生产提供指导。

2. 商品环境生命循环阶段

商品生命循环提供了一个强化环境保护的逻辑系统，通过这一系统，设计人员可以确定商品在生命循环的不同阶段对环境的影响，包括对不同环境介质的影响。

商品生命循环可以被划分为下面几个阶段：①原材料获得；②储存材料过程；③工艺和特定材料的生产；④生产和装配；⑤使用和服务；⑥废弃；⑦后处理。

在商品生命循环的各个阶段上，都有一些残余物质直接排放到环境中。汽车尾气，加工过程中的废水和溢出的废油就是直接排放的例子。对残留物也可以进行物理、化学和生物的处理，所设计的处理过程通常为减少废物的体积和毒性。废物，包括处理过的废物，最典型的排放方式是分散到大地中，这样，各种形式的废物对环境的影响就依赖于排放后它们的降解速度。

3. 商品系统的构成

商品系统指材料、能量和信息在商品生命循环过程中的流动和转化，由商品、过程、分配和管理四个部分构成。

商品构成包括商品生命周期每一个阶段中各种形式的材料和最终产品。过程把材料和能量转化成一系列的中间和最终产品。过程构成包括利用直接或间接材料生产商品，还包括研究、开发、测试和商品应用过程中消费的资源。

分配包括用来包装、维护及运输商品的包装系统、运输网络和商品销售。包装和运输都可能产生严重的环境影响。运输网络包括运输方式和路线，火车、卡车、船只、飞机和管道是最主要的运输方式。泵、阀门、货车和手推车等材料、运输设备和装卸机械是分配设施的一部分。批发和零售既是分配的重要构成部分，也可能对环境产生不良影响。

管理包括支持整个商品生命循环过程决策的全部活动。在一个企业中，管理包括行政、财务、人事、销售、采购、市场、顾客服务、法律服务和培训与教育等方面的管理。每项管理都对商品质量有重要影响。另外，在管理过程中，也可能有大量的污染产生，同时也可能消耗大量的资源和能源。

4. 商品生命周期过程中的环境要求

环境要求必须与最初的设计阶段相结合，才可能减少污染管理、补救措施和其他必需费用。环境要求对自然资源的利用、能源消耗、垃圾的产生、健康安全风险、生态恶化等必须尽可能减到最小。

商品生命周期过程中需要满足下述环境要求。

（1）性能要求

性能要求定义了商品系统的功能。环境要求与性能要求紧密相关并受其制约。虽说合理的性能并非总能达到环境目标，但不良性能通常会造成更多的环境影响，所以，性能优良的产品通常可以减少废弃物的排放和资源的使用。

（2）成本要求

保证计划成功不仅要考虑性能要求和环境要求，还需要关注商品的成本。成本核算对商品生命周期管理至关重要，它全面反映环境的费用和利益。商品环境成本的规定必须服务于商品体系，并反映市场全貌。

（3）文化要求

文化要求决定产品的种类、外形、特征、颜色和形象。适应文化要求，设计就能成功。消费者的喜好决定了产品原材料的选择、加工、颜色和大小，这些都可能对环境产生直接或间接影响。

（4）法律要求

地区的、国家的、部门的环境法规、健康法规和安全法规都是强制性要求，违反者将受到罚款、拘禁、控告等处罚。

二、企业的绿色战略

企业开发绿色产品是企业自身发展的外在与内在要求的必然结果。因此，企业要将绿色理念充分体现在企业的发展战略中，包括绿色设计、绿色生产、绿色管理和绿色文化等方面。

1. 绿色设计

所谓“绿色设计”又称“生态设计”，就是着眼于未来构思，开发和制造产品，以便在产品的使用寿命结束时，有的部件可以翻新或重复使用，有的可以安全地被处理掉。绿色设计的重点在使原材料合理使用和零部件能重新使用。

2. 绿色生产

绿色生产也称清洁生产，主要包括三个方面的内容，即清洁的产品、清洁的生产和清洁的能源。对产品要求减少从原材料的开发到产品最终处置的数量；对生产过程要求节省原材料和能源，不使用有毒原材料，并且在生产过程排放废物之前减少废物的数量和毒性；对能源要求尽量使用绿色可再生能源。

3. 绿色管理

绿色管理就是把环境保护的思想观念融于企业的经营管理和生产营销活动之中，即把环保作为企业的决策要素之一，由此确定企业的环境对策和环保措施。

4. 绿色教育

绿色教育是绿色文化的基础。对员工进行绿色教育，使全体员工逐步认识到实施绿色战略对于个人、企业乃至整个社会的重要性，引导员工从自己做起，不仅“绿化”企业的内部环境，而且用自己的一言一行“绿化”企业的外部形象，成为真正的绿色企业。

二、绿色营销

绿色营销是当前全球蓬勃开展的环保运动的产物。从目前的情况来看，绿色营销包括树立绿色观念，搜集绿色信息，制订绿色计划，实施绿色管理，开发绿色产品，争取绿色标志，策划绿色宣传，开展绿色公关，建立企业的绿色形象，开辟绿色销售渠道等内容。其中，最重要的是开发绿色产品，这是整个绿色营销的基础。目前，各厂商主要从产品应安全、卫生，有利于人体健康；使用该产品对环境的影响要尽量小；生产过程中要尽量节约资源和能源，尽量使用代用材料；产品易回收或具有重复使用功能；产品使用中节省能源，噪声小；产品效率高、寿命长等方面着眼，开发绿色产品。

1. 绿色产品

所谓绿色产品，就是指那些在生产和使用以及用过之后处理的整个过程中，对环境的破坏和影响都比较小的产品。

绿色产品是环境保护实践的产物，是实现经济可持续发展的重要内容。产品的绿色化将成为21世纪国际市场的准人条件和竞争力指标，成为消费者的主要选择。

（1）绿色食品

绿色食品，指的是安全、营养、无公害的食品。一般来说，绿色食品不使用防腐剂、人造色素和生长激素等化学品，而且在加工、贮藏、运输过程中，也不会受到二次污染，即实施“从土地到餐桌”全程质量控制。

评价绿色食品的标准主要有四个方面：产品或产品原料的产地必须符合绿色食品的生态环境标准，即大气标准、土壤标准、水质标准等；农作物种植、畜禽饲养、水产养殖及食品加工必须符合绿色食品的生产操作规程；产品必须符合绿色食品的质量和卫生标准；产品的标签必须符合《绿色食品标志设计标准手册》中的有关规定。

我国绿色食品采用绿色食品标志加以标识。绿色食品标志如图12-1所示，由三部分构成，即上方的太阳、下方的叶片和中心的蓓蕾。标志为正圆形，意为保护。整个图案描绘出明媚阳光照耀下的和谐生机，告诉人们绿色食品正是出自纯净、良好生态环境的安全无污染食品，能给人带来蓬勃的生命力。

我国于20世纪90年代初开始开发绿色食品。农业部成立了绿色食品办公室和绿色食品发展中心，制定了一系列有关绿色食品的标准、标志、管理办法等。现在我国“绿色食品”的国际交流工作也已初步打开局面，并确立了“绿色食品”的国际地位。但是，我国的食品工业与国际食品贸易仍有一定的差距，开展“绿色革命”，正是攻破国际贸易技术壁垒的“锐利武器”，也是发展国际贸易的客观需要。

图 12-1　绿色食品标志和北京 2008 奥运会环境标志

（2）生态时装

生态时装是绿色浪潮冲击下出现的服装新流派，它代表了 21 世纪时装发展的一种新趋势。生态服装从设计、色彩、原料和制造都注重保护环境的原则，提醒人们时刻重视保护环境，同时也使穿着者心情舒畅，有益健康和消除疲劳。

生态服装的主要特点有：

1）面料大多采用天然织物，很少用化学纤维。

2）色彩以绿色和蓝天为基调，花纹和图案模仿天然花纹，表现了人与自然的和谐。

3）款式轻松活泼，大方简洁，宽松随意，飘逸潇洒，不少女装款式模仿花、鸟、鱼、虫的造型。

4）尽量采用对环境影响小的配件。

5）制作加工布料预先采用机械方法收缩，避免使用一般加工程序所用的树脂和甲醛等化学物质。

6）漂染方面，不先行漂白，而是直接染色，这样可以节水、节电和减少废水中的有害化学成分。

据专家分析预测，今后生态纺织品还将在防紫外线、保护皮肤等方面有所突破。

（3）绿色家电

在电器产品日新月异的情况下，各种各样的环保电器也纷纷进入市场，并很快受到消费者的欢迎。环保电器产品的主要特点是：节能、可回收、低噪声、低辐射、低污染。

（4）形形色色的绿色产品

如今在世界各地，大到房屋、汽车，小到纽扣，各式各样的绿色产品绚丽多姿，异彩纷呈，简直令人目不暇接。除了上面介绍的之外，还有：

1）绿色圆珠笔，由可降解塑料制成。

2）生态铅笔，用再生纸浆取代木浆。

3）生态画，画的表面涂有一种多微孔涂层，可以吸收油烟、烧焦物品、香料、辛辣等发出的异味，并把这些异味转化成无味无害的气体，还可以调节空气的温度。

4）无污染洗衣球，用活性炭陶瓷、聚丙烯发泡体等材料制成。用这种洗衣球能解决大量化学洗涤剂污染水源的问题。

5）绿色电池，即可充电式镍氢电池。

6）绿色家具，木器家具多以原色为主；布沙发多采用纯棉布料制成。

7）绿色涂料；不含甲苯、甲醛等有毒物质，铅、汞、铬等重金属含量也低于同类产品的新型涂料。

此外，还有绿色美容用品、绿色洗涤剂、绿色塑料等。

2. 绿色包装

绿色包装是指符合环保要求的包装。绿色包装用料要节约资源，力求减少废弃物量，用后易于回收、可重复使用或再生为其他有用之材；焚烧时可回收热能，不会产生毒害性气体；填埋时少占用土地并能自然降解。为了实现绿色包装，各国厂商主要从以下几个方面入手。

（1）简化包装，节约材料

简化包装是针对市场上的过分包装而言。过分包装超出了包装功能的实际需要，既浪费了资源，又增加了垃圾数量，加重了环境污染，而且会增加生产成本，引起商品价格的提高，影响商品的竞争力。

（2）包装重复使用或回收再生

包装的重复使用和回收再生是节约资源、减少垃圾的有效手段，得到各国的普遍重视。包装能否顺利和方便地回收和再生，主要取决于包装的设计。在进行产品的包装设计时，不但要考虑到包装的一般要求，也要考虑到环境保护的要求。目前回收技术比较成熟的包装材料是玻璃、纸、铝等，回收率也比较高，而塑料则较难于回收和再生利用，回收率也相应较低。

（3）开发可分解、降解的包装材料

为了解决给生态环境带来巨大威胁的“白色污染”问题，各国纷纷研制开发可降解的包装材料。目前的可降解塑料大体可分为三种类型，即生物降解、光降解和水溶解。

四、绿色标志

广大消费者和各国政府对绿色产品的青睐，已经引起众多厂家对绿色产品的关注。然而也有一些厂家打着“绿色产品”的旗号来推销自己并不“绿”的产品。在这种情况下，如果没有一个衡量绿色产品的标准和权威的鉴定机构，势必会造成市场上鱼龙混杂，消费者无所适从的局面。因此绿色标志应运而生。

1. 绿色标志的出现和发展

绿色标志，也称为环境标志或生态标志。绿色标志不同于一般产品的商标，它是用来标明产品在生产、使用以及回收处置的整个过程中，符合特定的环境保护要求，对环

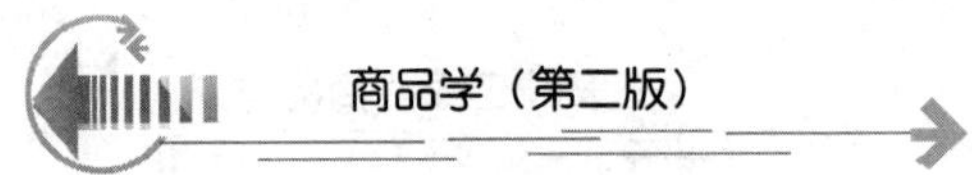

境危害较小的一种证明商标。

目前世界上应用较成功的绿色标志是德国的《蓝色天使》（Blue Angel）和日本的《生态标志》（Eco-mark）（如图 12-2 所示），以及欧盟环境标志（如图 12-3 所示），美国环境标志和加拿大环境标志（如图 12-4 所示）。

图 12-2　德国蓝天使标志和日本的生态标志

图 12-3　中国环境标志和欧盟环境标志

图 12-4　美国环境标志和加拿大环境标志

1993 年 8 月，我国国家环境保护局正式公布了中国环境标志（如图 12-3 所示）。中国环境标志的图案由青山、绿水、太阳及 10 个环所组成。青山、绿水和太阳表示人类赖以生存的环境，外围的 10 个环，环环相连，表示公众参与、共同保护；同时，10 个环的“环”字与环境的“环”字相同，其寓意为“全民联合起来，共同保护人类赖以生存的环境”。这个标志是一种证明性标志，代表国家对环境标志产品实施认证的唯一机构是中国环境标志产品委员会（CCEL）。

2. 绿色标志产品的范围与制定产品环境行为评价标准的原则

在人们的生产和消费活动中，涉及到的商品种类和数量多得难以统计。那么，环境标志授予哪些产品呢？已实行环境标志的国家做法是：环境标志授予那些功能相同的同类产品中对环境危害较轻的产品。

（1）绿色标志产品的范围

绿色标志产品主要包括以下五类；节能节水低耗型产品；可回收、可再生产品；清洁工艺产品；低污染、低毒产品；可降解产品。

应该指出的是，以上各类绿色产品并不包括所有的产品，而只是经过筛选，容易鉴别的部分产品，而且首先考虑的是那些对环境危害较大，但通过改进可以减少这种危害的产品。随着环境标志制度的深入发展，将有更多的产品被纳入环境标志的发放范围。

（2）制定产品环境行为评价标准的原则

不同的产品需要制定不同的环境行为评价标准，同时又要保证不同评价标准之间具有可比性。因此，制定产品环境行为评价标准，必须考虑以下原则：

1）产品环境行为全过程控制原则。对每类绿色标志产品的评价都要包括从原材料的开发利用、加工制造、流通、消费直到处理的生命周期全过程的环境行为。

2）各国一致原则。绿色标志基本上是从各国国情实际出发，相互间差别较大，要求互不一致。因此为避免影响国际贸易的发展，必须实行各国一致原则。

3）产品质量保证原则。绿色标志产品必须同时满足使用质量要求，符合有关产品质量标准。

4）突出重点原则。对不同类别的绿色标志产品突出其环境行为的特点。

5）经济合理原则。绿色产品的生产要考虑环保，这就使其常常偏离成本最低的原则。为了促进绿色标志产品在市场竞争中取代对环境危害较大的产品，应制定既简单又实用可行的产品环境标准，这有利于形成经济合理的绿色标志产品价格。

尽管绿色标志在中国的普遍实施还要走一段很长的路，但绿色标志会为追求卓越的企业带来全新的商机，也有助于社会公众环境意识的提高和消费观念的更新。

第四节　新商品的开发

一、新商品的定义和分类

1. 新商品的定义

新商品是指商品的结构、物理性能、化学成分、功能、用途与老商品有着本质不同或者显著差异的商品。新商品一般具有以下一项或多项特点：①具有新的原理、构思和设计；②采用新的材料和元件；③具有新的性能及特征；④具有新的用途和新的功能；⑤满足消费者和用户的新需要以及市场需要；⑥具有先进性和实用性；⑦能推广应用和提高经济效益。

新商品是相对老商品而言的。研究与开发新商品包括对原有老商品的改造，也包括采用新技术、新原理、新结构而发展的新商品。因此，在开发新商品工作中，既要不断改进老商品，又要不断创新。实践证明，大量的新商品是在原有商品的基础上不断改进发展起来的。所以，新商品与老商品之间既有密切联系，又有严格的区别，正确认识新商品与老商品的区别，是新商品开发的前提，也是新商品开发的一项重要任务。

新商品的含义还往往是相对于某企业或某市场而言的，这与科技上所指的新商品含义有所不同。例如，对企业来讲，第一次生产和销售的商品也叫新商品；对某一特定市场来讲，第一次出现的商品也称为新商品。

2. 新商品的分类

新商品可按其所在地域范围、先进程度、用途和应用范围等进行分类。

（1）按新商品所在地域范围划分

1）国际新商品：是指在世界其他国家都不曾设想、试制成功的新商品。这类新商品具有独创性和重大价值，国家应予保护，一般都申请专利。它们多是在基础研究取得成果的基础上，再通过应用研究而设计试制出的新商品，这类新商品是技术上的重大突破。

2）国家新商品：是指外国虽然已经出现，但在国内还是新出现的商品。这类新商品可以通过技术引进、测绘仿制或自行研制而开发出来的，从而填补国内空白，或比国内已有的商品在技术经济性能上有显著提高。

3）地区新商品：是指国内虽然已有生产，但在本地区内还是第一次研制出来的新商品。这类新商品一般都是利用国内现有技术，通过技术转让来实现。开发这类新商品，一定要做好市场需求的调查工作，只有在一定时期内，外地商品不能满足国内外市场需要，而本企业又有条件生产时才可试制生产。

4）企业新商品：是指虽然市场已有销售，但对本企业来说还是第一次研制的商品。这类新商品的研制也必须注意市场需求的调查，避免不必要的重复而造成浪费。在市场经济条件下，同类商品竞争特别激烈，一个企业是否要研制这类新商品，应根据本企业的优势、技术条件做认真的分析，以防止不必要的浪费。

（2）按新商品的先进程度划分

1）创新型新商品：是指采用新原理、新结构、新技术、新材料而研制的新商品。这类新商品是在基础研究成果的基础上，通过应用研究而发展的新商品，或者是几项技术的综合，是技术上的突破和创新。创新型新商品可以是企业独立研究、开发的成果，也可以是引进国外专利，或者是其他研究部门的科研成果。创新型新商品是一种全新商品，在技术性能、经济效益等方面具有新的特点。独立开发创新型新商品，不仅需要大量资金和先进技术，而且开发周期较长，风险性较大，一般适合于大型企业。调查表明，创新型新商品只占所有新商品的10%左右。

2）模仿型新商品：是模仿国内外已研制出来的新商品，有时也根据市场需要进行必要的改进，以代替企业正在生产的商品。模仿型新商品具有周期短、见效快等优点，对于一些缺少技术力量的中小企业是特别适合的。此类新商品占全部新商品的20%左右。

3）改进型新商品：是指采用各种改进技术对老商品进行改造，使新商品在技术性能上有一定的提高，在结构上有新的特点，在用途上有所扩大，能进一步满足用户和消费者的要求；或者是在现有商品领域中，选用若干通用化的零部件形成具有新用途的系列商品；或者是采用新的工艺、新的设备进行生产，使成本大幅度下降，价格降低，销路扩大。这类新商品在全部新商品中约占60%。

4）换代型新商品：是指在原有商品的基础上，不改变基本原理，只是部分采用新技术而制造出来的、适合新用途、满足新需要的商品。这类新商品的性能有较大提高，并具有新的功能，一般占全部新商品的10%左右。

（3）按新商品的用途和应用范围划分

1）大型成套专用商品和设备：为满足生产上某种流程要求而研制的若干新商品。其特点是匹配成套，可以满足不同使用要求，便于用户选用。

2）量大面广的系列商品：是指性能相同，而使用条件和应用范围不同的各种参数和规格的系列新商品。

对新商品的分类，不同国家、地区或不同部门＼企业有着不同的方法。对新商品进行分类，是为了便于企业进行新商品开发。

二、新商品开发的意义和特点

1. 新商品开发的意义

（1）商品开发是商品使用价值的拓宽、提高和创造，是社会财富的丰富和发展

新商品开发是社会发展、技术进步的必然结果，是人们生活水平提高、生活质量改善的客观要求。新商品开发对于企业、产业和整个国家的发展具有重要意义。

（2）开发新商品是满足社会需要的要求

人们对商品的需求是多元的、广泛的，并随着社会的发展和时代的变迁不断发展变化，永远不会停留在一个水平上。人口结构、人数、居住地区、生活方式、消费观念、消费水平等的变化，都会引起消费需求的变化，而产生新的需求。只有不断开发社会需要的新商品，才能满足各种不断出现的社会消费需求以及人们日益增长的物质文化需要。

（3）开发新商品是企业生存和发展的客观需要

只要有商品生产，就必然会有竞争。随着社会主义市场经济的发展，每个企业都不可避免地要在竞争中经受考验。企业的竞争力最终表现为商品的竞争力，而商品的竞争力在很大程度上取决于企业的应变能力，即根据市场动向和消费者的需求及时调整商品结构、推出新商品的能力。因此，企业的新商品开发能力，是决定企业兴衰存亡的重要因素之一。企业只有不断地开发新商品，才能在激烈的市场竞争中取胜。在企业内部，开发新商品可以最大限度地挖掘企业内部潜力，调动各方面积极性，激发企业管理人员

和技术人员的革新精神和创造力，从而增强了企业活力，提高了企业的技术水平和经济效益，使企业不断发展壮大。

（4）开发新商品是发展商品经济，扩大商品出口，占领国际市场的需要

随着科学技术的迅速发展和人们生活水平的不断提高，商品寿命周期也日渐缩短。据统计，机械商品大约每七八年就更新一次，汽车仅四五年就更新，而家用电器商品的更新周期则为一二年。要适应这种严峻的形势，就必须加速新商品开发。不断开发新商品，有利于国家建立新的产业，形成更加完整、独立的国民经济体系，促进商品经济发展；有利于增强商品竞争能力，扩大出口，不断开拓国际市场。

2. 新商品开发的现代特点

由于科学技术的飞速发展，社会需求的个性化、复杂化和多样化，使现代新商品开发具有以下新的特点。

（1）轻型化

轻型化是现代新商品开发的一个主要特点。特别是对重工业生产企业来说，由于原材料的节约化和新的替代材料的不断产生，使新商品有向轻型化发展的趋势，改变了重工业商品“傻”、大、黑、粗的形象。在轻纺工业，新商品开发也有向轻型化发展的趋势。

（2）结构简化

采用新技术、新材料、新原理对商品结构进行改造，使其结构简化；去掉某些不必要的功能，从而相应地减掉不必要的结构，减少许多零部件，使商品结构更加紧凑、轻巧，造价低廉；或者减少商品中零部件的种类、型号，使之系列化、通用化，使商品结构简化。例如，电子管改为晶体管，晶体管再改为集成电路，使家用电器商品结构大大简化；通过自动化，使照相机使用方法简化，便于消费者使用。

（3）大型化或微型化

由于现代化大生产的发展，使许多商品日益向大型化方向发展，如船舶运输设备、水压机、发电机等均宜向大型化发展。相反，有些商品，要求携带方便，使用灵活，使其向微型化方向发展，如电视机、收音机、计算机等。

（4）多功能化

由于人们生活水平的不断提高，要求商品不仅性能好、效率高，而且能满足一些特殊的需要，因此，开发的新商品必须要多功能化，达到一机多用，一物多用。通过增加商品的功能，可以扩大市场占有率。

（5）节能化

由于能源价格的不断提高和世界各国对环境保护的重视，要求开发的新商品能够有利于节省能源，在生产和使用时不造成环境污染，就会带来极大的经济效益和社会效益。

（6）美学化

一件耐用的消费品不仅应当是一件特别适用的商品，而且还应当是一件艺术品，能

够给人以美的享受。对于服装、家具、灯具及其他装饰品，更应向造型美方面发展，突出其审美功能，增加新商品的高贵感，美化人们的生活。对工业产品来说，也应提倡美学化，给人们以舒适感，从而提高工作效率。

（7）高效能，低成本

商品在市场竞争中要想取胜，一是物美，二是价廉。如果开发的新商品质量比同类商品好，价格又便宜，肯定会击败竞争对手。因此，开发新商品时，固然应把重点放在商品的功能质量上，但降低成本也是重要的方面。

三、新商品开发的任务及原则

1. 新商品开发的任务

新商品开发是一项非常复杂的技术工作，它与科学技术研究、生产发展、市场开发、经济效益有密切的关系。因此，新商品开发的任务十分广泛，主要有以下几个方面。

（1）新商品发明

新商品发明必须具有独创性、实用性和新颖性。一项新商品与已知的商品相比较没有突出的重大本质区别，对现有商品没有质的超越，不能认为是新商品发明。新商品发明应当是源于现有商品又高于现有商品的技术成果。只有当一项新商品构成现有商品水平的突破，使其技术发生质的飞跃时，才被认为是新商品发明。

新商品质变往往表现为原理上的创新。有些新商品以原有技术水平为基础，有些属于没有原形技术的发明，如蒸汽机、激光器、晶体管等。但是，这种奠基性的技术发明只是发明中的一小部分，绝大多数新商品发明还是对已知技术的改进、组合、利用的结果。新商品发明属于应用技术的范畴，因此有时把新商品发明称作有关生产的发明。

新商品发明是高层次上的新商品开发，要求有强大的技术力量、充足的试制条件，投资较大，周期较长，对于大型企业是适合的，而中、小型企业则有一定的困难。

（2）开发新品种

新品种是指在原有商品的基础上，对其结构、性能、化学组成、材料等方面中的某个方面做局部改变，从而提高了商品使用价值或扩大了使用范围或增加了功能的商品。这种新商品开发是最常见的。发展新品种，提高商品性能，增加商品功能和用途，是新商品开发的一项重要任务。

（3）增加商品的花色品种，改进包装

新花色是指在造型、式样、色彩上有创新的商品，它不涉及商品的结构、性能与用途的变化。虽然新花色大多是现有商品装饰性的变化，但却可使商品丰富多彩，增加对消费者的吸引力，更好地适应广大消费者的需要。新包装是指商品本身不变，而所用的包装材料、包装结构、包装方法、包装装潢有显著改进和提高。增加商品的花色品种，改进商品包装，其实质是提高商品的外观质量或审美价值。这对于增加商品竞争能力，美化人民生活有着重要作用。

（4）新工艺、新设备开发

它是新商品开发的有机组成部分。在整个新商品开发与生产过程中，工艺和设备的开发是工作量非常大、费用比较高的。

（5）新材料开发

材料的品种、质量和产量标志着一个国家现代化的程度。新材料的开发与新商品开发有着密切的关系，它既是新商品开发的组成部分，又是基础环节。新材料的采用，常常导致新商品的出现。随着科学技术的飞速发展，新材料不断被开发出来，这将为新商品开发奠定牢固的基础。

（6）新能源开发

这是当代头等重大的新技术、新商品开发问题。提高现有能源的利用，寻找新能源，这不仅是为了解决能源短缺、保护资源和环境，同时也是新商品开发中的一项重要任务。

2. 新商品开发的原则

新商品开发是一项复杂的系统工程，涉及面广，需要大量的经费和人力。为了提高新商品开发的成功率，降低风险，取得好的经济效果，新商品开发应遵循以下基本原则。

（1）符合国家社会经济发展战略和技术经济政策

国家的社会经济发展战略是指导一切经济工作、生产活动、消费活动的总纲，它的实现体现出宏观经济效益的要求和整个国民经济的合理流向。在新商品开发中，各种方案都要符合国家经济发展战略的要求，只有这样，新商品开发才能顺利进行，所开发商品才能获得持久的生命力。

国家为促进技术进步和经济发展，在不同历史时期都制定了相应的技术经济政策和消费品发展战略，这是确定新商品开发方向的重要依据。国家要求在开发新商品时重视资源的合理开发与利用、对生态环境的保护，要利用先进的科学技术，逐步扩大技术密集型商品和提高先进商品的比重；要充分利用我国现有资源、劳动力充足等条件，多发展一些投资少、见效快的劳动密集型的工业品；要兼顾农村和城市、内销和出口，在增加社会需要的高中档商品的同时，切不可忽视人民生活需要的利润不高的小商品的生产。

（2）符合社会需要和市场需求的发展趋势

开发新商品必须在国家发展经济战略指导下，以社会需要为出发点，不仅要考虑当前的国内外市场需求，而且还要考虑这种需求的变化、流向和发展趋势。要善于发现市场的潜在需求及未来的需求。一般来说，科技进步，消费者的构成比例、消费习惯、消费水平、人口发展、文化变迁等因素都会影响市场需求的变化。因此，在新商品开发中要进行广泛的市场需求调查，不断地研究消费者的新需求和潜在需求，对社会需要进行科学预测，把握市场的变化趋势。只有这样，才能确定新商品开发的方向，使新商品的品种、质量、性能、效用、规格和花色等适销对路，满足不同消费层次的需求。

（3）坚持技术先进性与经济合理性，保证有良好的经济效益和社会效果

先进性是新商品开发的主要特征。这就是说，新商品要具有新的结构、新的性能、新的功能、新的技术特征，使新商品与老商品相比，达到了更加先进的水平。但是，这种先进性必须适合我国国情，有利于原材料的供应，符合消费者购买水平和消费习惯等。

所谓经济合理性，就是要求新商品能够在使用较少的研究、设计与制造费用的条件下，实现批量生产，力求功能最大，成本最低，使开发的新商品物美价廉，并要降低使用过程中的费用。

开发新商品是增加国家积累、提高企业经济效益的一种重要手段。因此，开发新商品必须讲究经济效益，在商品开发时，要对多种方案进行经济比较，选出最佳方案，同时，开发新商品也必须注重社会效果，对于不利于人们身心健康、有害社会、污染环境的新商品，不能进行开发。

（4）符合标准化要求，要有利于制造和使用

新商品开发一开始就要考虑到便于组织社会化大生产，符合标准化的要求，这是开发新商品的技术保证和有效措施。新商品开发过程中实行标准化，可以保证新商品的质量、使用效果和使用寿命，对合理简化商品品种、改进商品结构、减少工艺设计与制造的工作量、缩短新商品生产周期和降低费用等具有重要的意义。对于出口的新商品，不仅要符合我国的质量标准，还必须同销往国家的标准或国际标准相一致。

开发出的新商品不能停留在样品、展品阶段，要能成批地生产出来，以满足社会需要。因此，在新商品开发时，就要考虑到有利于制造，如新商品的工艺性要好；形状、精度规定得要合理，便于加工制造，提高效率；新商品制造工艺要充分利用企业的现有设备条件，便于采用先进的加工方法和生产组织管理形式等。同时，新商品要便于用户使用，如操作方便、安全可靠、易于维修保养等。

（5）立足于自力更生，充分利用本企业的有利条件和现有资源

新商品开发必须从生产企业自身的实际情况出发，尽可能地利用和发挥本企业的优势和特长，并要充分考虑企业开发所选定新商品的能力及生产可能性，包括技术力量、生产设备、企业素质、管理水平等。在引进先进技术时，要根据本企业的实际情况有目的、有选择地引进，要尽量引进专利、软件技术，用国内的原材料和元器件自己制造，做到仿中有创、创中有仿、仿创结合。

四、新商品开发的类型及方式

1. 新商品开发的类型

新商品开发有两种主要模式：一是按市场需求，即用户和消费者需求开发新商品；另一种是按科学技术发展的客观规律来进行新商品开发。

由于新商品的功能、结构与任务不同，因此新商品开发有多种类型。一般来说，有以下五种类型。

（1）独创型新商品开发

独创型新商品开发又称为创新型新商品开发，它是指采用新原理、新结构、新技术、新材料研制开发全新商品。现代科学技术的迅速发展，为独创型新商品开发奠定了牢固的基础。显然，没有基础理论研究的卓越成果，要进行独创型新商品开发是不可能的。投资和雄厚的技术基础，一般适合于大型企业。独创型新商品开发一旦成功，可取得非常显著的效益，对推动国民经济发展，增强国家实力等具有重要的战略意义，因此，得到世界各国的高度重视。

（2）复合型新商品开发

复合型新商品开发也叫综合型新商品开发，是将两种和两种以上技术复合在一起，构思出新商品。它可采用搭积木法，即把每种技术作为一块积木，然后进行搭接，创造出各种各样的新商品；也可采用拆装法，即把各种技术拿来拆了装、装了拆，从而组装成新商品。

这种复合型新商品开发可以是一般技术与一般技术的复合，如通讯手表是钟表技术和微型收发技术的复合，它可以满足野外工作者计时通讯的需要；也可以是一般技术与先进技术复合，如自动照相机就是照相技术与红外测距技术的复合应用，它便于消费者使用；也可以是先进技术与先进技术的复合，如潜水机器人就是潜水技术和机器人技术的复合。

这种复合型新商品开发是当前应用得最广泛的一种新商品开发类型，是推动经济发展、实现技术进步的一条捷径。利用技术复合来开发新商品，有利于发挥企业的技术优势，投资少，见效快，对大、中、小型企业都是适用的。

（3）需求型新商品开发

需求型新商品开发是指根据消费者的各种需求开发新商品。需求是发明之母，需求不断推动着新商品创新。需求型新商品开发是现代商品开发的一种主要类型。这种新商品开发有利于加速商品的更新换代，扩大商品的花色品种，提高商品的实用性，从而使商品更加适销对路。

用户和消费者的需求是这种新商品开发的核心。因此，做好市场需求调查是其中必不可少的环节。消费者购买生活消费品的动机是非常复杂的，是不断发展变化的；不同国家、不同地区、不同阶层的消费者，其需求也有很大区别。因此，在新商品开发之前必须做好市场调查，首先要调查用户和消费者当前需要和潜在需要，还要对用户和消费者的人数、性别、年龄、职业、收入情况、购买动机等进行调查分析，以便掌握市场需求的确切资料，选择开发的新商品。

需求型新商品开发必须重视对人们需求的预测和市场发展变化的预测，及时了解消费者心理和行为，掌握市场变化趋势，这是新商品开发成功的重要保证。

（4）材料型新商品开发

材料是商品使用价值的物质基础，改变商品所用的原材料就能制造出具有新特点的商品。这种材料型新商品开发可以采用三种途径。

1）常用原材料互相替换开发新商品。这种途径开发新商品多半是由于原商品的某种原材料缺少或价格太贵而引起的。例如，由于木材、钢材的紧张，而大量发展起来的塑料新商品；化学纤维代替天然纤维等。这不仅开辟了新的原材料来源，而且也开发出了许多具有新功能、新特点的商品，满足了一些特殊的需要，并有可能降低成本。

2）采用新的工艺方法，对原材料进行二次加工或多层次加工，发展新商品。这种途径开发新商品，往往成本增加不多，但可以大大改善商品性能，满足特殊需要。

3）采用新型材料制造新商品。新型材料是现代科学技术新成就，是材料科学研究的成果，正向着多样化、高灵敏度、高精度和高稳定性能方向发展，从而为新商品开发创造了极为有利的条件。用新型材料开发的新商品是一种技术密集、知识密集的商品。

（5）军转民型新商品开发

军工企业技术力量雄厚、设备先进，因此从 20 世纪 60 年代开始，军转民型新商品开发得到各国的普遍重视。1962 年，美国宇航局成立了“技术利用局”，专门从事把航天技术中的材料、部件、能源、测试装置、通讯飞控制、环境技术向民用部门转移的工作，取得了巨大的经济效益。

军用品多采用极其先进的技术和优质材料，因此在新商品开发时，其重点应放在“适宜技术”上，并将优质材料改为“适用材料”，从而可降低成本。军品转向民品的往往是一项大产品中的某些零部件或控制技术，因此在进行民品开发时首先要进行可行性分析，然后重新进行工艺设计，才能使新商品符合要求。总之，在和平时期，军转民型新商品开发具有重要的战略意义，必须高度重视，探索其固有的规律。

2. 新商品开发的方式

要搞好新商品开发，必须选择合适的新商品开发方式。新商品开发的方式一般有以下三种。

（1）独立研究开发方式

这种方式是指企业在基础理论和应用技术研究成果的基础上，自己独立研究设计新商品，即结合本国国情，根据国家和消费者的需要，依照企业的技术力量进行独创性研究开发。采用这种方式开发新商品，往往能研制出独具特色的新商品，控制市场能力强，并能造就人才，输出技术，不断提高企业自身的新商品开发能力，提高商品的市场占有率和竞争力，提高企业信誉。但独立研究设计新商品风险较大，开发周期长，容易走弯路，需要较多的资金、设备和雄厚的技术力量。

（2）技术引进形式

技术引进形式是指利用先进国家或国内其他企业已有的成熟技术进行新商品开发。采用这种方式的优点是投资少，成功把握大，并可较快地掌握制造技术，避免走弯路。但是，引进的技术属于别人已经采用的技术，其商品已占领市场，引进方要同其竞争比较困难；尤其是从国外引进技术，不仅费用高，而且还常附带各种限制条件，这就给广泛采用这种方式开发新商品带来了困难。因此，有条件的企业不应把商品开发长期建立在技术引进基础上，而应逐步建立自己的商品开发研究机构，或和科研设计部门进行有效的联合。这种方式对于商品研究开发能力较弱，但制造能力较强的企业很适用，对于落后国家赶超世界先进水平也具有一定的促进作用。

（3）独立研究开发与技术引进相结合的方式

这是指开发新商品的部分技术是自己研究出来的，部分是引进的。结合形式大体可分为两种：一种是在充分利用本企业技术的基础上引进某些技术，以弥补不足；另一种是搞合作或协作研究开发，共同设计、共享成果；后者是一种较好的方式，花钱少，见效快，产品又具有先进性，既能促进企业自己开发技术，又能更好地发挥引进技术的作用。

这三种新商品开发方式各有利弊，它们在新商品开发过程中往往是相辅相成、互为补充的。

在新商品开发时，要根据商品的目的、性质、功能和服务对象的不同要求，正确地选择新商品开发方式，做出正确的新商品开发决策。决策的基础在于预测，而预测的准确性又依赖于市场调查。从市场调查和预测入手，一要分析本行业在国民经济中的地位和作用，预测国民经济发展的趋势对本行业的要求；二要分析企业现有技术水平与世界先进水平的差距，预测未来技术的发展趋势；三要调查消费者需求和预测市场需求量，计算经济效益。只有这样，才能选择出合适的新商品开发方式。

选择新商品开发方式是开发新商品的重要一环。了解各种新商品开发方式的优缺点及适用范围、各种开发方式之间的关系，是选择新商品开发方式的前提，而比较各种开发方式的经济效益，则是最终选择新商品开发方式的决策依据。

五、新商品开发的步骤

新商品开发过程一般可分为商品概念开发、样品研制开发和商品化开发三个步骤。

1. 商品概念开发

商品概念开发是指新商品构思到商品概念和设计方案形成的全过程。开发研制新商品，首先必须提出符合市场需求的商品设计，而商品设计是建立在新商品构思的基础上的。

（1）新商品构思

新商品构思是指企业为满足一种新需求而提出的设想，把比较现实的有代表性的种种设想加以分析、综合，就逐渐形成了比较系统的新商品概念。新商品构思的主要方法有以下几种。

1）商品属性排列法。将现有商品的属性一一排列出来，然后寻求改进每一种属性的方法，在此基础上形成新的商品创意。

2）强行关系法。先列举若干不同的商品，然后把某一商品与另一商品或几种商品强行结合起来；从中产生一种新的商品构思。

3）多角分析法。这种方法首先将商品的重要因素抽象出来，然后具体地分析每一种特征，再形成新的商品创意。例如，洗衣粉最重要的属性是其溶解的水温、使用方法和去污力，根据这三个因素所提供的不同标准，便可以建立不同的新商品创意。

4）聚会激励创新法。将若干名有见解的专业人员或发明家集合在一起，围绕新商品开发目标进行讨论，会前向与会人员提出若干问题，并给予时间准备，开会讨论时参加人员畅所欲言，彼此激励，相互启发，提出各种设想和建议，会后经分析归纳，便可形成一种新商品构思。

5）征集意见法。这是指商品设计人员通过问卷调查、召开座谈会等方式了解消费者的需求，征求科技人员的意见，询问技术发明人、专利代理人、大学或企业的实验室、广告代理商等的意见，然后对各种意见综合分析整理，转化为新商品创意。

新商品构思过程中，需要掌握市场、商品、技术、经济等方面的信息，因此企业必须进行市场需求和技术的调查，主要调查消费者需求及其变化趋势，国内外商品竞争情况，国内及国际市场对商品品种、质量、功能等的要求，商品开发动态以及技术发展趋势等。

（2）新商品构思的筛选

取得足够的新商品构思之后，要对这些构思加以评估，研究其可行性，并进行效益分析，从中筛选出那些符合本企业发展目标和长远利益，并与企业内部条件相适合的商品构思，淘汰那些不可行的或可行性低的商品构思。筛选新商品构思时，一般要考虑两个因素：一是该新商品构思是否与企业的战略目标相适应；二是企业的资金能力、人力资源、技术条件、管理水平等内部条件是否适合开发这种新商品构思。初步筛选后保留下来的商品构思，还应进一步进行更为系统的审查，从中选出最可行或比较可行的商品构思。

（3）商品概念（即商品设计方案）的形成

新商品构思经过上述筛选后，需进一步发展成为商品概念。商品概念是指企业从消费者角度对商品构思所做的详尽描述，即以文字、图表及模型描述的商品设计方案。一种商品构思可以发展成几种商品设计方案。根据新商品开发原则以及未来市场的潜在容量、投资盈利率、生产能力和对企业设备资源的充分利用等标准，企业开发部门对每一个具体设计方案加以评价，衡量出每个商品设计方案的潜在价值。然后，将设计方案提交给未来目标市场上有代表性的顾客群进行测试，听取他们的意见。最后，经过综合分析，选定一种最佳的商品设计方案。

2. 样品研制开发

样品研制开发是指采用相应的工艺和设备，把通过效益分析（即商业分析）选定的新商品概念（即商品设计方案）变为样品或样机的过程。这是新商品开发的一个重要步骤，一般包括样品制造、包装的研制和品牌的设计、样品鉴定、小批试生产等过程。只有通过样品或样机研制开发，投入资金、设备和劳力，才能使商品概念实体化，才能发现商品概念或设计方案的不足与问题，继续改进商品设计，也才能证明商品概念或设计方案在技术上、商业上的可行性如何。如果因技术上不过关或成本过高而遭到否定，这项新商品开发过程即会终止。

3. 商品化开发

商品化开发是新商品开发中产品转变为商品的重要步骤，一般包括新商品市场试销和商品化两个阶段。具体过程有市场分析、消费者试用、市场试销、投产鉴定、广告及各种促销活动、正式批量生产和投放市场等。新商品样品或样机通过鉴定后，制造出一定数量试制品，投放到有代表性的小范围市场进行试销，让消费者试用进行使用试验，并进行小批试制鉴定或投产鉴定，以检查这种新商品的市场效应，验证企业能否生产出质量稳定的合格品以及在技术工艺、生产条件及商品水平上是否全面达到标准要求，然后再决定是否大批量生产和投放市场。

如果新商品的试销市场呈现高试用率和高再购买率，就表明这种新商品可以继续发展下去；如果试销市场呈现高试用率和低再购买率，这表明消费者对这种新商品不满意，必须进行改进；如果试销市场呈现低试用率和高再购买率，这表明这种新商品很有前途，但应加强广告宣传和促销工作；如果试用率和再购买率都很低，表明这种新商品应当放弃。

开发出来的新商品符合下列要求，就可以认为新商品开发是成功的。

1）经鉴定检验和消费者评价，证明新商品具备了商品概念或设计方案中所规定的各项指标。

2）在正常使用条件下，可以安全地发挥其功能，满足使用要求。

3）能在已规定的生产成本预算范围内生产成品，达到了预想的经济效益。

小结

环境问题是当今世界不得不面对的一个重大问题，发展商品经济不能以牺牲环境为代价，商品生产要走可持续发展的道路，在大力发展商品生产的同时，应广泛开展保护环境宣传，加强商品环境生命周期的管理，不断采取有效措施促进环境质量的改善，保护大自然，保护资源，保护生态平衡。企业应立足国情，及时调整产品结构，大力开发有益于环境和人体健康的绿色产品，使商品市场更上一个新台阶。

新商品的开发是商品生产企业和商品销售企业必需关注的重要问题，随着人们的生活水平不断提高，人们的消费水平和消费需求也不断变化，为了满足市场的需求，必须不断开发新商品，促进商品商场的发展和繁荣。新商品开发必须要了解新商品开发的任务，新商品开发的原则和新商品开发的方式，只有如此才能不断开发出符合环境要求、适销对路、价廉物美的商品，满足人们的需求。

复习思考题

1．在商品生产中造成环境污染的主要原因是什么？如何防治？
2．在商品消费中造成环境污染的主要原因是什么？如何防治？
3．为什么提倡使用无磷洗涤剂？
4．为什么说环境保护是我国的基本国策？
5．何谓绿色产品？绿色家电与普通家电有何不同？
6．何谓绿色标志？分析实施绿色标志的作用，说明我国绿色标志图案的含义。
7．什么是新商品？新商品的分类方法有哪些？
8．新商品开发的意义有哪些？
9．现代商品发展的特点有哪些？
10．新商品开发的原则有哪些？
11．简述新商品开发的方式和步骤。

实训项目

1．实训内容：

了解商品废弃物对环境的影响。

2．实训要求：

1）观察校院周边环境，查找有哪些商品废弃（如旧电池、塑料包装物、一次性餐具等），并做好记录。

2）利用网络或图书馆查询相关资料，分析这些废弃物对环境的影响。

3）根据自己所学的商品学知识，写出对商品废弃物处理的建议措施。

案例分析

十年污染为造纸，勇敢村民生存难

2009年5月，《楚天都市报》记者收到一封来自湖北天门地区的投诉信，信中写道：

天门市岳口镇勇敢村，有村民500多户，近2000人，依“青之渠”和“青汉之渠”而居，原本水清树绿，空气清新。但自从十多年前，这里建了一个造纸厂后，该厂排污严重污染本村及周边环境，从此，我们就开始生活在污水的包围之中了。

该厂无视国家环境保护的有关法律政策，其污水不经任何处理直接向渠中排放，现在两渠渠水成了非白即黑，连渠底都成了黑色；污水恶臭刺鼻，路过的人都掩鼻而过，臭水滋生蚊虫，蚊虫传染疾病，在渠道两边居住的村民，白天不敢开门开窗；渠水牲畜不能饮，也不能用来浇灌庄稼，否则，就会颗粒无收……这些年来，我们为此蒙受了巨大的经济损失。更为严重的是，两渠绵延几十里，最终排入汉江，其严重污染给下游的居民造成了同样的灾难，同时也成为汉江，长江的污染之源。

多年来，我们曾向天门市有关部门反映，但都杳无音信。恳请贵报记者实地调查，为我们受害村民做主，还我们村民一个可以生存的良好环境。

——勇敢村村民

带着天门市岳口镇勇敢村村民的来信，记者近日专程前往该村，调查了解造纸厂污染环境污染情况。该厂名为“天门市某某造纸厂”，厂址建在该村。记者现场看到，造纸厂排污沟周围，“污水变黑发臭，恶臭刺鼻”，污染情况十分严重，周围村民怨声载道，与村民来信中所述基本属实。

天门市环保局一负责人表示，该厂的生产设备和生产能力，均不符合国家有关产业政策的要求，属于国家明令禁止、应淘汰的范围。具体表现在废水的处理工艺和能力达不到相关环保的要求；该厂属湖北省环保厅明令要查处的“五小”企业，天门市环保局业已请示天门市人民政府对该厂依法予以关闭。

天门市环保局局长近日告诉记者，天门环保局已正式向该厂下达了通知，要求其做好关闭前的准备工作：如立即停止生产、不准与任何单位签订购销合同等，与此同时通知还要求该厂做好关闭前的善后处理工作。

分析与思考：

1．商品生产与保护环境有什么关系？

2．根据本案例中造纸厂造成的污染后果，你认为如何解决商品生产与环境保护这一矛盾？

参考文献

孔繁超，吕淑霖，袁柏耕．1992．毛织物染整理论与实践．北京：纺织工业出版社．

孔繁超．1985．针织物染整．北京：纺织工业出版社．

李岩，夏玉宇．2003．商品检验概论．北京：化学工业出版社．

梁燕君．1994．商品质量检验．北京：中国标准出版社．

刘北林，白世贞．2001．商品学．北京：中国物质出版社．

刘北林．2003．海关商品学．北京：中国物资出版社．

刘建华．2002．纺织品商品学．北京：中国纺织出版社．

马德生．2001．商品学基础．北京：高等教育出版社．

苗述风．2003．外贸商品学概论．北京：对外经济贸易大学出版社．

牛变秀．2002．现代商品学基础．北京：人民邮电出版社．

上海市针织工业公司，天津市针织工业公司．1981．针织手册．北京：纺织工业出版社．

苏州丝绸工学院，浙江丝绸工学院．1993．制丝学．北京：纺织工业出版社．

万融，郑英良．1994．现代商品学概论．北京：中国财政经济出版社．

吴广清．1992．商品学概论．北京：中国商业出版社．

吴源鸿．1997．商品学概论．广州：中山大学出版社．

肖膺秀．1993．商品学．北京：中国商业出版社．

谢瑞玲．2001．商品学基础．北京：高等教育出版社．

张文斌．1993．服装工艺学．北京：纺织工业出版社．

浙江丝绸工学院，苏州丝绸工学院．1981．丝织学．北京：纺织工业出版社．

浙江丝绸工学院，苏州丝绸工学院．1981．织物组织与纹织学．北京：纺织工业出版社．

中国纺织大学棉纺教研室．1988．棉纺学．北京：纺织工业出版社．

朱红．1987．纺织材料学．北京：纺织工业出版社．